바클레이 성경 주석

마태복음 · 상

바클레이 성경 주석 1

마태복음 · 상

1판 1쇄 발행 1971년 7월 15일
개정1판 1쇄 발행 2009년 3월 15일
지은이 윌리엄 바클레이
옮긴이 편찬위원회
발행인 한동인
펴낸곳 (주)기독교문사
등 록 제1- c0062호
주 소 서울 종로구 충신동 5-13
출판부 T. 741-5184~5 F. 744-1634
특판부 T. 744-1633 F. 744-1635
도매부 T. 741-5181~3 F. 762-2234
직영서점 기독교문사
서울 종로구 종로5가 412-2
T. 2266-2117~9 F. 2266-6397

책값은 뒤표지에 있습니다.
ISBN 978-89-466-0419-3 94230
978-89-466-0418-6(전12권) 94230

Web www.kclp.co.kr
e-mail kclp@kclp.co.kr

기독교문사는 독자와 함께 기독교 출판문화를 이끌어 가겠습니다.
공급처 기독교문사 도매부 T. 741-5181~3 F. 762-2234

바클레이 성경 주석 1

마태복음 · 상

기독교문사

The Gospel of Matthew

by William Barclay

This translation is published by agreement
with The Saint Andrew Press, Edinburgh.

Chirstian Literature Press
Seoul, Korea

한국어 판에 붙여서

본인의 책이 한국에서 출간될 뿐만 아니라 국경을 넘어서게 되어 말할 수 없이 기쁩니다.

멀리에서 이 책이 출간될 수 있도록 수고해 주신 분들과 애써 번역해 주신 분들에게 깊은 감사를 드립니다.

제가 기도하고 바라는 이 사업이 하나님 나라를 널리 펴는 데 일익이 되고 모든 한국 사람이 예수 그리스도를 구주로 받아들이는 데 큰 도움이 되었으면 합니다.

주후 1971년 8월 6일

글래스고 대학교에서

윌리엄 바클레이

개정판을 내면서

기독교는 말씀의 종교입니다. 말씀은 믿는 자에게 구원을 주는 하나님의 능력입니다. 이 진리는 모든 기독교인의 신앙의 벽이자 지름이며, 성경을 대하는 머릿돌이므로 기독교인은 이 진리를 가슴속에 새겨야 합니다.

이러한 성경관과 철저한 소명의식으로 기독교문사는 반세기가 넘는 세월 동안 말씀 반포와 기독교 양서 보급에 2대에 걸쳐 온 힘을 다해 왔습니다. 《바클레이 성경 주석》의 개정판도 이러한 사명과 선교적 책무에 부합한 것이며, 외적으로는 그동안 많은 독자들의 호평과 주문 요청에 순응한 것입니다.

1955년 피난지 대구에서 "문서 출판과 보급을 통한 기독교 문화 창달"을 목적으로 설립된 기독교문사는 처음 시작할 때부터 한국 교회의 강단을 풍요롭게 만들기 위한 출판에 초점을 맞추었습니다. 그 결과 주석의 고전이라 할 수 있는 《매튜 헨리 성경 주석》(전 45권)과 《바클레이 성경 주석》(전 17권)이 발행되었고, 이로써 한국 교회의 대형 주석 시대가 열려 한국 교회 목회자와 신학자, 평신도가 성경을 연구하는 분위기를 조성하는 데 크게 기여했습니다.

1953년 영국에서 처음 출간된 본 시리즈는 1백 만 부 이상의 판매를 기록했고, 국내에서는 본사 주관으로 "바클레이 성경 주석 편찬위원회"를 구성하여 1971년부터 출판하기 시작했습니다. 이후 범교단적으로 많은 목회자들의 소중한 성경 연구서로 사용되어 설교에 큰 영향과 능력을 나타내었습니다.

본 주석의 구성과 특징을 살펴보면, 우선 이 주석은 구성 면에서 단순성이 돋보이며, 본문 해설도 용어화한 것이 특징이자 장점이라 할 수 있습니다. 빈번히 설교해야 하는 목회자와 성경을 더 잘 이해하여 가르치는 일과 생활에 적용하기를 원하는 교사나 평신도 모두에게 유익하고 적시에 활용되도록 기술되어 있습니다. 또 다른 특징은 권위 있는 전문 지식을 토대로 한 해박한 기독교 역사와 문화 정보가 광범위하게 포함되어 있다는 것입니다. 특히 1세기 팔레스타인과 헬라 로마의 역사·문화·지리적 배경을 해당 본문과 관련하여 소개함으로써 독자의 영적 시각을 넓혀 주고 있습니다. 특징 중 가장 흥미로운 요소는 본문과 연결해 적절하고 풍부한 예화, 예증을 곳곳에서 제공해 줌으로써 목회자는 물론 주일학교 교사, 평신도 모두가 은혜롭게 공감하고 활용할 수 있다는 것입니다.

본 총서의 구성의 핵심이라 할 수 있는 것은, 본문의 역사적 접근 방식을 통한 하나님의 구속사의 통찰적 이해와 독자 각자의 본분을 현실적 삶에 적용하도록 강조하고 그 실천을 독려하고 있다는 것입니다.

이와 같이 《바클레이 성경 주석》은 그 권위, 가치, 공헌 면에서 한국 강단과 성도들에게 영적 풍요로움과 함께 하나님을 아는 지식의 깊이를 더해 주었고, 견고한 신앙의 뿌리의 자양분이 됨으로써 그동안 많은 세월이 흘렀어도 독자들로부터 변함없는 사랑과 관심을 받고 있습니다.

오류와 변질로 혼탁해진 한국 교회 강단에 영적인 풍성함과 깊이가 더해지기를 바라며, 《바클레이 성경 주석》이 설교자들의 성경 연구와 성도들의 신앙을 바르게 하는 데 변함없는 동반자가 되기를 소원합니다.

2009년 1월

기독교문사 대표 한 동 인

번역판을 내면서

전 세계에 널리 알려졌고 많은 목회자와 신학도, 성경 연구에 관심이 있는 평신도까지 지대한 영향과 은혜를 끼친 바클레이 박사의 성경 주석이 좀 늦은 감이 있기는 하나 우리말로 번역되어 나오게 된 것은 참으로 다행한 일이며 하나님께 감사드립니다.

원저자가 말했듯이 본 총서(전 17권)는 현재 신학의 집성을 전문적인 신학 용어가 아닌 평이한 말을 사용해 우리에게 성경의 참뜻을 십분 드러냈습니다. 또한 바클레이 박사의 해박한 지식이 이 총서에 담겨 있음을 쉽사리 발견할 수 있습니다.

우리말로 번역해 출간하는 데 원저자와 출판사의 양해를 얻었고, 더 나아가 호의와 협조를 아끼지 않은 바클레이 교수와 스코틀랜드 장로회 출판국에 깊은 감사를 드립니다.

이 번역판에 대하여 몇 가지 일러 둘 말이 있습니다.

첫째, 원저자는 본문을 헬라어에서 사역을 했는데 본 총서는 저자의 양해를 얻어 현재 우리나라에서 가장 널리 보급된 개역개정성경을 인용했습니다.

둘째, 빠른 출간을 위해 부득이 여러 명이 번역을 했고, 이에 따른 용어를 통일하기 위해 각별히 주의를 했으나 간혹 그렇지 못한 부분이 발견될 수도 있음을 양해 바랍니다.

마지막으로, 이런 거작의 번역 사업이 결코 쉬운 일이 아니고 많은 희생을 각오해야 하는 일인데 물심양면으로 적극적으로 도와주신 기독교문사 한영제 장로님께 교계와 번역위원회를 대신해 심심한 감사를 드립니다.

바클레이 성경 주석 편찬위원회

저술에 즈음하여

"일일 성경 연구 총서(Series of Daily Studies)"는 우연한 계기로 시작되어 출간된 것이라고 말하는 것이 옳을 것 같습니다. 스코틀랜드 교회가 쓰고 있던 총서가 바닥이 나자 곧 다른 총서가 필요했습니다.

본인이 사도행전에 대해 책을 써 달라는 요청을 받았을 때만 해도 그 이상 집필할 생각은 없었으나 한 권이 나오자 다른 책이 연이어 나오게 되었고, 마침내 전 신약성경 주해를 쓸 계획을 세우게 된 것입니다.

각 권으로 나온 주해가 특별한 장점이 있는 것은 아닙니다. 단지 독자가 신약성경과 본문 주해를 어느 곳이나 함께 가지고 다니기에 편리하고, 어느 곳에서나 읽을 수 있도록 한 것입니다.

본인이 주해를 하는 동안 모팻(Moffatt)과 웨이마우스(Weymouth)와 녹스(Knox)의 주석들을 줄곧 참조했으며, 《미국 개정표준역 성경(*American Revised Standard Version*)》, 《20세기 신약성경(*The Twentieth Century New Testament*)》, 찰스 킹슬레이 윌리엄스(Charles Kingsley Williams)가 번역한 《쉬운 말 신약성경(*The new Testament in plain Engish*)》이 본문으로 사용되었습니다. 출판을 시작한 이래 본인은 손필드(Hugh J. Schonfield)가 번역한 《정통 신약성경(*The Authentic New Testament*)》을 철저히 참조했습니다.

본인에게 이 총서를 처음 시작하게 할 뿐만 아니라 계속하도록 특권을 허락한 스코틀랜드 교회 출판위원회에 심심한 사의를 표합니다. 특히 회장인 존경하는 맥도날드(R. G. Macdonald) 씨와 총무 앤드류 맥코시(Andrew McCosh) 씨의 끊임

없는 격려와 지도 편달에 감사를 드립니다.

각 주해시가 연이어 출간됨에 따라 총서에 대한 이념이 뚜렷해졌습니다.

본 총서의 목적은 비전문적인 독자들이 성경을 이해하는 데 유용하게 하려는 것과 신약성경의 가르침이 오늘날의 일상생활과 활동에 부합하도록 하려는 데 있습니다.

이 총서의 궁극적인 목적은 리차드(Richard)의 유명한 기도에 잘 나타나 있습니다.

> 사람들이 좀더 분명하게 예수 그리스도를 알게 하고,
> 좀더 극진히 그를 사랑하게 하고,
> 좀더 가까이 그를 따르게 하고자 함이라.

이 기도가 총서를 만들 수 있게 한 나의 기도입니다.

윌리엄 바클레이

머리말

"일일 성경 연구 총서"에 또 한 권의 주석을 내도록 허락해 준 스코틀랜드 교회 출판위원회에 다시 한 번 심심한 감사를 드림으로써 서문을 대신하려 합니다.

위원회 회장 맥도날드 씨와 총무 앤드류 맥코시 씨의 끊임없는 친절과 격려에 다시 한 번 감사를 드립니다. 아마도 이분들의 도움과 격려가 없었더라면 이 총서는 출판되지 못했을 것입니다.

《마태복음》 주해에 대해 몇 마디 언급해 두고 싶은 것이 있습니다. 이 책을 읽는 독자가 모두 《마가복음》과 《누가복음》도 읽는다면 여기에 쓴 어떤 부분은 생략할 수 있습니다.

그러나 이 총서에 있는 각 권은 독립되어 있고, 다시 말해 그것은 공관복음인 다른 두 권에서 이미 언급한 바 있는 확실한 사실이라도 다시 언급하고 있음을 뜻합니다. 본권은 《마태복음》의 짧은 부분을 보충하기 위해 많은 지면을 할당하고 있습니다. 그리고 여기에 있는 산상 설교 연구는 기독교 신앙과 생활의 중심이기 때문에 문장 하나하나뿐 아니라 낱말 하나도 종종 따로 취급했습니다.

본인의 《마태복음》 연구가 기대하는 사람들에게 충분히 보답할 수 있다고 확신합니다.

이상하게도 《마태복음》에 대한 훌륭한 주해가 별로 없었습니다. 그래서 《헬라어 성경 해설(*Expositor' s Greek Testament*)》에 있는 브루스(A. B. Bruce)가 쓴 주해가 아직도 많은 설명을 해 주고 있습니다. 《I. C. C. 주석(*International Commentary Commentary*)》에 있는 알렌(W. C. Allen)의 주해는 평신도보다는 전문가를 위한 것입니다. 헬라어 원문 주해 중에서는 《맥밀락 주석(*Macmilan Commentary*)》에 있는 맥네일(A. H. McNeile)의 주석이 가장 나은 편이며, 알프레드 프루머(Alfred Plummer)의 《마태복음》 주해는 착실한 면에서 도움이 되었습니다. 《모팻 주석(*Moffatt Commentary*)》에 있는 로빈슨(T. H. Robinson)의 주해는 시사적이긴 하지만 좀 경박스러운 느낌이었습니다. 주해서가 너무 많아 심한 혼란이 생길 때 도움이 되는 것으로는 몬테피오레(C. G. Montefiore)의 "공관복음"에 들어 있는 《마태복음》 주해를 들 수 있습니다. 몬테피오레는 자유주의적인 유대인이기 때문에 그의 주해는 특별히 흥미롭습니다.

《마태복음》에는 두 가지 큰 특징이 있습니다. 첫째는 교훈의 복음이 나타나 있는 점입니다. 즉, 다른 복음서에는 예수의 교훈이 그렇게 조직적으로 집성되어 있지 않고 서로 한곳에 모여 있지도 않습니다. 둘째는 인간으로 태어나신 예수가 왕이라는 것을 보여 주려는 관심을 가지고 있는 복음이라는 점입니다.

이 책이 예수의 교훈을 더 잘 이해하도록 도와주고 그를 우리 삶의 왕으로서 더 충만하게 모시는 데 도움이 되기를 기도드릴 뿐입니다.

1956년 9월

글래스고, 트리니티 대학에서

윌리엄 바클레이

| 차례 |

03

04

05

06

07

08

09

10

마태복음

공관복음 서론

첫 세 복음, 즉 마태복음, 마가복음, 누가복음을 일반적으로 "공관복음"이라고 한다. 공관이란 말은 **함께 보다**는 의미를 가진 두 개의 헬라어에서 왔다. 공관이란 문자적으로 말하면 **함께 보일 수 있음**을 의미한다. 이것이 공관 때문에 복음이란 이름을 갖게 된 이유다.

이 세 복음은 예수의 생애에 일어났던 같은 사건에 대해 같은 설명을 한다. 그들 각각에는 더하거나 뺀 것이 없다. 넓은 의미로 말하면 각 복음의 자료와 배치는 같다. 그러므로 이 복음들을 세 개의 병행란에 나란히 구분해 놓고 함께 읽어 볼 수 있고 서로 비교할 수도 있다.

이렇게 해 보면 이 세 복음 사이에 대단히 밀접한 관계가 있음이 밝혀진다. 예를 들어 세 복음에서 5천 명을 먹인 기사를 비교해 보면(마 14:13–21; 막 6:30–44; 눅 9:10–17) 우리는 거의 정확하게 동일한 기사를 거의 똑같은 낱말로 기술하고 있음을 알게 된다.

이런 예로 중풍병자를 고치는 기사를 들 수 있다(마 9:1–8; 막 2:1–12; 눅 5:17–26). 세 복음서가 말하는 이 기사는 매우 비슷해 작은 삽입구까지도—중풍병자에게 이르시되— 똑같은 위치에 삽입되어 있다. 이런 세 복음의 상호 부합성 때문에 우리는 세 복음이 한 가지 공통된 원천에서 나온 자료를 바탕으로 쓰였거나 두 복음이 다른 하나에 근거해 쓰였을 것이라는 결론을 내리지 않을 수 없다.

최초 복음서 자료를 더 세밀히 조사해 보면 마가복음이 공관복음 중에서 가장 먼저 기록되었고 다른 두 복음서, 즉 마태복음과 누가복음은 마가복음을 토대로 쓰였다는 사실을 알게 된다.

마가복음은 105개로 구분할 수 있다. 이 구분 중에서 93개 구분은 마태복음에 있고 누가복음에는 81개 구분이 나와 있다. 마가복음의 105개 구분 중에서 마태복음이나 누가복음에 나와 있지 않은 것은 단지 4개 구분뿐이다.

마가복음은 661절, 마태복음은 1,068절, 누가복음은 1,149절이다.

마태복음은 606절 정도의 절수를 마가복음에서 인용하며 누가복음은 320절을 인용한다. 마태가 인용하지 않은 마가복음 55절 중에서 누가는 31절을 인용하고 있다. 그래서 마태복음과 누가복음에서 인용되지 않은 구절은 마가복음 전체 구절 중에서 24절뿐이다. 인용되었다는 것은 비단 구절만을 말하는 것이 아니다. 낱말까지도 인용되었다는 것을 뜻한다.

마태복음은 마가복음 낱말 중에서 51퍼센트를 사용하고 누가복음 낱말 중에서는 53퍼센트를 사용하고 있다. 더욱이 마태복음과 누가복음은 사건의 순서를 취급할 때도 대체적으로 마가복음의 순서를 따르고 있다.

때때로 마태복음과 누가복음이 마가복음의 배열과 다를 때도 있지만 양자가 모두 마가복음과 다르지는 않다. 언제나 적어도 하나는 마가복음의 배열을 따른다.

마가복음의 보완

마태복음과 누가복음이 마가복음보다 훨씬 길기 때문에 마가복음이 마태복음과 누가복음을 요약한 것으로 생각될지 모르나, 실은 마가복음이 더 오래된 것이라는 사실을 보여 주는 부분이 있다. 이런 면에서 보면 마태복음과 누가복음은 마가복음을 보완하고 다듬는 것이 그 관습으로 되어 있다.

이제 이에 대한 몇 가지 예를 보자.

종종 마가복음에는 예수의 능력을 제한하는 것처럼 보이는 부분이 있다—잘못된 비평가들이 그것을 입증하려고 했을지 모르지만—이제 같은 사건을 두고 세 복음이 말하는 구절들을 서로 비교해 보자.

마가복음 1:34_ 예수께서 각종 병이 든 **많은**(many) 사람을 고치시며 많은 귀신을 내쫓으시되…

마태복음 8:16_ 예수께서 말씀으로 귀신들을 쫓아내시고 병든 자를 **다**(all) 고치시니…

누가복음 4:40_ 예수께서 **일일이**(every) 그 위에 손을 얹으사 고치시니.

또 다른 세 가지가 비슷한 예는 다음과 같다.

마가복음 3:10_ 이는 **많은**(many) 사람을 고치셨으므로…

마태복음 12:15_ 예수께서 그들의 병을 **다**(all) 고치시고…

누가복음 6:19_ **모든**(all) 사람을 낫게 함이러라.

마태와 누가는 마가의 **많은**(many)이란 말을 **모두**(all)로 고쳐 예수 그리스도의 능력에 어떤 한계를 암시할 가능성이 있는 말은 뺐다.

또 예수께서 나사렛을 방문하신 사건을 설명할 때도 이와 매우 비슷하게 수정을 했다. 마가복음과 마태복음의 내용을 비교해 보자.

마가복음 6:5-6_ 거기서는 **아무 권능도 행하실 수 없어**… 그들이 믿지 않음을 이상히 여기셨더라…

마태복음 13:58_ 그들이 믿지 않음으로 말미암아 거기서 **많은 능력을 행하지 아니하시니라**.

마태는 예수께서 아무런 권능도 행하실 수 없다는 말을 피하고 그 표현 방법을 바꾸어 예수의 능력의 한계를 나타내 보일 가능성은 없애려 했다. 때때로 마태와 누가는 마가복음에서 예수의 권위를 떨어뜨리는 부분은 아주 작은 것이라도 제외했다. 마태와 누가는 마가복음에 있는 다음의 세 구절을 삭제해 버렸다.

마가복음 3:5_ 그들의 마음이 완악함을 **탄식하사 노하심으로** 그들을 둘러보시고…

마가복음 3:21_ 예수의 친족들이 듣고 그를 붙들러 나오니 이는 그가 **미쳤다** 함일러라.

마가복음 10:14_ 예수께서 보시고 **노하시어**…

마태와 누가는 인간의 감정인 분노와 슬픔을 예수에게 적용하기를 주저하며 예수가 미쳤다고 생각될 만한 것까지도 좋게 생각하지 않았다.

때로는 마가복음 기사 중에서 나쁘게 보일 만한 가능성이 있는 기사는 사도들이 가볍게 수정했다. 그 한 가지 예로, 야고보와 요한이 하나님 나라가 임할 때 최고 상좌를 자신들의 것으로 보증해 달라고 요구하는 기사가 있다. 마가복음과 마태복음에 있는 이 기사를 비교해 보자.

마가복음 10:35_ 세베대의 아들 **야고보**와 **요한**이 주께 나아와 여짜오되…

마태복음 20:20_ 그때에 **세베대의 아들의 어머니**가 그 아들들을 데리고 예수께 와서 절하며 무엇을 구하니.

마태는 이 야망의 동기를 직접 두 사도와 연관시켜 말하지 않고 사도들의 모친과 연관시켜 말했다. 이런 모든 것을 볼 때 마가복음이 복음서 중에서 가장 먼저 기록되었다는 것을 알 수 있다.

예수의 교훈

이제 우리는 마태복음이 1,068절이고 누가복음이 1,149절이며 두 복음이 마가복음 구절 중 582절을 인용했다는 것을 알았다. 이것은 마태복음과 누가복음 안에는 마가복음의 자료보다 훨씬 많은 자료가 있다는 것을 의미한다. 이 자료를 세밀히 조사해 보면 마태복음과 누가복음은 200절 이상이 똑같다.

예를 들면 누가복음 6장 41–42절과 마태복음 7장 3–5절, 누가복음 10장 21–22절과 마태복음 11장 25–27절, 누가복음 3장 7–9절과 마태복음 3장 7–10절 등의 구절이 거의 똑같다.

그러나 여기에는 한 가지 차이점이 있다. 마태복음과 누가복음이 마가복음에서 끌어낸 자료는 대부분 예수의 생활에 대한 기사다. 그러나 마태복음과 누가복음이 이것 외에 또 갖는 200절은 대부분 **예수의 교훈**으로 되어 있다. 이 구절들은 예수의 **행하심**에 대한 것보다 예수의 **말씀하심**에 대해 말해 준다.

마태와 누가가 이 200절을 **예수의 교훈에 대한 공통된 자료 문서**에서 인용했음이 확실하다. 그 자료 문서가 지금은 존재하지 않지만 학자들은 근원 혹은 우물이란 뜻의 독일어 **쿠엘레**(Quelle)의 첫 글자를 따서 **Q**(큐)라는 이름을 붙였다. 그 책이 예수의 교훈에 대한 첫 문서였으므로 당시에는 틀림없이 대단히 중요한 문서였을 것이다.

복음 전승에서 마태의 위치

마태복음 전승에서 사도 마태를 살펴보자. 학자들은 그 첫 복음은 마태복음이 내세우는 바와 같이 직접 마태의 손에서 온 것이 아니라는 데 동의한다. 자신이 예수의 생활을 목격한 자라면 예수의 생활에 대해 근원적인 자료 문서로서 마가복음을 사용할 필요가 없었을 것이다.

그러나 최초 교회사가 중 한 사람인 파피아스(Papias)가 여기에 대해 대단히 중요한 단편적인 정보를 제공해 주었다. 그는 "마태는 히브리어로 예수의 어록을 수집했다"라고 말했다. 그렇다면 우리는 예수의 교훈에 대한 첫 단편 문서를 수집한 사람이 바로 마태라는 것과 그 문서가 모든 사람이 예수의 교훈이 무엇인지를 알기 위해서는 반드시 찾아보아야 했던 것임을 알 수 있다. 그래서 그 자료 문서가 마태의 이름이 기입된 첫 복음에 합치된다는 것이다.

우리가 산상수훈과 예수의 교훈에 대해 대부분 알고 있는 것이 마태에게서 받은 혜택이라고 볼 때, 영원히 그에게 감사해야 할 것이다. 포괄적으로 말해 마가에게는 예수의 생활에 대한 지식을 얻고 있고, 마태에게서는 예수의 **교훈**에 대한 지식을 얻고 있는 셈이다.

세리 마태

마태 개인에 대한 지식은 극히 적다. 마태복음 9장 9절을 보면 주께서 그를 부르신다. 유대인들은 같은 민족으로 정복자를 위해 공직에 있는 사람을 몹시 미워해했다. 따라서 세리 마태도 그들에게 몹시 미움을 받았을 것이다. 마태는 매국노처럼 취급되었다. 그러나 거기에는 마태가 소유한 유일한 선물이 있었다. 사도들은 대부분 어부였다. 그들은 여러 방언을 함께 기록할 수 있는 기술이나 수완이 거의 없었다. 그러나 마태는 이 일에는 명수였을 것이다. 세관에 앉은 그를 예수께서 부르셨을 때 마태는 일어나 그를 따랐고, 모든 것을 내버렸으나 단 한 가지 펜만은 갖고 왔다. 마태는 자신의 문장술을 품위 있게 사용하여 예수의 교훈을 수집하는 첫 사람이 되었다.

우리가 유대인을 위한 복음인 마태복음을 읽을 때 그 특성을 파악하기 위해 마태복음의 주된 성격을 살펴보자.

우선 마태복음은 **유대인을 위해 쓴 복음**이다. 이 복음은 유대인을 확신시키기 위해 한 유대인에 의해 쓰였다. 마태복음의 큰 목적 중 하나는 구약성경의 모든 예언이 예수 안에서 성취되었으므로 그가 바로 메시아라는 것을 시사하기 위한 것이다.

마태복음에서 반복해 주제처럼 시종일관 나오는 구절은 "이 모든 것은 예언자가 말한 예언을 이루려 함이다"라는 말이다. 그 예로는 예수의 나심과 애굽으로 피하심(2:14–15), 어린아이들을 학살함(2:16–18), 요셉의 나사렛 거주와 거기서 예수가 자라심(2:23), 예수께서 비유로 말씀하심(13:34, 35), 승리의 입성(21:3–5), 은 삼십으로 팔리심(27:9), 예수께서 십자가에 못 박히신 후 그 옷을 제비 뽑음

(27:35) 등이 있다.

어떻게 구약 예언이 예수에게서 성취되었으며, 예수의 생활이 예언자들에게서 예시되었는지를 밝혀 유대인에게 예수가 메시아임을 받아들이게 하려는 것이 마태복음의 본래적이고 의식적인 목적이었다.

I. 마태의 주요 관심은 유대인이었다. 저자는 유대인이 개종하기를 원했다. 가나안 여자(시리아-페니키안 계통)가 예수에게 도움을 청했을 때 예수의 첫 대답은 "나는 이스라엘 집의 잃어버린 양 외에는 다른 데로 보내심을 받지 아니하였노라"(15:24)였다.

예수께서 복음 전파의 사명을 위해 열두 제자들을 내보내실 때 그는 "이방인의 길로도 가지 말고 사마리아인의 고을에도 들어가지 말고 오히려 이스라엘 집의 잃어버린 양에게로 가라"(10:5-6)고 했다. 그러나 이 복음이 어떤 의미로든지 이방인을 배제한 것이라고는 생각할 수 없다. "동서로부터 많은 사람이 이르러 아브라함과 이삭과 야곱과 함께 천국에 앉으려니와"(8:11)라든지 "이 천국 복음이 모든 민족에게 증거되기 위하여 온 세상에 전파되리니 그제야 끝이 오리라"(24:14)는 말씀에서 그 사실을 알 수 있다. 그리고 교회가 행군해 나가도록 명령한 것도 마태다. "그러므로 너희는 가서 모든 민족을 제자로 삼아…"(28:19).

마태의 첫 관심은 유대인이었다. 그러나 모든 민족이 함께 모여들 그날을 분명히 예시하고 있다.

마태의 유대인 편중성은 율법에 대한 태도에서도 나타난다. 예수께서는 율법을 폐하려 오신 것이 아니라 완성하러 오셨다. 율법의 가장 작은 부분도 소홀히 취급하면 안 될뿐더러 사람들에게 율법을 파괴하도록 가르쳐서는 안 된다. 믿는 자의 의가 서기관과 바리새인보다 더 낫지 않으면 안 될 것이다(5:17-20).

마태복음은 율법을 알고 사랑하는 자에 의해 쓰였고 기독교인의 생활 질서 안에 율법의 영역도 있다는 것을 아는 자에 의해 쓰였다.

다시 말해 서기관과 바리새인에 대한 마태의 태도는 분명히 역설적이다. 즉, 그들에게는 특수한 권위가 있었다. "서기관들과 바리새인들이 모세의 자리에 앉았으니 그러므로 무엇이든지 그들이 말하는 바는 행하고 지키되"(23:2)라고 말하지만 동시에 서기관과 바리새인을 그렇게 엄하고 철저하게 정죄하는 복음은 없다. 그래서 처음에 그들을 향하여 독사의 자식들이라고 외치는 세례 요한의 격노한 선언이 있다(3:7−12). 그들은 예수께서 세리와 죄인과 함께 잡수신다고 불평한다(9:11). 그리고 예수의 능력이 하나님에게서가 아니고 귀신의 왕에게서 왔다고 말하며(12:24), 예수를 죽일 음모를 꾸민다(12:14). 예수께서는 제자들에게 서기관과 바리새인의 악한 교훈인 누룩을 조심하라고 경고한다(16:12). 그들은 뽑힐 운명에 처한 악한 가라지와 같다(15:13). 그들은 완전히 시대의 표적을 분별할 수 없다(16:3). 그들은 선지자들을 죽인 자들이다(21:41).

신약성경 전권에서 마태복음 23장만큼 서기관과 바리새인을 정죄하는 장은 없다. 서기관과 바리새인에 대한 마태복음의 정죄는 그들의 교훈에 대한 정죄가 아니라, 그들 자신에 대한 정죄다. 예수께서는 그들이 자신들의 교훈과는 너무나 멀리 떨어져 있고 그들이 응당 되어야 할 존재에서 너무 낮은 단계로 떨어져 있음에 대해 정죄하셨다.

II. 마태는 또 다른 특별한 관심을 갖고 있었다. 마태는 특히 교회에 관심을 가졌다. 마태복음은 사실상 공관복음 중에서 교회라는 말을 사용한 유일한 복음서다. 가이사랴 빌립보에서 베드로가 고백한 후 교회에 대한 구절을 소개한 것은 마태복음뿐이다(마 16:13−23; 눅 8:27−33; 막 9:18−22 비교). 성도간의 다툼이 교회로 해결된다고 말한 것도 마태복음뿐이다(18:17). 마태가 기록할 당시 교회는 이미 큰 조직과 기관을 갖추고 있었다. 즉, 교회는 사실상 기독교인의 생활에 지배적인 요소가 되었다.

III. 마태는 특별히 강한 "묵시문학적 관심"을 갖고 있었다. 다시 말해 예수의 재림에 대해, 세계의 종말에 대해, 최후의 심판에 대해 특별히 강한 관심을 갖고 있었다.

마태복음 24장은 다른 복음들 중 어떤 것보다도 예수의 종말론적 교훈에 대해 더 많은 설명을 제공하고 있다. 마태복음에만 달란트의 비유(25:14−30), 슬기로운 처녀와 미련한 처녀의 비유(25:1−13), 양과 염소의 비유(25:31−46)가 있다. 마태복음은 최후의 일들과 그 심판에 대해 특별한 관심을 두었다.

Ⅳ. 마태복음의 특성 중 가장 큰 특성은 아직 언급하지 않았다. 마태복음의 가장 큰 특성은 **교훈의 복음**이다. 우리는 이미 사도 마태가 예수의 교훈을 처음으로 수집하고 단편 문서로 편집할 책임을 맡았다는 사실을 알고 있다.

마태는 위대한 조직가였다. 어떤 주어진 주제에 대한 예수의 교훈에 대해 알고 있는 모든 것과 찾아낼 수 있는 모든 것을 한 곳에 집성하는 것이 그의 습성이었다.

그 결과 우리는 마태복음에서 다섯 개 큼지막한 교훈의 구획, 즉 예수의 교훈이 집성되고 조직화된 다섯 개 큰 부분을 보게 된다. 이 모든 부분이 하나님의 왕국과 관계를 맺고 있다. 그것은 다음과 같다.

(1) 산상설교, 혹은 하나님 나라의 법(5-7장).
(2) 하나님 나라 지도자들의 의무(10장).
(3) 하나님 나라의 비유(13장).
(4) 하나님 나라의 위대함과 용서(18장).
(5) 왕의 오심(24-25장).

수집과 조직 그 이상이 마태복음에는 있다. 마태복음이 기록된 시대는 인쇄술이 발명되지 못한 때여서 무엇이든 손수 써야 했기에 책이 거의 없었다는 것을 기억해야 한다. 이런 시대에는 책을 소유할 수 있는 사람이 거의 없었다. 따라서 그들이 예수의 교훈과 사실을 알고 싶거나 활용하고 싶을 때는 그것을 기억하지 않으면 안 되었다.

그러므로 마태는 항상 기사를 독자가 기억하기 쉬운 방법으로 정리했다. 그는 그 내용을 흔히 셋이나 일곱으로 배열했다. 요셉에게 세 가지 소식이 있었고, 베드로의 세 번 부인이 있었고, 빌라도의 세 가지 질문이 있었다. 13장에는 하나님 나라에 대해 일곱 가지 비유가 있다. 23장에는 서기관과 바리새인에게 말한 일곱 가지 화가 있다.

마태복음이 예수의 계보로 시작하는 것은 이런 것의 좋은 예다. 이 족보는 예수가 다윗의 아들이라는 것을 증명한다. 히브리어에는 숫자를 나타내는 문자가 없다. 숫자를 쓸 필요가 있을 때는 알파벳 글자로 숫자를 대신했다. 히브리어에는 모음이 없다. 히브리어로 다윗(David)이란 말을 쓰면 DWD다. 만일 이 글자를 문자가 아니라 숫자로 쓴다면 이것은 합계 14가 된다.

예수의 계보는 이름들을 셋으로 나눈 세 개 큰 부분으로 되어 있고, 각 부분에는 열네 개 이름이 있다. 마태는 사람들이 이해하고 기억할 수 있는 방법으로 예수의 교훈을 정리하고 체계화했다.

V. 끝으로 마태복음에는 궁극적인 특성이 있다. 마태복음의 중요한 관념은 **왕이신 예수의 왕권**을 나타내려는 의도로 쓰였다. 계보 바로 초두에 예수께서는 다윗의 아들임을 증명하고 있다(1:1-17). 다윗의 아들이란 말은 다른 어떤 복음서보다도 마태복음에서 더 자주 쓰이고 있다(15:22, 21:9, 21:15).

박사들은 유대인의 왕인 그를 찾아왔다(2:2). 승리의 입성은 그가 왕이심을 주장하기 위해 고의적으로 극화되었다(21:1-11). 빌라도 앞에서 예수께서는 의식적으로 왕이란 명칭을 인정하고 계신다(27:11). 조롱하기 위해 붙여진 것이긴 하지만 십자가 위에서도 그의 머리 위에 왕의 명칭이 붙었다(27:37).

산상 설교에서는 예수께서 율법을 다섯 번 인용하시고 그것을 다시 왕의 권위로 폐기하신다고 마태는 시사하고 있다. 이는 "그러나 나는 너희에게 이르노니…"(5:22, 34, 39)란 말에 나타난다.

예수의 최종적인 주장은 "모든 권세를 내게 주셨으니"(28:18)다. 마태복음에 나타난 예수의 모습은 왕으로 태어나신 인간의 모습이다.

마태복음의 어느 책장을 펼쳐도 예수께서는 왕이 입는 자색 옷과 금관을 쓴 모습으로 활보하신다. 마태복음의 관심은 사람들에게 예수 그리스도가 주(主) 되시고 나라와 권세와 영광이 참으로 그의 것임을 알게 하려는 것이다.

The Gospel of Matthew 01

왕의 계보

마태복음 1:1-17

1아브라함과 다윗의 자손 예수 그리스도의 계보라 2아브라함이 이삭을 낳고
이삭은 야곱을 낳고 야곱은 유다와 그의 형제들을 낳고 3유다는 다말에게서
베레스와 세라를 낳고 베레스는 헤스론을 낳고 헤스론은 람을 낳고 4람은 아
미나답을 낳고 아미나답은 나손을 낳고 나손은 살몬을 낳고 5살몬은 라합에
게서 보아스를 낳고 보아스는 룻에게서 오벳을 낳고 오벳은 이새를 낳고 6이
새는 다윗 왕을 낳으니라 다윗은 우리야의 아내에게서 솔로몬을 낳고 7솔로
몬은 르호보암을 낳고 르호보암은 아비야를 낳고 아비야는 아사를 낳고 8아
사는 여호사밧을 낳고 여호사밧은 요람을 낳고 요람은 웃시야를 낳고 9웃시
야는 요담을 낳고 요담은 아하스를 낳고 아하스는 히스기야를 낳고 10히스기
야는 므낫세를 낳고 므낫세는 아몬을 낳고 아몬은 요시야를 낳고 11바벨론으
로 사로잡혀 갈 때에 요시야는 여고냐와 그의 형제들을 낳으니라 12바벨론으
로 사로잡혀 간 후에 여고냐는 스알디엘을 낳고 스알디엘은 스룹바벨을 낳
고 13스룹바벨은 아비훗을 낳고 아비훗은 엘리아김을 낳고 엘리아김은 아소
르를 낳고 14아소르는 사독을 낳고 사독은 아킴을 낳고 아킴은 엘리웃을 낳

고 15엘리웃은 엘르아살을 낳고 엘르아살은 맛단을 낳고 맛단은 야곱을 낳고
16야곱은 마리아의 남편 요셉을 낳았으니 마리아에게서 그리스도라 칭하는
예수가 나시니라 17그런즉 모든 대 수가 아브라함부터 다윗까지 열네 대요
다윗부터 바벨론으로 사로잡혀 갈 때까지 열네 대요 바벨론으로 사로잡혀
간 후부터 그리스도까지 열네 대더라

마태복음의 서두 시작이 현대인에게는 이상하게 보일지 모른다. 바로 책 첫머리에 읽어 내기 어려운 긴 인명록을 내세운 것은 현대 독자에게는 권태로워 보일 수도 있다. 그러나 유대인에게는 아주 자연스럽고 흥미로운 것이며 어떤 개인이 생애를 서술하는 초두에 인명록을 기록하는 것은 사실 가장 원칙적인 방법이었다.

유대인은 족보에 대단한 흥미를 보였다. 마태는 이것을 예수 그리스도의 세계, 즉 비블로스 게네세오스(biblos geneseōs)라고 말한다. 유대인에게는 이것이 하나의 평범한 낱말이다. 즉, 이것은 몇 마디 설명이 붙은 한 개인의 계보 기록이라는 의미이고 이러한 해설이 필요하다는 정도다. 우리는 구약에서 흔히 유명한 사람들의 족보를 볼 수 있다(창 5:1, 10:1, 11:10, 11:27). 유명한 유대인 역사가 요세푸스(Josephus)는 자서전에서 자신의 계보로 서두를 하면서 공적인 기록은 이렇게 하는 것이 원칙이라고 말했다. 이와 같이 유대인이 족보에 관심을 가지는 이유는 유대인에게 혈통의 순수성은 가장 큰 출세 가능성을 보장해 주는 것이었기 때문이다.

어떤 사람이 다른 민족의 혈통과 조금이라도 섞였다면 그는 유대인으로서 하나님의 백성이라는 권리를 상실하게 된다. 예를 들면 제사장은 그 족보가 아론에 이르기까지 단절되지 않은 기록이 있어야 한다. 제사장의 결혼 상대자는 적어도 5대까지 혈통이 순수해야 한다.에스라가 여호와 예배를 재조직하고 백성이 포로에서 돌아오고, 그가 다시 제사장의 직책을 수행할 때 하바야 자손과 학고스 자손과 바르실래 자손은 사제직에서 제외되었고 부정한 자로 낙인 찍혔는데, 그 이유인즉 자신들의 계보에서 이름을 찾지 못했기 때문이다(스 2:61, 62).

계보의 기록은 사실상 산헤드린 의회에서 보관했다. 대헤롯은 에돔인과 반

(半)혼혈이어서 순수 혈통인 유대인에게 항상 멸시를 당했다. 그래서 헤롯까지도 공무상의 계보를 근절시켜 아무도 자기보다 더 순수한 혈통이라고 내세울 수 없도록 할 만큼 계보에 대해 집착했다. 이런 사실을 볼 때 우리는 유대인들이 계보를 얼마나 중요시했는지 알 수 있다.

이 본문이 우리에게는 관심 밖의 구절일지 모르지만 유대인에게는 예수의 혈통이 아브라함으로까지 더듬어 올라갈 수 있다는 것이 대단히 인상적인 사실이었을 것이다.

이제 이 계보가 대단히 용의주도하게 배열되어 있다는 것에 더욱 주목할 필요가 있다. 이 계보는 열네 명이 한 구분이 된 세 구분으로 되어 있다. 이것은 기억술처럼 기억하기 편리하도록 배열했다는 것을 의미한다. 복음서들은 인쇄된 책이 나오기 백여 년 전에 기록된 것이기 때문에 복음서 사본을 소유할 수 있는 사람은 극소수였다. 따라서 다른 사람들은 그냥 기억할 수밖에 없었다.

히브리 사람들에게는 숫자를 나타내는 독립된 부호가 없었다. 우리가 A를 1로 B를 2로 사용하는 것처럼 그들은 알파벳 글자로 숫자를 나타냈다. 히브리어 다윗(David)이란 이름의 자음은 DWD다. 히브리어에서 D는 4로 표기되고 W는 6으로 표기된다. 그러므로 DWD는 4+6+4를 말하고 이것은 도합 14가 된다. 이 계보는 예수께서 다윗의 후손임을 증거하고, 사람들이 그것을 기억해 간직하기 쉽도록 정리한 것이다.

세 단계

마태복음 1:1-17(계속)

이 계보의 배열 방법에는 인류 전체의 삶을 상징하는 무엇인가 있다. 이 계보는 세 구분으로 정리되어 있는데 이 구분은 유대 역사에 나타난 세 가지 역사적 단계에 기초하고 있다. 첫 구분은 다윗까지 역사다. 다윗은 이스라엘을 한 국가로 통합하고 유대를 세계의 강국으로 만든 사람이다. 첫 구분은 이스라엘에서 가장 위대한 왕이 출현하기까지 역사다. 둘째 구분은 바벨론에 포로로 잡혀가기까지 역사다. 이것은 이스라엘의 수치와 비극과 멸망에 대한 이야기다. 셋째 구분은 예수 그리스도에 이르는 역사다. 예수 그리스도는 인류를 노예 상태에서 해방하셨고 재난에서 구하신 분이다. 그분 안에서만 비극이 승리로 전환될 수 있다. 이러한 세 구분은 인류 정신사의 세 단계를 보여 준다.

I. 인간의 위대성. 하나님이 자기 형상, 곧 하나님의 형상대로 사람을 창조하시되(창 1:27), 하나님이 이르시기를 우리의 형상을 따라 우리의 모양대로 우리가 사람을 만들고(창 1:26), 사람은 하나님의 형상을 따라 지음 받았다. 사람을 향한 하나님의 꿈은 **위대해지기를** 바라는 꿈이다. 사람은 하나님과 사귈 수 있도록 지음 받았다. 하나님은 사람을 당신과 아주 유사한 형질로 지으셨다. 로마의 사상가 키케로(Cicero)는 "사람과 신의 차이는 시간상에서만 존재한다"라고 말했다. 사람은 본질적으로 왕이 되도록 태어난 존재다.

II. 위대성의 상실. 사람은 하나님의 종이 되는 대신 죄의 종이 되었다. 체스터톤(G. K. Chesterton)은 사람에 대해 "사람은 참되다는 것 외에는 되어야 할 것이 없다"라고 말했다. 사람은 자신의 자유 의지를 하나님과 교제하고 사귀는 데 사용하기보다는 하나님을 배반하고 불순종하는 데 사용했다. 사람은 하나님의 친구가 되기보다 그의 반역자가 되었다. 그리고 자신을 하나님의 창조의 경륜과 계획을 헛되게 하는 데 버려두었다.

III. 위대성의 회복. 사람이 이렇게까지 되자 하나님은 사람이 자기 마음대로 좌지우지하도록 버려두시지 않았다. 하나님은 사람이 우둔함 때문에 멸망하는 것을 허락하시지 않았다. 역사가 비극적인 종말을 맞도록 버려두시지 않은 하나님은 죄의 타락에서 인간을 구하시고자, 인간을 얽어매고 있는 죄의 사슬에서 해방시키시고자, 상실해 버린 하나님과의 교제를 회복시키시고자 자신의 아들 예수 그리스도를 이 땅에 보내셨다.

마태는 이 계보에서 왕권을 받음, 자유를 상실한 비극, 되찾은 자유의 영광을 보여 주고 있다. 이것은 하나님의 자비 안에 있는 인류 역사이며 각 개인의 역사다.

인간의 꿈의 실현

마태복음 1:1-17(계속)

여기서는 예수에 대한 두 가지 특수한 사실을 강조하고 있다.

I. 다윗의 아들이란 사실을 강조한다. 사실상 이 계보를 기록한 목적은 주로 이 사실을 입증하기 위한 것이다. 이 사실을 바로 신약성경이 거듭 강조한다. 베드로는 초기에 기록된 교회의 설교에서 이 사실을 말했다(행 2:29-36). 바울은 "그의 아들에 관하여 말하면 육신으로는 다윗의 혈통에서 나셨고"(롬 1:3)라고 말했다. 목회서신 저자는 "다윗의 씨로 죽은 자 가운데서 다시 살아나신 예수 그리스도를 기억하라"(딤후 2:8)고 말했다. 요한계시록 저자는 부활하신 예수를 "나는 다윗의 뿌리요, 자손이니"(계 22:16)라고 기록하고 있다.

이는 복음서에서도 발견된다. 눈멀고 벙어리 된 자를 예수께서 고치시니 무리가 다 놀라 "이는 다윗의 자손이 아니냐"(마 12:23)라고 외쳤다. 자신의 딸을 고쳐 주기를 청한 가나안 여자는 "다윗의 자손이여"(마 15:22)라고 소리 질렀다. 소경들도 예수께 나아와서 "다윗의 자손이여"(마 20:31)라고 외쳤다. 예수께서 예루살렘에 마지막으로 입성하실 때 사람들이 그를 다윗의 자손으로 환영했다(마 21:9-15).

여기에는 큰 의미가 있다. 예수를 다윗의 자손이라고 말하는 사람들은 분명히 일반 서민과 평범한 백성이었다. 그들은 자신들이 하나님의 선민임을 절대 잊지 않았고 잊을 수도 없었다. 유대인들은 대망의 백성이었다. 그들의 역사는 하나의 장구한 재난의 연속이었고 오랫동안 속국의 국민이었지만, 절대 자신들에게 다가올 섭리는 잊지 않았다. 정의로 자신들의 것이 되리라고 믿는 그 영광으로 이끌어 주실 다윗의 후손이 이 땅에 오시는 것이 일반 백성의 꿈이었다. 다시 말해 예수께서는 그 꿈의 응답인 셈이다. 그러나 그들은 그것을 바르게 보지 못했다. 그들은 이 꿈의 응답을 권력과 부와 물질적인 풍요로 생각했고, 그들이 갈망하던 야욕의 실현으로 생각했다. 그러나 인간의 평화와 사랑, 완성과 만족은 예수 그리스도 안에서만 찾을 수 있다.

예수 그리스도와 그가 주시는 삶이 인간의 모든 꿈에 대한 응답이다. 구약의 요셉 이야기를 보면 그 사실 자체를 훨씬 넘어서는 내용이 있다. 요셉이 감옥에 있을 때 바로의 술 맡은 관원과 떡 맡은 관원이 요셉과 함께 감옥에 있었다. 그들은 각자 꿈을 꾸었는데 그 꿈이 그들을 근심케 했다. 그들은 "우리가 꿈을 꾸었으나 이를 해석할 자가 없도다"(창 40:8)라고 말했다. 그들은 영원의 아들이고 언제나 자신의 꿈으로 괴로움을 당하는 인간이었기 때문이다. 꿈을 실현하는 유일한 길은 예수 그리스도 안에만 있다.

II. 예수께서는 구약 예언의 성취임을 강조한다. 예수 안에서만 예언자들의 예언은 참되게 나타난다. 오늘날에는 예언을 거의 취급하지 않는 경향이 있다. 신약성경에서 성취된 구약성경 말씀에 대해서는 사실상 관심이 거의 없다. 예언에는 우주는 목적이 있고, 계획과 경륜이 있으며, 하나님은 일어날 사건에 대해 의미를 주시고 의지하신다는 위대한 진리가 있다.

위더스(J. H. Withers)는 게럴드 훨리의 희곡 《검은 이방인(*The Black Stranger*)》"에서 다음과 같은 말을 인용하고 있다. 그 희곡에는 19세기 중엽 무서운 기근이 든 아일랜드의 상황이 나타난다.

빈민을 위해 무엇인가 하려고 했지만 마땅한 해결 방법이 없어 정부는 사람들에게 목적이나 목표도 없이 길을 닦게 했다. 미카엘이 이것을 보고는 집에 와서 대단히 이상하다는 듯이 아버지에게 "저 사람들은 목적 없는 길을 닦고 있습니다"라고 말했다.

예언을 믿는 자는 절대 이런 말을 하지 않는다. 역사는 결코 목적 없는 길이 아니다. 우리 조상들과 같은 방법으로 예언을 사용하지는 않겠지만 예언 배후에는 삶과 세계가 목적 없는 길에 놓인 것이 아니라, 하나님의 목적을 향한 길에 있다는 영원한 사실이 있다.

의인이 아닌 죄인

마태복음 1:1-17(계속)

이 계보에서 대단히 놀라운 것은 여기에 나타난 여자들의 이름이다. 유대인 계보에 여자들의 이름이 기록된다는 것은 보통 일이 아니다. 여자는 법률상의 권리가 없다. 여자는 하나의 인격이 아니라 물건으로 간주되었다. 여자는 단순히 그 여자의 아버지나 남편의 소유였고 그들이 원하는 대로 처분할 수 있었다. 아침 기도문의 규례적인 형식을 보면 유대인들은 하나님께서 자신들을 이방인이나 노예나 여자로 만들지 않은 것에 감사하고 있다.

어떤 계보든 여자들의 이름이 실렸다는 것은 대단히 놀랍고 특이한 사건이었다. 무엇보다 이 여자들이 누구며 어떤 일을 하던 사람들인가를 알게 되면 더욱 놀라게 된다. 라합은 여리고의 기생이었다(수 2:1-7). 룻은 유대인 여자가 아닌 모압 여자였고(룻 1:4) 율법까지 범했다. "암몬 사람과 모압 사람은 여호와의 총회에 들어오지 못하리니 그들에게 속한 자는 십 대뿐 아니라 영원히 여호와의 총회에 들어오지 못하리라"(신 23:3)고 말했다. 룻은 이방인이었고 미움 받는 백성에게 속한 여자였다. 다말은 고의적으로 사람을 유혹하는 간부였다(창 38장). 솔로몬의 어머니 밧세바는 다윗이 용인할 수 없는 잔인한 수법으로 그녀의 남편 우리아에게서 빼앗은 여자였다(삼하 11-12장). 마태가 얼토당토않는 이들에 대해 구약성경을 샅샅이 살펴보았다면 예수 그리스도의 조상으로는 내세우지 못했을 것이다. 그러나 분명히 여기에는 훌륭한 무엇이 있다. 이 복음 첫머리는 예수 그리스도 안에 있는 하나님의 복음, 바로 그 본질을 상징적으로 보여 준다. 즉, 마태는 여기에서 모든 장벽이 무너져 버리는 사실을 나타내 보이고 있다.

I. **유대인과 이방인 사이의 장벽이 무너짐.** 여리고 여인 라합과 모압 여인

룻은 예수 그리스도의 족보에 들어 있다. 이것은 이미 그리스도 안에는 유대인도 없고 헬라인도 없다는 위대한 진리다. 여기 서두에 복음과 하나님의 사랑의 보편주의가 나타나 있다.

II. 남자와 여자 사이의 장벽이 무너짐. 평범한 계보에서는 어떤 여자의 이름도 보이지 않는다. 그러나 예수의 계보에는 여자들의 이름이 나온다. 여자를 천대하는 시대는 지났다. 하나님 앞에서는 남자나 여자나 모두 소중하고 그의 목적을 위해서 모두 중요하다.

III. 성도와 죄인 사이의 장벽이 무너짐. 하나님은 아무리 큰 죄인이라도 당신의 목적을 위해 쓰시고 당신의 일을 계획하시는 일에 합당케 하신다. "나는 의인을 부르러 온 것이 아니요 죄인을 부르러 왔노라 하시니라" (마 9:13).

이 복음의 첫머리에서 우리는 모든 것을 포용하시는 하나님의 사랑의 넓이를 엿볼 수 있다. 하나님은 훌륭한 정통 교단으로 공포에 떨며 쫓겨난 자들 가운데서 자신의 종을 찾아내실 수 있다.

구세주가 세상에 오심

마태복음 1:18-25

[18]예수 그리스도의 나심은 이러하니라 그의 어머니 마리아가 요셉과 약혼하
고 동거하기 전에 성령으로 잉태된 것이 나타났더니 [19]그의 남편 요셉은 의
로운 사람이라 그를 드러내지 아니하고 가만히 끊고자 하여 [20]이 일을 생각
할 때에 주의 사자가 현몽하여 이르되 다윗의 자손 요셉아 네 아내 마리아
데려오기를 무서워하지 말라 그에게 잉태된 자는 성령으로 된 것이라 [21]아들
을 낳으리니 이름을 예수라 하라 이는 그가 자기 백성을 그들의 죄에서 구원
할 자이심이라 하니라 [22]이 모든 일이 된 것은 주께서 선지자로 하신 말씀을

이루려 하심이니 이르시되 [23]보라 처녀가 잉태하여 아들을 낳을 것이요 그의
이름은 임마누엘이라 하리라 하셨으니 이를 번역한즉 하나님이 우리와 함께
계시다 함이라 [24]요셉이 잠에서 깨어 일어나 주의 사자의 분부대로 행하여
그의 아내를 데려왔으나 [25]아들을 낳기까지 동침하지 아니하더니 낳으매 이
름을 예수라 하니라

서구 사람들의 사고방식으로는 이상의 본문에 있는 부부관계는 상당히 갈피를 잡기 어려운 것이다. 첫째 요셉은 마리아와 약혼한 상태였는데 조용히 끊고자 했다. 그런데 주의 사자는 마리아를 그의 아내라고 말하고 있다. 이러한 관계는 바로 정상적인 유대인의 결혼 절차를 말하고 있다. 유대인의 결혼은 세 절차가 있다.

I. 약혼은 흔히 어릴 때 했다. 약혼은 양친에 의해서 혹은 전문 중매인에 의해 성립되었다. 그리고 흔히 당사자들이 맞선을 보는 일이 없이 이루어졌다. 결혼은 너무나 진지한 것이어서 인간의 애정이나 마음에 따를 수 없게 되어 있었다.

II. 정혼은 남녀가 이미 거행한 약혼을 재가하는 것이라 할 수 있다. 양친이나 중매인에 의해 맺어진 약혼은 여자가 더 이상 진행시키기 싫어한다면 파약할 수 있었다. 그러나 일단 정혼이 성립되면 절대적인 구속력을 가졌다. 이것은 1년 동안 계속된다. 그 1년 동안은 비록 남편과 아내의 권리는 없지만 남편과 아내로 인정된다. 정혼은 이혼이 아니고는 어떤 다른 방법으로도 폐지할 수 없었다. 우리는 유대인 법에서 종종 기이한 낱말을 볼 수 있다. 정혼 기간인 1년 내에 약혼자가 죽어 버린 여자는 "과부 처녀"라고 부른다. 요셉과 마리아는 바로 이 단계였다. 그들은 정혼한 사이였다. 요셉이 정혼을 취소하고자 했다면 이혼 이외의 다른 방법으로는 취소할 수 없었을 것이다. 정혼 기간인 1년 동안 마리아는 합법적으로 요셉의 아내로 인정받는 것이었다.

III. 결혼은 정혼 기간이 끝날 때 성립되었다. 정상적인 유대 결혼 관습을 상기해 볼 때, 이 본문에 나타나는 마리아와 요셉의 관계는 완전히 정상적이고 분명한 관계다.

마리아가 아들을 잉태했고, 그 아들은 성령으로 잉태되었으며, 이름은 예수라 하라고 요셉에게 말한 것이 이 단계다. 예수께서는 유대 이름 여호수아의 헬라식 표기법이고 여호수아란 **여호와는 구원이시다**는 의미다. 오래전에 시편 기자는 하나님이 "그가 이스라엘을 그의 모든 죄악에서 속량하시리로다"(시 130:8)라고 하시는 말씀을 들었다. 요셉은 태어날 아기가 하나님의 백성을 그들의 죄에서 구원하실 구세주라는 사실을 들었다. 예수께서는 왕으로 태어나신 자일 뿐 아니라 구세주로 태어나신 자다. 그는 자신을 위해서가 아니라 인간을 위해 그리고 우리의 구원을 위해 오셨다.

성령으로 나심

마태복음 1:18-25(계속)

이 본문은 예수께서 어떻게 성령으로 나셨는지를 말하고 있다. 즉, 소위 동정녀 탄생에 대해 말하고 있다. 동정녀 탄생은 많은 어려운 문제가 있는 교리다. 이것은 교회가 문자적으로나 생리적인 의미 그대로 수용하기를 강요하지는 않는 교리로서 교회가 자신의 신앙과 결단으로 도달할 충분한 자유를 갖고 있는 교리들 중 하나다. 여기서는 단지 이것이 우리에게 무엇을 의미하는지에 대해서만 생각해 보고자 한다.

우리가 이 구절들을 새로운 눈으로, 그리고 처음 읽는 것처럼 생각하고 읽어보면 예수의 탄생은 동정녀 탄생보다는 오히려 성령의 역사라는 점을 더 강조한다는 사실을 발견할 것이다. "성령으로 잉태된 것이 나타났더니", "그에게 잉태된 자는 성령으로 된 것이라." 이 문장들은 마치 밑줄을 긋고 큰 활자로 써서 강조하는 것처럼 보인다. 그러면 예수 탄생에 특별히 성령이 역사했다는 것은 무엇을 의미하는가? 이제 의심스러운 것이나 논쟁해 볼 만한 것들은 보류해 두고 마태가 우리에게 강조하고 싶어 했던 그 커다란 진리에 초점을 모아 보자. 유대 사상에서 성령은 명백한 기능을 갖고 있었다. 우리는 성령에 대한 기독교인의 생각을 여기에다 끌어 붙일 수는 없다. 요셉은 이것을 전혀 몰랐기 때문이다. 우리는 이것을 성령에 대한 유대인의 관념에 비추어 해석해야 한다. 그것이 이 소식을 받은 관념이고 그가 아는 전부이기 때문이다.

I. 유대 사상으로 볼 때 "성령은 하나님의 진리를 인간에게 전달하는 인격" 이다. 예언자들에게 말할 것을 가르친 분, 하나님의 사람들이 무엇을 해야 할지를 가르치는 분, 여러 시대와 세대를 일관하여 하나님의 진리를 인간에게 전달한 분이 성령이다. 그래서 예수께서는 하나님의 진리를 인간들에게 전달하는 한 사람이다. 다른 각도에서 생각해 보자. 예수께서는 하나님이 무엇을 기뻐하시는지, 하나님이 우리가 어떻게 되기를 바라는지를 말할 수 있는 한 사람이다. 예수를 통해서만 하나님이 기뻐하시는 것이 무엇인지, 사람이 무엇과 같이 되어야 하는지를 보게 된다. 예수께서 오시기 전까지 인간은 하나님에 대해 어두웠고 때로는 아주 틀린 관념을 갖고 있었다. 즉, 인간들은 기껏해야 하나님에 대해 가상해 보거나 더듬어 찾을 수밖에 없었다. 그러나 예수께서는 "나를 본 자는 아버지를 보았거늘"(요 14:9)이라고 말할 수 있었다. 예수에게서가 아니고는 어느 곳에서도, 사랑, 긍휼, 자비를 볼 수 없고 하나님을 찾는 마음과 하나님의 정결하심을 볼 수 없다. 예수의 오심으로 가상의 시간은 지나가고 확실성의 시간이 왔다. 예수께서 오시기 전에는 사실상 인간은 신성이 무엇인지 전혀 알지 못했다. 예수 안에서만 우리는 참된 인간성, 참된 신성, 하나님의 뜻에 대한 참된 순종을 보게 된다. 예수께서는 하나님에 대한 진리와 우리에 대한 진리를 전하러 오셨다.

II. 유대인은 성령이란 하나님의 진리를 인간에게 전달할 뿐만 아니라 "인간이 그 진리를 보고 알게 할 수 있는 자"라고 믿었다.

그렇다면 예수께서는 진리를 볼 수 있도록 인간의 눈을 여시는 분이다. 인간은 자신의 무지로 눈이 멀었고, 자신의 편견 때문에 방황하게 되었고, 마음과 눈은 죄와 정욕으로 어두워졌다. 예수께서는 우리의 눈을 뜨게 해 마침내 진리를 볼 수 있게 하신다.

윌리엄 J. 록의 소설에 나오는 이야기다. 상당한 재산을 가진 여자가 반평생 여행과 미술 관람으로 보내며 돈을 낭비했다. 여자는 마침내 지쳐 싫증이 났다. 그때 여자는 이 세상의 물질이라고는 거의 갖고 있지 않으나 박식하고 아름다움에 대해 깊은 애정을 가진 한 프랑스인을 만났다. 그가 소유한 것은 여자가 소유한 물질과는 완전히 달랐다. 그때서야 비로소 여자는 깨닫고 그에게 "나는 무엇이 좋은 것인지 전혀 알지 못했군요. 선생님이 저에게 인생을 보는 방법을 가르쳐 주셨습니다"라고 말했다.

예수께서 우리에게 사물을 보는 방법을 가르쳐 주실 때 우리 인생은 완전히 달라진다.

우리가 인생을 진실하게 볼 수 있도록 눈을 열어 주시기 때문에 예수께서 우리 마음에 오시면 우리는 사물을 완전히 다른 각도로 보게 된다.

창조와 재창조

마태복음 1:18-25(계속)

III. 유대인에게 특히 하나님의 영은 창조 역사와 관계가 있다. 하나님은 창조의 역사를 자신의 영을 통해 행하신다. "땅이 혼돈하고 공허하며 흑암이 깊음 위에 있고 하나님의 영은 수면에 운행하시니라"(창 1:2).

시편 기자는 "여호와의 말씀으로 하늘이 지음이 되었으며 그 만상을 그의 입 기운으로 이루었도다"(시 33:6, 입김과 영을 뜻하는 말인 히브리어 루아하〈ruach〉와 헬라어 프뉴마〈pneuma〉는 같은 말이다.) "주의 영을 보내어 그들을 창조하사"(시 104:30)라고 욥은 노래했으며, "하나님의 영이 나를 지으셨고 전능자의 기운이 나를 살리시느니라"(욥 33:4)라고 말했다. 그 영은 세상을 창조하신 창조주시고 생명을 주신 자다.

그러므로 생명을 주시고 창조하시는 하나님의 능력이 예수 안에서 세상에 오신 것이다. 예수 안에서 하나님의 생명과 능력이 세상에 들어왔다. 태초의 혼돈을 질서로 변화시킨 바로 그 능력이 우리의 무질서한 삶에 질서를 주기 위해 오셨다. 생명이 없는 세계에 생명을 불어넣으신 바로 그 능력이 연약하고 좌절된 우리의 실존 속에 생명을 불어넣어 주기 위해 오셨다.

이 말은 다음과 같이 바꾸어 말할 수 있다. 즉, 예수께서 우리의 삶에 들어오셔야 비로소 우리는 진실로 사는 것이다.

IV. 유대인에게는 그 영이 창조의 역사와 관계 있을 뿐 아니라 "재창조"의 역사와도 관계가 있다. 에스겔은 무서운 뼈의 골짜기의 환상을 보고 그 뼈가 어떻게 다시 살아나는지를 말해 주고 있는데, 하나님은 그에게 "내가 생기로 너희에게 들어가게 하리니 너희가 살리라"(겔 37:1-14 참조)고 말씀하셨다. 랍비들은 이런 격언을 갖고 있었다. 즉, "하나님이 이스라엘에게 말씀하시기를 '현세에서는 나의 영이 너희 안에 지혜를 주려니와 장래에는 너희를 다시 살게 하리라' 고 하셨다." 인간이 죄와 무기력으로 마음과 영혼과 심령이 죽었을 때 그들을 다시 새롭게 일으키실 수 있는 분은 하나님의 영이시다.

그러므로 예수 안에서만 생명을 다시 만드시고 재창조하시는 능력이 세상에 오신다. 그는 죄 때문에 죽은 영혼을 다시 살리실 수 있으며 죽어 버린 이상(理想)을 다시 살리실 수 있다. 그는 소멸해 버린 선에 대한 의지를 다시 강하게 하실 수 있다. 그는 생명이 의미하는 모든 것을 상실했을 때 그 생명을 다시 새롭게 하시고 재창조하신다.

이 본문은 예수 그리스도의 동정녀 탄생이라는 단순한 사실 그 자체보다 훨씬 깊은 의미가 있다.

여기에서 마태가 말하는 내용의 핵심은 이 세상에서 전에는 결코 없었던 성령의 활동이 예수의 탄생으로 역사하셨다는 것이다. 하나님의 진리를 사람에게 가져다준 이는 성령이다. 인간이 진리를 만날 때 그 진리를 인식할 수 있게 한 분,

세계 창조에서 하나님의 대행자, 인간이 마땅히 소유해야 할 생명을 상실했을 때 인간 영혼을 재창조하실 수 있는 분이 성령이다.

예수께서는 우리에게 하나님의 본체가 무엇인지, 인간이 어떤 존재가 되어야 하는지를 보여 주셨다. 예수께서는 우리를 위한 하나님의 진리를 볼 수 있도록 우리 마음의 눈을 뜨게 하신다. 예수께서는 인간 가운데 오신 창조의 능력이다. 예수께서는 인간의 영혼을 사망의 죄에서 해방시킬 수 있는 재창조의 능력이다.

The Gospel of Matthew 02

왕의 출생처

마태복음 2:1-2

[1]헤롯 왕 때에 예수께서 유대 베들레헴에서 나시매 동방으로부터 박사들이
예루살렘에 이르러 말하되 점성가들이 [2]유대인의 왕으로 나신 이가 어디 계
시냐 우리가 동방에서 그의 별을 보고 그에게 경배하러 왔노라 하니

예수께서 나신 곳은 베들레헴이다. 베들레헴은 예루살렘에서 남방으로 6마일 떨어진 아주 작은 마을이다.

옛적에는 에브랏이나 에브라타라고 불렸다. **베들레헴**이란 말은 **떡집**이란 의미를 갖고 있다. 베들레헴 주위에는 비옥한 들이 있어서 떡집이란 이름은 적합한 이름이었다. 이 마을은 높이가 2,500피트 이상이나 되는 회색빛 나는 석회암 산등성이에 자리 잡고 있다. 이 산꼭대기는 양쪽 끝으로 정상이 각각 솟아 있고 그 가운데는 마구간처럼 되어 있다. 이 위치를 잘 보면 산으로 된 원형극장 가운데 있는 마을같이 보인다.

베들레헴은 긴 역사를 갖고 있다. 야곱이 라헬을 그곳에 장사지냈고 그 무덤 곁에 돌비를 세웠다(창 35:20, 48:7). 보아스와 결혼하여 베들레헴에서 살았던(룻

2:1) 룻은 그곳에서 요단 건너편 자신의 고향 땅인 모압 땅을 볼 수 있었다.

그러나 무엇보다도 베들레헴은 다윗의 고향이었고 그의 성이었다(삼상 16:1, 17:12, 20:6). 그리고 다윗은 산성에 도피해 있을 때 베들레헴의 우물을 사모하였다(삼하 23:14, 15). 후에 르호보암이 베들레헴을 방비하는 성읍으로 건축하였다(대하 11:6). 그러나 이스라엘 역사에서나 그 백성의 마음에 베들레헴은 유일한 다윗의 성으로 기억되어 있다. 하나님이 자신의 백성의 위대한 구원자를 보낸 것은 다윗의 혈통을 통해서였다.

예언자 미가가 "베들레헴 에브라다야, 너는 유다 족속 중에 작을지라도 이스라엘을 다스릴 자가 네게서 내게로 나올 것이라 그의 근본은 상고에, 영원에 있느니라" (미 5:2)라고 말한 바와 같다.

유대인이 다윗의 큰 자손이 태어나리라고 기대한 곳은 다윗 성 베들레헴이었다. 그들이 하나님의 기름 부은 자가 세상에 오실 것을 기대한 곳이 베들레헴이었으며 그것은 사실로 나타났다. 예수의 탄생처인 마구간과 말구유는 우리 마음속에 잊을 수 없는 강렬한 인상을 남긴다. 그러나 이 상상이 정확하지 않을지도 모른다. 훌륭한 초대 교부들 중 한 사람인 순교자 저스틴(Justin Martyr)은 주후 150년경 사람으로서 베들레헴에서 가까운 지방 출신인데 그는 예수께서 베들레헴 마을에서 가까운 한 동굴에서 태어나셨다고 말한다(저스틴, 《트리포와의 대화(*Dialogue with trypho*)》 78,304). 저스틴의 말이 옳을지도 모른다.

베들레헴에 있는 집들은 석회암으로 된 산의 경사면에 세웠는데, 집 바로 밑쪽의 석회암을 파내 마구간 같은 동혈을 만들어 가축을 위해 쓰는 것이 일반적이었다. 이것은 예수께서 태어나신 곳이 이러한 동혈 마구간이라는 것과 대단히 흡사한 것 같다.

오늘날 이러한 동굴은 예수의 탄생처로 관광지가 되었으며 그 동굴 위에는 큰 로마 교회의 성탄교회(Roman Church of Nativity)가 세워져 있다. 오랫동안 동굴은 예수의 피난처로 관광객들을 맞이했다. 로마 황제 하드리안이 통치할 당시, 하나님을 모독할 의도로 그 장소에 이방인의 신 아도니스(Adonis)에 대한 신전을 세웠다. 로마 제국이 4세기 초에 기독교 국가가 되었을 때, 첫 기독교인 황제인 콘스탄틴은 그곳에 큰 교회를 세웠는데 그 교회는 지금도 서 있다.

모튼(H. V. Morton)은 베들레헴에 있는 성탄교회를 순례했을 당시 다음과 같이 묘사했다.

한 큰 벽이 있는 데까지 갔다. 거기에는 문이 하나 있는데 문이 얼마나 낮은지 키가 아무리 작은 사람도 들어가려면 허리를 굽혀야 했다. 그 문을 통과하면 벽의 맞은편에 성탄교회가 있다. 그 교회의 높은 제단 아래에 바로 그 동혈이 있다. 그 안에 들어가자 거기에는 길이가 약 4.2미터 정도, 넓이가 약 3.7미터가량 되는 자그마한 어두운 동굴이 있는데, 그 안에는 53개의 은 등잔에 불이 켜져 있다. 바닥에는 별 모양이 있고 그 둘레로 다음과 같은 라틴어가 새겨져 있다. "여기에서 예수 그리스도가 동정녀 마리아에게서 태어나셨다."

영광의 주가 이 땅에 오셨을 때는 가축을 보호했던 동혈에서 태어나셨다. 베들레헴 성탄교회 안에 있는 이 동굴이 예수께서 태어나신 그 동굴인지 아닌지는 확신할 수 없다. 그러나 동굴이 있는 교회의 문이 아주 낮아서 거기에 들어가는 사람은 누구나 몸을 굽혀야 한다는 것은 아름다운 상징이다. 그 상징에 아름다운 무엇이 있다. 즉, 모든 사람이 무릎을 꿇고 어린 예수께 나아가야 한다는 것이다.

동방에서 온 자

마태복음 2:1-2(계속)

예수께서 베들레헴에 태어났을 때 동방의 박사들이 경배하러 왔다. 이들은 매기(Magi)라고 불렀는데 이는 번역하기 어려운 말이다. 헤로도투스(Herodotus, 1:101-132)는 매기라고 불리는 사람들에 대한 확실한 지식을 제공한다. 매기란 본래 한 메디아(media: 서남아시아의 옛 왕국) 종족이다. 메데스(Medes)는 파사 제국의 일부였다. 그들은 파사를 무너뜨리고 메데스의 세력을 세우고자 했으나 실패했다. 그때부터 매기는 권력이나 특권을 쟁취하겠다는 야망을 버렸고 사제직을 담당하는 종족이 되었다. 파사에서 그들의 위치는 이스라엘의 레위 족속 위치와 거의 똑같았다. 그들은 파사 왕들의 교사나 지도자가 되었다. 파사에서는 매기가 없으면 제물을 헌납할 수 없었다. 그들은 경건과 지혜의 사람들이었다.

매기들은 철학, 의학, 자연과학에 정통한 전문가들이었고 예언자였으며, 꿈을 해석하는 사람들이었다. 후에 가서 바뀐 마구스(Magus)란 말은 훨씬 낮은 의미로 점쟁이, 박수, 마술사, 야바위꾼 따위를 의미하게 되었다. 이런 예로는 박수 엘루마(행 13:6–8), 보통 요술사 시몬이라고 불린 시몬이 있다(행 8:9–11). 그러나 좋은 의미에서 매기는 그와 달리 선하고 경건한 사람들이었으며 진리를 탐구하는 사람들이었다.

당시에는 누구나 점성술을 믿었다. 그들은 별을 보면 미래를 예언할 수 있다고 믿었고, 인간의 운명은 태어날 때 바로 그 위에 있는 별에 의해 결정된다고 믿었다. 박사들의 신앙이 어땠는지는 쉽게 알아볼 수 있다. 별들은 변하지 않는 항로를 따라 움직인다. 이 별들은 우주의 질서를 나타낸다. 그런데 갑자기 어떤 별 하나가 빛나고, 변하지 않는 하늘의 질서가 어떤 특별한 현상 때문에 부서진다면 이것은 하나님이 자신의 질서를 깨뜨리시고 어떤 특별한 것을 알리시는 것이었다.

우리는 이 세 박사가 어떤 밝은 별을 보았는지 알 수 없다. 여기에 많은 암시들이 제시되어 있다. 주전 약 11세기경에 핼리(Halley) 혜성이 하늘을 가로질러 찬란하게 지나가는 것을 볼 수 있었다. 약 주전 7세기경에는 밝게 빛나는 토성과 목성의 결합이 있었다. 주전 5 내지 2 세기에는 비정상적인 천문학 현상이 있었다. 이때 이집트의 메소리(mesori)라는 달의 첫날에 천랑성인 시리우스(sirius)가 태양이 뜨는 때 함께 떠서 대단히 찬란하게 빛났다.

지금 메소리라는 성좌의 이름은 **왕자의 탄생**을 의미하고 고대 점성가들에게는 이러한 별이 의심할 바 없이 어떤 위대한 왕의 탄생을 의미하곤 했다.

우리는 매기들이 본 것이 무슨 별인지 말할 수 없다. 그러나 천체를 살피는 것이 그들의 직업이었고, 하늘의 어떤 찬란한 빛이 그들에게 왕이 새로 오셨음을 말해 줬다.

이 박사들이 왕을 만나기 위해 동방에서 떠나왔다는 것이 이상하게 생각될지 모른다. 그러나 예수께서 나실 바로 그 당시 온 세계는 왕의 오심을 대망하는 이상한 기다림이 가득했다. 로마 역사가들까지도 이 사실을 알았다. 얼마 후, 즉 베스파시안(Vespasian) 황제 당시에 수에토니우스(Suetonius)는 "온 동방에는 유대로부터 세계를 통치할 자들이 올 시기가 결정되었다는 오래된 확고한 신념이 널리 퍼져 있었다"고 말한다(수에토니우스, 《베스파시안의 생애(*Life of Vespasian*)》 4:5). 탁티우스(Tactius)도 "이때에 동방은 세력을 얻게 되고… 유대로부터 나온 통치자들이 천하의 제국을 획득할 것이라는 확고한 신념이 있었다"라고 말한다(탁티우스, 《역사서(*Histories*)》 5:13). 유대인들은 "그때 자신들의 땅에서 난 자가 사람이 거주하는 온 땅의 통치자가 되리라고 믿었다"(요세푸스〈Josephus〉, 《유대 전쟁사(*Wars of the Jews*)》 6:4, 5). 조금 뒤의 일이지만 아르메니아의 왕 티리다테스(Tiridates)는 그의 수종원인 매기들과 함께 로마에 있는 네로 황제를 방문했다(수에토니우스, 《네로의 생애(*Life of Nero*)》 13:1). 우리는 매기들이 아덴에서 플라톤의 기념신사에 희생제를 드린 것을 본다(세네카〈Seneca〉, 《서신(*Epistles*)》 58:31). 예수와 같은 시간에 로마 황제 아우구스투스가 태어났고 그는 세계의 구세주로 추앙받았다. 그리고 로마의 시인 버질(Virgil)은 다가올 황금 시대에 대한 메시아적 전원시로 알려진 제사 목가시(Fouth Ecloque)를 기록했다.

매기들이 그리스도의 요람에 찾아왔다는 이야기를 유일무이한 아름다운 이야기라고 생각할 필요는 없다. 고대에서는 이런 일이 흔히 있을 수 있는 일이다. 예수 그리스도가 이 세상에 오셨을 당시 이 세계는 대망의 갈망으로 가득 차 있었다. 인간들은 하나님을 기다리고 있었다. 하나님을 바라보는 마음이 인간 심중에 차 있었다. 그들은 하나님 없이는 황금 시대를 건설할 수 없음을 알고 있었다.

예수께서는 대망의 세계에 오셨다. 그가 오셨을 때는 모든 땅 깊숙이 그의 요람에 모여들게 된 것이다. 이것은 그리스도가 세상을 정복하신다는 첫 표정이며 상징이다.

교활한 왕

마태복음 2:3-8

3헤롯 왕과 온 예루살렘이 듣고 소동한지라 4왕이 모든 대제사장과 백성의 서
기관들을 모아 그리스도가 어디서 나겠느냐 물으니 5이르되 유대 베들레헴이
오니 이는 선지자로 이렇게 기록된바 6또 유대 땅 베들레헴아 너는 유대 고을
중에서 가장 작지 아니하도다 네게서 한 다스리는 자가 나와서 내 백성 이스
라엘의 목자가 되리라 하였음이니이다 7이에 헤롯이 가만히 박사들을 불러
별이 나타난 때를 자세히 묻고 8베들레헴으로 보내며 이르되 가서 아기에 대
하여 자세히 알아보고 찾거든 내게 고하여 나도 가서 그에게 경배하게 하라

박사들이 동방에서 와서 유대인의 왕으로 나신 아기를 찾는다는 소문이 헤롯의 귀에 들어갔다. 어떤 왕이라도 자신의 왕위를 계승하기 위해 아기가 태어났다는 소식을 들으면 마음이 편하지 못할 것이다. 헤롯은 이중으로 당황했다. 헤롯은 반은 유대인이고 반은 에돔인이었다. 그의 혈관에는 에돔인의 피가 흐르고 있었다. 그는 여러 전쟁, 특히 팔레스타인 전쟁에서 로마에 공을 세워서 로마가 그를 신임하게 된 것이다. 그는 주전 47년에 총독으로 임명되었고, 주전 40년에 왕이라는 칭호를 받았다. 그는 주전 4년까지 통치하면서 오랫동안 권좌에 있었다. 헤롯 대왕이라 불린 그는 이 칭호를 여러 가지 방법으로 보존했다. 그는 팔레스타인에 평화와 질서를 가져오는 일에 성공한 유일한 통치자였으며 예루살렘 성전을 세운 훌륭한 건축가였다. 그는 관대한 면도 있었다.

살림이 어려울 때는 백성의 부담을 덜기 위해 세금을 경감했다. 주전 25년에 있었던 기근 당시 그는 굶주린 백성의 식량을 사들이기 위해 자신의 금 접시를 녹이기도 했다. 그러나 그에게는 성격상 결점, 정말 심한 의심증이 있었다. 항상 의심증에 빠져 있던 그는 나이를 먹을수록 증상이 더 심해져 노령에는 소위 "살인 노망자"가 되어 버렸다. 그가 일단 반역자로 의심한 사람은 즉각 제거되었다. 그는 자신의 처 마리암과 장모 알렉산드라를 죽였고, 장남 안티파트

(Antipater)와 두 아들 알렉산드와 아리스토불루스마저 암살해 버렸다.

로마 황제 아우구스투스는 "헤롯의 아들이 되느니 헤롯의 돼지가 되는 것이 더 안전하리라"고 말했다(헬라어로 돼지란 말은 후스〈hus〉이고 아들이란 말이 휘오스〈huios〉이기 때문에 발음상으로 보아 헬라어가 더 시적이다). 헤롯의 야만적이고 잔인하고 뒤틀린 성격은 임종이 가까웠을 때 취했던 태도에서 찾아볼 수 있다. 그가 나이 70세가 되어 죽음이 가까이 왔음을 알고는 자신이 가장 사랑하는 성 여리고로 물러가서 예루살렘 시민 중 가장 유명한 자들을 체포해 감옥에 수감했다가 그가 죽는 순간에 모두 처형하라고 명령했다. 잔인하게도 그 이유는 자신이 죽으면 아무도 애곡하지 않을 것을 잘 알기 때문에 자신이 죽으면 함께 눈물을 흘리게 하기 위한 것이었다. 이런 사람이 왕이 될 운명을 가진 아기가 태어났다는 소식을 들었을 때 어떤 생각을 했을까는 명백하다. 헤롯은 안달이 났고 예루살렘은 소동했다. 예루살렘은 헤롯을 잘 알았다. 예루살렘은 헤롯이 아기를 그냥 두지 않고 죽일 것이라는 것을 너무도 잘 알았다. 예루살렘은 필연적으로 다가올 헤롯의 복수를 생각하며 떨었다.

헤롯은 제사장들과 서기관들을 불렀다. 서기관들은 성경과 율법의 전문가이었다. 제사장은 백성 중 현직과 전직의 두 종류로 되었다. 그들은 가장 높은 사제들로 종교 귀족층이었으며 대제사장직은 극히 적은 수의 집안 사람으로만 국한되었다. 이런 선택된 자들을 제사장이라고 불렀다. 헤롯은 종교 귀족들과 그 당시 신학자들을 불러 그들에게 성경을 볼 때 하나님의 기름 부음 받은 자가 어디에서 날 것인지를 물었다. 그들은 미가서 5장 2절에 있는 본문을 그에게 인용해 보였고 헤롯은 박사들을 보내 태어난 아기를 찾고자 했다. 그래서 그들에게 자기도 그곳에 가서 경배하려 한다고 말했다. 그러나 그의 속마음은 사실 왕으로 나신 아기를 살해하려는 것이었다. 예수께서 세상에 막 태어나셨을 당시 예수 그리스도에 대한 사람들의 세 가지 태도를 볼 수 있다. 이제 그 세 가지 반응을 살펴보자.

I. 증오와 적의의 반응(헤롯의 반응). 헤롯은 이 아기가 자신의 생활에 간섭이 되지 않을까 해서, 자신의 위치, 세력, 영향력을 침해하지 않을까 두려워했다. 그래서 그가 맨 처음 한 생각은 그 아기를 죽여야겠다는 생각이었다. 여기에

는 기꺼이 예수 그리스도를 죽이려는 자들이 있다. 그들은 예수를 자신의 생활을 간섭하는 자로 알고 있기 때문이다.

그들은 자신들이 원하는 대로 생활하고자 했지만 그리스도가 그들에게 방해가 되므로 죽이고자 했다. 인간이 추구하는 욕망은 예수 그리스도에게는 쓸모없는 것이다. 기독교인이란 자신이 하고 싶은 것을 끊어 버린 사람이다. 그리고 자신의 생명을 그리스도가 좋아하시는 것을 위해 헌납하는 자다.

II. 완전히 무관심한 반응(제사장들과 서기관들의 반응). 그 소식이 이들에게는 아주 작은 관심도 일으키지 못했다. 그들은 성전예식과 율법 토론에만 몰두했기 때문에 예수에 대해 완전히 무관심했다. 예수라는 존재는 그들에게 무의미했다. 흔히 자신의 일에 너무 집중한 나머지 예수 그리스도에 대해 아무런 의미도 찾지 못하는 사람들이 있다. 이제 예언자의 준엄한 질문을 들어라. "지나가는 모든 사람들이여, 너희에게는 관계가 없는가"(애 1:12).

III. 존경으로 예배하는 반응(박사들의 반응). 그들은 그들에게 있는 가장 값진 선물을 예수 그리스도의 발 앞에 드리고자 한다. 누구든지 예수 그리스도 안에서 하나님의 사랑을 실현하면 그는 경이와 사랑과 찬송에 깊이 잠길 것이다.

그리스도를 위한 선물

마태복음 2:9-12

9박사들이 왕의 말을 듣고 갈새 동방에서 보던 그 별이 문득 앞서 인도하여
가다가 아기 있는 곳 위에 머물러 서 있는지라 10그들이 별을 보고 매우 크게
기뻐하고 기뻐하더라 11집에 들어가 아기와 그의 어머니 마리아가 함께 있는
것을 보고 엎드려 아기께 경배하고 보배합을 열어 황금과 유향과 몰약을 예
물로 드리니라 12그들은 꿈에 헤롯에게로 돌아가지 말라 지시하심을 받아 다

른 길로 고국에 돌아가니라

박사들은 베들레헴으로 향하는 길을 찾아냈다. 문자 그대로 그 별이 하늘을 가로질러 움직여 갔다고 생각할 필요는 없다. 이것은 시적이다. 아름다운 시를 거칠고 생기 없는 산문으로 바꿀 필요는 없다.

그 별은 베들레헴 위에서 빛나고 있었다. 안내의 소임을 다 마친 별이 베들레헴에 있는 우물에 빠져 아직까지도 때때로 마음이 청결한 자에게는 별이 보인다는 아름다운 전설이 있다. 훗날에 박사들에 대한 전설이 생겼다.

일찍이 전해져 오던 동방의 전설에는 박사가 열두 명이었다. 그러나 지금은 세 명이라는 것이 거의 보편적이다. 신약성경은 그들이 셋이라고 말하지 않는다. 그러나 그들이 갖고 온 선물이 셋이라는 것을 볼 때 그들이 세 명이었다는 사실은 거의 의심할 바 없다. 훗날 전설은 그들을 왕으로 전하고 있다. 더욱이 그 후의 전설은 그들의 이름을 카스파르(Caspar), 멜키올(Melchior), 발타잘(Balthasar)이라고 전하고 있으며, 그 후의 전설은 각 개인에 대해 기술하고 그들 각자가 예수에게 갖고 왔던 선물에 대해 밝히 말해 주고 있다.

멜키올은 나이 많은 사람으로 흰 머리에 긴 수염의 소유자로 황금을 선물로 갖고 온 사람이다. 카스파르는 젊고 수염이 없었고, 얼굴이 붉으며 유향을 선물로 갖고 온 사람이다. 발타잘은 새로이 기른 수염에 거무스레한 얼굴이었고 몰약을 선물로 갖고 온 사람이다.

아주 일찍부터 사람들은 박사들이 갖고 온 선물이 아주 적합하다고 생각했다. 사람들은 선물이 예수의 특성과 그의 업적에 특별히 잘 어울리는 것이라고 생각했다.

I. 왕을 위한 선물로서 황금. 세네카는 파르디아(Parthia)에서는 황금을 갖지 않고는 누구도 왕에게 나아갈 수 없는 관습이 있었다고 말한다. 금속의 왕인 황금은 사람들의 왕에게도 적합한 선물이다. 예수께서는 "왕 되신 사람"이다. 그러나 그는 힘이 아니라 사랑으로 통치하신다. 그는 전 인간의 마음을 지배하시되 왕좌가 아니라 십자가로 하신다. 예수 그리스도가 왕이라는 것을 잘 기억

해야 한다. 우리는 예수와 도저히 평등하게는 만날 수 없다.

우리는 언제나 완전히 순종하고 완전히 복종하는 태도로 그를 만나야 한다. 유명한 해군 제독 넬슨(Nelson)은 언제나 패배한 적군을 친절과 예의로 대우했다.

해전에서 승리한 후, 한 패장을 넬슨의 기함 위 후미 갑판으로 데려왔을 때 넬슨이 패장에게도 친절하다는 소문을 알고 있던 패장은 그의 친절을 악용할 심사로 마치 자신이 동등한 입장으로 인사를 나누는 것처럼 후미 갑판을 가로질러가 악수를 청했다. 그러나 넬슨은 손을 내밀지 않고 이렇게 말했다.

"당신의 칼을 먼저 건네고 그 다음 손을 내미시오."

우리는 그리스도와 친구가 되기 전에 먼저 그리스도에게 복종해야 한다.

II. 제사장을 위한 선물로서 유향. 향기가 좋은 유향은 성전 예배와 성전 희생제에서 사용되었다. 제사장의 임무는 인간이 하나님께 나아갈 길을 열어 주는 것이다. 제사장(priest)을 나타내는 라틴어는 폰티펙스(pontifex)인데 이 말은 다리를 세우는 자(bridge-builder)란 의미가 있다.

제사장은 인간과 하나님 사이에 교량을 세우는 사람이다. 예수께서 하신 일이 바로 이것이다. 그는 하나님의 임재로 향한 길을 여셨다. 그는 인간이 바로 하나님의 임재로 나아갈 수 있게 하셨다.

III. 죽은 자를 위한 선물로서 몰약. 몰약은 시체를 썩지 않게 하기 위해 바르는 데 사용했다. 예수께서는 죽으시기 위해 이 세상에 오셨다.

예수께서 나사렛 목수 집 문에 서 있는 홀만 훈트(Holman Hunt)의 그림 속에서 그는 아직 어린 소년이다. 기울어지는 저녁 햇빛이 문에 비치고 소년 예수께서 갑갑했는지 밖으로 나왔다. 그가 문간에 서서 팔을 펴자 뒤편 벽에 기울어 가는 석양이 비치어 그림자가 생겼는데 그 모양이 십자가였다. 배경에는 마리아가 서 있는데 그림자를 보는 그녀의 눈에는 다가올 비극의 공포가 나타나 있다.

예수께서는 이 세상에 사람을 위해 살다가 마침내 사람을 위해 죽으러 오셨다. 그는 사람을 위해 자신의 생명과 죽음을 바치러 오셨다.

왕을 위한 황금, 제사장을 위한 유향, 죽은 자를 위한 몰약, 이것이 그리스도의 요람에 갖고 온 박사들의 선물이었다. 그들은 그가 참된 왕이시요, 완전하신 최고 제사장이시요, 마침내는 인간을 위한 가장 높으신 구주가 되심을 예언한 것이다.

애굽으로 피난

마태복음 2:13-15

[13]그들이 떠난 후에 주의 사자가 요셉에게 현몽하여 이르되 헤롯이 아기를
찾아 죽이려 하니 일어나 아기와 그의 어머니를 데리고 애굽으로 피하여 내
가 네게 이르기까지 거기 있으라 하시니 [14]요셉이 일어나서 밤에 아기와 그
의 어머니를 데리고 애굽으로 떠나가 [15]헤롯이 죽기까지 거기 있었으니 이는
주께서 선지자를 통하여 말씀하신바 애굽으로부터 내 아들을 불렀다 함을
이루려 하심이라

고대인은 하나님이 꿈을 통하여 자신의 뜻을 사람에게 전달하신다는 사실을 의심하지 않았다. 요셉은 헤롯이 죽이려고 계획하는 것을 피하기 위해 애굽으로 피난하라는 경고를 꿈으로 받았다. 애굽으로 피난하는 것은 아주 자연스러운 일이었다. 예수께서 오시기 전 여러 세기 동안 어려움이 심했을 때, 어떤 위험이나 폭군이나 박해가 유대인의 생명을 위협할 때, 그들은 애굽으로 피난했다. 그 결과 애굽에 있는 모든 도시에는 유대인 거류지가 있었다.

알렉산드리아 시에는 사실상 백만 명이 넘는 유대인이 있었고 이 도시의 어떤 곳은 완전히 유대인들이 석권하고 있었다. 그래서 요셉도 많은 유대인이 전에 그렇게 했듯이 위험에 처하자 피난했던 것이다.

요셉과 마리아가 애굽에 도착했을 때 그들은 이방인같이 느껴지지 않았다. 어느 마을, 어느 도시를 가더라도 도피처를 찾아 피난 온 유대인들이 가득했기 때

문이다.

훗날 기독교와 예수의 원수들이 예수께 잘못을 돌리기 위한 구실로 애굽에 머문 것을 이용했다는 것은 흥미로운 사실이다. 일반적으로 애굽은 요술과 마술과 마법의 나라로 알려졌다. 《탈무드(*Talmud*)》에서는 "마술에 대한 열 가지 비법이 이 세상에 내려왔는데 애굽이 아홉 개를 받고 나머지 한 개를 전 세계가 받았다"라고 말한다. 그래서 예수의 적수들은 예수께서 요술과 마술을 배워 이런 이적을 행하고 사람을 속이는 것이며 이것은 애굽에서 배운 것이라고 공언했다.

이교도 철학자 셀수스(Celsus)가 3세기에 기독교를 공격했을 때 이 공격을 물리친 오리겐(Origen)은, 예수께서 사생아로 자라났고 애굽에서 하수인으로 고용되어 일했으며 거기서 어떤 마술적인 능력을 얻는 지식을 습득하여 고향에 돌아와서는 자신을 하나님이라고 선포하는 데 이 힘을 사용했다고 말했다(오리겐〈Origen〉, 《셀수스를 격함(*Contra Celsum*)》 1:38). 랍비인 엘리제르 벤 히르카누스(Eliezer ben Hyrcanus)는 예수께서는 필요한 마술적 공식을 몸에 문신으로 새겨 잊지 않게 된 것이라고 말했다. 이런 것들은 애굽으로 피난한 것을 비뚤어진 마음으로 비난하는 모욕이다. 이는 분명히 잘못된 이론이다. 예수께서 애굽으로 피난한 것은 아주 어릴 때이고 돌아왔을 때도 어린 아기였기 때문이다.

아름다운 신약성경의 이야기 중 두 개가 애굽으로 피난한 일과 관계되었다. 첫째는 회개한 도적에 대한 이야기다. 회개한 도적의 이름은 디스마스다. 이 이야기를 디스마스가 갈보리 산 위에서 십자가에 달릴 때 예수를 처음 만난 것이 아니라고 말한다. 이 이야기는 다음과 같다. 요셉과 마리아가 애굽으로 가는 도중 강도를 만났다. 그 강도의 우두머리 중 하나가 그들을 즉시 죽이고 그들이 가진 자그마한 보따리를 빼앗으려고 했다. 디스마스가 당시에 이 강도들 중에 있었는데 아기 예수의 어떤 힘이 디스마스의 마음에 들어갔다. 그는 예수와 그의 양친에게 조금도 해를 가하지 못하게 하고 예수를 보고 "최고의 축복을 받은 자여, 나에게 자비를 베풀 때가 이르면 나를 기억하소서. 그리고 이 시간을 잊지 마소서"라고 말했다고 한다. 그래서 이 전설은 예수와 디스마스 갈보리에서 다시 만났으며, 십자가에서 디스마스의 영혼이 용서와 자비를 받았다고 한다.

다른 전설은 역시 대단히 아름다운 이야기다. 요셉과 마리아와 예수께서 애굽으로 가는 도중 날이 저물었다. 피곤해진 그들은 한 동굴 안에 은신처를 찾았다. 날씨가 무척 추워 땅바닥엔 하얀 서리가 깔려 있었다. 이때 거미 한 마리가 아기 예수를 보았다. 거미도 이 추운 밤 동안 예수를 따뜻하게 보호할 수 있는 일이 없을까를 생각했다. 마침내 거미는 동굴 입구를 거미줄로 얽어서 그대로 막을 만들기로 했다.

헤롯의 파견 군대가 어린 아기를 찾아 죽이라는 헤롯의 피에 굶주린 명령을 수행하기 위해 뒤따라오고 있었다.

마침내 동굴까지 온 군대는 누가 그 속에 있지 않을까 조사해 보기 위해 몰려왔다. 그러나 그들 중 우두머리가 거미줄을 발견했다. 기미줄은 하얀 서리로 뒤덮여 있고 동굴 입구를 가로질러 잔뜩 쳐져 있었다. 그는 "누구든지 이 속에 들어가려면 거미줄을 걷고 들어가야 할 텐데 거미줄이 전혀 상하지 않았군. 이것은 분명히 이 속에는 아무도 없다는 말이지"라고 말했다. 헤롯의 파견대는 이 경건한 가족을 평안하게 버려둔 채 지나가 버렸다. 우리가 크리스마스 트리에 금 은사를 두르는 것도 바로 이 이유에서다. 번쩍이는 금 은사의 장식들은 애굽을 향한 길가에 있는 동굴 입구에 펼쳐 있던 서리로 하얗게 덮인 거미줄을 대신하는 것이다. 이것은 아름다운 이야기이고 적어도 예수께서 받으신 선물로서 언제까지나 잊을 수 없는 사실이었다.

이 본문의 마지막 말은 마태복음의 특성인 한 관례를 우리에게 말해 준다. 마태는 애굽으로 피난한 것에서 호세아가 예언한 예언의 성취를 보여 주고 있다.

마태는 "애굽에서 내 아들을 불렀다"는 말로 인용하고 있는데 이것은 호세아 11장 1절에서 인용한 것으로 본문 그대로는 "이스라엘의 어렸을 때 내가 사랑하여 내 아들을 애굽에서 불러 내었거늘"이다. 호세아의 이 말의 본래 뜻이 예수와는 관계가 없고 애굽으로 피난한 것과도 관계가 없다는 것을 곧 알 수 있다. 이것은 하나님이 어떻게 이스라엘 백성을 애굽의 노예와 속박에서 구해 내셨는지를 서술하는 것일 뿐이다.

우리는 여기에서 마태의 구약에 대한 전형적인 태도를 거듭 보게 된 것이다.

마태는 비록 본래는 자신이 갖고 있는 문제와 관계도 전혀 없고 그것을 관계 지어도 어떤 의미도 없다고 할지라고 문자적으로 부합시킬 수 있는 것은 무엇이나 예수에 대한 예언으로 사용하려고 했다. 마태는 예수께서 약속된 하나님의 기름 부음 받은 자임을 입증하는 것과 그가 구약 예언의 성취라는 것을 입증하는 것만이 유대인에게 확신을 주는 유일한 방법이라는 것을 알았다. 이런 열심 때문에 그는 구약에서 의미가 없는 예언까지 인용하고 있다.

이런 구절을 읽을 때는 비록 그것이 좀 이상하고 확신을 주지 못한다고 할지라도 마태가 염두에 두고 쓴 유대인에게는 수긍이 갈 수 있는 것이라는 사실을 기억해야 한다.

어린아이들을 죽임

마태복음 2:16-18

[16]이에 헤롯이 박사들에게 속은 줄 알고 심히 노하여 사람을 보내어 베들레
헴과 그 모든 지경 안에 있는 사내아이를 박사들에게 자세히 알아본 그때를
기준하여 두 살부터 그 아래로 다 죽이니 [17]이에 선지자 예레미야를 통하여
말씀하신바 [18]라마에서 슬퍼하며 크게 통곡하는 소리가 들리니 라헬이 그 자
식을 위하여 애곡하는 것이라 그가 자식이 없으므로 위로 받기를 거절하였
도다 함이 이루어졌느니라

우리는 헤롯이 암살하는 일에는 노련한 대가임을 이미 잘 보았다. 그는 왕위에 오르자마자 유대인의 최고 법원인 산헤드린을 근절하기 시작해 산헤드린 법령위원 300명을 살해했다. 그 후 그의 처 마리암, 장모 알렉산드라, 장남인 안티파트와 두 아들 알렉산드와 아리스토불루스를 죽였으며 그가 죽을 때는 예루살렘 귀족들을 살해했다. 이런 사실로 볼 때 헤롯이 왕으로 오실 자가 태어났다는 소식을 조용히 받아들였다고는 생각할 수 없다.

헤롯이 박사들에게 별을 언제 보았느냐고 자세히 질문했을 당시 그는 교활하게도 살해 준비를 위해 그 아이의 나이를 계산하고 있었다. 그는 자신의 야만적

인 계획을 빠르게 행동으로 옮겼다. 베들레헴과 그 온 지경에 있는 두 살 이하의 사내아이는 모두 죽이라고 명령한 것이다.

여기서 우리가 주의해야 할 사항이 두 가지 있다. 첫째, 베들레헴은 큰 마을이 아니었다. 어린아이들의 수는 20-30명을 넘지 못했을 것이다. 희생당한 아이가 수백 명이라고 생각해서는 안 된다. 혹시 헤롯의 죄상을 약화시키지나 않을까 하는 염려도 있지만 올바르게 사실을 알아야 한다.

둘째, 신약성경 중에서 이 구절 외에는 어떤 곳에서도 이 사건에 대한 언급이 없기 때문에 이 학살이 실제 있을 수 없다고 주장하는 비평가들이 있다.

유대사가 요세푸스도 이 사실을 언급하지 않았다. 여기에 대해 두 가지로 말할 수 있다.

첫째, 베들레헴은 비교적 작은 마을이었고 학살이 빈번했던 나라에서 어린아이 20-30명 정도의 학살은 별로 큰 동요를 일으키지 않았을 것이다. 그래서 아들을 잃은 고통을 당한 어머니들 외에는 거의 무관심했을 것이라고 추정할 수 있다. 둘째, 카르(Carr)는 주장하기를 마카울레이(macaulay)는 자신의 역사에서 가장 끈기 있고 부피가 두터운 그 당시 사건의 기록자인 유명한 일기 기록자 에벨린(Evelyn)은 결코 글렌코(Glencoe)의 대량 학살도 언급하지 않고 있다고 지적했음을 주지시키고 있다.

어떤 사건이 언급되기를 바라는 그곳에 사건이 언급되지 않았다고 해 그 사건이 실제 일어나지 않았다고 입증이 되는 것은 아니다.

이 사건은 헤롯의 전형적인 행태를 보여 주기 때문에 마태가 우리에게 전해 준 진리를 의심할 필요가 없다.

이 사건은 예수 그리스도를 없애려는 인간들의 무서운 행태를 여지없이 보여준다. 만일 한 인간이 모든 일을 마음대로 할 수 있는 위치에 있고 그리스도가 자신의 욕망을 방해하고 자신의 가는 길을 비난하는 자라고 확신하면 그리스도를 제거해 버리려고 일을 도모하는 무서운 짓을 저지를 것이다.

이 본문 말미에서 마태는 예레미야 31장 15절을 인용했다. "여호와께서 이와 같이 말씀하시니라 라마에서 슬퍼하며 통곡하는 소리가 들리니 라헬이 그 자식 때문에 애곡하는 것이라 그가 자식이 없어져서 위로 받기를 거절하는도다." 예레미야가 말한 이 구절은 헤롯의 어린아이 학살과는 분명히 관계가 없다.

예레미야의 말은 예루살렘 백성이 포로로 끌려가는 것을 의미하고 있다. 낯선 땅으로 끌려가는 비참한 여로 도중에 라마가 있는데 라마는 라헬이 묻혀 있는 곳이다(삼상 10:2). 그래서 예레미야는 무덤에서까지 그 백성이 처한 운명을 보고 우는 라헬을 상상하여 묘사한 것이다.

여기에서 마태는 그가 종종 사용한 방법대로 구약을 다시 인용한다. 그는 열심을 다하여 사실은 예언도 아닌 예언을 찾아내고 있다.

여기서 우리는 우리에게 이상하게 보이는 것도 마태가 그 당시 염두에 두고 쓴 사람, 즉 유대인들에게는 조금도 이상하게 보이지 않았다는 것을 상기해야 할 것이다.

나사렛에 돌아옴

마태복음 2:19-23

19헤롯이 죽은 후에 주의 사자가 애굽에서 요셉에게 현몽하여 이르되 20일어
나 아기와 그의 어머니를 데리고 이스라엘 땅으로 가라 아기의 목숨을 찾던
자들이 죽었느니라 하시니 21요셉이 일어나 아기와 그의 어머니를 데리고 이
스라엘 땅으로 들어가니라 22그러나 아켈라오가 그의 아버지 헤롯을 이어 유
대의 임금 됨을 듣고 거기로 가기를 무서워하더니 꿈에 지시하심을 받아 갈
릴리 지방으로 떠나가 23나사렛이란 동네에 가서 사니 이는 선지자로 하신
말씀에 나사렛 사람이라 칭하리라 하심을 이루려 함이러라

헤롯이 죽은 후 전 왕국은 나누어졌다. 로마는 헤롯을 신임해 그에게 상당히 넓은 땅을 다스리게 했지만 헤롯은 자신의 아들들은 그와 같은 권리를 누리지 못할 것을 알았다. 그래서 그는 자신의 왕국을 셋으로 나누어 자신의 뜻에 따라 세 아들에게 각각 하나씩 물려주었다.

그는 유대는 아켈라오에게, 갈릴리는 헤롯 안티파스에게, 동북쪽 변경과 요단 건너편 지경은 필립에게 물려주었다. 그러나 헤롯이 죽은 후 문제가 생겼다. 아켈라오는 나쁜 왕이었다. 그래서 그는 왕위를 오래 지탱하지 못했다. 그의 포악한 성격은 헤롯을 능가했다. 그는 정치 인생을 그 땅에 있는 세력가 3천 명을 학살하는 것으로 시작했다. 잔인하고 야만적인 아켈라오가 왕위에 있는 한 유대 땅으로 돌아온다는 것은 위험한 일임에 틀림없었다. 그래서 요셉은 훨씬 좋은 왕인 헤롯 안티파스가 통치하는 갈릴리로 돌아왔다.

요셉이 자리를 잡은 곳은 나사렛이었고 예수께서는 그곳에서 자랐다. 나사렛이 세상과 동떨어지고 문화가 부진한 아주 작은 지역이라고 생각해서는 안 된다. 나사렛은 갈릴리 남쪽 산으로 둘러싸인 분지에 있으며 언덕을 올라가 서쪽으로 눈을 돌리면 지중해의 물결, 푸른 지평선, 땅 끝까지 항해하는 배들, 해안으로 둘러싸인 푸른 평원을 볼 수 있었다. 갈릴리 남쪽 산 아래에는 넓은 길 하나가 뻗어 있는데 이 길은 다메섹을 지나 아프리카와 다리를 놓는 애굽까지 가는 길로서 세계에서 손꼽히는 큰 대상로(隊商路) 중 하나다. 이 길은 수백 년 전에 요셉이 노예로 팔려 애굽으로 가던 길이며, 3백 년 전에 알렉산더 대왕과 그의 군대가 지나간 길이다. 그리고 몇 백 년 후에 나폴레옹이 행군해 간 길이고 20세기에 알렌바이가 밟았던 길이다. 이 길은 때로는 남쪽의 길이나 바다의 길이라고도 불렸다.

여기에서 예수께서는 다양한 일로 여러 나라에서 온 많은 여행자를 볼 수 있었다.

여기에는 다른 길도 있었는데 그 길은 아그레와 프톨레미 시대에 해변에 만든 길인데 동쪽으로 나가는 길이다.

그 길은 동쪽의 길이라고 불렸으며 로마 제국이 동쪽 변경과 개척지로 나가는 길이었다. 그 길 위에는 대상의 행렬이 끊이지 않았다. 비단과 향료 또한 변경 개척지를 향해 나가는 로마 군대의 요란한 소리도 끊이지 않았다. 사실상 나사렛은 외진 곳이 아니었다.

예수께서는 세상 끝에서 오는 모든 것이 그 산 아래로 지나가는 마을에서 자라나셨다. 어릴 때부터 하나님의 세계에 대해 말해 주는 여러 광경을 보신 것이다.

마태는 예수의 어린 시절에 대한 여러 사건을 매듭지을 때마다 예언이라고 생각한 구약의 한 구절을 인용함으로써 결론을 맺고 있다.

여기서도 마태는 한 가지 예언을 인용하고 있다. "그는 나사렛 사람이라 칭하리라." 여기에서 마태는 해결할 수 없는 문제를 제기한다. 즉, 이 본문은 구약에는 없다. 사실상 구약에는 나사렛이 언급되어 있지 않다.

마태가 구약의 한 부분이라고 생각한 그 문제를 만족스럽게 해결할 수 있는 사람은 없다. 고대 저술가들은 말장난을 좋아했다.

이사야 11장 1절을 보면 마태가 이사야의 말을 갖고 유희하고 있음을 짐작할 수 있다. "이새의 줄기에서 한 싹이 나며 그 뿌리에서 한 가지가 나서 결실할 것이요." 여기서 "가지"라는 뜻을 나타낸 말이 히브리어로 네제르(Nezer)인데 이것을 마태가 나자레네(Nazarene)란 말로 바꾸어 나타냈을 가능성이 크다. 나자레네는 나사렛 사람이란 의미이며 네제르는 예수께서 그 줄기, 즉 약속된 이새의 뿌리에서 나온 줄기이고 하나님의 기름 부음 받은 자, 곧 다윗의 자손이란 의미를 나타낸다. 그러나 마태가 자신의 심중에 비밀로 남겨 둔 예언이 무엇인지 아는 사람은 아무도 없다.

이제 무대는 설정되었다. 예수께서는 나사렛 사람이고 나사렛은 지리적으로 볼 때 세계의 관문이었다.

예수의 공생애 이전

마태복음 3장으로 넘어가기 전에 우리가 주목해야 할 것이 있다. 마태복음 2장은 예수의 어린 시절로 끝나고 3장은 30세가 된 예수의 등장으로 시작된다(눅 3:23 비교). 두 장 사이에 30년이란 침묵 기간이 있는 셈이다. 왜 그렇게 되었을까? 이 30년 동안 어떤 일들이 있었을까? 예수께서는 세상의 구세주로 오셨다. 그는 33년 동안 유월절에 예루살렘에 오신 일 외에는 결코 팔레스타인을 떠나 본 적이 없다. 예수께서는 33세에 돌아가셨는데 이 33년 중 30년은 나사렛에서 기록 하나 없이 보내셨다.

생애의 대부분을 나사렛에서 보내신 것이다. 그동안 예수께서는 그곳에서 무엇을 하셨을까?

I. 예수께서는 훌륭한 가정에서 소년 시절을 보내고 성년이 되었다. 인생의 출발점에서 이 사실보다 더 중요한 것은 없다. 에든버러 교수 블렉키(J. S. Blackie)는 공식 석상에서 "나는 인간 생활을 위해 양친에게서 물려받은 훌륭한 유산에 대해 하나님께 감사하고 싶다"고 말했다. 조지 허버트(George Herbert)는 "좋은 어머니는 교사 백 명의 가치가 있다"라고 말했다. 몇 십 년을 좋은 가정에서 보내시면서 조용하지만 선한 인격이 그의 안에 형성되고 있었다.

II. 예수께서는 장남으로서 책임을 지고 있었다. 자녀들이 다 자라기 전에 요셉이 죽었다는 말은 신빙성이 있어 보인다. 아마 그는 마리아와 혼인할 때 이미 마리아보다 나이가 훨씬 많았을 것이다. 가나의 혼인잔치 이야기에서 마리아는 언급되나 요셉에 대한 말은 없다. 요셉이 이미 죽었다고 생각할 수 있는 대목이다. 그래서 예수께서는 모친과 형제들과 누이들을 부양하기 위해 나사렛 동네의 목수가 되었다. 그는 세상에 대한 사명을 느꼈으나 먼저 모친과 자신의 권속과 가정에 대한 의무를 충분히 이행했다. 제임스 배리(SiJames Barrie)가 자신의 모친이 죽었을 때 "내가 과거를 회고해 볼 때 어머니께서는 완수하지 않고 버려둔 일은 아무리 적은 것이라도 볼 수 없다"라고 기록했다. 거기에 행복이 있다.

세상에 살면서 맡게 되는 의무를 성실히, 쾌히 받아들이기는 쉽지 않지만 기꺼이 받아들이는 사람들도 있다. 이러한 본보기로는 의사이며 마취약 클로로포름의 발견자인 심프슨(James Y. Simpson)의 가족을 들 수 있다. 그는 가난한 집에서 태어났지만 영리하고 두뇌가 탁월한 아이였다. 그리고 그의 가족은 그에게 꿈을 주었다. 그들에게는 그가 그들의 꿈이었다. 그의 형 센디는 그가 훌륭하게 될 것이라고 믿었다. 형제들은 뛰어난 그를 질투하지 않고 기꺼이 도와주었다. 그의 형제들은 자신의 일터에서 그 아이가 대학 교육을 받게 하기 위해 열심히 일했다. 평범한 사람들이 평범한 일을 기쁘게 해서 수재 동생에게 교육 기회를 주었기 때문에 제임스 심슨이 있게 된 것이다. 예수도 가정에 대한 의무를 그대로 받아들인 훌륭한 본보기다.

III. 예수께서는 노동하는 사람이 어떻게 되어야 할지를 배웠다. 그는 생활비를 벌고 절약해 식량과 의류를 사며 조그만 즐거움을 느끼는 것이 어떤 것인지를 체험했다. 불평이 많은 고객을 상대하고 갚지 않는 부채를 어떻게 처리해야 하는지도 배웠을 것이다. 사람을 돕기 위해서는 먼저 사람의 생활이 어떤 것인지 알아야 했을 것이다. 그는 안정되고 편안한 생활로 바로 들어온 것이 아니다. 예수께서는 어떤 사람이라도 살아야 하는 그러한 삶의 영역 속에 들어왔다. 그가 모든 인간의 삶을 이해하기 위해서는 그렇게 해야 했다.

폭동이 프랑스 혁명으로 번지기 전, 온 나라에 혁명 기운이 가득했을 그때에 프랑스 왕비 마리 앙트와네트에 대한 유명한 일화가 있다. 사람들은 굶주렸기 때문에 폭동을 일으켰다. 그녀는 폭동이 일어난 이유가 빵이 없기 때문이라는 말을 듣고 "빵이 없으면 케이크를 먹으면 되지"라고 말했다고 한다. 굶주림이라는 것은 그녀의 환경에서는 이해할 수 없는 것이었다.

예수께서는 나사렛에서 여러 해 동안 사람의 삶이 어떤 것인지 알기 위해 또 어떻게 사람을 도울 수 있는지 이해하기 위해 노동하신 것이다.

IV. 예수께서는 자신에게 주어진 더 큰 일을 하시기 전에 작은 일을 충실히 이행하셨다. 예수께서 이 작은 일에 실패하셨다면 그에게 주어진 세상의 구세주라는 커다란 과업을 수행할 수 없었을 것이다.

그는 더 큰 일을 해내시기 위해 작은 일에 충실하셨다. 날마다 삶의 의무 가운데서 우리가 운명을 만들어 가면 왕관을 획득하지만 운명을 망쳐 버리면 왕관을 잃어버리게 된다는 사실을 결코 잊어서는 안 될 것이다.

The Gospel of Matthew 03

세례 요한의 출현

마태복음 3:1-6

1그때에 세례 요한이 이르러 유대 광야에서 전파하여 말하되 헬, 또는 침례
2회개하라 천국이 가까이 왔느니라 하였으니 3그는 선지자 이사야를 통하여
말씀하신 자라 일렀으되 광야에 외치는 자의 소리가 있어 이르되 너희는 주
의 길을 준비하라 그가 오실 길을 곧게 하라 하였느니라 4이 요한은 낙타털
옷을 입고 허리에 가죽 띠를 띠고 음식은 메뚜기와 석청이었더라 5이때에 예
루살렘과 온 유대와 요단강 사방에서 다 그에게 나아와 6자기들의 죄를 자복
하고 요단강에서 그에게 세례를 받더니

세례 요한의 출현은 돌연히 울려 오는 하나님의 소리와 같았다. 당시 유대인들은 예언자들의 소리가 더 이상 들려오지 않아서 슬프게 생각하고 있었다.

그들은 4백년간이나 예언자가 나타나지 않았다고 말했다. 완전히 수백 년간 예언자의 소리는 없었다. "이제 외치는 자의 소리도, 대답하는 소리도 들리지 않는구나"라고 그들이 체념하고 있을 때 세례 요한이 다시 예언자의 소리를 외쳤다. 그러면 세례 요한과 그의 전하는 소식은 무엇인가?

I. 그는 악을 볼 때는 장소와 때를 가리지 않고 고발했다. 헤롯 왕이 악한 일을 행하여 불법적인 혼인을 함으로 범죄했을 때 요한은 그를 비난했다. 당시 성직자들이요 정통 종교의 지도자들인 사두개인들과 바리새인들이 의식적인 형식주의에 빠져 있을 때도 그들을 책망하는 데 주저하지 않았다.

요한이 악을 볼 때는 언제나 국가에서, 교회에서, 군중 속에서 두려움 없이 책망했다. 그는 어두운 곳에 비친 빛과 같았다. 그는 하나님에게서 불이 와서 온 나라를 휩쓸고 지나가는 바람과 같았다. 뛰어나긴 해도 해야 할 일에 게으른 어떤 유명한 기자에 대해 말한 것이 있다. "그는 사회 부정에 대해 그렇게 쉽게 마음을 움직이지 않았을 것이다." 아직 기독교 메시지에는 경고와 고발을 하지 않으면 안 될 것이 있다. 디오게네스는 "진리란 아픈 눈을 쓰리게 하는 빛과 같다"라고 말했다. 그는 말하기를 "누구에게든지 상처를 주지 않는 자는 누구에게도 좋게 할 수도 없는 자"라고 했다.

오늘날 교회는 너무나 지나치게 조심스러운 태도를 취하곤 하지 않는가? 때로는 정중하게 마찰을 피하려는 일을 그치고 솔직하게 타이를 필요가 있지 않을까?

II. 그는 절박하게 사람들에게 의(義)를 환기시켰다. 요한의 메시지는 단순히 부정적인 힐난뿐 아니고 적극적으로 하나님에 대한 도덕의 표준을 세우고 있다. 그는 사람들에게 그들이 저지른 일을 비난하는 것만이 아니라 그들이 해야 할 것을 환기시켜 준다. 오늘 그들이 되어야 할 존재가 되도록 일깨워 준다. 그는 사람들에게 더 높은 것을 향하여 나가도록 부르는 음성과 같다. 그는 견책할 뿐 아니라 사람들 앞에 선을 제시한다.

교회는 사람들에게 무엇을 하지 못하게 하는 말이 너무 많고 기독교인의 높은 이상을 그들 앞에 제시하는 일은 너무 적을 때가 많은 것 같다.

III. 요한은 하나님으로부터 왔다. 그는 광야에서 왔다. 그는 하나님으로부터 외롭게 수년을 준비시킴을 받은 후에야 사람들에게로 왔다.

알렉산더 맥클라렌(Alexander Maclaren)이 말한 바와 같이 "요한은 충분히 성숙하고 충분히 무장한 후에 경기장에 뛰어 들어왔다." 그는 사람들에게 외치기 전에 오랫동안 하나님과 함께 있었다. 예언자적인 말을 외치는 설교가나 교사는 언제나 하나님의 임재에서 인간의 현재로 들어와야 한다.

IV. 오실 자를 가리킨 요한. 그는 악을 밝히는 빛이거나 죄를 책망하는 소리만이 아니라 하나님을 향해 가리키고 서 있는 이정표였다.

그가 사람들에게 내보이고 싶었던 것은 자신이 아니고 오실 자를 위해 그들을 예비시켜 두고자 했다. 메시아가 오시기 전에 엘리야가 먼저 오리라는 것과 그가 오실 왕의 전령자가 될 것이라는 것은 유대인의 신앙이었다. "보라, 여호와의 크고 두려운 날이 이르기 전에 내가 선지 엘리야를 너희에게 보내리니"(말 4:5).

요한은 약대 털옷을 입고 허리에는 가죽 띠를 띠었다. 이것은 바로 엘리야가 입었던 의복을 서술한 것이다(왕하 1:8). 마태는 그를 이사야의 예언과 관계시키고 있다(사 40:3).

고대 동방에 있는 길은 험했다. 그래서 다음과 같은 동방 격언이 있다. "세 가지 고통이 있는데 그것은 질병, 단식, 여행이다." 그들은 여행을 떠나기 전에 다음과 같은 충고를 받았다. "모든 빚을 청산하고 가족들을 위해 모든 것을 마련해 두고, 고별 선물을 주고, 모든 계약을 환원하고 여행에 필요한 돈과 좋은 품성으로 준비가 다 되면 모든 사람에게 고별인사를 하라." 보통 길들은 다 좁다란 오솔길이었다.

팔레스타인 지방의 땅은 단단해 노새, 당나귀, 소, 수레들이 충분히 그냥 통행할 수 있기 때문에 길은 포장되지 않았다. 이런 길을 따라 여행하는 것은 문자 그대로 모험이었다. 그러므로 여행이란 가능한 한 피해야 할 일이었다. 포장되었거나 인공을 가해 닦은 길이 있곤 했다.

요세푸스는 말하기를 솔로몬이 성전으로 모여드는 순례자들에게 "자신의 부와 국가의 화려함을 보기 위해" 예루살렘에 이르는 길은 검은 현무암으로 포장한 둑길을 만들었다고 말했다. 이러한 모든 인공으로 다듬어지고 포장된 길은 원래가 왕 자신이 사용하기 위해 만든 것이다. 이것을 "왕도"라고 했다. 이 길은 왕이 어행할 필요가 있을 때만 보수되었다. 왕이 어떤 지방에 가려고 하면 왕의 여행을 위해 왕도를 곧게 정리하도록 백성에게 전령을 보냈다.

요한은 왕의 길을 준비하고 있었다. 예언자의 말을 해야 하는 설교자나 교사는 자기 자신이 아니라 하나님을 제시해야 한다. 설교자의 목적은 사람들의 눈을 자신의 지혜에다 집중시키는 것이 아니라 하나님의 권위에 집중케 해야 한다. 참된 설교자는 자신의 설교 속에 자신이 말살되어 버리는 자다.

사람들은 예언의 소리가 끊어진 시대에서도 요한에 대해서는 예언자로 인정했다. 그는 모든 악한 것 위에 높이 비치는 **빛**이었고 모든 사람을 의로 부르는 **소리**였고 인간들에게 하나님을 제시한 **이정표**였기 때문이다. 그리고 그는 하나님에게서 보냄을 받아 인간의 현실 속으로 들어온 자에게만 있는 말할 수 없는 권위를 갖고 있었기 때문이다.

요한의 메시지—책망

마태복음 3:7-12

7 요한이 많은 바리새인들과 사두개인들이 세례 베푸는 데로 오는 것을 보고
이르되 독사의 자식들아 누가 너희를 가르쳐 임박한 진노를 피하라 하더냐
8 그러므로 회개에 합당한 열매를 맺고 9 속으로 아브라함이 우리 조상이라고
생각하지 말라 내가 너희에게 이르노니 하나님이 능히 이 돌들로도 아브라
함의 자손이 되게 하시리라 10 이미 도끼가 나무뿌리에 놓였으니 좋은 열매를
맺지 아니하는 나무마다 찍혀 불에 던져지리라 11 나는 너희로 회개하게 하기
위하여 물로 세례를 베풀거니와 내 뒤에 오시는 이는 나보다 능력이 많으시
니 나는 그의 신을 들기도 감당하지 못하겠노라 그는 성령과 불로 너희에게
세례를 베푸실 것이요 12 손에 키를 들고 자신의 타작마당을 정하게 하사 알
곡은 모아 곳간에 들이고 쭉정이는 꺼지지 않는 불에 태우시리라

요한의 메시지에는 책망과 약속 두 가지가 들어 있다. 이 모든 메시지는 생생한 묘사로 가득 차 있다.

요한은 바리새인과 사두개인들을 독사의 자식들이라고 부른다. 그리고 그들에게 묻기를 누가 임박한 진노를 피하라고 했느냐고 묻는다. 거기에는 다음 두 개의 상 중에 어느 한 개가 나타났다. 요한은 광야를 전제하고 있었다. 광야에는 약하고 자그마한 바싹 마른 풀이 있고 습기가 없어 다 자라지 못한 바스러지기 쉬운 가시 숲이 있다. 때때로 광야에는 불이 일어나곤 했다. 불이 나면 그 불은 불꽃이 강물처럼 풀과 가시 숲을 휩쓸었다. 풀과 가시 숲은 부싯깃처럼 바싹 말라 있었기 때문이다. 이 불 앞에서는 뱀과 전갈들이 허겁지겁 움직이고 풀숲과 가시덤불에서 숨어 있던 모든 생물은 어찌할 바를 모르게 된다. 이것들은 불꽃 때문에 거처에서 튀어나오려고 마냥 날뛴다.

여기에는 또 다른 광경이 있다. 곡식밭에는 많은 작은 생물들, 즉 들쥐, 생쥐, 토끼, 새 종류들이 있다. 추수하는 주인이 곡식을 거둘 때에는 이것들은 둥우리와 보금자리에서 뛰쳐나와 달아난다. 요한이 생각하고 있는 것이 이러한 상상이다.

요한은 바리새인들과 서기관들이 세례 받으려고 온 것을 보고 그들은 광야의 불 앞에 쫓기는 동물과 같고 추수하는 자의 낫 앞에서 날뛰는 동물들과 같은 것이라고 했다. 그는 그들에게 아브라함이 자신의 조상이라는 변명은 조금도 도움이 되지 못하는 것이라고 경고한다. 정통 유대인에게서는 이것이 믿을 수 없는 말이었다.

유대인에게는 아브라함은 유일무이한 힘이 있다. 그의 선과 하나님에 대한 사랑이 그렇게도 특별한 것이었기 때문에 그의 공적은 자신에게뿐만 아니라 그의 모든 후손에게도 충만한 공적이었다. 그는 그의 후손들의 모든 요구와 필요를 충당할 수 있을 만한 공로를 저축해 놓았다. 그래서 유대인은 자신이 단순히 유대인이라는 것만으로 자신의 어떤 공로도 없이 안전하게 다가올 생명에 동참해 있다고 믿었다.

그들은 말하기를 "모든 이스라엘 사람들은 다가올 세계에 대한 상속권을 갖고 있다"라고 했다. 그들은 "조상들의 구원하시는 공적"을 내세웠다.

아브라함은 우연히 지옥(게헨나)에 빠질지도 모르는 이스라엘 사람을 되돌려 보내기 위해 게헨나 문 입구에 있다고 말했다. 그들은 바다에서 배가 안전하게 항해할 수 있는 것도 아브라함의 공로라고 말했다. 그 땅에 비가 내리는 것도 아브라함의 공로 때문이고, 모세가 율법을 받고 하늘로 승천할 수 있었던 것도 아브라함의 공로 때문이고, 다윗이 난 것도 아브라함의 공로 때문이라고 그들은 말했다. 약한 사람들을 위해서까지도 이 공로는 충분했다. 그들은 아브라함에 대해 말하기를 "당신의 자손들이 혈관과 뼈가 없는 단순한 죽은 시체라 할지라도 당신의 공로는 도움이 될 것입니다"라고 했다.

요한이 책망하고 있는 것은 바로 그러한 정신에 대해서다. 아마 유대인들은 그것을 필적할 수 없는 최고의 위치에 두었을지 모르지만 우리는 과거의 정신적 저축으로 현재에 살 수는 없다는 사실을 배워야 한다. 타락한 세대가 영웅적인 과거를 갖고 구원을 바랄 수는 없다. 그리고 악한 아들은 성자인 아버지의 공로에 호소할 가망이 없다.

그러고는 다시 요한은 자신의 추수하는 상상으로 되돌아간다. 철이 되면 포도원과 무화과수원 주인은 포도와 무화과나무를 살피고 그때 열매 맺지 않는 무용한 것들은 뽑아 버릴 것이다. 그들은 땅을 낭비할 뿐이다.

무용지물은 언제나 재난을 초래한다. 하나님에게나 이웃에게 무용지물인 인간은 심각한 위기에 처해 있는 것이며 저주 아래 있다.

요한의 메시지—언약

마태복음 3:7-12(계속)

요한은 책망의 메시지를 선포한 다음 언약의 메시지를 선포한다. 그러나 그 언약의 선포 안에도 책망은 있다. 언급한 바와 같이 요한은 자신을 초월하여 앞으로 오실 자를 제시했다. 그때까지 그는 큰 명성을 떨쳤고 대단한 능력으로 큰 영향력을 발휘하고 있었다. 그러나 그는 자신이 오시는 자의 신을 들기도 감당치 못한다고 말했다. 신을 드는 것은 노예의 일이었기에 그만큼 앞으로 오시는 자의 능력이 뛰어나다는 의미였다.

요한의 태도는 자아 존중이 아니라 자기 소멸의 태도였다. 그의 유일한 중요 직책은 자신이 아는 바와 같이 오실 자를 지시하는 이정표였다.

그는 뒤에 오시는 자가 성령과 불로 너희에게 세례를 주실 것이라고 말했다.

유대인들은 자신들의 전 역사를 통해 성령이 오실 때를 고대했다. 에스겔은 다음과 같은 하나님의 말씀을 들었다. "또 새 영을 너희 속에 두고 새 마음을 너희에게 주되 너희 육신에서 굳은 마음을 제거하고 부드러운 마음을 줄 것이며 또 내 영을 너희 속에 두어 너희로 내 율례를 행하게 하리니 너희가 내 규례를 지켜 행할지라"(겔 36:26-27). "내가 또 내 영을 너희 속에 두어 너희가 살아나게 하고 내가 또 너희를 너희 고국 땅에 두리니"(겔 37:14). "내가 다시는 내 얼굴을 그들에게 가리지 아니하리니 이는 내가 내 영을 이스라엘 족속에게 쏟았음이라. 나 주 여호와의 말씀이니라"(겔 39:29). "그 후에 내가 내 영을 만민에게 부어 주리니"(욜 2:28).

그러면 이 성령의 선물은 무엇이며 그 역사는 어떤 것인가? 이 질문에 대답하려면 히브리어에서 대답을 찾아야 한다.

요한은 유대인이고 그가 말하는 대상도 유대인이었다. 그는 기독교 교리에서 말하는 성령을 의미한 것이 아니라 유대 교리에서 말하는 성령의 의미로 말하고, 생각하고 있었다.

I. "영"이란 말은 "루아하(ruach)"인데 이것은 헬라어 "프뉴마(pneuma)"와 같은 말로서 단순히 "영"이란 의미만 있는 것이 아니라 "숨(breath)"이란 의미도 있다. 숨은 생명이다. 그러므로 성령의 언약은 **생명의 언약**이다.

하나님의 영은 인간에게 생명을 불어넣어 주신다. 하나님의 영이 인간 속에 들어가면 지쳐서 활기 없는 인생의 패배 의식이 사라지고 새 생명의 파도가 우리의 생명에 넘쳐 들어오게 된다.

II. "루아하(ruach)"란 말은 "숨(breath)"을 의미할 뿐 아니라 "바람

(wind)"도 의미한다. 이것은 태풍을 나타내는 말이고 엘리야가 들었던 휘몰아치는 권능의 바람이다. **바람은 능력이다**. 광풍은 배를 뒤엎고 나무를 송두리째 뽑아 버린다. 바람은 불가항력적인 힘이다. **하나님의 영은 능력의 영이다**.

하나님의 영이 인간에게 불어오면 인간의 연약함이 하나님의 능력으로 덧입혀져 할 수 없는 것을 하고 들어낼 수 없는 것을 들어내고 견딜 수 없는 것을 견딜 수 있게 된다. 좌절감은 사라지고 승리감이 도래한다.

III. 하나님의 영은 "창조 역사(役事)"와 관계되어 있다. 수면에 운행하시고, 혼동들의 세계를 조화의 세계로 만드시고, 무질서를 질서로 전환하시며, 창조 이전의 운무(雲霧) 상태에서 세계를 만드신 이가 하나님의 영이다. 하나님의 영은 사람을 새롭게 할 수 있다. 하나님의 영이 인간에게 들어오면 인간 본성의 무질서가 하나님의 질서로 변화된다. 우리의 헝클어지고 무질서하고 제어되지 않은 삶이 성령에 의해 하나님의 조화로 조형된다.

IV. 유대인은 성령이 특별한 기능을 갖고 있다고 생각했다. 성령은 인간들에게 진리를 가져다준다. 하나님의 진리를 인간에게 계시하는 자는 성령이다. 성령이 인간 마음에 들어오면 인간의 상상은 확실성으로 바뀌고 무지는 지식으로 전환된다.

V. 성령은 인간이 진리를 만날 때 그것을 하나님의 진리로 인정하게 한다. 성령이 우리 마음에 들어오면 우리의 눈이 열린다. 우리를 몽매케 하던 편견과 우리를 어둡게 하던 자아 의지가 사라진다. 성령이 인간에게 보게 한다.

요한이 본 바와 같이 이러한 선물은 뒤에 오실 자가 갖고 오실 선물이다.

요한의 메시지—언약과 책망

마태복음 3:7-12(계속)

요한의 설교에는 약속과 책망이 포함된 한 낱말과 한 장면이 나타난다. 요한은 뒤에 오시는 자는 불로 세례를 주실 것이라고 말한다. 불로 세례를 준다는 사상에는 세 가지 개념이 있다.

I. 조명의 개념: 불꽃은 어두움에 빛을 던지고 어두운 구석구석을 비춰 준다. 조명등은 항해자를 항구로 이끌고 여행자를 자신의 목적지로 인도한다. 불에는 태워 버리는 소멸뿐 아니라 빛과 인도하심이 있다. 예수께서는 사람을 진리로 인도하고 하나님에게로 안전하게 안내하는 조명등이다.

II. 온후의 개념: 위대하고 친절한 인간은 추운 방을 따뜻하게 하는 불과 같다. 예수께서 인간 생활에 들어오시면 그는 하나님과 이웃을 향한 사랑의 온기로써 그 사람의 마음을 태우신다. 기독교는 언제나 불타는 마음의 종교다.

III. 정결의 개념: 정결에는 소멸의 의미가 포함되어 있다. 정결케 하는 불꽃은 허위를 태우고 참된 것만 남긴다.

불꽃은 쇠를 녹이고 강하게 하며 순수하게 한다. 그리스도가 인간의 마음에 오시면 나쁜 찌꺼기는 깨끗이 없어진다. 괴로운 일이 생길 때는 하나님의 영이 언제나 이 모든 인생의 경험이 하나님께서 모든 것을 합동하여 선을 이루실 것이라고 믿는 자에게 깨끗하고 순결한 인격을 나타낼 것이며 그는 마음이 정결하기 때문에 마침내 하나님을 볼 수 있을 것이다.

그래서 불이라는 말에는 예수 그리스도가 인간의 마음에 들어오실 때는 그 마음을 비춰 주고 따뜻하고 정결케 한다는 의미를 갖고 있다.

다시 여기에는 언약과 책망을 의미하는 장면, 즉 타작 마당의 장면이 있다. 타작할 때는 커다란 나무로 만든 풍구로 곡식을 타작 마당에서 떠올려서 공중으로 던져 올린다. 이때 알곡은 땅에 떨어지지만 쭉정이는 바람에 날아가 버린다. 알곡은 모아 곳간에 저장하지만 쭉정이는 모아 연료로 태워 버린다.

그리스도의 오심은 반드시 분리를 의미한다. 인간이 그를 받아들이든지 거절하든지 해야 한다. 그리스도를 만날 때는 인간은 피할 수 없는 선택과 직면한다. 그들은 반드시 그와 함께 모으는 자이거나 헤치는 자 중 하나가 된다. 그것은 바로 운명을 결정하는 선택이다. 예수 그리스도에 대한 인간의 태도에 따라 운명이 달라진다.

이 영원한 선택에 도피란 없다. 베드포드에 있는 푸른 계곡에서 존 번연은 돌연히 영혼을 끌어 올려 영원을 보게 하고는 다음과 같은 목소리를 들었다. "너는 너의 죄를 버리고 천국으로 가겠는가, 아니면 너의 죄를 갖고 지옥으로 가겠는가?"

결론적으로 이러한 것은 인간이 피할 수 없는 선택이다.

요한의 메시지—요구

마태복음 3:7-12(계속)

요한의 모든 설교에는 근본적인 요구가 있다. 이는 "회개하라"(마 3:2)는 예수 자신의 근본적인 요구이기도 하다. 예수도 "회개하고 복음을 믿으라"고 말씀하신다(막 1:15). 이 회개가 무엇을 의미하는지, 왕과 왕의 전령자가 요구하는 이 근본적인 요구가 무엇을 의미하는지 분명하게 알아보자.

예수와 요한은 **회개**란 말이 무엇을 의미하는지 설명도 하지 않고 사용하고 있다. 그들은 이 말을 청중이 잘 알고 이해하고 있다고 확신하고 있다.

그러면 이제 회개에 대한 유대인의 교훈을 살펴보자. 유대인에게 회개란 모든 종교적인 신앙과 하나님과의 관계의 중심이었다. 무어(G. F. Moore)는 "회개는 하나님의 용서와 은혜의 회복에 유일하며, 없어서는 안 되는 조건이다. 또 하나님의 용서와 은혜는 진정으로 회개하는 자에게는 결코 거절당하지 않는 것이다.

하나님이 회개하는 자의 죄를 자유롭게 완전히 사하신다는 것은 유대교의 기본적인 교리다"라고 기록했다. 랍비들은 "죄를 회개하는 자는 크도다. 그가 세계의 상처를 고칠 것이며, 죄를 회개하는 자는 크도다. 그가 영광의 왕좌에 이를 것이다"라고 말했다.

몬테피오레(C. G. Montefiore)는 "회개는 하나님과 인간 사이의 위대한 화해의 증서"라고 말했다. 랍비들은 율법이 천지창조 이전 2,000년 전에 창조되었으나 회개는 율법이 창조되기 이전에 창조된 것들 중 하나라고 가르쳤다.

율법 창조 이전에 창조된 것으로는 회개, 낙원, 지옥, 하나님의 영광스러운 보좌, 천상의 성전, 메시아의 이름이 있다.

또 랍비들은 "사람은 활을 가지고는 불과 200미터 정도밖에 쏘지 못하나 회개는 하나님의 보좌까지 이른다"라고 말했다. 무엇보다도 회개를 제일로 치는 유명한 랍비의 교훈이 있다. "죄인들은 어떤 벌을 받아야 합니까?"라고 지혜서에 물으니 "재앙은 죄인을 따르고"(잠 13:21)라고 했다. 예언서에 물어보니 "범죄하는 그 영혼이 죽으리라"(겔 18:4)라고 대답했다. 율법에게 물니 "그로 하여금 번제를 드리게 하라"(겔 1:4)고 대답했다. 그들은 하나님께 물어보았다. 하나님은 "그로 하여금 회개하게 하라. 그래서 속함 받게 하라. 나의 아들들아, 내가 너희에게 무엇을 바라리요, **나를 찾으라. 그리고 살라**"고 대답하셨다. 그러므로 유대인에게 하나님께 돌아가는 유일한 출입구는 회개하는 것이었다.

보통 회개라는 의미의 유대어 테슈바하(teshubah) 흥미로운 단어다. 이것은 **되돌아간다**는 의미를 나타내는 동사인 슙(shub)의 명사형이다.

회개란 악에서 돌아서 하나님께로 되돌아가는 것이다. 무어는 "유대교에서 회개의 본래적 의미는 언제나 하나님을 향한 인간의 생활 태도의 변화며 국민과 개인의 종교적이고 도덕적인 개심이다"라고 했고, 랍비들에게는 "회개의 본질은 생활과 행위에 변화를 일으키는 마음의 철저한 변화에 있다"라고 했다.

훌륭한 중세 유대학자 마이모니데스(Maimonides)는 회개를 "죄인이 자신의 죄를 버리고 죄를 그 마음에서도 뽑아 버리며 그 죄를 다시는 범하지 않도록 굳게 결심하는 것이다. 즉, 기록된 바와 같이 죄인의 길과 죄인의 꾀를 따르지 않는 것이다"라고 했다. 그리고 무어는 "회개에 대해 정의를 내리고 있는 웨스트민스트 신앙고백에서 두 낱말을 제해 버린다면 완전히 유대인에게 적용시킬 수 있다"라며 흥미 있게, 정확히 지적해 냈다. 즉, 삶에 이른 회개는 구원하는 은혜이며 그것으로 말미암아 죄인은 죄를 자각하고 그리스도 안에서(in Christ) 하나님의 긍휼을 알아, 자신의 죄에 대한 비애와 증오를 가지게 되고 새로운 순종을 위해, 그리고 새로운 순종을 얻으려고 죄에서 하나님에게로 돌이킨다. 성경은 거듭해서 죄에서 **돌이킴**과 하나님께로 **돌아감**에 대해 말하고 있다.

에스겔은 "주 여호와의 말씀이니라 나의 삶을 두고 맹세하오니 나는 악인이 죽는 것을 기뻐하지 아니하고 악인의 길에서 돌이켜 떠나 사는 것을 기뻐하노라 이스라엘 족속아, 돌이키고 돌이키라 너희 악한 길에서 떠나라 어찌 죽고자 하느냐 하셨다 하라"(겔 33:11)고 말한다.

예레미야는 "주여, 나를 돌이키소서 내가 돌이키리이다 당신은 주 나의 하나님이시니이다"(렘 33:18)라고 말한다.

호세아는 "이스라엘아, 네 하나님 여호와께로 돌아오라… 너는 말씀을 가지고 여호와께로 돌아와서 아뢰기를…"(호 14:1–2)이라고 말한다.

이러한 것을 볼 때 유대교의 회개는 윤리적인 요구를 내포하고 있다는 사실은 분명하다. 회개란 행위에 부합하는 변화를 갖고 죄에서 하나님께로 향하는 것이다.

요한이 그의 청중에게 회개에 합당한 열매를 맺으라고 했을 때는 자신의 백성의 전통에 충실히 젖어 있었다. 다음과 같은 아름다운 회당 기도문이 있다.

"오 아버지여, 우리에게 당신의 율법으로 돌아가게 하소서. 오 왕이시여, 우리에게 당신을 더 가까이서 섬기게 하옵소서. 우리를 완전한 회개를 통하여 당신의 임재로 돌아가게 하소서. 회개를 기뻐하시는 주여, 복되소서."

그러나 회개는 생활에 현실적인 변화로 나타나지 않으면 안 된다.

요나서 3장 10절을 해석한 랍비는 "나의 형제들이여, 하나님은 결코 니느웨 사람들의 삼베옷 입은 것이나 단식하는 것을 보신 것이 아니라 그들이 악한 길에서 돌이킨 그들의 **행위**를 보신 것입니다"라고 기록했다. 또한 랍비는 "그대들은 죄를 지었을 때 회개는 하지 않고 번제만 드리는 어리석은 자들이 되지 마시오. 그리고 누가 '나는 죄짓고 회개하리라. 또 죄짓고 회개하리라' 고 말한다면 그에게는 회개가 허락되지 않은 것입니다"라고 말했다.

그는 다섯 종류의 용서 받을 수 없는 죄인들을 나열했는데 그 중 하나가 "회개하기 위해 죄짓는 자, 즉 회개는 많이 하지만 항상 다시 죄짓는 자"라고 서술했다. 랍비들은 "만일 사람이 불결한 것을 손에 쥐고 있다면 전 세계 모든 바다를 돌아다니며 씻어도 결코 정결해지지 않을 것이다. 그러나 그가 그 불결한 것을 내던져 버린다면 소량의 물이라도 충분할 것이다"라고 말했다.

유대 교사들은 소위 그들의 아홉 가지 회개의 규례로서 참된 회개에 필요한 아홉 가지 조건을 말한다. 그들은 이것을 이사야 1장 16절, 17절에 있는 계명의 일련에서 따 왔다. 즉, "너희는 스스로 씻으며 스스로 깨끗하게 하며 내 목전에서 너희 악한 행실을 버리며 행악을 그치고 선행을 배우며 정의를 구하며 학대받는 자를 도와주며 고아를 위하여 신원하며 과부를 위하여 변호하라 하셨느니라."

벤시락은 교회서(*Ecclesiasticus*: 구약 외경)에서 다음과 같이 말하고 있다. "나는 죄를 지었으나 무슨 일이 일어났는가? 라고 말하지 말라. 주께서는 오랫동안 고통하신다. 너무 조급하게 죄가 사했다고 확신하지 말라. 죄는 계속 살아 있느니라. 그의 자비는 크시므로 그는 나의 많은 죄를 사해 주실 것이라고 말하지 말라. 자비와 진노는 그에게 함께하며 그의 노하심은 죄인들의 머리 위에 머물러 있느니라. 주께 돌아가기를 더디 하지 말며 내일로 내일로 미루지 말지니라"(교회서 5:4-7).

그는 "죽은 시체를 만진 후 자신을 정결하게 씻은 자가 다시 시체를 만지면 그 씻음이 무슨 유익이 있겠는가? 죄를 위해 단식한 자가 다시 같은 일을 계속하면 누가 그의 기도를 들어주며 괴로운 자신에게 무슨 유익이 있겠는가?(교회서 31:30, 31)

유대인들은 참된 회개는 단순히 감상적인 슬픔뿐 아니라 생활에 실질적인 변화를 가져온다고 주장한다. 기독교인도 이와 마찬가지다. 유대인들은 하나님의 자비를 악용하려는 것에 대해 신성한 두려움을 갖고 있다. 기독교인도 그러하다. 유대인들은 참된 회개란 회개의 현실성을 나타내 보이는 열매를 가져와야 한다고 주장한다. 기독교인도 그러하다.

그러나 유대인들은 회개에 대해 그 이상의 의미를 갖고 있다. 이런 것들을 계속해 좀더 살펴보자.

요한의 설교—요구

마태복음 3:7-12(계속)

회개에 대한 유대적 개념에는 거의 무서울 정도의 윤리적 요구가 있지만 다른 면에서 위로하는 것도 있다.

그들은 회개는 언제나 쉽게 할 수 있다고 생각하고 "회개는 바다와 같다. 즉, 어느 때고 들어가 목욕할 수 있는 것과 같다"라고 말했다. 기도의 문은 닫힐 때가 있을지 모르나 회개의 문은 결코 닫히지 않는다. 회개의 문은 아무도 닫을 수 없는 문이다.

회개는 완전히 본질적인 것이다. 아브라함은 하나님께 "주께서는 끈 양끝을 동시에 잡을 수 없습니다. 당신이 엄격한 정의를 원하시면 세계는 지탱해 낼 수 없습니다. 당신이 세계를 보존하시기를 원하시면 엄격한 정의는 지탱해 낼 수 없습니다"라고 말했다.

세계는 하나님의 자비와 회개의 통로가 없이는 계속 존재할 수 없다. 하나님에게 정의만 있다면 인류와 만물은 더 이상 존재할 수 없을 것이다.

회개는 아주 본질적인 것이기 때문에 그것을 가능케 하기 위해 하나님은 자신의 요구를 지워 버리신다. 즉, 하나님 앞에서 가장 귀한 것은 회개다. 회개를 위해 자신의 말씀까지도 지워 버리시기 때문이다. 죄인에 대한 파멸의 위협은 죄인이 자신의 죄를 회개함으로써 없어진다.

회개는 생명이 있는 한 가능하다. 생명이 있는 한 회개의 가능성은 남아 있다. "율법의 포로에서 회개한 자를 붙들어 내기 위해 천국 수레의 양 날개 밑에 하나님의 손이 뻗어 나와 있다"라고 랍비 시메온 벤 요하이(Simeon ben Yohai)는 말했다. "인자야, 너는 네 민족에게 이르기를 의인이 범죄하는 날에는 그 공의가 구원하지 못할 것이요 악인이 돌이켜 그 악에서 떠나는 날에는 그 악이 그를 엎드러뜨리지 못할 것인즉 의인이 범죄하는 날에는 그 의로 말미암아 살지 못하리라"(겔 33:12).

랍비들은 "대부분의 사람은 천국에 들어가는 데 여러 해가 걸릴 수 있지만 어떤 사람은 한 시간 안에 들어가기도 한다"고 말했다. 임종의 순간에 하나님의 자비를 받은 사람이 다음과 같은 시를 썼다.

말안장에서 땅까지
떨어지는 그 순간에
나는 구하여 얻었네
그 자비를.

하나님의 자비는 숨어서 하는 회개까지도 받으시는 그런 것이다. 랍비 엘레아자르(Eleazar)는 "누가 자신의 동료를 공중 앞에서 모욕하고 잠시 후 그에게 화해를 청하면 그는 '너는 나를 공중 앞에서 모욕하고 우리 끼리만 화해하려고 하는가? 네가 나를 욕할 때 있던 사람들에게로 가자. 그러면 내가 너와 화해할 것이다' 고 하는 것이 세상의 법칙이다. 그러나 하나님은 그렇지 않다.

누가 하나님을 시장 바닥에서 욕하고 모독했을지라도 거룩하신 자는 "너는 우리 둘 사이에만 회개하라. 그러면 내가 너를 영접하리라"고 말씀하신다. 너무나 수치스러워 하나님 이외에 아무에게도 말할 수 없는 자에게까지도 하나님의 용서는 열려 있다.

하나님은 망각이 없는 분이시다. 그는 하나님이시기 때문이다. 잊으시기만 하는 것이 하나님의 자비가 아니다.

믿을 수 없는 말같이 들릴지 모르지만 하나님은 회개하는 자의 죄를 잊기까지 하신다. "주와 같은 신이 어디 있으리이까 주께서는 죄악과 그 기업에 남은 자의 허물을 사유하시며"(미 7:18). "주의 백성의 죄악을 사하시고(잊으시고) 그들의 모든 죄를 덮으셨나이다"(시 85:2). 용서하는 것은 인간의 업적이 될지 모르나 죄를 망각하는 것은 하나님의 위업이다. 무엇보다 더 귀한 것은 하나님은 회개하는 자를 만나러 적극적으로 다다라야 할 거리의 반을 넘어 찾아오신다는 것이다. 하나님은 "네가 할 수 있는 데까지 돌아오라. 그러면 내가 너의 길 나머지를 가리라"고 하신다. 랍비들은 정상의 모습에서 탕자를 만나기 위해 달려가는 사랑의 아버지를 보았다.

그러나 이러한 모든 자비를 염두에 두어도 진정으로 회개하는 자는 가능한 한 자신이 범한 죄에 대한 대가가 필요하다. 랍비들은 "허물에 대한 대가를 치르고서 사죄를 구했을 때 용서 받는다. 진정으로 회개한 자는 같은 죄를 같은 환경에서 다시 범할 기회가 있어도 그 죄를 범하지 않는 자"라고 했다.

유대 랍비들은 인간관계의 중요성과 그 관계를 바르게 놓아야 한다는 것을 거듭해서 강조했다. 여기에 흥미 있는 랍비들의 교훈이 하나 있다.

"하늘과 이웃에 대해 선한 자는 선한 자딕(Zadik: 의로운 사람이란 뜻). 하늘을 향해서는 선하더라도 이웃에게 선하지 못한 자딕은 나쁜 자딕이다. 하늘과 이웃에 대해 사악한 자는 나쁜 죄인이다. 하늘에 대해서는 사악하나 이웃에 대해 사악하지 않은 사람은 나쁜 죄인은 아니다."

죄에는 언제나 배상이 필요하기 때문에 죄인 중 가장 악한 죄인은 타인을 죄짓게 가르치는 자다. 남을 잘못 가르쳐서 생긴 자신의 죄가 얼마나 멀리 퍼졌는지, 얼마나 많은 사람에게 영향을 끼쳤는지 알 수가 없어 보상할 수 없기 때문이다.

참된 회개란 보상뿐 아니라 고백도 똑같이 중요하다. 거듭해서 우리는 성경 그 자체 안에 들어 있는 요구를 발견한다. 즉, "남자나 여자나 사람들이 범하는 죄를 범하여… 그 지은 죄를 자복하고"(민 5:6–7). "자기의 죄를 숨기는 자는 형통하지 못하나 죄를 자복하고 버리는 자는 불쌍히 여김을 받으리라"(잠 28:13). "내가 이르기를 내 허물을 여호와께 자복하리라 하고 주께 내 죄를 아뢰고 내 죄악을 숨기지 아니하였더니 곧 주께서 내 죄악을 사하셨나이다"(시 32:5).

저주 받을 사람은 죄가 없다고 말하는 자나 죄를 짓지 않았다고 말하는 자들이다(렘 2:35). 마이모니데스는 죄를 고백하는 사람이 사용할 수 있는 공식을 제시한다. 즉, "오 하나님, 나는 죄를 지었습니다. 나는 불법하였고 나는 당신 앞에서 율법을 어겨 이러이러한 죄를 지었습니다. 나는 나의 행위에 대해 죄송스럽고 부끄럽게 생각하옵고 다시는 범죄치 않고자 합니다"라는 고백이다. 참된 회개에는 우리의 죄를 인정하고 고백하는 겸손이 필요하다.

어떤 경우에도 회개할 필요가 없거나 회개할 수 없는 사람은 없다. 랍비들은 사람들에게 "나는 죄를 지었기 때문에 배상할 힘이 없다는 말을 못하게 하라. 그에게 하나님을 믿고 회개하게 하라. 그러면 하나님이 그를 수납하시리라"라고 말했다.

외관상으로 봐서 회개가 불가능하다고 생각한 전형적인 예로는 므낫세를 들 수 있다. 그는 바알을 예배했고 이방 신들을 예루살렘으로 갖고 왔다. 그리고 힌놈의 골짝에서 몰록 신에게 어린아이의 제물을 드리기까지 했다. 그러다 재난에 빠진 그는 하나님께 기도했고 하나님은 그의 간청을 들으셔서 그가 다시 예루살렘으로 돌아와 다시 왕위에 거하게 하셨다. 그제야 므낫세는 여호와께서 하나님이신 줄 알았다(대하 33:13).

때때로 사람에게는 자신의 본향으로 돌아가게 하기 위한 하나님의 책망과 훈련이 필요하다. 그러나 그를 본향에 돌아가게 하는 것은 하나님의 능력뿐이다. 마지막으로 회개에 대한 유대인의 사고방식을 한 가지 들어 보자. 이것은 요한의 심중에 있었음이 틀림없을 것이다. 적어도 유대 교사들 중에는 이스라엘이 완전히 회개할 수 있다면 언젠가는 메시아가 올 것이라는 것을 가르친 자들이 분명히 있었다. 하나님께서 구속자를 세상에 보내시는 것이 지연되는 이유는 오로지 사람들의 마음이 완악했기 때문이다.

회개는 그것이 바로 기독교 신앙의 중심인 것과 같이 유대교 신앙의 중심이었다. 회개란 죄에서 돌이켜 하나님께로 향하는 것이며 하나님이 우리에게 명하시는 생활을 향해 삶을 전환하는 것이다.

예수와 요한의 세례 받으심

마태복음 3:13-17

[13]이때에 예수께서 갈릴리로부터 요단강에 이르러 요한에게 세례를 받으려
하시니 [14]요한이 말려 이르되 내가 당신에게서 세례를 받아야 할 터인데 당
신이 내게로 오시나이까 [15]예수께서 대답하여 이르시되 이제 허락하라 우리
가 이와 같이 하여 모든 의를 이루는 것이 합당하니라 하시니 이에 요한이
허락하는지라 [16]예수께서 세례를 받으시고 곧 물에서 올라오실새 하늘이 열
리고 하나님의 성령이 비둘기같이 내려 자기 위에 임하심을 보시더니 [17]하늘
로부터 소리가 있어 말씀하시되 이는 내 사랑하는 아들이요 내 기뻐하는 자
라 하시니라

예수께서 세례를 받으시러 요한에게 나아오시자 요한은 놀라며 예수께 세례 베풀기를 꺼려 했다. 도리어 예수께서 자신에게 세례를 베풀어야 한다는 것을 알고 있었기 때문이다.

사람들은 복음에서 이 이야기에 대해 생각하기 시작한 이래로 예수께서 세례 받으심에 대해 이해하기 어려웠다. 요한의 세례는 회개를 권고하는 것이었고 사죄의 한 방법이었다. 그러므로 예수께서 우리가 그를 믿는 대로라면 회개할 필요가 없고 하나님에게서 용서 받을 필요도 없는 분이다. 요한의 세례는 죄를 의식하는 죄인들을 위한 것이었다. 예수에게는 적용될 것이 아니었다.

초기의 한 저자는 예수께서는 단지 그의 모친과 형제들을 기쁘게 하기 위해 세례를 받으러 왔고 거의 강요하다시피 하는 그들의 간청에 보답하기 위해 세례를 받으셨다고 암시했다. 신약성경에 포함되지 않은 초기 복음서 중 하나인 **히브리 복음서**를 보면 다음과 같은 구절이 있다.

> 주의 모친과 그의 형제들이 그에게 "보라. 세례 요한이 죄를 사하는 세례를 베풀고 있다. 우리도 가서 그에게 세례를 받자"라고 말하자 예수께서는 "내가 세

례를 받을 만한 죄를 범했을까요? 만일 죄를 범했다면 내가 이런 질문을 했기 때문일까요?" 라고 대답했다.

초대교회 시대부터 사상가들에게 예수께서 세례를 감수했다는 사실은 퍽 난해한 것이었다. 그러나 예수께서 요한에게 세례를 받은 데는 몇 가지 선한 이유가 있다.

I. 30년간 예수께서는 나사렛에서 평범한 집안 일과 목수 일을 충실히 이행하면서 기다리고 있었다. 그는 항상 세상이 자신을 기다리고 있음을 알고 있었으며 자신이 기다리는 사명을 강렬하게 의식하고 있었다. 어떤 일이든 성공 여하는 그 일을 착수하는 순간에 선택되는 지혜로 결정된다. 예수께서는 다가올 순간, 즉 복음을 외칠 그 결정적인 시간을 기다려야만 했다. 요한이 나타나자 예수께서는 결정적인 시간이 왔음을 알았다.

II. 왜 그렇게 해야 했을까? 거기에는 대단히 단순하고 극히 중대한 이유가 있다. 전 역사를 통해 요한의 세례 이전까지 유대인은 결코 세례를 받지 않았다는 단순한 사실이다.

유대인들은 다른 종교에서 유대교로 개종하는 사람들만 세례를 받는 것으로 알고 있었다. 죄에 물들고 더러워진 개종자가 세례를 받아야 한다는 것은 당연하다고 생각했다. 유대인은 선인의 한 사람이요 아브라함의 자손이요 하나님의 구원의 확증을 받은 자이므로 세례 받아야 한다는 것은 상상도 해 본 적이 없었다. 세계 역사를 통틀어 이러한 민족적인 회개 운동과 하나님을 찾는 일이 처음 전개된 것이다.

이때가 바로 예수께서 기다리던 그 시간이었다. 사람들은 자신들의 죄를 의식했고 전에 절대 알지 못했던 하나님의 필요성을 의식하게 되었다. 이것이 예수에게 기회였고 자신이 세례를 받음으로써 하나님을 찾는 사람들과 일체가 되는 계기가 되었다. 예수께서 세례를 받으신 것은 사람들이 죄에 대해 새로운 의식을 하고 하나님을 찾는 그 시간에 예수께서 자원해 구원을 받는 사람들과 자신을 같이하고자 하시기 위해서였다.

예수께서 세례 받으실 때 들려온 "이는 내 사랑하는 아들이요 내 기뻐하는 자라"는 소리는 대단히 중요하다. 이 문장은 두 개의 인용구로 되어 있다. "이는 내 사랑하는 아들이요"는 시편 2편 7절의 인용이다. 모든 유대인은 이 시편 구절을 앞으로 오실 하나님의 능력 있는 왕, 메시아에 대한 서술이라고 믿고 있었다.

"내 기뻐하는 자라"는 구절은 이사야 42장 1절의 인용이다. 이 구절은 이사야 53장의 마지막을 장식하는 수난 받는 종의 서술이다. 그래서 이 세계에서는 예수에 대해 두 가지 확실성을 제시한다. 즉, 그는 진실로 하나님이 택하신 자라는 확신과 그 앞에 놓여 있는 길은 십자가의 길이라는 확신이다. 그 순간에 예수께서는 자신이 왕으로 선택된 자이며 그의 왕위는 십자가라는 것을 알았고 자신이 정복자로 운명지어졌다는 것과 자신의 정복은 고통 받는 사랑의 힘이 유일한 무기라는 사실을 알게 되었다. 이제 예수 앞에는 자신의 사명과 이것을 성취하기 위한 단 하나의 길이 놓이게 되었다.

시련의 때

한 단계 한 단계씩 마태는 예수의 이야기를 전개해 나간다. 마태복음은 예수께서 어떻게 이 세상에 오셨는지를 우리에게 보여 줌으로써 출발한다. 다음으로 예수께서 세상에 대한 자신의 사명을 시작하기 전에 자신의 가정에 대한 의무를 충실히 이행하셨고 하나님께서 그에게 세상에서 가장 큰 사명을 주시기 전에 작은 일에 충성했음을 보여 주었다. 계속해 마태는 세례 요한의 출현으로 예수께서 결정적인 사명의 시간이 당도했다는 것을 알게 되었다고 제시한다. 그는 열렬하게 하나님을 찾는 사람들의 입장과 함께 자신을 두었다. 세례 받는 그 순간에 예수께서는 자신이 진실로 하나님의 택하신 자요, 승리로 향한 길은 십자가를 통해서만 있다는 것을 인식하도록 제시해 주었다.

누구든지 한 가지 꿈을 갖고 있다면 그 꿈을 실현할 수 있는 길을 찾아내야 할 것이다. 그것이 바로 예수께서 당면하신 문제였다. 그는 사람들에게 하나님을 철저히 알게 하려고 했다.

그는 그것을 어떻게 하려고 했고 무슨 방법을 적용하려고 했을까? 능력 있는 정복자의 방법을 적용하려고 했을까? 혹은 끈기 있고 희생적인 사랑의 방법을 취하려고 했을까? 그것이 예수께서 시험당하실 때 당면한 문제였다.

유대인은 자신이 결코 하나님에게서 제외된 죄인이라고는 생각해 본 적이 없었다. 자신들은 아브라함의 자손이므로 영원히 안전하다고 생각했다. 그러나 그들의 민족사에서 처음으로 유대인들은 자신의 죄와 하나님에 대한 긴박한 필요성을 알게 되었다. 하나님이 그에게 부여하신 사명을 수행하기 위해 그가 택한 방법은 무엇이었을까?

The Gospel of Matthew 04

그리스도의 시험

마태복음 4:1-11

1그때에 예수께서 성령에게 이끌리어 마귀에게 시험을 받으러 광야로 가사
2사십 일을 밤낮으로 금식하신 후에 주리신지라 3시험하는 자가 예수께 나아
와서 이르되 네가 만일 하나님의 아들이어든 명하여 이 돌들로 떡덩이가 되
게 하라 4예수께서 대답하여 이르시되 기록되었으되 사람이 떡으로만 살 것
이 아니요 하나님의 입으로부터 나오는 모든 말씀으로 살 것이라 하였느니
라 하시니 5이에 마귀가 예수를 거룩한 성으로 데려다가 성전 꼭대기에 세우
고 6이르되 네가 만일 하나님의 아들이어든 뛰어내리라 기록되었으되 그가
너를 위하여 그의 사자들을 명하시리니 그들이 손으로 너를 받들어 발이 돌
에 부딪히지 않게 하리로다 하였느니라 7예수께서 이르시되 또 기록되었으
되 주 너의 하나님을 시험하지 말라 하였느니라 하시니 8마귀가 또 그를 데
리고 지극히 높은 산으로 가서 천하 만국과 그 영광을 보여 9이르되 만일 내
게 엎드려 경배하면 이 모든 것을 네게 주리라 10이에 예수께서 말씀하시되
사탄아 물러가라 기록되었으되 주 너의 하나님께 경배하고 다만 그를 섬기
라 하였느니라 11이에 마귀는 예수를 떠나고 천사들이 나아와서 수종드니라

시험 받으신 예수에 대한 연구에서 가장 먼저 주목해야 할 것은 **시험하다**는 낱말의 의미다. 헬라어로는 **페이라제인**(Peirazein), 영어로는 **시험하다**(tempt)인데, 영어 낱말인 **시험하다**(tempt)는 항상 나쁜 의미로 쓰인다. 이 낱말은 사람이 죄를 짓도록 꾀는 의미를 갖고 있다. 그러나 **페이라제인**은 그런 의미와는 전혀 다른 의미도 있다. 즉, **시험하다**는 의미보다는 **테스트하다**(test)는 의미가 훨씬 정확하다.

구약에는 아브라함이 자신의 독자 이삭을 제물로 바쳐야 했던 위기를 어떻게 모면했는지에 대한 이야기가 나온다. 그 이야기는 다음과 같이 시작한다.

"그 일 후에 하나님이 아브라함을 시험하시려고"(창 22:1). 분명히 여기에서는 **시험하다**(tempt), 즉 **악을 행하게 하려는** 의미는 있을 수 없다. 하나님이 어떤 악인으로 만들려고 한다고는 생각할 수 없다.

이것을 다음과 같은 의미라고 생각하면 아주 명백해진다.

"그 일 후에 하나님이 아브라함을 **테스트**해 보려고." 아브라함의 충성을 최고로 테스트해 볼 시간이 왔다. 이것은 마치 사람이 쇠를 목적에 맞게 사용하기 전에 그 쇠가 견뎌 내야 할 중압과 팽력을 이겨 낼 수 있는지 검사하는 것과 똑같다. 그래서 사람도 하나님의 목적으로 사용되기 전에 먼저 검사를 받아야 한다. 유대인들에게는 다음과 같은 교훈이 있다. "거룩한 자, 그 이름이 복 되신 자는 사람을 먼저 시험을 하시고 속속히 조사하실 때까지는 그 사람의 지위를 높이시지 않는다. 그리고 그가 시험을 이기면 그를 높은 지위에 올리신다."

여기에는 위대하고 숭고한 진리가 있다. 우리가 시험이라는 것이 우리를 죄짓게 하는 것을 의미하지는 않는다. 그것은 우리가 죄를 정복할 수 있도록 하는 의미가 있으며 우리를 좋게 하려는 의미가 있다. 또한 우리를 약하게 만들려는 것이 아니라 시련을 통해 더 강하고 품위 있고 더 순수하게 하려는 의미가 있다. 시험은 인간에게 오는 벌이 아니라 영광으로서 하나님이 쓰시기 원하시는 자가 되게 하는 검사다. 그러므로 우리는 이 전체의 사건과 경험을 **시험**이라기보다 **테스트**라고 생각해야 할 것이다.

이런 시험이 있었던 장소에 대해 살펴보자. 이 사건이 일어난 곳은 **광야**다. 팔레스타인의 중추인 중앙고원에 자리 잡은 예루살렘과 사해 사이에 그 광야가 펼

쳐져 있다. 구약에서는 이 광야를 예시몬이라고 하는데 그 의미는 "황폐"라는 의미로서 아주 적합한 이름이다. 길이 57킬로미터와 넓이가 24킬로미터나 되는 넓은 광야다.

조지 아담 스미스(George Adam Smith)는 그 광야를 건너 여행하고 "그것은 누런 사지와 부스러진 석회암과 자갈이 흩어져 있으며 뒤틀어진 지층 지대다. 그곳에는 산등성이가 마치 비뚤어지고 꼬인 것처럼 사방으로 흩어져 있다. 산들은 폐물 무더기 같고 석회암은 불에 타 껍질이 벗겨진 것 같으며 바위는 노출되어 모두가 톱날같이 들쭉날쭉하며 땅바닥은 말발굽이 지나갈 때 생기는 작은 소리가 반영되어 울린다. 강한 햇볕을 받으면 일대는 거대한 난로같이 뜨겁게 달아서 이글거리고 있다. 이 광야는 바로 사해에 이르고 거기서는 약 380미터가량이나 하강한다. 석회암과 이 회석의 절벽으로 단층을 만들고 험한 바위산과 바위굴들이 사해를 향해 절벽을 이루고 있다"라고 서술했다. 이 광야에서라면 예수께서는 팔레스타인의 어느 다른 곳보다 더 한적하게 지낼 수 있었다. 예수께서는 광야에 혼자 나갔다. 이미 사명이 그에게 주어졌고 하나님은 그에게 말씀하셨다. 그는 하나님이 자신에게 주신 그 사명을 어떻게 해야 할지 생각하지 않으면 안 되었다. 그리고 일을 시작하기 전에 해결하지 않으면 안 될 것들이 있기에 혼자 지내야 했다.

흔히 어떤 문제가 해결되지 않는 것은 우리가 홀로 있으려 하지 않기 때문일지도 모른다. 사람은 혼자 완수해야 할 일들이 있고 행동을 중단하고 생각해 보아야 할 때도 있다. 본인 외에는 아무도 충고하는 사람이 없는 것이 자신에게 좋을 때가 있다. 자신이 혼자서 하나님을 만나는 기회를 만들지 않기 때문에 잘못을 범하는 경우가 세상에는 많은 것 같다.

신성한 경험

마태복음 4:1-11(계속)

예수께서 시험받으신 이야기를 자세히 연구하기 전에 주목해야 할 몇 가지 사항이 더 있다.

I. 세 복음서 기자는 모두 예수께서 시험을 받으신 것은 세례 받으신 직후임을 강조하고 있다. "성령이 곧 예수를 광야로 몰아내신지라"(막 1:12). 큰 감격이 있은 후에는 반드시 반동의 순간이 온다는 것, 즉 모험이 있는 곳에는 언제나 다시 반동이 있다는 것은 삶의 엄숙한 진리 중 하나다. 엘리야에게도 이러한 진리가 일어났다. 갈멜 산상에서 단신으로 훌륭한 용기를 갖고 바알의 선지자들과 대결하여 그들을 격파했던 것이다(왕상 18:17-40). 이는 엘리야의 용기와 하나님을 입증한 최고의 시점이었다. 그러나 바알 선지자들이 학살됨을 알고 간악한 이세벨이 격노해 엘리야의 생명을 찾고 있었다. "저가 이 형편을 보고 일어나 브엘세바로 갔다"(왕상 19:3). 모든 대적자 앞에 두려움 없이 섰던 그가 지금은 뒤쫓아 오는 공포 때문에 자신의 생명을 보존하기 위해 도망가고 있다. 반동의 순간이 온 것이다. 어떤 위대한 순간, 어떤 위대한 체험이 있은 후 반드시 반동이 온다. 저항 세력이 최고에 이른 후 급격히 감소해 최저로 하강한다는 것이 인생의 법칙이다. 시험하는 자는 용의주도하고 교묘하고 능숙하게 예수를 공격할 시간을 선택했다. 그러나 예수께서는 그를 정복하셨다. 우리의 삶이 정상에 오른 직후에는 특별하게 주의해 우리의 주의력을 잘 이끌고 가야 한다. 그 시간은 바로 우리가 가장 침울한 상태에 빠질 시간이기 때문이다.

II. 예수의 이런 체험을 외적인 것으로 생각하면 안 된다. 이것은 예수 자신의 마음과 정신과 영혼 속에서 계속되었던 내적인 투쟁이었다. 내적인 갈등이었다. 시험하는 자는 우리의 가장 깊은 정신과 욕망을 통해 우리에게 온다. 시험하는 자의 공격은 우리의 마음에서 시작된다. 그 공격은 너무나 현실적일 수 있기 때문에 우리는 마귀를 볼 수 있다고도 말할 수 있다.

오늘날에도 독일 봐트벅에 있는 루터가 머물던 방 벽은 잉크 흔적이 남아 있다. 루터는 자신을 시험하려는 마귀에게 잉크병을 던져 그런 잉크 자국을 만들었다. 모든 마귀 세력은 우리의 방어를 돌파하고 내부에서 우리를 공격한다. 마귀는 자신의 군대와 무기를 우리의 가장 깊은 정신과 욕망 속에서 찾아낸다.

III. 예수께서 단 한 번의 전투에서 시험하는 자를 정복했고 시험하는 자가 다시 그에게 접근하지 못했다고 생각하면 안 된다. 마귀는 가이사랴 빌립보에서 예수께서 베드로가 십자가를 지시는 것을 만류하였을 때 다시 그에게 말한다. 그때 예수께서는 베드로에게 광야에서 시험하는 자에게 했던 것과 같은 말을 하지 않을 수 없었다. 예수께서는 "사탄아 물러가라"(마 16:23)라고 하셨다. 그날이 저물어 갈 무렵 예수께서는 제자들에게 "너희는 나의 모든 시험 중에 항상 나와 함께한 자들인즉"(눅 22:28)이라고 말씀했다.

전 역사를 통하여 겟세마네 동산에서 시험했던 자가 다시 예수에게 십자가를 피하라고 유혹했던 그때에 예수께서 투쟁하신 그런 시험과의 싸움은 결코 없었다(눅 22:42-44). "부단한 경계야말로 자유의 보상이다." 성도의 싸움에는 휴전이 없다. 흔히 사람들은 시험을 받지 않는 단계, 시험하는 자가 영원히 파멸된 단계에 도달하려고 생각하기 때문에 지쳐 버린다. 예수께서도 결코 그 단계에 도달하지 못하셨다. 처음부터 끝까지 자신과의 싸움을 해야 했다. 이것이 그가 우리의 싸움을 도와줄 수 있는 이유다.

IV. 이 이야기에서 눈에 띄는 또 한 가지가 있다. 즉, 시험이란 어떤 특별한 힘을 가진 자와 그 능력을 가졌다고 의식하는 사람이 받는다는 것이다. 샌디(Sandy)는 시험이란 "비범한 능력을 사용하려고 할 때 일어나는 문제"라고 말했다. 예수께서 시험을 당하신 것은 놀라운 이적을 할 수 있음을 마귀가 알고 있었기 때문이다. 우리가 받는 시험은 **우리 재능을 통해** 온다. 매력이 있는 사람은 그 매력을 쉽게 사용해 보려는 시험을 받을 것이다. 화술이 좋은 사람은 화술을 사용하여 자신의 행위를 정당화하는 능변적인 변명을 시험을 받을 것이다. 발랄

하고 민감한 상상력을 가진 사람은 둔감한 사람이 결코 경험하지 못하는 번민하는 시험을 당할 것이다. 머리가 좋은 사람은 이것을 남을 위해 사용하기보다는 자신을 위해 사용하여 남을 섬기는 자가 아니라 으뜸이 되려는 시험을 받을 것이다. 우리의 가장 강한 것이 있는 바로 그곳에 우리가 항상 감시하지 않으면 안 될 것이 있다.

V. 이 이야기를 읽을 때마다 반드시 생각나는 것이 있다. 예수께서 말씀하신 것은 틀림없다는 것이다. 광야에는 다만 예수 한 분뿐이었다. 이 싸움이 벌어지고 있을 때 예수를 목격한 사람은 아무도 없었다.

이 이야기가 우리에게 전해지는 것은 예수께서 직접 제자들에게 말씀하셨기 때문이다. 예수께서는 우리에게 자신의 영적 경험을 말씀하고 계신다. 우리는 엄숙하고 특별한 존경심을 갖고 이 이야기를 읽어야 한다. 이 이야기 속에 예수께서 자신의 가장 심원한 마음과 영혼을 적나라하게 나타내 주시기 때문이다. 그는 자신이 겪었던 일을 사람들에게 말해 주고 있다. 이는 이야기 중에서 가장 신성한 이야기다. 예수 자신이 시험당했으므로 시험을 당하고 있는 자들을 도울 수 있음을 말해 주고 있기 때문이다. 그는 자신의 싸움에서 우리의 싸움을 돕기 위해 막을 내리신다.

시험하는 자의 공격

마태복음 4:1-11(계속)

시험하는 자는 세 가지 방향에 따라 예수를 공격하고 있다. 이들 각 시험에는 어떤 불가피성이 들어 있다.

I. 돌을 빵으로 바꾸는 시험. 그 광야에는 빵 덩어리처럼 생긴 둥근 석회암 조각이 많이 흩어져 있었다. 아마 이러한 것이 예수에게 이 시험을 암시하게

했을지 모른다. 이것은 이중적인 시험이었다. 예수에게 그것은 **자신의 능력을 이기적으로 사용하는 것과 자신의 목적을 위해** 사용하려는 시험이었다. 그것은 바로 그가 항상 그렇게 하기를 거절하던 것이었다.

하나님이 우리에게 주신 능력을 이기적으로 사용할 때는 항상 시험이 있다. 하나님은 각 사람에게 선물을 주었는데 모든 사람은 두 가지 질문 중 하나를 받는다. 즉, "이 재능으로 나 자신을 위해 무엇을 할 것인가" 아니면 "이 재능으로 타인을 위해 무엇을 할 것인가" 다. 예를 들어 목소리가 좋은 사람은 그 목소리로 돈을 벌 수 있다. 만일 목소리를 사용하는 데 돈을 주지 않으면 그 사람은 노래 부르기를 거절할지도 모른다. 돈을 벌기 위해 그 목소리를 쓰면 안 된다는 법은 없다. 그러나 돈 버는 일 외에는 어떤 것을 위해서도 그 목소리를 사용해서는 안 된다는 이유는 얼마든지 많이 있다. 하나님이 그에게 준 재능을 이기적으로 사용하라는 시험을 받지 않는 사람은 없다.

이 시험에는 다른 면도 있다. 예수께서는 하나님의 메시아며 이 사실을 예수도 알았다. 광야에서 그는 사람들을 하나님에게로 이끄는 방법을 선택하였다. 하나님이 그에게 주신 사명을 완수하기 위해 그는 무슨 방법을 사용하였는가? 그는 어떻게 그 이상을 현실화했으며 꿈을 사실화했는가? 그를 따르는 사람들을 설득하는 한 가지 확실한 방법은 그들에게 빵을 주고 물질적인 것들을 제공하는 것이다. 역사가 그것을 정당화하지 않았는가?

하나님은 광야에서 그의 백성에게 만나를 주셨다. "내가 너희를 위해 빵을 하늘에서 비같이 내릴 것이라" 고 말씀하셨다. 미래 황금시대에 대한 환상은 그와 같은 꿈을 포함하고 있지 않은가? 이사야는 "그들이 주리거나 목마르지 아니할 것이며" (사 49:10)라고 말했다. 메시아의 잔치야말로 신·구약 성경에 나타난 왕국의 소망이 확정된 모습이었다. 만일 예수께서 사람들에게 빵을 주기 원했다면 그는 거기에 대한 충분한 정당성을 세울 수 있었을 것이다.

그러나 사람들에게 빵을 주는 것은 이중적인 오류가 있다.

첫째, 그것은 사람들이 자신을 따르도록 하기 위해 뇌물을 먹이는 것과 같다. 무엇인가 얻을 것을 기대하고 그를 따르도록 설득하는 것이 된다. 예수께서 제공하는 보수는 십자가다. 그가 사람들을 부른 것은 얻기 위해서가 아니고 주기 위해서다. 사람들을 물질로 유인하는 것은 그가 설교하려는 내용을 부정하는 것이 될 것이며, 이는 궁극적으로 자신의 목적을 잃어버리는 것이 된다.

둘째, 그것은 질병의 근본적인 치료는 하지 않고 증상만을 제거해 버리려는 것과 같다. 사람은 주리고 있다. "왜 그들은 주렸는가?" 그들의 어리석음 때문인가? 게으름 때문인가? 부주의 때문인가? 한 사람이 이기적으로 너무 많이 소유해서 갖지 못한 자가 생기는 것이 아닌가? 굶주림을 없애는 실제적인 방법은 기아의 원인을 제거하는 것인데 이 원인들은 인간의 영혼 속에 있다. 원인은 무엇보다도 물질적인 것으로는 만족할 수 없는 마음의 굶주림에 있다. 그래서 예수께서는 광야에서 자신의 백성을 훈계하려 했던 전 교훈을 나타내는 바로 그 말씀을 시험하는 자에게 하셨다.

"사람이 떡으로만 사는 것이 아니요 여호와의 입에서 나오는 모든 말씀으로 사는 줄을 네가 알게 하려 하심이니라"(신 8:3). 참된 만족을 얻는 유일한 방법은 하나님께 완전히 맡기는 것이다.

II. 여기서 시험하는 자는 자신의 공격을 다른 각도에서 반복했다. 환상으로 그는 예수를 **성전 꼭대기**로 데리고 갔다. 이것은 다음 두 가지 중 하나를 의미할지 모른다. 성전은 시골 산꼭대기에 세워졌다. 산꼭대기는 평평하게 되어 있고 그 고원 일대에 성전이 있다. 솔로몬의 행각과 가장 높은 왕실 행각이 만나는 모서리에서 아래로 140미터가량 되는 낭떠러지가 있고 그 아래는 급경사가 진 기드론 골짜기가 있다.

왜 예수께서는 그 골짜기 꼭대기 아래서 다치지 않고 뛰어내리지 않았을까? 그와 같은 일을 했다면 사람들이 놀라 그를 따르게 할 수 있었을 것이다. 성전 지붕 꼭대기에는 매일 아침 제사장이 서는 자리가 있다. 그는 거기서 손에 나팔을 들고 헤브론 산 위 첫 새벽 놀을 기다렸다. 그리고 첫 새벽 빛이 비칠 때 사람들에게 아침 희생제의 시간이 되었음을 알리기 위해 나팔을 불었다. 왜 예수께서는 거기에 서지 않았으며 성전 뜰로 바로 뛰어내리지도 않아서 사람들이 놀라 그를 따르게 하지 않았을까?

말라기는 "너희가 구하는바 주가 갑자기 그의 성전에 임하시리니"(말 3:1)라고 말하지 않았는가? 천사들이 하나님의 사자를 그들의 손으로 받쳐 어떤 상해도 그에게 입지 않게 하리라는 약속이 있지 않는가?(시 90:11-12) 이러한 것은 계속적으로 나타난 거짓 선지자들이 약속하는 그런 방법이었다. 데우다스(Theudas)는 사람들을 끌고 나가 자신이 요단강물을 둘로 가르겠다고 약속했다. 유명한 애굽의 거짓 선지자(행 21:38)는 말 한마디로 예루살렘 성벽을 무너뜨리겠다고 약속했다. 시몬 마구스는 공중을 날겠다고 약속하고 시험하는 도중 죽었다는 이야기도 있다. 이러한 거짓 선지자들은 그들이 이행할 수도 없는 소문을 퍼뜨렸다. 예수께서는 자신이 공약하는 것은 어떤 것이라도 이행할 수 있었다. 그러면 왜 그는 그것을 하지 않으려 했을까?

예수께서 그러한 행동을 하지 않은 데는 두 가지 이유가 있다. 첫째, 대중에게 물의를 일으켜 그들을 이끌려는 자는 대부분 장래성이 없는 사람이기 때문이다. 그런 사람은 자신의 세력을 유지하기 위해 점점 더 큰 물의를 일으킬 것이다. 경이로운 것은 오래가지 않는다. 올해 신기했던 것도 내년에는 평범한 것이 된다. 물의를 일으켜 전파하려는 복음은 실패가 미리 정해진 것과 다름없다.

둘째, 이러한 태도는 하나님의 능력을 사용하는 태도가 아니다. "너희의 하나님 여호와를 시험하지 말고"(신 6:16)라고 예수께서 말씀하셨다. 이것은 다음과 같은 의미다. 즉, 하나님이 얼마나 함께하시는가 시험해 보는 것은 좋지 않은 행동이다. 고의로 자신을 위험한 상황에 두어 무모하게 그런 짓을 하는 것이나 쓸데없이 그런 짓을 하면서 하나님이 자신을 보호해 주시리라고 기대하는 것은 옳지 못한 일이다.

하나님은 우리가 하나님을 향하여 충실하기 위해 위험을 당하는 것은 원하시나 사람이 자신의 명성을 위해 모험하는 것은 원하시지 않는다. 표적과 기사에만 의존하는 신앙은 참된 신앙이 아니다. 만일 신앙이 어떤 놀랄 만한 일 없이는 믿지 못하는 것이라면 그것은 실제 신앙이 아니다. 잘못된 방법으로 증거를 구하는 것은 하나님을 의심하는 것이다. 하나님의 보호하시는 능력은 전시되거나 시험해 보는 성질의 것이 아니다. 우리는 그저 매일 조용히 신뢰하고 나아가야 한다.

예수께서는 기이한 일로 물의를 일으키는 것은 실패하는 길이라는 것을 알았기 때문에, 더욱이 기적적인 일을 구하는 것은 하나님을 믿지 않고 불신하는 것이었기 때문에 그런 방법은 거절했다.

III. 여기서 시험하는 자는 제삼의 공격 방법을 시도했다. 세상을 구원하기 위해 세상에 오신 예수의 마음속에는 세상의 모습이 떠올랐다. 그때 시험하는 자의 목소리가 들려왔다. "가로되 내게 엎드려 경배하면 이 모든 세상의 왕국들을 네게 주리라." 그러나 하나님은 자신이 뽑아 세운 자에게 "내게 구하라 내가 이방나라를 유업으로 주리니 네 소유가 땅 끝까지 이르리로다"(시 2:8)라고 말씀하시지 않았던가? 마귀의 말은 "타협하자. 그리고 나와 합의하자. 그렇게 도도하게 너의 요구를 높이지 말라. 악하고 모호한 것에 조금만 눈을 돌려라. 그러면 사람들은 떼를 지어 너를 따를 것이다"라는 말이었다. 이것은 하나님의 세상에 대한 단호한 요구 대신 세상과 타협하자는 유혹이었다. 이것은 물러섬으로써 전진하려는, 그리고 세상과 같이 되어 세상을 변화시키자는 유혹이었다.

예수의 대답으로 돌아가 보자. "네 하나님 여호와를 경외하며 그를 섬기며 그의 이름으로 맹세할 것이니라"(신 6:13). 예수께서는 악과 타협해서는 결코 악을 격파할 수 없다는 것을 확신했다. 그는 기독교 신앙의 불타협성을 수립했다. 기독교는 세상 수준까지 내려갈 수 없다. 세상을 기독교 수준까지 끌어올려야 한다. 이것만이 기독교가 취해야 할 태도다.

이렇게 예수께서는 자신의 결단을 확정했다. 그는 사람들이 자신을 따르도록 하기 위해 물질로 꾀는 것은 결코 하지 않을 것과 자신을 위해 기사를 행하거나 자신이 선교하고 요구하는 신앙에 타협은 있을 수 없다고 결단했다.

이런 선택은 필연적으로 십자가를 의미한다. 그리고 그 십자가야말로 바로 궁극적인 승리를 의미한다.

하나님의 독생자로서 출범

마태복음 4:12-17

12예수께서 요한이 잡혔음을 들으시고 갈릴리로 물러가셨다가 13나사렛을 떠
나 스불론과 납달리 지경 해변에 있는 가버나움에 가서 사시니 14이는 선지
자 이사야를 통하여 하신 말씀을 이루려 하심이라 일렀으되 15스불론 땅과
납달리 땅과 요단강 저편 해변 길과 이방의 갈릴리여 16흑암에 앉은 백성이
큰 빛을 보았고 사망의 땅과 그늘에 앉은 자들에게 빛이 비치었도다 하였느
니라 17이때부터 예수께서 비로소 전파하여 이르시되 회개하라 천국이 가까
이 왔느니라 하시더라

얼마 후 요한에게 재난이 닥쳐왔다. 그는 헤롯 왕에 의해 마카에루스(machaerus) 성 토굴에 감금되었다. 그의 죄는 헤롯이 자신의 아내를 없애 버린 후에 자기 동생의 아내를 빼앗아 자신의 아내로 삼은 비행을 공공연히 고발했다는 것이다. 동방에서는 폭군을 비난한다는 것은 정말 위험한 일이다. 요한은 용감하였으나 곧 감옥에 갇혔고 죽음을 당했다. 자세한 내용은 마태복음 14장 3-12절에서 알아보기로 하자.

이제 예수에게도 자신의 사명을 시작해야 할 시간이 왔다.

우선 그가 가장 먼저 무엇을 했는지 살펴보자. 그는 나사렛을 떠나 가버나움에 거처를 정했다. 거처를 옮긴 데는 어떤 상징적인 의미가 있다. 자신의 집을 떠날 때 예수께서는 언젠가 다시 그 집으로 되돌아와 살 기대를 하고 떠난 것은 결코 아니다. 이것은 마치 자기 앞에 있는 문을 열기 전에 자기 뒤에 있는 문을 닫아 버리는 것과 같은 낡은 것과 새 것의 명확한 단절이다. 한 장면은 끝나고 이제 다른 장면이 시작되었다. 인생에는 이러한 결단의 때가 온다. 이때는 주저하지 말고 수술해 잘라 버리듯이 단호히 결단하는 것이 좋다.

예수께서 어디로 갔는지를 살펴보자. 예수께서는 갈릴리로 갔다. 갈릴리에서 자신의 사명과 봉사를 시작한 데는 이유가 있었다. 갈릴리는 팔레스타인 가장

북단에 있는 지방이다. 북쪽은 리타니 강에서 남쪽은 에스드라엘론 평원에 이르는 지역이다. 서쪽 해안은 페니키아 땅이었으므로 지중해에는 이르지 못했다. 북동쪽으로는 시리아와 접했고 동쪽 경계선은 갈릴리 바다와 닿았다. 갈릴리는 크지 않았다. 북쪽에서 남쪽까지는 불과 80킬로미터 정도이고 동에서 서쪽까지는 40킬로미터 정도의 길이였다.

그러나 면적은 작아도 인구 밀도는 높았다. 갈릴리는 널리 알려졌듯이 팔레스타인에서는 가장 비옥한 지대다. 갈릴리에서 큰 올리브밭을 재배하는 것이 유대에서 아이 한 명을 기르는 것보다 쉽다고 하는 속담이 있을 정도다. 한때 그 지방의 집정관이었던 요세푸스는 "갈릴리는 땅이 아주 기름지고 비옥한 초장이 있으며 많은 종류의 과수가 있어 농업에 뜻이 없는 자들까지도 마음이 끌리는 곳이다. 유휴지가 없이 어느 곳이나 경작되어 있고 어느 곳이나 다산의 토지다"라고 했다.

이렇게 비옥했기에 갈릴리는 크기에 비해 엄청나게 인구가 많았다. 요세푸스의 말에 의하면 갈릴리에는 204개 마을이 있었는데 인구가 5천 명 이하인 곳은 한 곳도 없었다. 그래서 예수께서 복음을 가능한 한 많은 사람에게 전하시고자 갈릴리에서 선교 사업을 시작하신 것이다.

그러나 갈릴리는 단순히 인구만 많은 지역은 아니었다. 갈릴리 사람들은 특색 있는 사람들이었고 팔레스타인 어느 지방보다도 새 사상에 가장 개방적인 곳이었다. 요세푸스는 갈릴리 사람에 대해 "그들은 언제나 혁신을 좋아하고 천성적으로 변화의 가능성을 갖고 있으며 선동을 매우 좋아했다"라고 말했다. 그들은 언제나 어떤 지도자를 따라 폭동을 일으킬 준비가 되어 있었으며 성급하게 화를 내고 언쟁을 잘했다. 그들은 기사도 정신이 투철한 사람들이었다. 요세푸스는 "갈릴리 사람은 항상 용기가 있으며 절대 비겁하지 않다. 그들은 이익보다 명예에 대한 열망이 더 강하다"라고 말했다. 갈릴리 사람들의 천성이 바로 새 복음을 전파하기 위한 가장 비옥한 땅이었던 것이다.

새로운 사상에 대한 이러한 개방성은 몇 가지 확실한 사실에 기인했다.

1. 갈릴리란 이름은 원을 의미하는 히브리어 갈릴(Galil)이란 낱말에서 왔

다. 이 지방의 본래 이름은 **이방인의 갈릴리**(Galilee of the Gentiles)였다. 프루머(Plummer)는 그것을 이교도 갈릴리(heathenish Galilee)를 의미하는 것이라고 주장하려 했으나 이 말은 문자적으로 볼 때 갈릴리가 이방인들에 의해 둘러싸였다는 의미에서 왔다고 봐야 한다. 갈릴리는 서쪽에는 페니키아와 이웃하고 있고 북쪽과 동쪽에는 시리아가 있고 남쪽 지방은 사마리아와 접경해 있다.

갈릴리는 팔레스타인의 한 지방으로서 불가피하게 비유대적인 세력과 사상적으로 맞부딪쳐 있는 현실에 놓여 있었다. 갈릴리는 팔레스타인의 다른 지방에서는 볼 수 없는 위치에서 새로운 사상을 받아들일 준비가 되어 있었다.

II. 우리가 나사렛에 대해 설명할 때 읽어 본 바대로 이 나라의 국도가 갈릴리를 통과한다. 그 바다의 길(혹은 해변의 길)은 다메섹에서 갈릴리를 통과하여 애굽과 아프리카에 이른다. 동방으로 나가는 길은 갈릴리를 지나 변경 지역으로 나간다. 남쪽 유대는 구석에 몰려 고립되어 있었다. 그래서 사람들은 흔히 "유대에는 아무 곳에도 갈 수 있는 길이 없고 갈릴리는 어느 곳에나 갈 수 있는 길이 있다"라고 말했다. 유대는 울타리를 두르고 모든 외세와 새로운 풍조를 물리칠 수 있었으나 갈릴리는 그럴 수 없었기에 새로운 것이 들어오지 않을 수 없었다.

III. 갈릴리의 지리적인 위치가 그 역사에 영향을 끼쳤다. 갈릴리는 몇 번이나 외세의 침략을 받아 정복당했고 외국 군대가 물밀듯이 들어와서 여러 번 소용돌이에 휘말렸다. 원래 이 땅은 이스라엘 민족이 애굽에서 처음 들어왔을 때 아셀과 납달리와 스불론 지파에게 할당된 곳이었다(수 9장). 그러나 이 지파들은 본토 가나안 주민을 제거하는 데 완전히 성공하지 못했고 처음부터 갈릴리 주민은 혼합되었다. 북쪽과 동쪽 시리아가 수차례 침략해 그 땅을 휩쓸었고 주전 8세기에는 앗시리아가 완전히 점령되어 많은 주민이 포로로 잡혀 가고 이방인들이 거기에 정주했다. 이런 일을 겪으면서 갈릴리에는 많은 혼혈인들이 생겨 주전 8-2세기에는 거의 이방인의 지배하에 있었다. 느헤미야와 에스라의 인솔을 받아 유대인들이 포로에서 돌아왔을 때 많은 갈릴리 사람이 예루살렘에서 살기 위해 남쪽으로 내려왔다.

주전 164년에 시몬 마카비는 시리아 사람들을 갈릴리에서 축출했고 돌아오는 길에 갈릴리에 남아 있던 자들을 예루살렘으로 데리고 왔다. 무엇보다도 가장 놀라운 것은 주전 104년에 아리스토불루스(Aristobulus)가 갈릴리를 재정복하고 갈릴리 주민들에게 그들이 좋아하건 싫어하건 강제적으로 할례를 행해 유대인으로 만든 것이다. 역사가 갈릴리에게 새로운 혈통, 새로운 이념, 새로운 영향에 문을 열도록 했다. 갈릴리 사람들의 이런 특성에다 특별한 역사적 배경까지 있었으므로 갈릴리는 팔레스타인 중에 새로운 교훈을 가르칠 새 교사를 받아들일 유일한 장소였다.

하나님의 전령자

마태복음 4:12-17(계속)

이 본문을 지나가기 전에 우리가 주목해야 할 다른 몇 가지가 있다. 예수께서 가신 곳은 가버나움이었다. 가버나움의 정확한 이름은 카파르나움(Capharnaum)이지만 가버나움(Capernaum)이란 이름은 주후 5세기까지도 나타나지 않았다.

가버나움의 위치에 대한 학설은 두 가지다. 가장 신빙성이 있는 것은 가버나움이 갈릴리 바다 북쪽 끝단 서쪽 해안에 있는 오늘날의 텔훔(Tell Hum)이라는 주장이다. 또 다른 하나는 좀 신빙성이 적은 것으로서 텔훔 서남쪽으로 4킬로미터가량 떨어져 있는 칸민예(Kuan Minyeh)라는 주장이다. 어쨌든 과거에 가버나움이 있었다는 사실을 보여 줄 유적은 아무것도 없다.

마태는 예수의 생애와 관련된 사건 중에 예언으로 사용할 수 있는 것은 무엇이나 구약성경에서 찾아내려고 했다. 그는 이 예언을 이사야 9장 1, 2절에서 인용했다. 사실은 이것도 마태가 구약 본문에서 특수하게 떼어다 본래의 예언과는 다르게 사용했다. 이것은 페카(Pekah) 왕국까지 거슬러 올라가는 예언이다. 당시 갈릴리를 포함한 팔레스타인 북부는 앗시리아에 의해 약탈당했는데 이것은 본래 점령당한 이 지역에 언젠가는 다가올 구원에 대한 예언이었다. 그런데 마태는 그 안에서 예수께서 비춰 주실 빛에 대한 예언을 발견한 것이다.

결국 마태는 예수께서 우리에게 주시는 메시지를 간단한 하나의 문장으로 요약해 준다. KJV는 예수께서 **설교**하기 시작했다고 말한다. **설교**란 말은 지금도 사용하고 있는데 불행하게도 많은 사람의 마음속에 싫증을 일으킨다. 헬라어로 이 말은 케루쎄인(Kerussein), 왕에게서 온 전령자의 선포라는 의미다. 케룩스(Kerux)는 전령자란 뜻을 나타내는 헬라어이며 전령자란 왕의 소식을 직접 전하는 사람이다.

이 말은 예수의 설교의 특성을 말해 주고 모든 설교의 특징이어야 한다.

I. 전령자는 확실성을 갖고 외친다. 자신의 메시지에 대해 의심이 없기 때문이다. 그에게는 가정이나 개연성이 없다. 괴테는 이렇게 말했다. "나에게 당신의 확실성을 말해 주시오. 의심은 나 자신에게 있는 것만으로도 너무나 많습니다." 설교한다는 것은 확실성의 선포다. 자신이 의심하는 것을 남에게 확신시킬 수는 없다.

II. 전령자는 권위를 갖고 외친다. 왕을 위해 말하기 때문이다. 그는 왕의 법률, 왕의 명령, 왕의 결단을 포고한다. 유명한 한 설교자에 대해 이렇게 말했다. "그는 애매모호하게 추측하지 않았고 확실히 알았다." 설교란 예언자적 권위를 갖고 현재 사람들에게 말하는 것이다.

III. 전령자의 메시지는 자신을 초월한 근원에서 왔다. 그 근원은 왕에게 있다. 설교자는 위에 있는 권위에 의해 말한다. 설교는 한 사람의 개인적 의견의 표현이 아니다. 그것은 한 개인을 통해 여러 사람에게 전달되는 하나님의 음성이다. 예수께서 사람들에게 전한 것은 곧 하나님의 음성이었다.

예수의 메시지는 새로운 조건하에 내려진 명령으로 되어 있다. 그는 "회개하라. 너 자신의 길을 돌이켜 하나님께 돌아가라. 너희 눈을 땅에서 들어 하늘을 바라보라. 너희 방향과는 반대로 하나님을 떠난 발걸음을 멈추고 하나님을 향해 나아가라" 고 말했다. 이것은 긴급 명령이었다. 하나님 나라가 바야흐로 시작되었기 때문이다. 영원이 시간 속에 들어왔다. 하나님은 예수 그리스도 안에서 지상에 오셨다. 그러므로 한 사람이 바른길과 바른 방향을 선택하는 것이 가장 긴급한 문제가 된 것이다.

어부들을 부르심

마태복음 4:18-22

18갈릴리 해변에 다니시다가 두 형제 곧 베드로라 하는 시몬과 그의 형제 안
드레가 바다에 그물 던지는 것을 보시니 그들은 어부라 19말씀하시되 나를
따라오라 내가 너희를 사람을 낚는 어부가 되게 하리라 하시니 20그들이 곧
그물을 버려두고 예수를 따르니라 21거기서 더 가시다가 다른 두 형제 곧 세
베대의 아들 야고보와 그의 형제 요한이 그의 아버지 세베대와 함께 배에서
그물 깁는 것을 보시고 부르시니 22그들이 곧 배와 아버지를 버려두고 예수
를 따르니라

모든 갈릴리 마을의 중심에 갈릴리 호수가 있었다. 갈릴리 호수는 북쪽에서 남쪽까지 길이가 21킬로미터, 동쪽에서 서쪽까지 넓이가 13킬로미터의 작은 호수였다.

갈릴리에 대해 많이 알고 있는 이방인 누가는 이것을 **바다**(thalassa)라고 하지 않고 언제나 **호수**(limne)라고 불렀다. 갈릴리 호수는 북쪽이 남쪽보다 더 넓은 타원형이며, 요단이 흐르는 협곡에 있고 수면은 해면보다 707미터 낮다. 이렇게 지면에서 낮게 위치해 있기 때문에 기후는 대단히 따뜻했고 주위 평야는 비옥했다. 갈릴리 호수는 세계적으로 아름다운 호수로 손꼽힌다. 톰슨(W. M. Thomson)은 이 호수를 다음과 같이 기술했다. "둘러선 언덕배기 어디에서 내려다보아도 화려한 한 장의 종이와 같았다. 푸른 궁창을 배경으로 달아매어 놓은 듯한 헤르

몬 산을 향해 높이 솟고 둥글게 늘어서 있는 산들, 완만한 언덕과 거친 산들로 된 족자 속에 박힌 맑고 깨끗한 거울 같았다." 요세푸스 당시에 갈릴리 해변에는 인구가 조밀한 아홉 개 이상의 도시가 있었다. 1930년경 모튼(H. V. Morton)이 거기에 가 보았을 때는 단지 작은 마을 티베랴만 있었다. 예수께서 계신 당시 갈릴리 바다는 고기잡이 배로 가득했다. 원정 중에 있던 요세푸스는 용이하게 240척의 고기잡이 배를 징집해 타리카에아(Tarichaea)에서 출범시켰다. 그러나 오늘날에는 어부들이 극히 드물다.

고기 잡는 방법에는 세 가지가 있었다. 고기 잡는 도구는 낚싯줄, 그물, 예인망이 있었다. 그물은 둥글고 지름이 3미터였고 육지에서나 해변가 얕은 물가에서 안으로 던져진다. 그물의 둘레에는 무거운 연추가 달려 있고 이것이 가라앉아 고기를 덮어씌운다. 그것은 마치 종형 텐트가 물에서 끌려 나오는 것같이 연추가 끌려 나오면 그 속에 고기도 같이 끌려 나오는 것이다. 베드로와 안드레, 야고보와 요한이 예수를 만났을 때 사용하고 있던 것도 이런 그물이었고 이름은 암피블레스트론(amphilblestron)이었다. 예인망을 쳐서 고기를 잡을 때는 두 척의 배를 이용해 예인망의 네 귀에 줄을 단 채 물에 던진다. 이것이 바닥까지 가라앉으면 물속에 바로 서고 배가 예인망을 끌고 노를 저으면 원추형이 된다. 이 원추형이 된 그물 속에 고기를 가두어 배로 끌어올려 잡는 것이다. 이런 것이 그물의 비유에 나오는 그 그물이고 사게네(Sagēnē)라는 이름을 갖고 있다.

예수께서는 해변을 거니시다가 베드로와 안드레, 야고보와 요한을 부르셨다. 이때 예수께서 그들을 처음 보았다거나 그들이 예수를 처음 본 것은 아니다. 세례 요한이 예수에 대해 말할 때 적어도 그들 중 몇 명은 이미 요한의 제자였다(요 1:35). 그들은 이미 예수와 서로 대화도 했고 예수의 말도 확실히 들었다. 예수께서 그들에게 다가와 자신을 따르라고 한 순간 그들은 모든 것을 버려두고 그와 운명을 같이했다.

소크라테스가 좁다란 골목에서 크세노폰을 처음 만났을 때 자신의 지팡이로 그의 길을 막고 이런저런 것을 가리키면서 그것들을 어디에서 살 수 있는지, 그리고 어떻게 만들었는지 아느냐고 물었다. 크세노폰은 그 질문에 일일이 대답했다. 소크라테스는 다시 그에게 인간은 어디에서 선하고 덕스럽게 만들어지느냐고 물었고 젊은 크세노폰은 모른다고 대답했다. 그러자 소크라테스는 "그러면 나를 따르라. 그리고 배우라" 고 말했다.

예수께서도 자신을 따르라고 어부들을 불렀다. 그들은 위대한 학자도 세도가도 부유하거나 사회적 배경을 가진 자들도 아니었다. 그들은 아주 가난하지는 않았으나 큰 사회적 배경은 없는 단순한 노동자들이었다. 사회적으로 별로 장래성이 없는 사람들이었다는 것이다. 예수께서 선택하신 사람들은 이렇게 평범한 사람들이었다.

소크라테스에게 에스키네스(Aeschines)라는 한 평범한 사람이 찾아와서 말했다.

"나는 가난한 사람으로 아무것도 갖지 못했으나 나 자신을 당신에게 드립니다."

이에 소크라테스는 대답했다.

"그대는 알지 못하느냐? 그대가 나에게 준 것이 세상에서 가장 값지다는 것을."

예수께서 필요로 하시는 사람은 자신을 그에게 바치는 평범한 사람들이다. 예수께서는 그런 사람을 통해서도 어떤 일이든 하실 수 있다. 더욱이 이들은 어부들이었다. 좋은 어부에게는 사람을 낚는 선한 어부가 되는 소질이 분명히 있다고 많은 학자는 지적했다.

I. 어부는 인내심이 있어야 한다. 어부는 고기가 미끼에 걸릴 때까지 끈기 있게 기다리는 것을 배워야 한다. 어부가 참지 못하여 서두른다면 결코 좋은 어부가 될 수 없을 것이다. 사람을 낚는 선한 어부는 인내심이 있어야 한다. 선교에서나 교육에서나 성급하게 결과를 기대하면 안 된다. 우리는 기다릴 줄 알아야 한다.

II. 어부는 불굴의 정신이 있어야 한다. 어부는 어떤 상황에서도 결코 실망하지 말고 다시 일어나는 불굴의 정신을 배워야 한다. 좋은 설교자와 교사가 되려면 가르친 것이 아무런 효과가 없어 보일 때도 실망해서는 안 된다. 항상 다시 시도하려는 자세가 있어야 한다.

III. 어부는 용기가 있어야 한다. 옛 그리스 사람들이 신에게 보호해 달라는 기도를 드릴 때 다음과 같은 말을 했다. "나의 배는 너무나 작고 바다는 너무나 큽니다." 어부는 바다의 광풍노도를 직면하여 극복해 나갈 자세가 되어 있어야 한다. 좋은 설교자와 교사라면 사람들에게 진리를 말할 때 언제나 모험이 따른다는 것을 잘 알아야 한다. 진리를 외치는 사람은 이따금씩 자신의 명예나 생명을 걸어야 한다.

IV. 어부는 고기잡이할 바른 시기를 분별할 줄 알아야 한다. 현명한 어부는 고기를 잡을 수 없는 때와 있는 때를 잘 아며 그물을 던질 때와 던지지 말아야 할 때를 알고 있다. 좋은 설교자와 교사는 적절한 때를 가려낼 줄 안다. 사람들이 진리를 환영할 때가 있고 진리에 대해 반감을 가질 때도 있다. 진리가 사람들을 감동시킬 때가 있고 사람들이 진리의 대적자가 되어 완고할 때도 있다. 현명한 설교자와 교사는 말을 해야 할 때와 침묵을 지켜야 할 때를 알고 있다.

V. 어부는 고기에 맞는 미끼를 만들어야 한다. 고기에 따라 좋아하는 미끼가 다르다. 바울은 "여러 사람에게 내가 여러 모양이 된 것은 아무쪼록 몇몇 사람을 구원코자 함이다"라고 말했다. 현명한 설교자나 교사는 언제나 같은 방법으로는 모든 사람을 이길 수 없다는 것을 알고 있다. 또한 자신의 한계를 알고 인정해야 하며 자신은 할 수 있으나 남은 할 수 없는 어떤 특정한 환경도 찾아내야 할 것이다.

VI. 현명한 어부는 자신을 숨길 줄 알아야 한다. 어부가 모습을 드러내거나 그림자라도 물에 비치면 고기는 틀림없이 미끼를 물지 않는다. 현명한 설교자와 교사는 사람들에게 자신이 아니라 예수 그리스도를 나타내려고 해야 한다. 설교자와 교사의 목적은 사람들의 시선을 자신이 아니라 저 위에 계시는 분에게 집중하게 하는 것이다.

예수의 방법

마태복음 4:23-25

[23]예수께서 온 갈릴리에 두루 다니사 그들의 회당에서 가르치시며 천국 복음
을 전파하시며 백성 중의 모든 병과 모든 약한 것을 고치시니 [24]그의 소문이
온 수리아에 퍼진지라 사람들이 모든 앓는 자 곧 각종 병에 걸려서 고통당하
는 자, 귀신 들린 자, 간질하는 자, 중풍병자들을 데려오니 그들을 고치시더
라 [25]갈릴리와 데가볼리와 예루살렘과 유대와 요단강 건너편에서 수많은 무
리가 따르니라

예수께서는 갈릴리를 선택해 선교를 시작하기로 하셨다. 우리는 이미 갈릴리가 복음의 씨를 받아들이기 위해 어떻게 준비가 잘 되어 있었는지를 알아보았다. 예수께서는 갈릴리 회당에서 복음 전파를 시작했다. 회당은 모든 유대인의 생활에 가장 중요한 기관이었다. 회당과 성전에는 차이점이 있다. 성전은 예루살렘 성전 하나뿐이었으나 회당은 유대인이 사는 곳이라면 반드시 있었다. 성전은 오로지 제물을 바치기 위해서만 존재했고 그 안에서 설교나 교훈의 말씀은 전하지 않았다. 회당은 본래부터 교육기관이었다. 회당은 "당시 민중 종교학교"로 정의되었다. 만일 누가 어떤 종교적 교훈이나 이념을 널리 전하려 한다면 회당이 으레 출발 장소가 되었다.

더욱이 회당 집회에서는 새로운 교사에게 발언하는 기회를 주었다. 집회는 기도, 회중이 참가하는 율법과 예언의 낭독, 강연으로 구성되어 있다. 그런데 회당에 설교를 담당하는 사람이 있는 건 아니었다. 거기에는 전문적인 봉사직을 받은 설교자가 없었다. 회당장은 단지 집회 준비를 위해 거주할 뿐이었다. 낯선 나그네도 강연에 초청될 수 있었고 전하고 싶은 메시지가 있는 사람은 누구든지 자원할 수 있었다. 즉, 지방관이나 회당장이 자원자가 말씀을 전하기에 적합한 사람이라고 판단하면 말씀을 전해도 좋다고 허락해 주었다. 그래서 선교를 시작했을 때 회당의 문과 강단이 예수에게 개방되었던 것이다. 회당에는 당시 종교

적으로 가장 진지한 사람들이 모였고 그들에게 말할 수 있는 곳은 회당뿐이었기에 거기서 설교를 시작하셨다. 또 강연이 끝나면 대화하고 질문하고 토론하는 시간이 있었기 때문에 회당은 새 교훈을 백성에게 전해 주기에 가장 이상적인 장소였다.

그러나 예수께서는 설교만 했을 뿐 아니라 병자들을 고쳤다. 그가 행한 일이 소문으로 퍼지자 당연히 사람들은 말씀을 듣기 위해, 그를 만나 자비를 얻기 위해 모여들었다. 그들은 시리아에서 왔다. 시리아는 팔레스타인과는 비교도 안 될 만큼 큰 지방이었으며 대도시 다메섹을 중심으로 북과 북동쪽으로 멀리 뻗어 있었다.

교회사가 유세비우스에 의해 전해 내려오는 아름다운 전설 중에 이런 이야기가 있다(《교회사(*Eusebius*)》 1:13).

에뎃사에 아브가라는 왕이 있었는데 병이 들자 예수에게 이런 편지를 썼다. "에뎃사의 통치자 아브가가 예루살렘에 나타나신, 지극히 훌륭하신 구세주 예수 께 문안드립니다. 나는 당신이 약이나 약풀 없이 병을 치료하신다는 이야기를 들었습니다. 당신은 눈먼 자를 보게 하고 앉은뱅이를 걷게 하며 문둥이를 깨끗케 하고 귀신과 사귀를 쫓아내고 오랜 질병으로 고생하는 자를 낫게 하며 죽은 자를 일으키신다고 했습니다. 나는 당신에 대해 이 모든 이야기를 듣고 다음 두 가지 사실 중 어느 하나임에 틀림없다고 결론을 내렸습니다. 즉, 당신은 이런 일을 행하시는 하늘에서 내려오신 하나님 자신이거나, 그렇지 않으면 당신이 행하신 일로 말미암은 하나님의 아들일 것입니다. 그러므로 당신에게 부탁드립니다. 청컨대 오셔서 저를 괴롭히는 이 질병을 고쳐 주소서. 저는 유대인들이 당신을 중상하고 악한 일을 행하려 한다는 것을 들었습니다. 저는 대단히 보잘것없는 사람이지만 우리 두 사람을 위해서는 충분히 큰 화려한 도시가 있습니다."

이에 예수께서 회신을 보냈다.

"나를 보지 않고 믿는 자여, 복 받을 것이오. 나에 대해 기록된바 나를 본 자는 믿지 않은 것이요 나를 보지 못한 자가 믿고 구원을 받으리라 하였소. 그대는 나에게 와 달라고 요구했지만 나는 내가 보내심을 받은 여기에서 모든 사명을 마치면 나를 보내신 자에게 올라가야 하오. 그러나 내가 올라간 후 나는 그대의 질병을 고치기 위해 내 제자 중 하나를 보내리니 그가 그대와 그대의 권속들에게 생명을 줄 것이오."

그 후 다데오가 에뎃사에 가서 아브가를 낫게 했다고 이야기는 전하고 있다.

이것은 단지 하나의 이야기에 불과하다. 그러나 이는 멀리 떨어져 있는 수리아 사람들까지도 예수의 소문을 듣고 전심으로 예수만이 줄 수 있는 도움과 치료를 동경했다는 사실을 우리에게 보여 주고 있다.

사람들은 당연히 갈릴리로 모여들었고 예수에 대한 소문은 남쪽 예루살렘과 유대까지 퍼져 거기서도 사람들이 모여들었다. 베뢰아로 알려지고 북으로는 펠라에서 남으로는 아라비아 베트라까지 뻗어 있는 요단강 건너편 지경에서도 사람들은 모여 들었다. 10개의 헬라 자치 도시 중 한 연방인 데가볼리에서도 사람들이 모여들었다. 스키토폴리스 이외의 모든 자치 도시는 요단강 건너편 저 멀리에 있었다.

예수 그리스도만이 줄 수 있는 것을 위해 이미 모든 땅 끝에서 이방인들까지 모여들고 있었던 것이다.

예수의 활동

마태복음 4:23-25(계속)

이 본문은 대단히 중요하다. 우리에게 예수의 생애에 대한 세 가지 큰 활동을 간단히 요약해 제시해 주기 때문이다.

1. 그는 복음을 "선포"하러 오셨다. 혹은 KJV에 의하면 그는 "설교"하러 오셨다.

이미 알고 있는 바와 같이 설교라는 것은 확실성을 선포하는 것이다. 그러므로 **예수께서는 인간의 무지를 격파하려고 오셨다**. 그는 하나님에 대한 진리를 인간들에게 말하러 오셨고 그들의 힘으로는 결코 찾아낼 수 없는 것을 말해 주기 위해 오셨다. 추측과 더듬어 탐구하려는 것에 종언을 고하시고 하나님이 어떤 분인지를 나타내 보여 주시기 위해 그분이 오신 것이다.

II. 그는 오셔서 회당에서 "가르치셨다". 가르치는 것과 설교하는 것에는 어떤 차이가 있는가? 설교는 확실성을 비타협적으로 선포하는 것이고 가르치는 것은 확실성의 의미를 설명하는 것이다. 그러므로 **예수께서는 인간의 오해를 격파하러 오셨다**. 사람은 진리를 알고도 그것을 잘못 해석하거나 잘못된 결론에 도달할 때가 있다. 그래서 예수께서 인간의 오해를 격파하고 인간에게 참된 종교의 의미를 말해 주러 오신 것이다.

III. 예수께서는 병든 자를 "치료"하러 오셨다. 다시 말해 **예수께서는 인간의 고통을 없애러 오셨다**. 예수에 대한 중요한 사실 중 하나는 그가 단순히 **말씀**으로만 진리를 전하는 것에 만족하지 않았다는 것이다. 그는 진리를 행동으로 옮기기 위해 오신 분이다.

유명한 선교사 플로렌스 알스혼(Florence Allshorn)은 "이념이란 당신의 손끝에서 나올 때야 비로소 너의 것이 된다"라고 말했다. 예수께서는 자신의 교훈을 남을 돕고 병을 낫게 함으로써 행동으로 현실화했다.

예수께서는 모든 **불확실**을 없애기 위해 설교하러 오셨고, 오해를 없애기 위해 가르치러 오셨고, 모든 고통을 없애기 위해 치료하러 오셨다. 우리도 우리의 확신을 선포하고 우리의 신앙을 설명할 준비를 하고 이념을 행동과 행위로 실현시키지 않으면 안 될 것이다.

The Gospel of Matthew 05

산상 설교

우리가 앞서 본 바와 같이 마태는 자신의 복음을 꼼꼼하고 빈틈없이 기록했으며 예수의 활동을 다음과 같은 순서로 표시하고자 했다.

먼저 세례 받으심으로써 예수께서는 행동을 실행할 때, 즉 전도 활동을 개시할 때가 온 것을 자각하게 되었다. 그는 광야의 시험에서 자신의 사명을 수행하는 방법을 깊이 생각하여 결정했고 하나님의 뜻에 어긋나는 방법은 단호히 거절하셨다. 또 그는 큰일을 시작하면서 조력자나 보존자나 막료가 필요함을 느끼고 자신의 협동자와 동역자가 될 사람을 선택하셨다. 그러나 조력자나 보조자들이 자신들의 과업을 총명하고 효과적으로 수행하려면 먼저 지도를 받아야 했다. 예수께서는 산상수훈에서 자신의 제자들에게 가르치고자 하는 것과 제자들이 사람들에게 전하고자 하는 것을 나타내 보이셨다.

산상 설교에 대한 누가의 설명을 보면 더 분명하게 나타나 있다. 누가복음에서는 산상 설교가 열두 사도를 택한 직후 바로 연이어 나온다(눅 6:13하). 그 이유에 대해 한 학자는 산상 설교가 "열두 사도 임명 설교"이기 때문이라고 말했다. 젊은 목사가 자신의 사명을 받을 때 먼저 그에게 훈시해 주는 것과 똑같이 열두 사도도 자신들의 사명을 수행하러 나가기 전에 예수에게서 취임 설교를 들었다는 것이다.

또 다른 학자들은 산상수훈에 다른 제목을 붙였다. 즉, 산상수훈은 "기독교의 대요(大要)", "하나님 나라의 대헌장", "왕의 선언문"이라고 말하고 있다. 그러나 산상수훈이 예수께서 택하신 제자들에게 주신 교훈의 핵심과 본질과 진수를 나타낸 것이라는 데는 학자들의 의견이 모두 일치한다.

모든 설교의 요약

산상수훈이 예수의 가르침의 요약이란 것은 주의해 읽으면 이해할 수 있다. 우리는 마치 산상 설교가 단 한 번의 설교라고 생각하기 쉽다. 그러나 이 산상수훈은 한 개의 설교가 아니다. 사실상 예수께서 항상 설교하신 모든 설교의 요약이다. 이러한 결론을 내리는 데는 결정적인 이유가 있다.

I. 오늘날의 설교 형식이었다면 누구나 이 설교가 끝나기 훨씬 이전에 지쳐 버릴 것이다. 이 설교에는 한꺼번에 듣기에는 너무나 많은 내용이 들어 있다. 앉아서 간혹 쉬기도 하면서 기록되어 있는 설교를 읽는 것과, 직접 말씀으로 하는 설교를 **듣는 것**은 전혀 다른 것이다. 읽을 때는 보통 우리가 읽는 속도로 또 어떤 정도의 친숙감으로 읽을 수 있지만, 여기에 기록되어 있는 말씀을 처음으로 들었다면 너무나 강렬한 파장 때문에 사람들은 당황할 것이다.

II. 산상 설교 중에는 예고도 없이 나타나는 부분들이 있다. 즉, 이 부분들은 앞부분과 그 다음 부분과 전혀 관계가 없는 것이다.

예를 들면 5장 31, 32절과 7장 7-11절은 문맥에서 완전히 분리되어 있다. 이 절들은 앞의 절과도 어긋나고 뒤에 오는 절과도 단계적으로 연결된 연속성이 없다. 산상 설교는 이렇게 단편적인 부분이 있다.

III. 가장 중요한 포인트. 마태와 누가는 산상 설교에 대해 같은 내용을 제시한다.

마태의 설명을 보면 절수가 107절이다. 이 107절 중 29절이 누가복음 6장 20-49절에서 모두 함께 발견된다. 47절은 누가복음에서 대등한 절수가 없고, 34절은 누가복음의 다른 본문 도처에 흩어져서 발견된다. 예를 들면 마태복음 5장 13절과 누가복음 14장 34, 35절에는 소금의 비유, 마태복음 5장 15절과 누가복음 8장 16절에는 등불의 비유, 마태복음 5장 18절과 누가복음 16장 17절에는 율법의 영원성에 대한 말씀이 나타난다. 다시 말해 마태복음에서 연속적인 이 본문이 누가복음에서는 널리 여러 장에 나누어져서 나타난다.

다른 예를 들어 보자. 마태복음 7장 1-5절과 누가복음 6장 37-42절에는 형제의 눈 속에 있는 티는 보고 자신의 눈 속에 있는 들보는 깨닫지 못한다는 말씀이 나오고, 마태복음 7장 7-12절과 누가복음 11장 9-13절에는 예수께서 사람들에게 구하고 찾고 문을 두드리라는 말씀이 나온다. 이런 말씀들을 모아 도표로 만들면 이 자료는 더 분명하게 될 것이다.

마태복음 5장 13절=누가복음 14장 34, 35절
마태복음 5장 15절=누가복음 8장 16절
마태복음 5장 18절=누가복음 16장 17절
마태복음 7장 1-5절=누가복음 6장 37-42절
마태복음 7장 7-12절=누가복음 11장 9-13절

이미 우리가 아는 바와 같이 마태복음은 근본적으로 교훈의 복음이다. 마태는 커다란 표제 아래 예수의 교훈을 수집하는 특성이 있었다. 누가는 그것을 나누어 도처에 흩어서 기록했고 마태는 예수의 교훈을 한곳에 모아 놓았다고 생각할 수 있다.

산상 설교는 예수께서 특별한 순간에 단 한 번 하신 설교가 아니다. 그것은 자신의 제자들에게 시종일관 교훈하신 말씀의 개요이자 진수이며 요약이다. 다시 말해 예수께서 열두 제자를 택하신 후 그들을 데리고 한적한 곳에 물러가셔서 일주일이나 그 이상 되는 기간 동안 그들과 함께 지내면서 계속 그들을 가르쳤던 것을 요약한 것이 산상수훈이다.

산상 설교에 대한 마태의 서론

마태의 서론을 보면 더 명백하게 알 수 있다.

5장 1절의 "예수께서 무리를 보시고 산에 올라가 앉으시니 제자들이 나아온지라 입을 열어 가르쳐 이르시되"라는 이 짤막한 구절에는 산상 설교에 대한 실제적인 의미를 들여다볼 수 있는 세 가지 열쇠가 있다.

I. 예수께서는 "앉으셔서" 가르치기 시작했다. 유대 랍비들은 가르칠 때 언제나 앉아서 가르쳤다. 교황의 "엑스 카터드라(ex cathedra)"란 말은 "그 자리에서"라는 뜻이다. 종종 랍비는 서서 혹은 이리저리 거닐면서 교훈했지만 정식으로 가르칠 때는 자리에 앉았다. 예수께서 자신의 제자들을 가르치기 위해 앉았다는 것은 그 교훈이 예수의 가르침의 중심적이고 정신적이고 가장 본질적인 것임을 나타낸다.

II. 마태는 예수께서 "입을 열어" 그들을 가르치셨다고 말하고 있다. "입을 열어"라는 말은 단순히 예수의 말을 간접적으로 표현한 것은 아니다. 헬라어에서는 이 말이 두 가지 의미를 갖고 있다.

1. 헬라어에서는 이 말이 엄숙하고 장엄하며 권위 있는 말을 할 때 사용되었다. 예를 들면 탁선(신의 말) 같은 데서 쓰였는데 이것은 가장 권위 있는 말씀이란 의미가 된다.

2. 한 개인이 자신의 마음을 열고 온 정성을 쏟을 때 사용되는 말이다. 이것은 사이에 간격이 없이 친숙한 교훈을 할 때 사용되었다. 다시 말해 이 말을 앞에 쓴 것은 산상 설교의 교훈이 단지 여기에서만 국한되는 것이 아닌 장엄하고 엄

숙한 말씀이란 뜻이다. 예수께서 사명을 다하는 데 오른손과 같이 함께 일할 사람들에게 자신의 마음과 뜻을 열어 보여 주신 것이다.

III. KJV에서는 예수께서 앉으셔서 입을 열어 "그들에게 말씀을 가르쳤다" 라고 되어 있다. 헬라어에는 동사에 두 개의 과거시제가 있다. 부정과거시제(aorist tense)는 하나의 특수한 행동이 과거에 끝나고 완료되었음을 나타낸다. "그는 문을 닫았다"라는 문장에서 **닫았다**는 동사는 헬라어에서는 부정과거(aorist)다. 한 가지 행동이 과거에 완료되었음을 나타내기 때문이다.

그 다음은 미완료시제(imperfect tense)가 있는데 이 시제는 과거의 반복적이고 계속적이며 습관적인 행동을 나타내는 시제다. "매 주일 예배드리러 가는 것이 그의 습관이었다"라는 문장에서 **가는 것이 그의 습관이었다**는 절을 헬라어에서는 미완료시제를 나타내는 단 한 개의 낱말로 나타냈다. 이 시제는 과거에 있었던 계속적이고 종종 반복된 행동을 나타내기 때문이다.

그들에게 말씀을 가르쳤다는 문장에서 **가르쳤다**는 동사는 부정과거(aorist)시제가 아니고 미완료(imperfect)시제다. 따라서 그것은 반복되고 습관적인 행동이었음을 나타낸다. 그러므로 이 문장은 다음과 같이 번역해야 할 것이다. "이것은 예수께서 그들에게 종종 가르치곤 한 말씀이다."

산상 설교는 특별한 순간, 특별한 경우에 예수께서 하신 하나의 설교가 아니다. 이것은 예수께서 제자들에게 계속적으로 평소에 가르치신 모든 교훈의 요약이고 진수이며 핵심이다.

산상 설교는 우리가 보통 생각하는 것 이상으로 광범위하다. 마태는 자신의 산상 설교 서문에서 이것은 예수의 공적인 교훈이며 제자들에게 온 마음을 다 열어 보인 교훈이며 가장 친근한 핵심 구성원들에게 평소에 말씀하신 것을 집약한 교훈임을 나타내려고 했다. 산상 설교란 바로 스승의 오랫동안의 간절한 가르침을 제자들이 신중히 기억한 것들이었다.

산상 설교를 배움에 KJV에 따른 팔복 하나하나를 먼저 배우고 그 후에 현대어에서는 이 말이 무엇을 의미하는지 살펴보자.

최상의 복

마태복음 5:3

[3]심령이 가난한 자는 복이 있나니 천국이 그들의 것임이요

팔복 하나하나를 세밀히 검토하기 전에 우리가 주목해야 할 사실이 두 가지 있다.

I. 팔복의 각 절은 똑같은 문장 형식으로 되어 있다. 보통 성경에 기록된 것을 보면 영어 번역에는 **are**란 낱말이 어느 구절에서나 이탤릭체나 비스듬한 활자체로 인쇄되어 있다. KJV에서 이탤릭체로 된 낱말이 나오면 그 낱말은 헬라어에서나 히브리어의 낱말과 같은 뜻을 가진 낱말이 없고 그 낱말은 그 문장의 의미를 보아 첨가되지 않으면 안 되는 낱말이란 것을 의미한다. 그러므로 팔복에는 동사가 없다. 즉, 이 구절에는 동사 **are**가 없다. 그러면 왜 그것이 붙어야 하는가? 예수께서는 팔복을 헬라어로 말하지 않았다. 그는 당시 사람들이 쓴 히브리어 종류인 아람어로 말했다. 아람어와 히브리어에는 표현에 공통점이 많다. 이 구절은 사실은 하나의 감탄이다. 즉, 이것은 "오 ~의 축복이여"란 의미로 (히브리어의 asherē) 구약성경에서는 대단히 많이 사용된 표현이다. 보기를 들면 히브리어로 쓰인 시편 1편은 "복 있는 사람은 악인의 꾀를 좇지 아니하며"로 시작한다. 이것은 예수께서 팔복을 말할 때 맨 먼저 말한 형식이다. 팔복은 단순한 서술문이 아니다. 이것은 "오, 심령이 가난한 자의 복이여"라는 감탄문이다.

이것은 대단히 중요한 의미가 있다. 팔복은 경건한 성도가 미래에 둔 희망이 아니다. 어떤 미래적인 축복에 대한 불확실한 예언이 아니라 현재 찬란하게 타오르고 있는 것이고 현재 존재하는 어떤 것에 대한 축복의 말을 의미하는 것이다. 성도의 복이란 장차 영광스러운 땅에 들어갈 때 비로소 받을 수 있는 것이 아니라 지금 여기에 있는 복이다. 성도는 장차 영광스러운 땅에 **들어갈** 것이 아니고 지금 **이미 들어가 있는** 것이다. 물론 그 복은 하나님 앞에 갔을 때 완전히

주어지는 것이지만 현재 여기서도 복락을 누릴 수 있다.

팔복을 다음 형식으로 서술하고 있다. "오, 성도가 된 축복이여! 오, 그리스도를 따르는 즐거움이여! 오, 예수 그리스도를 왕과 주가 되신 구세주로 알게 된 참된 행복이여!" 팔복의 가르침은 그 자체가 성도의 삶의 감격과 황홀한 즐거움을 나타내고 있다. 이 팔복의 가르침에서 침울에 싸인 기독교인의 삶이란 상상할 수도 없다.

II. "복이 있나니"란 말은 대단히 특별한 의미가 있는 말이다. 헬라어로는 **마카리오스**(makarios)인데, 이 **마카리오스**란 말은 특히 신에 대해 기술할 때 사용하는 말이다. 이 말의 한 가지 특별한 용법에서 **마카리오스**의 뜻을 살펴보자. 헬라어로는 구브로 섬을 언제나 **헤 마카리아**(hē makaria)라고 하는데(형용사의 여성 단수) 이것은 **행복한 섬**이란 뜻이다. 즉, 그들이 그 섬을 이런 이름으로 부른 것은 구브로가 아름답고 풍요하고 비옥했기 때문에 행복한 삶을 찾기 위해 바다 건너 다른 곳으로 나갈 필요가 전혀 없다고 믿었기 때문이다. 구브로는 기후가 좋았고 아름다운 꽃과 과일과 숲이 있었고, 각종 광물과 천연자원도 있었다. 그래서 마카리오스란 말은 자신 속에 비결을 지닌 기쁨, 밝고도 절대적이며 내면에서 솟아나는 기쁨, 삶의 모든 계기와 변화에서 완전히 독립된 그러한 기쁨을 서술하는 말이다.

행복(happiness)이란 영어 낱말은 자신의 의도는 내버리고 만다는 의미가 있다. 즉, **우연**을 의미하는 어원에 근거하고 있다.

인간의 행복이란 삶의 우연이나 변화에 근거해 있는 어떤 것이고 삶이 줄 수도 있고 파괴해 버릴 수도 있는 것이다. 하지만 성도의 행복은 이 세상의 영향을 받지 않는 것이고 세상의 것으로는 채워지지 않는 것이다. 예수께서는 "너희 기쁨을 빼앗을 자가 없느니라"(요 16:22)고 말씀했다. 팔복은 고통 중에서도 오히려 충만한 즐거움이며, 슬픔과 비애가 지우지 못하는 즐거움이며, 눈물 가운데도 다가오는 즐거움이며, 죽음까지도 빼앗을 수 없는 희열이다.

우리는 세상의 즐거움을 쉽게 얻을 수도 있고 쉽게 잃을 수도 있다. 행운이 변했을 때, 건강을 잃었을 때, 계획이 실패로 돌아갔을 때, 야망이 허사가 되어 버렸을 때, 혹은 사소한 날씨의 변화에서도 세상이 주는 즐거움은 없어져 버리고 만다. 그러나 믿는 자들에게는 깊고 조용한 기쁨, 아무도 빼앗을 수 없는 기쁨이 있다. 이는 예수 그리스도와 함께 거하는 자만이 얻는 기쁨이다. 팔복이 위대한 것은 미래에 다가올 축복을 열망하는 사람들에게 축복의 일부분을 보여 주기 때문이 아니다. 또 얼마 후에 다가올 영광에 대한 황금의 약속 때문도 아니다. 오로지 세상에서는 어떤 것도 빼앗아 갈 수 없는 영원한 즐거움에 대한 감사와 승리의 함성이기 때문이다.

가난한 자의 복

마태복음 5:3(계속)

"심령이 가난한 자는 복이 있나니"란 말로 행복에 대한 서두를 시작하는 것이 좀 이상하게 보일지 모른다. 이 **가난한**이란 말의 의미를 알아볼 수 있는 방법은 두 가지다.

이 본문의 헬라어를 보면 가난한이란 뜻을 나타내는 말로 프토코스(Ptōchos)란 낱말이 사용되어 있다. 헬라어에는 가난을 나타내는 말이 두 개가 있다. 첫째, 페네스(Penēs)란 말은 생계를 유지하기 위해 노동하지 않으면 안 되는 사람을 말한다. 이것은 **자작노동**(autodiakonos)하는 사람, 즉 **자기 생계를 자신의 힘으로 영위해 가는 사람**이란 뜻이다. 페네스란 말은 노동자, 즉 여분의 것이라고는 아무것도 없는 사람, 부유하지는 않아도 극빈은 아닌 사람을 말한다. 그러나 위에서 언급한 바와 같이 팔복에 기록된 말은 페네스가 아니고 프토코스다. 프토코스는 **절대적인 극빈**을 의미한다. 이것은 어원 프토쎄인(Ptōssein)과 관계된 것인데 이 어원은 **굽실거리다** 혹은 **움츠리다**란 의미이며, 무릎을 꿇지 않으면 안 되는 빈궁을 말한다. 위에서 언급한 바와 같이 페네스는 남는 것이 없는 사람이지만 프토코스는 아예 아무것도 없는 사람이다.

그러므로 본문에서 말하는 복의 의미를 볼 때 우리는 놀라움을 금치 못한다.

복 있는 자는 철저하게 극빈 상태에 있는 사람을 말한다. 복 있는 사람은 절대적으로 빈곤한 자라는 것이다. 팔복은 본래 헬라어로 언급되지 않았고 아람어로 되어 있다. 유대인들은 이 **가난하다**란 말을 사용했다. 히브리어로 이 말을 의미하는 낱말은 아니(ani) 혹은 에비온(ebiōn)이다. 히브리어의 이 낱말에 대한 의미는 네 가지 단계로 발전했다. 처음 이 낱말은 단순히 **가난하다**는 의미였고, 그 다음은 **가난하기 때문에 영향력이나 권력이나 도움이나 특권이** 없었다는 것을 의미했다. 이들은 이러한 **힘을 갖고 있지 못했기 때문에 사람들에게 짓밟히고 억압을 당했다.** 결국 **아무것도 소유하지 못했기 때문에 하나님에게만 전적으로 의존하는 사람을** 말했다. 그래서 히브리어의 **가난**이란 말은 비천하고 무력한 사람으로 하나님에게만 전적으로 의존하는 사람을 말했다. 시편 기자는 "이 **곤고한 자**(poor man)가 부르짖으면 여호와께서 들으시고 그 모든 환난에서 구원하셨도다"(시 34:6)라고 말했다.

시편에서는 이 말이 사실상 하나님의 총애를 받는 좋은 사람으로 나타난다. "궁핍한 자가 항상 잊어버림을 당하지 아니함이여 가난한 자들이 영원히 실망하지 아니하리로다"(시 9:18). "그는 가난한 자를 그보다 강한 자에게서 건지시고"(시 35:10). "주께서 가난한 자를 위하여 주의 은택을 준비하셨나이다"(시 68:10). "그가 가난한 백성의 억울함을 풀어 주며"(시 72:4). "궁핍한 자는 그의 고통으로부터 건져 주시고 그의 가족을 양 떼같이 지켜 주시나니"(시 107:41). "내가… 그 빈민을 만족하게 하리로다"(시 132:15). 이상의 여러 경우에서 보듯이 **가난**한 자란 하나님을 신뢰하고 있는 가난하며 무력한 사람을 가리킨다. 이제 헬라어와 아람어에서 말하는 의미를 함께 놓고 살펴보자.

헬라어 **프토코스**(ptōchos)는 절대적으로 빈곤한 사람으로서 아무것도 없는 사람이고 히브리어의 **아니**(ani)와 **에비온**(ebiōn)이란 말은 가난하고 비천하며 무력하여 하나님만 전적으로 의지하는 자다. 그러므로 "심령이 가난한 자는 복이 있나니"란 구절은 "자신의 절대적인 무능력을 알고 전적으로 하나님만 의지하는 자는 복이 있나니"란 의미가 된다.

우리가 자신의 절대적인 무능력을 알고 하나님을 철저히 의지한다면 같은 사건의 다른 면을 가진 두 가지 사건이 우리의 삶의 범주 속에 들어올 것이다. 첫째, 우리는 **세상의 것들과 완전히 분리**될 것이다. 세상의 것들은 무엇이든 참된 행복과 평안을 가져오지 못한다는 것을 알게 되기 때문이다. 둘째, 우리는 완전히 **하나님과 화합**하게 될 것이다. 하나님만이 도움을 주실 수 있고 희망과 힘을 주실 수 있음을 알기 때문이다. 심령이 가난한 사람이란 세상의 것들은 무의미하며 하나님만이 모든 것의 의미가 되심을 아는 자다.

그렇다고 현실적인 물질의 빈곤이 좋은 것이라고 생각하지 않도록 주의해야 한다. 가난이 좋은 것은 아니다. 예수께서는 빈민굴에 살고 의식주가 부족하고 건강이 쇠약한 그런 상태를 축복이라고 절대 말씀하시지는 않았다. 오히려 이러한 물질적 빈곤은 축복과는 반대가 되는 것이다. 이런 종류의 빈곤은 오히려 기독교 복음이 제거해야 할 대상이다. 복된 빈곤이란 **심령**의 빈곤이다. 즉, 자신에게는 생명을 얻을 수 있는 힘이 절대 없다는 것을 알고 단지 하나님에게서만 그 도움과 힘을 얻을 수 있음을 아는 **심령**이다.

예수께서는 하늘나라는 바로 이러한 가난에 속한 것이라고 말한다. 왜 그럴까? 주기도문에서 간주한 것을 둘로 나누어 함께 놓고 보면 첫째, "나라가 임하옵시며", 둘째, "뜻이 하늘에서 이룬 것같이 땅에서도 이루어지이다"다.

여기에서 다음과 같은 정의를 내릴 수 있다. 하나님 나라는 하나님의 뜻이 하늘에서 이룬 것같이 땅에서도 완전히 이루어지는 사회다. 이것은 하나님의 뜻을 행하는 자만이 그 왕국의 시민임을 의미한다. 우리는 우리 자신이 완전히 무능력하고 무지해서 인생을 살아 나가는 데 힘이 전혀 없음을 알고 하나님께 전적으로 의지해야 한다. 복종이란 언제나 신뢰에 근거해 있다. 하나님 나라는 심령이 가난한 자의 소유다. 천국은 자기가 철저히 무능력하다는 것을 알고 하나님을 신뢰하고 그에게 복종하는 것을 배운 심령이 가난한 사람의 것이기 때문이다.

따라서 팔복의 첫 구절은 다음과 같은 의미가 될 것이다.

> 오, 자신이 철저하게 무능력하다는 것을 알고 오로지 하나님만 의지하는 자는 복되도다. 그만이 온전한 순종을 드려 하늘의 시민이 될 수 있기 때문이다.

애통하는 자의 복

마태복음 5:4

4애통하는 자는 복이 있나니 그들이 위로를 받을 것임이요

우선 여기에서 **애통하다**란 뜻을 나타내는 헬라어는 **슬퍼하다**는 의미가 있는 헬라어들 중에서 가장 강한 뜻을 나타내고 있다. 이 말은 사랑하는 자가 죽었을 때의 격심한 비통을 나타내는 낱말이다. 구약 헬라어역인 70인역을 보면 야곱이 자신의 아들 요셉이 죽은 것으로 믿고 슬퍼할 때(창 37:34) 사용된 말이다. 즉, 이 말은 억눌러 숨겨 둘 수 없는 종류의 슬픔을 표현한다. 이것은 마음에 고통을 주는 슬픔일 뿐 아니라 눈물을 억제할 수 없는 슬픔이다. 이렇게 볼 때 다음과 같은 놀라운 축복이 있게 된다.

"사랑하는 자의 죽음을 애도하는 것과 같이 슬퍼하는 자는 복이 있도다." 이 축복을 받을 수 있는 방법은 세 가지다.

I. 완전히 문자 그대로 받아들이는 방법. 즉, 삶이 가져다주는 가장 쓰라린 비애를 참는 것이다. 아랍인들에게는 다음과 같은 격언이 있다. "햇빛이 계속 비치면 사막을 만든다." 햇빛이 항상 내리쪼이는 땅은 곧 식물이 성장할 수 없는 건조지가 되고 만다. 비가 내려야 식물은 성장한다. 즉, 슬픔을 통해서만 알 수 있는 것들이 있다.

슬픔은 우리에게 무엇보다도 이웃의 인정을 느끼게 해 주며, 하나님의 긍휼 이외는 그 무엇도 위로를 줄 수 없음을 알려 준다. 슬픔에 빠졌을 때 비로소 이웃과 하나님을 발견하는 사람들은 얼마든지 많다. 모든 일이 순조로울 때는 사물의 겉모습 이상을 알 수가 없다. 그러나 슬픔에 부딪힐 때 인간은 삶의 깊이를 더 느끼게 되며 그 슬픔을 바르게 받아들인다면 새로운 힘과 아름다움이 그의 영혼에 더해진다.

나는 기쁨과 더불어
1마일을 걸었네
내내 기쁨만이 종알거려
슬픔은 나를 떠나 버렸네

나는 슬픔과 더불어
1마일을 걸었네
그는 내내 한마디 말도 없었지만
오! 나는 배웠네 가치 있는 것을

II. 타인의 슬픔에 관심을 가지는 방법. 이 세상에서 슬퍼하는 자, 고통받는 자에 대해 측은한 마음으로 동정하는 자는 복이 있다.

첫 구절을 언급할 때는 **세상의 것들**과 분리되는 것이 옳은 것이라고 생각했다. 그러나 **사람**에게 애착을 갖지 않는 것은 옳은 것이 아니다. 만일 타인의 슬픔이나 고통에 관심을 가지는 자가 없었다면 이 세상은 훨씬 메마른 곳이 되었을 것이다.

세프츠버리(Lord Shaftesbury) 경은 어떤 사회 개혁자보다도 더 많이 노동자들과 어린이를 위해 일한 사람이다. 그가 그렇게 하게 된 동기는 아주 단순한 사건에서 비롯되었다. 그가 어린아이였을 때 헤로(Harrow)라는 지방에서 어느 날 길을 걷는 중에 한 빈민 장례 행렬을 만났다. 관은 싸구려로 허술하게 만든 상자였다. 술에 취한 남자 네 명이 이 관을 수레에 싣고 밀면서 가고 있었다. 그들은 이 수레를 밀면서 상스러운 노래를 부르기도 하고 저속한 농담도 했다. 그런데 상자로 된 그 관을 실은 수레를 언덕길로 밀고 올라가던 그들은 그만 관을 떨어뜨렸고 관은 부서지고 말았다. 이 모습을 어떤 사람들은 재미있다고 생각했을 것이고 어떤 사람들은 보기 흉하다고 얼굴을 돌렸을 것이다. 또 어떤 사람들은 안되기는 했지만 나와는 관계가 없다고 하면서 그냥 내버려 두었는지도 모른다. 그러나 어린 세프츠버리는 그 모습을 보고 "내가 자라면 저런 불행을 없애는 일에 내 일생을 바쳐야겠다"고 다짐했다. 그래서 그는 남을 돌보는 일에 일생을 헌신했다.

기독교인은 사람에 대해 관심을 가져야 한다. 이 구절은 다음과 같은 의미로 볼 수 있다. "복 있는 자는 타인의 고통과 슬픔에 진심으로 동정하는 사람이다."

III. 이상의 두 가지 생각이 이 복의 구절 속에 분명히 들어 있다. 이 축복의 구절 속에 들어 있는 중심적인 사상은 "자신의 죄와 자신의 무가치를 절망하리만치 슬퍼하는 자는 복이 있다"라는 것이다.

예수의 첫 번째 메시지는 "회개하라" 였다. 자신의 죄를 비통하게 생각하지 않는 사람은 회개할 수 없다. 실제 사람이 변화되는 때는 돌연 무엇엔가 부딪혀서 자신의 눈이 열려 죄가 무엇인지 죄가 어떤 일을 하는 것인지를 알 때다. 자기가 하는 일의 영향이나 결과는 생각하지 않고 제멋대로 행동하던 아이가 어느 날 부모의 고통스러운 눈빛을 보고 갑자기 죄가 무엇인지 깨달을 때가 있다. 십자가가 우리에게 보여 주는 것도 이와 같다. 십자가를 볼 때 우리는 다음과 같이 고백하지 않을 수 없다.

"저것이 죄가 하는 일이다. 죄는 세상에서 가장 귀한 생명을 빼앗아 십자가 위에서 파멸시켜 버렸다." 십자가는 인간들이 공포심을 느끼고 죄를 볼 수 있도록 눈을 열어 주는 위대한 힘이 있다. 인간은 죄에 대한 공포 속에서 죄를 보게 될 때 죄에 대해 강한 비애를 느끼게 된다.

기독교는 죄에 대한 인식에서 출발한다. 복 있는 사람은 자신의 죄를 깊이 슬퍼하는 자이며 하나님과 예수 그리스도에게 범한 자신의 죄가 무엇인지를 알고 애통하는 사람이며 십자가를 보고 죄 때문에 다가올 파멸로 어찌할 바를 모르고 두려워하는 사람이다. 이렇게 죄에 대한 공포를 경험하는 사람만이 위로를 받을 수 있다. 이 경험이 소위 우리가 말하는 회개이며 이러한 상하고 통회하는 심령을 주께서는 결코 멸시하시지 않기 때문이다(시 51:17). 용서 받는 희열을 얻는 길은 상한 심령의 철저한 비애를 통해서만 온다.

이제 둘째 복이 주는 교훈의 의미는 다음과 같이 말할 수 있다.

"오, 세상 고통과 자기 죄로 인하여 상한 심령을 가진 자는 복되도다. 이 슬픔을 통해서만 하나님을 아는 기쁨을 보리라!"

하나님이 지배하시는 삶의 축복

마태복음 5:5

5 온유한 자는 복이 있나니 그들이 땅을 기업으로 받을 것임이요

현대 영어에서는 **온유하다**는 말은 별로 좋은 의미의 낱말이 아니다. 오늘날 이 말은 우유부단이나 아첨이나 비열과 같은 뜻을 가진 낱말로 사용되고 있어 무력하고 굴종적인 모습을 연상시킨다. 그러나 이 말의 헬라어 프라우스(Praus)는 그리스 윤리 사상을 나타내는 말 중에 훌륭한 말로 손꼽힌다.

아리스토텔레스는 온유(praotēs)의 본성에 대해 대단히 많이 언급했다. 모든 미덕을 양 극단의 중간에 있는 중용으로 정의하는 것이 그의 정해진 방법론이다. 한 면에는 지나친 극단이 있고 그 중간에는 중용이라는 덕이 있다. 예를 들어 한 극단에 지나치게 낭비하는 사람이 있고 다른 극단에 지나치게 인색한 사람이 있다면 그 가운데에는 관대한 사람이 있다. 아리스토텔레스는 **온유**, 즉 프라오테스(praotēs)를 **지나친 노여움**을 의미하는 오르길로테스(orgilotēs)와 **지나친 태평무사**를 의미하는 아오르게시아(aorgēsia) 사이에 있는 중간이라고 정의했다. 아리스토텔레스가 정의한 바와 같이 온유, 즉 프라오테스는 지나친 노여움과 지나친 관대함의 중간이다.

이제 이 본문을 다음과 같이 옮겨 쓸 수 있을 것이다.

분노할 만한 때 분노하고 분노하면 안 될 때 분노하지 않는 자는 복이 있나니

언제가 분노할 때이고 언제가 분노하면 안 될 때인지에 대해서는 하나의 원칙이 있다. 나에게 욕 될 때나 피해를 줄 때는 화를 내서는 안 된다. 개인적인 일로 기독교인이 화를 내면 안 된다. 그러나 타인에게 어떤 피해가 미칠 때는 꼭 화를 내야만 할 때가 있다. 이기적인 분노는 언제나 죄가 되지만, 비이기적인 분노는 이 세상에서 위대한 도덕의 힘이 된다.

헬라어 **프라우스**는 또 하나의 의미가 있다. 이 말은 길들여진 동물에 적용되는 통상적인 낱말이다. 길들인 동물이란 바로 명령에 순종하고 고삐가 이끄는 대로 잘 따르도록 훈련된 동물이다. 그래서 두 번째로 이 본문을 다음과 같이 옮겨 쓸 수 있다.

> 자신의 모든 본능과 충동과 격정을 억제하는 자는 복이 있나니, 완전히 자제된 자는 복이 있도다.

하지만 이상의 문장은 서술하는 순간 정정해야 한다. 인간이 완전하게 **자제**(自制)한다는 것은 인간 능력 밖의 일이기 때문이다. 따라서 이 길은 **스스로** 자신을 통제하는 자의 축복이 아니라 완전히 **하나님**이 통제하시는 자의 축복이다. 사람은 하나님에게 봉사할 때만 참된 자유를 찾게 되고 하나님의 뜻을 행할 때만 참된 평화를 얻을 수 있기 때문이다.

이 구절을 이해하는 데 제3의 가능한 면이 남아 있다. 그리스 사람들은 항상 **프라오테스**의 본성, 즉 KJV에서 **온유**(meekness)라고 번역하는 이 말과 거만을 의미하는 **셀로카르디아**(hupsēlokardia)의 본성을 대립시키고 있다. **프라오테스**에는 모든 교만이 사라진 참된 겸허가 있다.

사람은 겸허하지 않고는 아무것도 배울 수 없다. 배움의 첫걸음이 우리 자신의 무지를 인정하는 데 있기 때문이다. 뛰어난 로마의 웅변술 교사인 퀸틸리안은 자신이 가르치고 있는 제자들에 대해 "저들이 만일 자신이 미리 알고 있다고 생각하지 않았다면 분명히 우수한 학생들이 될 텐데"라고 말했다.

이미 모든 것을 알고 있다고 생각하는 사람에게는 아무도 가르칠 수 없다. 겸손이 없이는 사랑도 없다. 사랑은 바로 자신이 가치가 없다는 인식에서 시작되기 때문이다. 겸손이 없이는 참된 종교도 있을 수 없다. 우리 자신의 연약함과 하나님의 필요성을 자각할 때 참된 종교가 시작되기 때문이다. 인간은 자신이 단지 피조물이란 사실과 하나님이 창조주시라는 것을 언제나 생각하고 하나님 없이는 아무것도 할 수 없다는 것을 인식할 때만 참된 인간 본성에 도달할 수 있다.

프라오테스는 배움과 용서의 필요성을 자각하는 겸손이다. 이것은 인간이 하나님에 대해 취할 수 있는 유일한 태도다. 그래서 이제 셋째로 본문을 다음과 같이 옮겨 쓸 수 있다.

> 자신의 무지와 연약함과 궁핍을 아는 겸손한 자는 복이 있나니.

예수께서는 땅을 기업으로 받는 사람은 온유한 자라고 말씀하셨다. 역사적 사실에서도 알 수 있듯이 위대한 사람들은 언제나 자제력이 있는 사람들이었고 어떤 원칙 아래서 자신의 격정과 본능과 충동을 조절한 사람들이었다.

민수기는 가장 위대한 지도자요 가장 위대한 율법을 세상에 가져다준 모세에 대해 "이 사람 모세는 온유함이 지면의 모든 사람보다 더하더라"(민 12:3)라고 했다. 모세는 우유부단하거나 무기력한 사람이 아니었다. 그는 불꽃같이 노할 수도 있었다. 그러나 그의 분노는 단단히 묶여 있었고 분노할 타당한 이유가 있을 때만 풀어졌다. 잠언 저자는 "자신의 마음을 다스리는 자는 성을 빼앗는 자보다 나으니라"고 했다.

알렉산더 대왕을 파멸로 몰아넣은 것은 바로 이러한 본성의 결핍이었다. 그 결과 술에 잔뜩 만취되어 억제할 수 없는 상태에서 홧김에 자신이 가장 사랑하는 친구에게 창을 던져 죽인 것이다.

사람은 자신을 다스린 후에야 비로소 남을 다스릴 수 있다. 자신을 지배하지 못하는 자는 남을 지배할 수 없다. 자신을 하나님의 다스림에 완전히 내맡기는 사람은 진실로 땅을 기업으로 받을 수 있는 온유를 얻을 것이다.

프라우스라는 말은 오늘날 영어의 **온유한**(meek)이라는 낱말의 의미 그 이상의 것을 의미한다. 사실상 영어의 **온화한**(gentle)이란 말이 이 낱말의 본래 의미에 좀더 가깝기는 하지만 영어 낱말 한마디로 이것을 정확하게 번역할 수는 없다. 이제 셋째 축복의 구절을 좀더 충분하게 번역한다면 다음과 같이 서술해야 할 것이다.

분노할 만한 때 노하고 분노하지 않아야 할 때 노하지 않으며 자신의 본능과 충동과 정욕을 하나님의 다스림에 따라 억제하며 자신의 무지와 연약함을 아는 겸손한 자는 복되도다. 이 사람은 사람들 중 왕이로다.

굶주린 심령의 축복

마태복음 5:6

6 의에 주리고 목마른 자는 복이 있나니 그들이 배부를 것임이요

말은 단독으로 존재하지 않는다. 말은 경험과 사상의 배경 안에 존재한다. 어떤 말이라도 그 의미는 그 말을 하는 개인의 배경에 따라 다른 의미를 갖는다. 이 본문 구절은 특히 더 이에 합당한 말이다. 그런 의미에서 이 구절을 처음 듣는 사람은 우리와는 전혀 다른 인상을 받을 것이다.

모든 것이 풍족한 오늘날, 실제로 주리고 목마르다는 것이 어떤 것인지 아는 사람은 거의 없을 것이다. 그러나 고대는 오늘날과는 상황이 아주 달랐다. 당시 노동자의 임금은 하루에 8페니에 불과했고 다른 여러 수입을 모아도 넉넉하게 먹고 살 수 없었다. 당시 팔레스타인 노동자는 일주일에 한 번밖에 고기를 먹을 수 없었다. 팔레스타인의 날품팔이하는 사람이나 노동자는 실제 허기와 아사의 경계선에서 헤매고 있었던 것이다. 갈증의 경우는 상황이 더 심각했다. 고대에서 그 많은 사람을 위해 수도를 가설하여 그들의 집집마다 깨끗하고 시원한 물을 공급한다는 것은 불가능했다. 여행하게 되면 여행 도중에 모래 폭풍이나 열풍을 만나기라도 하면 겉옷으로 머리를 감싸고 바람 부는 쪽에서 등을 돌려 바람이 멈추기를 기다리는 방법밖에는 없었다. 소용돌이치는 모래 바람이 콧구멍과 목구멍을 메우면 마침내 숨이 막혀 질식할 것 같은 상태가 되고 다급한 갈증으로 목이 타게 된다. 현대 서구적인 생활 조건에서는 상상이 안 되는 상황이다.

이 본문에서 기술하고 있는 주림은 간단한 식사로 때울 수 있을 정도의 가벼운 허기가 아니다. 여기서 말하는 목마름은 음료 한 잔으로 해결되는 갈증이 아니다. 이것은 아사 직전에 있는 사람의 굶주림이고 마시지 않으면 당장 죽게 될

갈증이다.

그러므로 이 본문은 직접 우리에게 질문하고 도전하면서 결과적으로 다음과 같이 명령한다. “너는 얼마나 절실하게 의를 구하고 있는가? 너는 굶어 죽어 가는 자가 음식을 원하는 만큼, 목말라 죽어 가는 자가 물을 원하는 만큼 의를 구하는가?” 우리는 얼마나 강렬하게 의를 구하고 있는 것일까?

사람들은 대부분 의로움에 대해 본능적인 욕망을 갖고 있다. 그러나 그 욕망이란 열렬하고 강렬하다기보다는 단지 동경하는 정도의 막연한 소망에 불과하다. 어떤 결단의 순간이 올 때 그들은 참된 의로움을 요구한다거나 희생할 만한 준비가 되어 있지 않다. 대부분 로버트 루이스 스티븐슨이 말한 “불결핍의 재난”의 고통을 당하는 것이다. 우리가 문자 그대로 의로움을 세상의 어떤 것보다도 갈망한다면 세상은 분명히 달라질 것이다.

우리가 이러한 면에서 이 본문의 복을 이해해 볼 때 이 본문은 팔복 중 어느 것보다도 가장 강렬하며 무서운 요구인 것이다. 그러나 이것은 단순히 가장 강렬한 요구만이 아니다. 여기에는 가장 강렬한 위로의 축복도 있다.

이 본문에 숨겨진 의미는 축복받을 사람은 반드시 이러한 의를 획득하고 성취한 사람이 아니라 자신의 온 맘을 다하여 그것을 동경하는 자라는 것이다. 축복이 이미 의에 도달한 사람에게만 오는 것이라면 이 세상에서 축복받을 사람은 아무도 없을 것이다.

웰스(H. G. Wells)는 “음악에 서투른 사람일지라도 음악을 열렬하게 사랑할 수는 있다”라고 말했다.

로버트 루이스 스티븐슨은 죄의 나락까지 떨어진 자들에게 “매음굴과 교수대에 있는 자에게도 약간의 선한 덕은 남아 있다”라고 말했다.

유명한 법률가이자 재판관 놀만 버케트 경은 자신이 취급하고 있던 범죄자들에 대해 모든 범죄자 마음에는 소멸하지 않는 어떤 것이 있음을 말했다.

사람에게는 선(善)이라는 “악착같은 추구자”가 항상 따라다닌다. 아무리 악한 사람이라도 “어떤 종류든 그 숭고함을 피할 수 없는 숙명을 갖고 있다.” 인간이 진실로 경이로운 것은 죄를 짓더라도 선을 생각해 내고 흙탕 속에서도 반짝이는 별을 완전히 잊지 못하는 것이다.

다윗은 늘 하나님의 전을 세우기 원했으나 소망을 이루지 못했고 그의 소망은 거부되고 금지되었다. 그러나 하나님은 그에게 말씀하셨다. "네가 내 이름을 위하여 성전을 건축할 마음이 있으니 이 마음이 네게 있는 것이 좋도다"(왕상 8:18).

자비로우신 하나님께서는 우리를 심판하실 때 우리가 이루어 놓은 것뿐 아니라 우리가 바라던 것도 고려하신다. 비록 인간이 선을 이루지 못했다 할지라도 그가 그의 끝 날까지 선을 위해 주리고 목말랐다면 축복에서 제외되지 않는다.

이 본문에는 헬라어 원문에서만 나타나는 하나의 중요 문제가 있다. "주리고 목마르다"라는 동사에는 언제나 속격이 따르는 것이 헬라어 문법의 원칙이다. 속격이란 영어에서 **의**(of)란 말로 표현되는 격이다. **그 사람의**는 속격이다. 헬라어의 "주리고 목마르다"라는 동사 다음에 오는 속격은 문법상으로 부분적 속격(genitive of the part)이라고 하는데 이것은 어떤 한 부분에 대한 품사다. 예를 들면 다음과 같다. 그리스 사람들이 "나는 빵이 먹고 싶다"라고 표현할 때 그가 원하는 것은 약간의 빵이지 빵 전부가 아니다. 빵의 한 부분이다. 또 그들이 "나는 물을 마시고 싶다"라고 표현한다면 그가 원하는 것은 약간의 물, 즉 물통 안에 있는 물 전부가 아니라 한 모금의 물이다.

그러나 이 본문에서는 보통 쓰는 방법과는 달라서 **의**라는 말이 직접목적격으로 되어 있고 보통의 속격은 아니다. 헬라어에서 주리고 목마르다는 동사가 속격을 취하는 대신 목적격을 취한다면 그 의미는 주림과 목마름이 **전부인 것**을 나타내기 위함이다. 내가 빵이 없어 주리고 있다고 목적격을 사용할 때는 빵의 전부를 원한다는 것을 의미하고, 목적격으로 물이 없어 목마르다고 말할 때는 주전자의 물 전부를 원한다는 뜻이다.

그러므로 이 본문을 바르게 다시 옮겨 보면 다음과 같다.

> 전체적이고 총체적인 의에 대해 그리고 완전한 의에 대해 주리고 목마른 자는 복이 있나니.

그러나 실제 이런 경우는 거의 없다. 사람들은 대부분 부분적인 의로서 만족하고 있다. 예를 들면 아무리 찾으려고 해도 도덕적인 허물을 찾아낼 수 없는 사람은 의로운 사람일 것이다. 그의 정직이나 덕행이나 인격의 고결성에서는 흠이 없을지 모른다. 그러나 아무도 그에게 나아가 가슴 깊이 숨어 있는 쓰라린 실패의 경험을 털어 놓지는 않을 것이다.

같은 선이라도 완고하고 까다로우며 비판적이고 동정심이 결핍된 선이 있다. 이러한 선은 선의 일부분에 불과하다. 술도 마시고 욕설도 하고 오락도 즐기며 자신의 성질을 억제하지 못하는 어떤 사람이 타인의 고통을 외면하지 못하고 자신의 주머니에서 마지막 동전 한 푼까지 다 털어 주고 입고 있는 겉옷까지 벗어 그에게 덮어 준다면 이것도 선의 한 부분이다.

이 본문은 부분적인 선으로 만족해서는 안 된다고 말해 준다. 전체적이고 완전한 선에 주리고 목마른 사람에게 복이 있다. 결점은 없지만 마음이 싸늘하다거나 마음은 따뜻하지만 결점이 많다면 완전한 선이 아니다.

그래서 팔복 중 네 번째 복을 다시 옮겨 적으면 다음과 같이 될 것이다.

오, 굶주려 죽어 가는 사람이 음식을 바라듯이, 갈증으로 쓰러져 가는 사람이 물을 원하듯이 완전한 의를 갈망하는 자는 복이 있나니 그는 진실로 만족을 얻을 것이로다.

완전한 공감의 복

마태복음 5:7

7긍휼히 여기는 자는 복이 있나니 그들이 긍휼히 여김을 받을 것임이요

이 말씀은 이대로도 확실히 훌륭한 교훈이다. 그리고 신약성경 전체에서 관찰할 수 있는 한 가지 원칙을 서술하고 있다.

신약성경은 우리가 용서함으로써 용서를 받는다는 것을 시종일관 주장하고 있다. 그래서 야고보는 "긍휼을 행하지 아니하는 자에게는 긍휼 없는 심판이 있

으리라"(약 2:13)고 했다. 예수께서는 자신의 동료를 용서하지 않은 종에 대한 이야기를 마치면서 다음과 같이 경고하셨다. "너희가 각각 마음으로부터 형제를 용서하지 아니하면 나의 하늘 아버지께서도 너희에게 이와 같이 하시리라"(마 18:35).

주기도문의 끝부분에서도 "우리가 우리에게 죄지은 자를 사하여 준 것같이 우리 죄를 사하여 주시옵고"(마 6:12)라는 구절을 강조하는데 이는 뒤이은 다음 두 절에서 자세히 설명하고 있다. "너희가 사람의 잘못을 용서하면 너희 하늘 아버지께서도 너희 잘못을 용서하시려니와 너희가 사람의 잘못을 용서하지 아니하면 너희 아버지께서도 너희 잘못을 용서하지 아니하시리라"(마 6:14-15). 이는 자비가 있는 자만이 자비를 받는다는 신약성경의 시종일관된 교훈이다.

그러나 이 본문 구절에는 그 이상의 의미가 있다. 헬라어로 자비란 말은 엘레몬(eleēmōn)이다. 이미 여러 번 언급한 것처럼 신약성경에 기록된 헬라어는 그 근원이 히브리어와 아람어로 돌아간다.

히브리어로 자비는 **케세드**(chesedh)다. 이것은 번역이 불가능한 말이다. 이 말은 단순히 일반적인 언어에서 의미하는 것과 같이 단지 타인을 동정한다거나 어려움에 처한 사람을 보고 안타까워하는 것만을 의미하지 않는다.

케세드, 즉 **자비**란 우리가 타인의 마음속에 들어가 그의 입장에서 그의 눈으로 사물을 보고 그의 마음으로 생각하며 그의 느낌을 느끼게 만드는 능력이다. 이것은 분명히 정서적인 어떤 연민의 움직임이 아니라 분명한 심정과 의지가 필요한 것이며 외부에서 주는 동정이 아니라 진실하게 상대의 입장에 자신을 놓고 상대자와 같은 심정으로 사물을 보고 느끼는 것이다. 말 그대로 **공감**하는 것이다.

공감은 헬라어의 두 낱말, 즉 **서로 함께**라는 의미를 가진 순(sun)과 **경험하다** 혹은 **고통당하다**는 의미가 있는 파쉐인(paschein)으로 되어 있다. **공감이란 사물을 다른 사람과 함께 경험하는 것**을 의미하고 문자 그대로 그가 겪어 온 것을 같이 겪는 것이다.

그러나 사람들은 대부분 자신의 감정에만 사로잡혀 있기 때문에 다른 사람의 느낌 따위에는 관심이 없다. 타인을 동정하더라도 그 동정은 외부적인 것이다.

그들은 타인의 정신과 마음속에 들어가 그가 느끼는 대로 느끼고 보는 대로 보기 위해 노력하지 않기 때문이다. 만일 우리가 의식적으로 노력해 타인과의 동일화된 공감을 이끌게 된다면 분명히 이 세상은 크게 달라질 것이다.

I. 잘못된 친절. 신약성경에서 잘못된 친절을 두드러지게 나타낸 예로 예수께서 베다니에 있는 마르다와 마리아의 집을 방문한 것을 들 수 있다(눅 10:38-42).

예수께서 방문했을 때는 십자가의 수난이 앞으로 며칠 남지 않았을 때였다. 예수께서 원하신 것은 잠시라도 쉬면서 고통스러운 긴장을 푸는 시간이었다.

예수를 사모한 마르다에게 그는 자신의 가장 존경하는 손님이었다. 마르다는 자신의 집에서 차릴 수 있는 가장 좋은 식사를 대접하고자 접시와 냄비를 덜그럭거리면서 부산을 떨고 여기저기 뛰어다녔다. 그럴 때마다 예수께서는 신경이 곤두서서 견디기 어려웠을 것이다. 그가 원하는 것은 조용한 한때를 보내는 것이었다. 마르다는 친절을 베풀려고 한 일이었지만 그것은 오히려 더 괴롭히는 일이 되고 말았다.

흔히 우리가 친절을 베풀려고 할 때 그 친절을 우리 자신의 기분에 맞게 만들어 버리는 수가 많다. 그래서 상대방은 그것이 좋든 싫든 받아들이지 않으면 안 될 때가 많다. 만일 우리가 상대의 마음속에 들어가 공감하려는 노력만 한다면 진정한 친절을 베풀 수 있을 것이다.

II. 용서하는 마음과 관대한 마음. 인생을 살면서 흔히 잊어버리기 쉬운 것은 사람이 생각하고 행동하는 데는 그만한 이유가 있다는 것이다. 이 이유를 알게 되면 훨씬 쉽게 타인을 이해하고 동정하고 용서할 수 있게 된다. 어떤 사람이 바르지 못한 사고방식을 갖고 있다면 우리가 볼 때 그는 지금까지 그런 경험을 해 왔고 그런 사고방식을 형성될 만한 가정환경에서 살아 왔다고 생각할 수 있다. 어떤 사람이 성을 잘 내고 무례하다면 그에게도 어떤 근심이나 고통이 있을지도 모른다.

사람을 대하는 태도가 이상한 사람의 마음에는 오해가 있을지도 모른다. "모든 것을 아는 것이 모든 것을 용서하는 것이다"라는 프랑스의 격언에서도 보듯이 우리가 모든 것을 알려면 우선 타인의 마음속에 들어가 그의 심정을 헤아리려는 노력이 필요하다.

III. 깊이 생각한다면 결국 하나님이 예수 그리스도 안에서 행하신 것이 바로 이것이 아닌가? 진정한 의미에서 하나님은 예수 그리스도 안에 사람의 몸을 입으시고 오셨다. 사람과 똑같이 오신 것이다. 그는 사람의 눈으로 보았고 사람의 느낌으로 느꼈고 사람의 마음으로 생각하셨다. 하나님이 인간의 생활을 잘 알고 계시는 것은 그 자신이 인간의 생활 속으로 들어오셨기 때문이다.

빅토리아 여왕은 성 안드레 학원의 툴로크 부처의 가까운 친구였다. 부군 앨버트가 죽고 빅토리아 홀로 남았을 때 툴로크 부인 역시 프린스팔 툴로크를 잃고 혼자 남게 되었다. 툴로크 부인이 자신의 방 안락의자에서 쉬고 있을 때 아무런 예고도 없이 빅토리아 여왕이 방문했다. 여왕이 왔다는 통보를 들은 툴로크 부인이 자리에서 급히 일어나 예를 갖추려고 하자 여왕은 다가서면서 "아니, 일어나지 말아요. 나는 오늘 여기에 여왕으로 온 것이 아니라 똑같이 남편을 잃은 한 여자로서 위문을 왔을 뿐이에요"라고 말했다고 한다.

하나님이 하신 일도 이와 같다. 그는 멀리 분리되어 혼자 계시며 권위와 위엄에 찬 하나님으로가 아니라 한낱 인간으로 우리에게 오셨다. **자비**, 즉 **케세드**의 최상의 예는 예수 그리스도로서 하나님이 오신 것이다.

이러한 자비를 베푼 자만이 마땅한 자비를 받을 것이다. 이것은 인간적인 면에서도 진리다. 우리가 타인에게서 자신의 모습을 보는 것은 위대한 진리이기 때문이다. 우리가 타인에게 박정하고 무관심하다면 그들도 우리에게 박정하고 냉담하게 대할 것이다. 우리가 그들에게 애정을 갖고 대한다면 그들도 애정을 일으키는 반응을 보일 것이다. 이것은 하나님의 입장에서는 더 진리다. 이런 자비를 나타내 보이는 자는 하나님과 같이 되기 때문이다.

이제 다섯 번째 복을 옮겨 쓰면 다음과 같다.

타인의 마음속에 들어가 그들의 마음을 생각하는 자는 복되도다. 그가 남에게

행한 대로 남이 그에게 행할 것이며 그것이 하나님이 예수 그리스도 안에서 행하신 것임을 알게 될 것이다.

청결한 자의 복

마태복음 5:8

8마음이 청결한 자는 복이 있나니 그들이 하나님을 볼 것임이요

이 말씀은 일단 말씀을 읽는 것을 중단하고 자신을 생각하고 살펴볼 것을 요구한다.

헬라어로 **청결한**은 카다로스(Katharos)다. 이 단어에 있는 다양한 용법은 성도의 생활에 이 복의 의미를 더해 주는 무엇인가를 갖고 있다.

I. 본래 이 말은 단순히 "청결한"이란 의미였다. 예를 들면 더러운 옷을 깨끗이 세탁했을 때 사용할 수 있는 말이었다.

II. 보통 이 말은 키질하고 체로 쳐서 모든 겨를 깨끗이 제거해 버린 곡식에 사용되었다. 또 불평이 많고 비겁하며 복종하지 않는 무능력한 군인들을 제외한 정예의 군대에도 같은 뜻으로 사용되었다.

III. 이 말은 다른 헬라어 형용사 아케라토스(akēratos)와 함께 잘 사용된다. 아케라토스는 물을 타지 않은 순전한 우유와 포도주와 합금되지 않은 금속을 나타낼 때 사용되었다.

그래서 카다로스의 근본적인 의미는 **비혼합**, **비화합**, **비합금**의 의미를 갖고 있다. 이것이 이 본문에서 요구하는 내용이다. 이제 이 본문을 다음과 같이 옮길 수 있을 것이다.

> 동기가 언제나 완전하게 순수한 자는 복이 있나니 저희가 하나님을 볼 것임이요.

사실 우리가 최선의 행위를 나타내더라도 동기가 절대적으로 순수할 수는 없다. 예를 들어 어떤 좋은 일에 자신의 재산을 아낌없이 희사했다 하더라도 우리 마음 깊은 곳에는 좋은 일을 했다는 만족감, 앞으로 받을 칭찬, 감사하다는 인사말, 신임을 받을 거라는 생각 등이 떠오를 것이다.

그리고 자신을 희생하면서 어떤 좋은 일을 했다고 해도 사람들에게 영웅시된다거나 순교자로 인정될 것이라는 기대를 전혀 하지 않는다고는 못할 것이다. 가장 진지한 설교자까지도 좋은 설교를 했다고 하는 자기 만족의 위험이 없다고는 할 수 없다. 요한 번연은 어떤 사람에게서 그날 설교가 아주 좋았다는 말을 듣고 "내가 강단을 내려올 때 악마가 이미 나에게 그 말을 했습니다"라고 슬프게 말하지 않았던가?

이 복된 말씀은 아주 날카롭게 자신을 살펴보라고 우리에게 요구하고 있다. 우리가 지금 하는 일이 봉사를 위한 동기에서 하는 일인가, 보수를 위한 동기에서 하는 일인가? 봉사의 동기에서 자신이 소멸되어 있는가, 과시되어 있는가? 교회의 활동은 그리스도를 위한 것인가, 자신의 명성을 위한 것인가? 교회에 출석하는 것이 하나님을 만나기 위함인가, 습관적이고 인습적이며 자신의 체통을 세우기 위함인가? 기도하고 성경을 읽을 때 하나님을 만나기 위한 참된 갈구로 하는가, 어떤 기쁨이 되는 우월감 때문에 하는가? 우리의 마음속에 하나님을 바라는 심정 이외는 아무것도 없는가, 혹은 자신의 경건함을 즐거워하는 마음도 있는가?

우리 자신의 동기를 살피는 일에는 용기가 필요하다. 때로는 부끄러움을 참아야만 한다. 이 세상에는 아무리 선한 사람이라도 완전히 순수한 동기로 살아가는 사람은 거의 없기 때문이다.

예수께서는 마음이 청결한 자만이 하나님을 볼 것이라고 말씀하셨다. 보통 사람들에게는 흥미 있는 것만이 눈에 들어온다. 보통 사람이 별이 많은 밤에 나가 하늘을 본다면 다만 하늘에서 반짝이는 별의 무리만 보일 것이다. 그러나 같은 하늘을 봐도 천문학자는 별들과 유성들의 이름을 부르며 마치 친구처럼 대할 것이다. 또 같은 하늘을 봐도 항해사는 별을 자신의 배가 길이 없는 바다를 건너가고자 할 때 항구까지 이끌어 줄 매개물로 볼 것이다. 보통 사람은 시골길에 핀 잡초와 들꽃을 보면 겉모습만 보고 무심히 넘기겠지만 전문적인 식물학자는 하나하나의 이름과 용도를 생각해 볼 것이다. 그리고 특별하게 식물을 볼 수 있는 눈이 있기 때문에 그 식물에 있는 무한한 가치와 진귀성을 볼 것이다. 고대 그림으로 가득 채워진 방에 두 사람이 함께 들어갔다고 하자. 미술에 대한 지식과 기술이 없는 사람은 걸작품과 졸작품을 분별할 수 없지만 전문적인 미술 감정가는 폐물처럼 보이는 것 중에서도 한 점에 수천만 원하는 진귀품을 분별해 낼 것이다. 마음이 더러워진 사람은 어떤 경우에도 표정이 좋지 않으며 천한 말을 한다. 삶의 다양한 환경 속에서 사람은 자신이 볼 수 있는 것만을 보게 된다.

그래서 예수께서는 마음이 청결한 자만이 하나님을 볼 것이라고 말씀하셨다. 여기에 한 경고가 있다. 하나님의 은혜로 우리 마음이 깨끗하게 보존되든지 인간의 정욕으로 마음이 더러워지든지 간에 언젠가 우리는 하나님을 보기에 합당한 자와 합당치 못한 자로 결정지어질 것이다. 그래서 이제 여섯째 복은 아래와 같이 읽을 수 있을 것이다.

오, 동기가 완전히 순수한 자는 복되도다. 그는 장래 하나님을 뵈올 것이로다!

화평케 하는 자의 복

마태복음 5:9

9화평하게 하는 자는 복이 있나니 그들이 하나님의 아들이라 일컬음을 받을 것임이요

I. 이 복의 가르침을 연구하기에 앞서 말의 의미부터 조사해 보자.

1. 여기에 **화평**이란 말이 있다. 이 말은 헬라어로는 에이레네(eirēnē), 히브리어로는 **샬롬**(shalōm)이다.

히브리어에서 **화평**이란 말에는 부정적인 의미가 전혀 없다. 화평이란 단순히 전쟁이 없는 것을 의미하지는 않는다. 히브리어에서 **화평**이란 말은 언제나 **인간의 최고의 선을 이루는 데 공헌하는 모든 것**을 의미한다.

동방에서 사람들이 서로 **살람**(salaam: 샬롬과 같은 뜻)이라고 말할 때 이것은 상대방에게 악한 일이 없기를 바라는 것만이 아니라 그에게 모든 좋은 것이 있기를 바라는 의미도 있다. 성경에서 화평이란 단순히 분쟁이 전혀 없는 것만을 의미하는 것이 아니고 모든 선한 것을 즐기는 것을 의미한다.

2. 이 복이 말하고 있는 것에 조심스럽게 주목하지 않으면 안 된다. 그 축복은 **화평케 하는 자**에게 있는 것이지 화평을 **사랑하는 자**에게만 있는 것은 아니다. 어떤 사람이 잘못된 방법으로 화평을 사랑하면 오히려 화평이 아니고 분쟁을 일으키는 경우가 흔히 있다. 평화를 위협하는 위험한 사태가 일어났을 때 평화를 위해서라는 구실로 아무 조치도 취하지 않는 것을 예로 들 수 있다. 그러면 조만간 재난만 초래할 것이다. 어떤 위험한 상태를 직면하여 그 상황에 적절한 행동을 하지 않기 때문이다.

성경이 복이라고 말한 화평은 문제를 피한다고 오지는 않는다. 오히려 문제에 직면하여 싸워서 정복하는 데서 온다. 이 복이 요구하는 것은 문제와 싸우는 데서 오는 어려움을 두려워해서 그 문제를 수동적으로 받아들이는 것이 아니고 화평으로 가는 길이 고통스럽더라도 문제를 능동적으로 직면하여 화평을 **만들어 나가는 것**이다.

3. KJV에서는 화평케 하는 자들은 하나님의 자녀들로 불리리라고 말한다. 더 문자적으로 보아 헬라어는 화평케 하는 자들은 하나님의 아들들(huioi)이라 불릴 것이다는 뜻이다. 이것은 히브리어의 전형적인 표현 방법이다. 히브리어에는 형용사가 그렇게 많지 않다. 그래서 어떤 것을 서술하고자 할 때 형용사를 쓰지 않고 ~**의 아들**(son of ~)라는 어구에다 추상명사를 붙였다. 그러므로 **화평한 사람**(a peaceful man) 대신에 **화평의 아들**(a son of peace)이라고 말할 수 있다. 바나바는 **위로하는 사람**이라는 표현 대신에 **위로의 아들**이라고 불렸다.

따라서 "화평케 하는 자는 복이 있나니 하나님의 아들이라 일컬음을 받을 것이요"라는 이 본문은 "화평케 하는 자는 복이 있나니 저희는 하나님과 같은 일을 하게 될 것이요"라는 의미가 된다. 화평케 하는 자는 화평의 하나님이 행하시는 바로 그 일에 종사하게 되는 것이다(롬 15:33; 고후 13:11; 살전 5:23; 히 13:20).

II. 이 복의 의미는 다음과 같은 세 가지 중요 개념에 따라 이해해야 한다.

1. **샬롬**(shalōm)이란 말은 인간의 최고 선을 지향하는 모든 것을 의미한다. 따라서 이 세계를 모든 인간이 잘 살 수 있도록 더 나은 세계로 만들려는 사람은 복이 있다는 의미가 된다.

아브라함 링컨은 "나는 꽃이 자랄 것 같은 곳에 언제나 잡초를 뽑고 꽃을 심은 사람이란 말을 죽을 때 듣고 싶다"라고 말했다. 이것이 이 세상을 조금이라도 더 좋게 만든 자들의 축복이다.

2. 초대교회 학자들 대부분은 이것을 순수한 영적 의미로만 생각했다. 그래서 그들은 자신의 마음과 영혼을 화평케 하는 자는 복이 있다고 해석했다.

모든 사람의 마음속에는 선과 악의 투쟁이 있으며 동시에 이 두 방향으로 마음이 끌리고 있다. 누구나 어느 정도의 정신적 내란을 치르고 있다. 행복은 실로 마음속의 싸움에서 싸워 이겨서 그의 전 심령을 하나님께 드린 자의 것이다.

3. 화평이란 말은 유대 랍비들이 강조하기 좋아했으며 예수께서도 확실히 염두에 두고 있었던 말이다. 유대 랍비들은 사람이 이행할 수 있는 최고의 과제는 사람과 사람 사이의 **올바른 관계**를 형성하는 것이라고 주장했다. 이것이 바로 예수께서 뜻하시는 바다. 사람들 중에는 언제나 분쟁, 대립, 분열을 일으키는 사람이 있다. 그런 사람은 어딜 가든지 분쟁 속에 휘말리든가 자신이 분쟁의 원인이 된다. 소위 문제 인간인 것이다.

어느 사회, 어느 교회를 가도 볼 수 있는 이러한 사람은 악마의 일을 수행하는 사람이다. 반면에 감사하게도 어떤 사람들이 있는 곳에는 투쟁이 발을 붙이지 못한다. 그들은 갈라진 틈 사이를 메우고 분열된 것을 모으면서 하나님과 같은 일을 한다. 하나님과 인간 사이를, 또 인간과 인간 사이에 화평을 만드는 것은 하나님의 위대한 목적이다. 사람과 사람 사이를 갈라 놓는 자는 악마의 일을 하는 자요, 사람을 화합케 하는 자는 하나님의 일을 하는 자다. 그래서 이 본문을 다음과 같이 표현할 수 있을 것이다.

> **오, 사람과 사람 사이에 올바른 관계를 세우는 자의 복이여, 그는 하나님과 같은 일을 행하도다!**

그리스도를 위해 수난 받은 자의 복

마태복음 5:10-12

10 의를 위하여 박해를 받은 자는 복이 있나니 천국이 그들의 것임이라 11 나로
말미암아 너희를 욕하고 박해하고 거짓으로 너희를 거슬러 모든 악한 말을
할 때에는 너희에게 복이 있나니 12 기뻐하고 즐거워하라 하늘에서 너희의 상
이 큼이라 너희 전에 있던 선지자들도 이같이 박해하였느니라

예수의 탁월한 성품 중 하나가 솔직성이다. 예수께서는 그를 따르기로 작정한 사람이라면 누구나 의심을 품지 않게 했다. 그는 인생을 안일하게 만들기 위해서 온 것이 아니라 위대하게 만들기 위해 왔다는 것을 명백히 했다.

초대 교인들의 고통을 우리가 실제로 이해한다는 것은 어려운 일이다. 그들은 생활의 모든 면에서 고통을 당했다.

1. 기독교인이기 때문에 노동하는 데 고난을 당했다. 어떤 성도가 석공이라고 생각해 보자. 그가 어떤 이교 신의 신전을 지어 달라는 청탁을 받았다면 어떤 태도를 취했을까? 또 어떤 성도는 재단사인데 이교 사제들이 입을 예복을 만들어 달라는 청탁을 받았다고 생각해 보자. 그는 어떻게 했을까? 초대 교인들의 직업에서 자신의 사업적 이윤과 예수 그리스도에 대한 충성심 사이에 모순이 발생하지 않는 직업은 거의 없었을 것이다. 그러나 의심할 바 없이 저들은 교회에

대한 충성을 제일로 하는 태도를 분명히 했다.

초대교회 시대 이후 백년이 지나서 어떤 성도가 바로 이러한 문제를 갖고 터툴리안(Tertullian)에게 와서 자신의 사업의 고충을 털어놓고 다음과 같이 질문했다. "나는 어떻게 할까요? 나는 살아가지 않으면 안 됩니까?" 여기에 대해 터툴리안은 "당신은 살아 나가지 않으면 안 된다고 생각하고 있습니까?"라고 반문했다. 그리스도에 대한 충성과 일상생활 사이에 하나를 선택해야 하는 상황이라면 참된 성도는 충성을 선택하는 데 결코 주저하지 않을 것이다.

II. 기독교인이기 때문에 그들은 "사회"생활에 어려움이 있었다. 고대에서 대부분의 연회는 이교 신전에서 거행되었다. 이교도의 희생 제사 때 그 제단 위에서 동물이 통째로 불살라지는 일은 거의 없었다. 단지 동물의 앞머리에서 뽑은 털 몇 개만 상징적인 희생제로 불태웠다. 고기의 일부는 제사장들의 수입이 되었고 나머지 고기는 참배자들에게 돌아갔는데, 친구들과 친척들을 모아 자신의 몫으로 얻은 고기로 연회를 베푸는 것이 풍습이었다. 그 당시 전반적으로 많은 사람이 섬긴 신 중 하나가 세라피스(Serapis)였다. 사람들은 이 신의 연회에 사람들을 초청할 때는 "나는 우리 주 세라피스의 식탁에서 함께 만찬을 나누고자 그대를 초청합니다"라는 글을 써서 초청장을 보냈다.

성도가 이교 신전에서 거행된 연회에 참석할 수 있었을까? 일반 가정의 보통 식사 시간에도 마치 식사 전 감사기도처럼 먼저 술 한 잔을 부어 신들의 영예를 기리는 것이 습관이었다. 성도가 이와 같은 이교도 예배 행위에 동참자가 될 수 있었을까? 여기서 다시 성도의 대답은 분명해진다. 성도는 친구와의 교제를 단호히 거절하지 않으면 안 되었을 것이다. 성도가 되려면 고독을 감수해야 했다.

III. 무엇보다도 기독교인이기 때문에 그들은 "가정"생활에도 곤란이 있었다. 가족 중 한 사람만 성도가 되고 나머지는 성도가 아닌 경우가 계속 생겼다. 부부 중 아내만 성도가 되거나, 자식들만 성도가 되기도 했다. 따라서 가족 사이에 금이 갔다. 성도와 불신자 사이에 영원히 교제가 끊어지는 일은 흔했다. 기독교가 종종 화평이 아니라 검을 주어 가족을 둘로 나누어 버리는 일이 많았다. 성도가 아비나 어미나 아내나 형제나 자매를 사랑하는 것보다 그리스도를 더 사랑해야 하는 경우가 실제로 생긴 것이다. 당시에 기독교를 믿는다는 것은 자신이 가장 가까이하고 아끼는 사람과 예수 그리스도 중 어느 하나를 선택하지 않으면 안 되는 일이었다.

더욱이 성도가 당해야 할 형벌은 말로 형언할 수 없을 정도로 무서운 것이었다. 성도들이 사자에게 던져지거나 불에 던져 죽음을 당했다는 것은 이미 널리 알려진 이야기다. 그러나 이것은 오히려 나은 편이었다. 네로(Nero)는 심지어 성도들을 역청에 말아 산 채로 불을 붙여 자신의 정원을 밝히는 횃불로 사용했다. 그리고 야생 동물 가죽으로 만든 옷을 성도들에게 입힌 다음 자신의 사냥개들을 풀어 그들을 찢어 죽이게까지 했다. 또 그들은 심한 고문을 받았다. 고문하는 사람들은 바늘 같은 것으로 온몸을 긁었고, 녹인 쇳물을 그들에게 부었고, 시뻘겋게 단 놋 접시를 몸의 가장 민감한 곳에 붙이기도 했다. 그리고 눈을 빼거나 몸의 일부분을 자르기도 했으며 고통을 길게 하기 위해 손과 발을 태우면서 온몸에는 찬물을 끼얹기도 했다. 이런 것들은 생각하기조차 무서운 것이지만 그리스도를 믿기로 작정했다면 이런 일들은 각오하고 있어야 했다. 로마인들은 왜 기독교 성도들을 박해했을까? 여기에는 두 가지 이유가 있다.

I. 기독교 성도에 대한 모략이 널리 퍼져 있었다. 이 중상모략에 대해 유대인들은 적지 않은 책임을 져야 할 것이다.

1. 성도는 식인종이라는 비난을 받았다. 최후의 만찬에서 예수께서 "이것은 나의 몸이니 이 잔은 나의 피로 세운 새 언약이라" 고 한 말이 성도들이 아이들을 잡아 그 고기를 먹는다는 이야기로 왜곡되어 소문이 퍼졌다.

2. 성도들은 비도덕적인 행위자들이고 그들의 회합은 술 먹고 흥청거리는 색욕의 잔치라고 비난을 받았다. 매주 모이는 성도의 집회는 아가페(Agape), 즉 사랑의 연회라는 이름으로 불렸는데 그 명칭에서 오해가 생겼다. 성도들의 서로를 향한 평화의 입맞춤도 비방을 사게 된 한 근거가 되었다.

3. 성도들은 방화범이라는 비난을 받았다. 성도들은 세상의 끝 날에 대해 종말에는 세계가 불탄다는 것을 묵시적으로 표현했는데 성도들을 비난하는 자들

은 이 말을 트집 잡아 성도들을 방화광이라고 비난했다.

4. 성도들은 가정을 파괴하는 자로 비난을 받았다. 사실 기독교는 가족을 분열시키기도 했다. 그래서 기독교는 남편과 아내를 갈라 놓아 가정을 파괴해 버리는 것으로 생각되었다. 이와 같이 악의에 가득 찬 자들이 중상모략을 하려고 하면 얼마든지 가능했던 것이다.

II. 더 근본적인 박해 이유는 사실상 정치적인 것이었다. 이제 로마 제국의 당시 상황에 대해 생각해 보자. 로마 제국은 당시 알려진 전 세계, 즉 영국에서 유프라테스 강까지, 독일에서 북아프리카까지 포함하고 있었다. 그런데 어떻게 그러한 방대한 국가와 국민을 하나로 통일할 수 있었을까? 어디에서 통일하는 힘을 가진 원리를 찾을 수 있었을까? 우선 그 원리는 로마의 정신인 로마 여신 예배에서 발견할 수 있다. 점령지 국민은 그 신을 기꺼이 섬겼다. 로마가 그들에게 평화와 신뢰감을 주는 정치와 시민의 질서와 정의를 확립해 주었기 때문이다. 산적과 해적들은 깨끗이 소탕되었고 헤아릴 수 없는 전제군주와 폭군은 공정한 로마의 법률에 의해 사라지고 말았다. 점령지 국가는 자신들을 위해 그렇게 많은 일을 해 준 로마 제국의 신에게 기꺼이 희생제를 드렸던 것이다.

이러한 로마 예배는 점점 진보하게 되었다. 로마 제국은 한 개인으로 인격화되었고 그 한 사람 안에서 로마가 구체화되었다고 생각하게 되었다. 이 한 사람이 곧 황제였다. 그래서 황제는 신으로 간주되었고 신으로서의 영예를 얻어 그를 섬기기 위한 신전이 세워졌다.

황제 클라디우스(Claudius)는 어떤 인간에게라도 신의 영예를 주는 것은 반대한다고 말했다. 그러나 오랜 세월이 지나감에 따라 로마 정부는 이 황제 숭배 신앙에서 광대한 로마 제국을 통합할 수 있는 어떤 수단을 발견했다. 즉, 그들 전체가 함께 집중할 수 있는 하나의 중심이 여기에 있었던 것이다. 그래서 결국 황제 숭배는 자의적인 것을 떠나 강제성을 띠게 되었고 일 년에 한 번은 누구나 가이사의 형상을 예배하기 위해 나아가 향을 피우고 "가이사는 주시라" 고 말하지 않으면 안 되었다. 이것이 바로 기독교 성도들이 거절한 행위다. 성도들은 예수 그리스도만 주로 섬겼으며 그리스도에게 드리는 명칭을 다른 어떤 사람에게도 주고자 하지 않았다.

이상의 사실에서 황제 숭배가 정치적 충성을 시험하는 기준이 되었음을 알 수 있다. 누구든지 향불을 피워 황제 숭배에 참여하고 나면 그 일을 했다는 증명서 **리벨루스**(libellus)를 받게 되는데 이것을 갖고 있으면 공중 질서나 법도에 방해가 되지 않는 한 자신이 좋아하는 다른 신에게도 예배할 수 있었다. 그러나 성도들은 이것을 거절했고 가이사나 예수 둘 중 하나를 택해야 할 경우 항상 그리스도를 택했다. 그들은 철저히 타협적인 태도를 배격했다. 그 결과 성도는 아무리 선하고 훌륭한 시민이라 할지라도 공권을 박탈당할 수밖에 없었다. 광대한 로마 제국이 불충한 백성을 용인할 이유가 없었던 것이다. 바로 이것이 모든 기독교 집회가 로마 정부 당국에게 불충스럽게 보인 까닭이었다. 한 시인은 다음과 같이 말했다.

숨 가쁘게 사방에서 모여든 무리여, 그대들의 범죄란 그리스도다.

성도의 유일한 죄는 가이사보다 그리스도를 더 높이 받든다는 것이었고 이러한 지고한 충성을 그리스도께 바치다가 수천 명씩 죽었다. 오로지 예수 그리스도의 최고의 우월성을 지키기 위해 많은 사람이 고문을 선택했던 것이다.

피로 물든 길의 복

마태복음 5:10-12(계속)

어떻게 박해가 일어났는지를 살펴보면 우리는 순교자가 가는 길에 영광이 충만하다는 것을 이해할 수 있다. 박해받는 자에게 복이 있다는 말씀은 얼핏 이상하게 들릴지도 모른다. 그러나 현재를 넘어 멀리 바라볼 수 있는 눈을 가진 사람과 모든 포괄적인 문제들 중에 가장 위대한 것을 이해할 수 있는 마음을 가진 사람에게는 그 핏자국 어린 길이 영광에 빛나는 길이 될 것임이 틀림없다.

I. 박해를 당하는 것은 예수 그리스도에게 자신의 충성을 나타낼 기회다. 서머나 교회의 감독인 폴리캅(Polycarp)은 유명한 순교자 중 한 사람이다. 폭도들이 그를 로마의 법정에 끌고 갔을 때 그는 불가피하게 하나의 선택, 즉 가이사의 형상에 예배할 것인가 죽을 것인가를 택해야 했다. 그때 그는 다음과 같은 불후의 명답을 했다. "86년간 나는 그리스도를 섬겼으나 그는 나에게 한 번도 잘못하신 일이 없었는데 이제 내가 어떻게 나를 구원하신 나의 왕을 모독할 수 있겠는가?"

그리고 그는 기둥에 묶여 마지막으로 다음과 같이 기도했다. "사랑과 축복의 아들 예수 그리스도의 아버지, 전능하신 주 하나님! 당신의 아들로 당신을 알았나이다. 이제 감사하옵기는 당신께서 나를 이날 이 시간에 적합한 자로 생각하시고 받아 주시니 감사합니다."

그에게는 이 순간이 그야말로 예수 그리스도에 대한 최고의 충성을 보여 줄 기회였던 것이다.

제1차 세계대전 때 아주 젊은 나이로 죽은 시인 루퍼트 브룩(Rupert Brooke)은 전쟁에 나가기 전에 다음과 같은 글을 남겼다.

> 당신의 시간의 대열에 나도 함께 행군케 해 주신 하나님께 감사를 드리나이다.

평생 동안 예수 그리스도를 위해 진정으로 헌신하지 못하는 사람이 세상에는 정말 많다. 기독교가 우리에게 희생을 요구한다고 생각할 때야말로 우리가 예수 그리스도에 대한 충성을 온 세상 사람에게 나타내 보일 가장 좋은 기회다.

II. 예수께서 친히 말씀하신 바와 같이 박해를 받는 것이야말로 예언자, 성자, 순교자들이 걸어간 길을 따라가는 것이다. 의를 위해 수난을 당하는 것은 위대한 선배를 따르는 것이다. 신앙을 위해 수난을 당하는 사람은 머리를 들고서 다음과 같이 노래 부를 수 있다.

> 형제들이여, 우리는 걸어가노라. 성도들이 밟고 간 그 길을!

III. 박해를 당하는 것은 의미 있는 일에 참여하는 것이다. 어떤 특별한 기회를 만나고 중대한 사건 현장에 있다는 것은 감격스러운 일이다. 이러한 기회에 비록 작은 역할이라도 자신이 직접 참여했다면 방관자 이상의 감격을 느낄 것이다. 셰익스피어는 〈헨리 5세〉의 극중에서 아긴코트(Agincourt) 전쟁에 임하는 헨리의 입을 통해 말하고 있다.

> 오늘을 살고 백발을 볼 자는
> 친구의 지새우는 밤의 잔치에
> 해마다 찾아와
> 이렇게 말하리라
> "내일은 성 크리스피안이다" 라고
> 그런 후 소매를 걷어
> 상흔을 보이면서 말하리라
> 이것이 크리스피안 축제일에
> 얻은 상처였다고
> ……
> 영국 성도들은 침대에 누워
> 여기에 없었음을
> 저주하여 생각하리니
> 성 크리스피안 축제일에 우리는 함께 싸웠다고
> 그 누가 말하는 동안
> 혼해 빠진 사내들이
> 여기 있을 뿐이라고

그리스도를 믿는 신앙 때문에 고난을 받을 때, 그 시간은 중요한 순간이되며, 위대한 기회의 순간이다. 이것은 세상과 그리스도와의 대결이며 영원한 드라마의 한 장면이다. 이런 순간에 참여하는 것은 하나의 벌이 아니라 영광이다. "이런 순간에서는 기뻐하고 한없이 즐거워하라" 고 예수께서는 말씀하셨다.

최상의 기쁨이란 말은 아갈리아스타이(agalliasthai)라는 동사에서 온 것인데 이 낱말의 의미는 **엄청나게**라는 것과 **뛰다는** 두 개의 헬라어에서 왔다. 이 말은 즐거워서 뛰는 기쁨을 표현하는 말이다. 여기서 쓰인 의미는 산 정상에 올랐을 때, 새 등산 코스를 정복했을 때 경험하는 떨 듯한 기쁨이다.

IV. 핍박을 받는 것은 뒤를 따르는 자를 위해 편한 길을 만들어 주는 것이다. 오늘날 우리가 자유와 평등을 누릴 수 있는 것은 과거 수많은 사람이 기꺼이 자유를 위해 자신들의 값진 피와 땀과 눈물을 바쳤기 때문이다. 핍박을 받은 선배들은 우리에게 더 편한 신앙의 길을 만들어 주었다. 우리도 그리스도를 확고하게 증거한다면 후세를 위해 더 편한 길을 만들어 줄 수 있을 것이다. 미국에서 가장 큰 볼더(Boulder) 댐을 건설할 때, 메마른 땅을 옥토로 만들기 위해 강물 줄기의 방향을 다른 곳으로 돌리는 공사를 하다 많은 생명이 희생되었다. 이 사업이 완성되자 사람들은 희생자들의 이름을 비석에 새겨 댐 제방에 세우고 그 비석에 다음과 같은 비문을 새겼다. "여기에 잠든 이들은 사막이 장미처럼 꽃피어 기쁨을 누리도록 하기 위함이었다."

성도들이 그리스도를 위해 싸우는 것은 자기 뒤에 오는 자들을 좀더 편하게 하기 위함이다. 그만큼 후세 사람들의 싸움이 줄어들기 때문이다.

V. 핍박을 받는 자는 고독하지 않다. 핍박을 받아 물질적인 손실을 당하고 친구에게 배반당하고 중상모략을 당하고 버림을 받고 생명을 잃어버리는 일이 있다 할지라도 그는 전혀 고독한 사람이 아니다. 그리스도는 이러한 때보다 더 가까이 계시기 때문이다. 다니엘서에는 사드락과 메삭과 아벳느고가 하나님에 대한 충성을 버리기를 거절했다가 일곱 배나 뜨거운 풀무에 던져진 이야기가 나온다. 이 세 사람이 풀무불에 던져졌을 때, 느부갓네살 왕이 놀라 모사에게 "우리가 결박하여 불 가운데에 던진 자는 세 사람이 아니었느냐"라고 물었다. 모사가 그렇다고 대답하자, 왕은 "내가 보니 결박되지 아니한 네 사람이 불 가운데로 다니는데 상하지도 아니하였고 그 넷째의 모양은 신들의 아들과 같도다"라고 말했다.

크리스마스 이브와 부활절에 브라우닝(Braowning)은 다음과 같이 읊었다.

나는 병들어 가난하고
천한 노예로 태어나
어떤 고난 중에 있을지라도
진주와 같이 값진 것을
가진 나를 시저도 부러워하리라
그러므로 나는
야수와 두 번 싸웠고
세 번 나의 자식들이 그의 율법 때문에
고통당하는 것을 보았다.
지금은 풀린 몸
언젠가 나는 불 속에 있었지
그러나 나의 머리 위에
이글거리는 불꽃을 뚫고
그의 손이 내려 닿아
나의 영혼을 그리스도께
이끌고 가리니 내가 이제
그를 보리로다.
형제 세르기우스는
나를 위해 이 증거를
벽에 기록해 두었구나
나는 나를 위해
그것을 모두 잊어버렸거늘.

신앙 때문에 고통을 받는 때야말로 그리스도와 가장 가까이 사귈 수 있는 때다.

이 본문에는 아직 한 가지 질문이 남았는데, "박해는 왜 불가피한 것일까?" 라는 질문이다. 그 이유인즉 참된 교회가 되려면 한 국가와 한 사람의 양심이 되어야 하기 때문이다. 교회는 선한 것은 장려하고 악한 것은 책망해야 한다. 그러나 사람들은 까다로운 양심의 소리를 막아 버리려고 한다. 남의 실책을 찾아내 비판하고 저주하는 것이 성도의 의무는 아니다. 하지만 성도의 모든 행동이 믿지 않는 비기독교인들의 생활을 말없이 책망하는 것이 되기 때문에 믿는 자는 믿지 않는 자들의 증오를 피할 길이 없다.

오늘날 우리가 기독교 신앙에 충성함으로써 생명의 위협을 받는 일은 거의 없으나 성도의 참된 명예를 고수하는 자에게 비난은 돌아올 것이며 기독교의 사랑과 관용을 실천하는 자는 조롱을 받을 것이다. 그리고 매일 정직하게 살아가는 성도에게는 현실적인 박해가 올 것이다. 그리스도는 아직도 자신을 증거하는 자를 원하고 계시며 자신을 위해 죽으려는 자보다는 오히려 자신을 위해 살려고 하는 자를 찾으신다. 기독교인의 투쟁과 영광은 지금도 계속되고 있다.

세상의 소금

마태복음 5:13

13 너희는 세상의 소금이니 소금이 만일 그 맛을 잃으면 무엇으로 짜게 하리요 後에는 아무 쓸 데 없어 다만 밖에 버려져 사람에게 밟힐 뿐이니라

예수께서 하신 이 말씀은 우리가 사람들에게 할 수 있는 최고의 찬사가 되었다. 언제나 변함없이 귀한 일을 하는 사람을 말할 때 사람들은 그를 "세상의 소금과 같은 사람"이라고 한다.

고대에서 소금은 대단히 귀중한 것이었다. 헬라 사람들은 소금을 신과 같은 것(theion)이라고 생각했다. 라틴어로 된 시의 한 구절에서 로마인들은 "태양과 소금보다 더 유용한 것은 없다(Nil utilius sole et sale)"라고 노래했다.

예수께서 계실 당시 사람들은 소금에 세 가지 특성이 있다고 생각했다.

I. 소금은 "순결"을 연상케 했다. 소금의 반짝이는 백색이 이러한 의미를 부여했다. 로마 사람들은 무엇보다도 소금이 가장 순수하다고 생각했다. 소금은 순수한 태양과 바다에서 왔기 때문이다. 소금은 신에게 헌납되는 제물 중에 가장 원시적인 것이었고 유대인 제사 의식에서는 하루가 끝날 때도 소금을 바쳤다. 그러므로 기독교인을 세상의 소금이라고 할 때는 **순결의 모범**이 되어야 함을 말하는 것이다.

오늘날의 특성 중 하나가 도덕적 수준이 낮아지는 것이다. 정직의 표준, 노동에서 근면의 표준, 양심의 표준, 도덕적 표준 등 모든 표준이 낮아지는 경향을 띠고 있다. 믿는 자는 언어, 행위, 사상에서 완전히 순결함으로써 높은 수준을 유지하지 않으면 안 된다. 어떤 저자는 심프슨(J. Y. Simpson)에게 책 한 권을 헌납하면서 "심프슨은 최선의 것을 쉽게 믿을 수 있어 보이게 하는 사람이었다"고 했다. 어떤 성도라도 엄격한 정직성의 기준을 벗어날 수는 없다. 모든 대도시의 거리에 죄짓게 만드는 유혹이 차고 넘칠지라도 성도는 결코 도덕 수준을 낮추면 안 된다. 그리고 자신을 퇴색시키고 추하게 하는 저열한 잡담은 삼가야 한다. 성도는 세상에서 도피해서도 안 되지만 야고보가 말한 바와 같이 "자기를 지켜 세속에 물들지 아니"(약 1:27)해야 한다.

II. 고대 사회에서는 소금이 가장 일반적인 "방부제"였다. 소금은 어떤 물질이 변질해서 부패하지 않도록 보호하는 데 사용되었다. 플루타크(Plutarch)는 이것을 재미있게 표현해서 "고기란 죽은 시체나 죽은 시체의 일부분이다. 만일 이것이 그대로 있으면 곧 썩을 것이다. 그러나 소금은 그것을 보존하고 신선하게 해 준다. 그러므로 소금은 죽은 시체에 불어넣어 주는 새로운 영혼과 같은 것이다"라고 말했다. 소금은 모든 부패를 막아 준다. 성도는 세상의 소금이 되어야 하고 삶에 대한 확실성이 있는 방부제 역할을 하지 않으면 안 된다.

세상에는 좋은 분위기를 만들어 내는 사람이 있는가 하면 쉽게 타락하는 분위기를 만들어 내는 사람도 있다. 어떤 사람은 그가 있음으로써 나쁜 말이 쉽사리 나오게 만들며, 어떤 사람은 아예 이런 이야기를 하지 못하게 하기도 한다. 성도는 자신이 태어난 사회를 청결케 하는 방부제가 되어 부패를 멸소하고 주위 사람들을 더 선하게 이끄는 분위기를 만들어야 한다.

III. 소금의 가장 중요하고 분명한 특성은 "음식의 맛을 내는 것"이다. 소금이 들어가지 않은 음식은 간이 맞지 않아 맛이 없다. 기독교는 소금처럼 인생에 맛을 준다. 하지만 흔히 세상 사람들은 기독교가 이와 정반대로 인생의 즐거움과는 동떨어진 것이라고 생각한다. 스윈번(Swinburne)은 다음과 같이 기술했다.

> 오, 창백한 갈릴리 사람이여, 그대는 이겼소 그대의 죽음으로 세계는 회색 빛으로 되었나니.

콘스탄틴 황제가 기독교를 로마의 국교로 만든 후에도 율리아누스 황제 같은 사람들은 기독교의 발전을 방해하여 옛 다신 종교로 돌아가고자 했다. 입센(Ibsen)은 그의 불평을 다음과 같이 서술했다.

"그대들은 기독교인들을 면밀히 살펴보았는가? 움푹한 눈, 창백한 얼굴, 반반한 가슴을 갖고 자신의 인생을 따뜻하게 품고 있지도 않고 박력 있는 야망도 없다. 태양이 그네들을 위해 비치고 있으나 그것을 쳐다보지도 않는다. 대지는 그들에게 넉넉하게 제공해도 그들은 그것을 갈망하지도 않는다. 그들은 모든 욕망을 거절하고 죽기 위해 고통을 당하고 있다."

율리아누스 같은 사람이 볼 때 기독교는 활기를 잃은 삶으로 보였다. 올리브 웬델 홀메스(Oliver Wendell Holmes)는 "내가 알고 있는 몇몇 성직자가 장례 청부업자같이 보이지만 않았더라면 나는 목사가 되었을지 모른다"라고 말했다.

로버트 루이스 스티븐슨은 자신의 일기장에다 마치 대단히 신기한 일인마냥 "오늘 나는 교회에 갔었다. 그런데도 나는 침울하지 않다"라고 기록했다. 사람들은 잃어버린 기독교 신앙의 광채를 발견해야 한다. 괴로운 세상에서도 성도는 동요치 않고 평온한 사람이 되어야 한다. 침울한 세상에서 성도는 삶의 기쁨이 충만한 사람이 되어야 하고 순수한 기독교인의 삶에 대한 활력이 있어야 한다. 그러나 종종 성도들은 장례식의 애도자와 같은 의복을 입고 연회석에 나타나는 유령처럼 말할 때가 많지 않은가? 그가 세상의 소금이라면 어디에서나 기쁨을 나누어 주는 자가 되어야 할 것이다.

예수께서는 계속해서 소금이 맛을 잃으면 아무 쓸 데도 없으며 밖에 버려져서 사람에게 밟힐 것이라고 말씀하셨다. 이것은 어려운 말이다. 소금은 짠 맛을 잃지 않기 때문이다. F. E. F. 승정은 《팔레스타인의 예수》라는 자신의 저서에서 뉴톤(F. E. Newton)이 말한 비슷한 설명을 인용했다. 팔레스타인 사람들이 사용하는 화덕은 밖에 내어놓되 돌로 만들었으며 바닥에는 기와를 깔았다. 이런 화덕은 열을 보존하기 위해 기와가 깔린 바닥에 소금을 두껍게 깔았고 일정한 시간이 지나면 소금기가 사라진다. 그러면 사람들은 기와를 들어내고 소금을 긁어내 바깥에 버렸다. 소금이 기와를 뜨겁게 달구는 힘을 잃어버렸기 때문에 내버리는 것이다. 여기에서는 이 장면이 묘사되었는지도 모르겠다. 어쨌든 중심점은 한 가지다. 즉, 신약성경이 거듭 강조하듯이 무용지물은 멸망을 초래한다는 것이다. 기독교인이 성도로서 자신의 사명을 감당해 나가지 않는다면 그는 멸망의 길에 서게 된다.

우리는 세상의 소금이 되기를 기대해야 한다. 만일 우리가 인생에서 순수성이나 부패를 막는 능력이나 우리가 응당 바쳐야 할 그 광채를 내지 못한다면 멸망하고 말 것이다.

끝으로 초대교회가 이 본문을 대단히 이상하게 사용했음을 알려 주는 것이 있다. 회당에서 유대인들 사이에는 만일 유대인이 배교했다가 다시 돌아오면 그가 회당에 정식으로 받아들여지기 전에 참회하는 의미에서 회당 문에 가로누워 사람들이 들어갈 때 밟고 가게 하는 풍습이 있었다. 어떤 곳에서는 기독교회에서도 이 관습을 받아들였다. 규칙상 교회에서 제적되었던 자는 다시 용서를 받기 전에 교회 문에 누워 사람들이 들어갈 때, "나는 맛을 잃은 소금이니 나를 밟고 지나가시오"라고 말해야 했다.

세상의 빛

마태복음 5:14-15

[14]너희는 세상의 빛이라 산 위에 있는 동네가 숨겨지지 못할 것이요 [15]사람이
등불을 켜서 말 아래에 두지 아니하고 등경 위에 두나니 이러므로 집 안 모
든 사람에게 비치느니라

이것은 성도 개인에게 줄 수 있는 가장 훌륭한 찬사다. 여기에서 예수께서는 성도에게 자신의 본질 그대로 되라고 명하시기 때문이다. 예수께서는 말씀하셨다.

"내가 세상에 있는 동안에는 세상의 빛이로라"(요 9:5).

예수께서 제자들에게 세상의 빛이 되라고 명하신 것은 제자들이 바로 주님과 같이 될 것을 요구하신 것이다.

예수께서 이러한 표현을 사용했을 때 이 말을 처음 듣는 유대인들도 친숙하게 느꼈을 것이다. 유대인들은 예루살렘을 "이방인의 빛"이라 했고 유명한 랍비를 흔히 "이스라엘의 등불"이라고 불렀다. 그러나 예수께서 말씀하신 의미를 이해하기 위해서는 유대인들이 이 표현을 어떻게 사용했는지를 알 필요가 있다. 유대인들에게 확실한 것은 사람이 자신의 등불에 불을 붙이지 않는다는 것이다. 예루살렘은 실로 이방인에게 비치는 빛이다. 그러나 "하나님이 이스라엘의 등불에 불을 붙이신 것"이었다. 이스라엘 민족이나 하나님의 사람이 비추는 빛은 반사하는 빛이었다. 이것이 성도에게도 같은 것이 되지 않으면 안 된다.

다시 말해 예수의 요구는 우리가 우리 자신의 빛을 비추어야 한다는 것이 아니라 그의 빛을 받아 반사하는 빛을 비추어야 한다는 것이다. 믿는 자에게서 비치는 광채는 예수 그리스도가 믿는 자의 마음속에 켜 주신 빛이다.

우리는 흔히 **얼굴에 광채가 나는 신부**에 대해 말하지만 그 여자에게서 비치는 빛은 여자의 마음속에 있는 사랑에서 나타나는 빛이다.

예수께서 믿는 자는 세상의 빛이 되어야 한다고 말했을 때 그는 무엇을 의미

했는가?

I. 우선 빛은 사람에게 보인다. 팔레스타인의 가옥은 지름이 50센티미터도 안 되는 작고 둥근 창문 하나만 있어서 대단히 어두웠다. 등잔은 깊은 접시 모양의 그릇으로 그 안에 기름을 붓고 심지를 담가 두었다. 성냥이 있기 전이므로 등잔불을 한 번 끄면 켜는 것이 쉬운 일이 아니었다. 평상시에는 등잔을 거친 나뭇가지와 별반 다를 바 없는 등잔대에 얹어 두었다. 그러나 사람들이 외출할 때는 안전을 위해 등잔불을 등잔대에서 내려 흙으로 만든 말 위에 두었다. 그래서 그들이 다시 돌아올 때까지 위험이 없었다. 등잔불의 본래 기능은 보이게 하는 것이다. 그러므로 기독교란 사람에게 보이게 함이다. 어떤 사람은 "숨은 제자란 있을 수 없다. 사람들에게 알려지지 않으면 제자의 자격을 잃어버리고 제자이면 숨을 수가 없다"라고 말했다.

우리의 신앙은 모든 사람에게 완전히 보일 수 있게 되어야 한다. 더욱이 기독교는 교회 안에서만 보여서는 안 된다. 교회의 문 안에만 효력이 머물러 있는 기독교라면 아무에게도 소용이 없다. 우리의 신앙은 교회 밖 세속 생활에서 더 많이 보여야 한다. 우리는 상점에서 점원을 대하는 태도, 음식점에서 식사를 주문하는 태도, 고용인을 대하거나 고용주에게 봉사하는 태도에서 성도다운 태도를 나타내야 한다. 오락을 즐길 때나 드라이브할 때나 공원 차를 이용할 때도 마찬가지다. 그리고 우리가 매일 사용하는 언어에서, 우리가 매일 읽는 글에서도 성도다운 태도가 나타나야 한다.

성도는 공장, 작업장, 조선소, 광산, 교실, 수술실, 부엌, 골프장, 교회 정원 등등 어디서나 똑같이 성도다워야 한다. 예수께서는 "너희는 교회의 빛이다"라고 말하지 않고 "너희는 세상의 빛이다"라고 하셨다. 그러므로 성도는 세상에서 살 때 기독교 신앙을 모든 사람에게 밝히 나타내야 한다.

II. 빛은 "인도자"다. 강어귀에는 라이트가 있어서 배가 안전하게 항해하도록 해 준다. 가로등이 없는 도로를 걷는다는 것이 얼마나 힘들지 알 것이다. 빛은 길을 분명하게 밝혀 준다. 그러므로 믿는 자는 다른 사람들에게 길을 분명하게 밝혀 주어야 한다. 믿는 자는 모범을 보이지 않으면 안 된다.

이 세상에는 무엇보다도 선(善)을 위해 굳세게 설 수 있는 사람이 필요하다. 사람들이 모인 어떤 단체에서 누군가가 부정한 일을 하자고 했을 때 아무도 반대하지 않는다면 그대로 부정이 행해지고 말 것이다. 그러나 누군가가 일어나 "나는 그것에 찬성하지 않소"라고 말한다면 계속해서 "나도 찬성하지 않습니다"라고 말하는 사람이 생길 것이다. 만일 가장 처음 일어나 말하는 지도자가 없다면 사람들은 침묵한 채 지나가고 말 것이다. 이 세상에는 자기 혼자서는 일어날 수 없을 만큼 도덕적 힘과 용기가 부족한 사람들이 있다. 그러나 한 사람이 먼저 이끌고 가면 그들은 따라갈 것이다. 그들에게 의지할 수 있을 만큼 강한 어떤 힘있는 사람이 있다면 그들은 곧 어떤 일이라도 하게 될 것이다. 약한 형제가 지탱할 수 있고, 솔선해서 용기가 부족한 자들이 따를 수 있도록 강하게 일어서는 것이 믿는 사람의 임무다. 세상에는 이끌어 주는 빛이 필요하다. 세상의 많은 사람이 스스로는 감히 할 수 없는 일을 누군가가 솔선해 행하고 태도를 명확히 해 주기를 바라고 있다.

III. 빛은 "경고"를 의미한다. 빛은 종종 앞에 위험이 있을 때 우리에게 중지하라고 말해 주는 경고다. 자신의 이웃에게 필요한 경고를 하는 것은 기독교인의 의무다. 충고한다는 것은 어려운 일이다. 즉, 손해를 주지 않고 유익한 충고를 준다는 것은 아주 힘든 일이다. 그러나 살아가면서 정말 가슴 아픈 일 중 하나가 어떤 사람, 특히 젊은 사람이 와서 "당신이 이렇게 되기 전에 충고해 주셨다면 지금처럼 되지 않았을 것입니다"라고 말하는 것이다.

유명한 교사이자 교장인 알스혼(Florence Allshorn)은 학생을 책망해야 할 때는 "그 학생을 끌어안고" 책망했다고 한다. 우리가 경고할 때 분노하거나 화내지 않고 비판이나 저주도 하지 않고 해치려는 마음 없이 오로지 사랑으로 한다면 사람들의 마음에 효력을 나타낼 것이다.

사람에게 보이는 빛, 경고하는 빛, 인도하는 빛, 성도들은 이런 빛이 되어야 한다.

하나님을 위해 비침

마태복음 5:16

16 이같이 너희 빛이 사람 앞에 비치게 하여 그들로 너희 착한 행실을 보고 하
늘에 계신 너희 아버지께 영광을 돌리게 하라

여기에는 두 가지 중요한 것이 있다.

I. 사람들은 우리의 "선한" 행위를 볼 것이다. 헬라어에는 **선**에 대한 두 개의 낱말이 있다. 첫째는 단순히 성질이 선한 것이라는 의미인 아가토스(agathos)란 낱말이다. 둘째는 **칼로스**(kalos)란 낱말인데 이것은 단순히 선하다는 것을 의미할 뿐 아니라 매력 있고 아름다우며 사람의 마음을 끄는 것을 의미한다. 믿는 자의 선한 행위에는 단순히 **선**할 뿐 아니라 **마음을 끄는 힘**이 있어야 한다. 믿는 자의 선에는 어떤 매력이 있어야만 한다. 유감스럽게도 소위 선이라고 말하는 것의 대부분은 무엇인가 굳어져 차고 엄하다. 선에는 사람의 마음을 끄는 선이 있고 반발심을 일으키는 선이 있다. 그리스도인의 선은 아름답고 매력적인 선이다.

II. 기독교인의 선한 행위는 주의를 우리 자신에게가 아니라 하나님께 집중하게 하는 의미가 있다. 예수의 이 교훈은 "보이기 위한 선"을 엄금한다. 무디가 몇몇 청년들과 함께 어떤 집회에 참석했다. 이 청년들은 대단히 진지한 신앙을 가진 자들이었다. 어느 날 밤 그들은 철야 기도회를 가졌다. 그들이 아침에 떠날 무렵 무디를 만났다. 무디가 그들에게 무엇을 했느냐고 묻자 그들은 "무디 선생님, 우리의 얼굴이 빛나고 있지요?"라고 말했다. 무디는 아주 부드럽게 "모세는 자신의 얼굴이 빛나는 것을 알지 못했습니다"라고 대답했다. 의식적인 선, 그것 자체에 주의를 끌려는 선은 믿는 자의 선이 아니다.

옛 역사가들 중 한 사람이 아킨코트 전쟁을 끝낸 헨리 5세에 대해 다음과 같이

기록했다.

"그는 자신의 영광스러운 승리를 위해 시인들이 찬양하고 노래하는 것을 허락하지 않았다. 이 승리에 대한 찬양과 감사를 전적으로 하나님께 돌렸기 때문이다."

기독교인은 자신이 성취한 것이 무엇이냐가 아니라 하나님이 자기로 말미암아 하게 하신 것이 무엇이냐에 대해서만 관심을 가져야 한다. 믿는 자는 사람들의 눈을 자신에게 집중시키려고 하지 않고 언제나 하나님을 향하게 하고자 한다. 사람이 자신이 성취한 것의 대가로 얻어질 찬양과 감사와 특권을 염두에 두고 있는 한 실제 그는 믿는 자의 길을 향해 출발도 못한 셈이다.

영원한 법

마태복음 5:17-20

[17]내가 율법이나 선지자를 폐하러 온 줄로 생각하지 말라 폐하러 온 것이 아
니요 완전하게 하려 함이라 [18]진실로 너희에게 이르노니 천지가 없어지기 전
에는 율법의 일점 일획도 결코 없어지지 아니하고 다 이루리라 [19]그러므로
누구든지 이 계명 중의 지극히 작은 것 하나라도 버리고 또 그같이 사람을
가르치는 자는 천국에서 지극히 작다 일컬음을 받을 것이요 누구든지 이를
행하며 가르치는 자는 천국에서 크다 일컬음을 받으리라 [20]내가 너희에게 이
르노니 너희 의가 서기관과 바리새인보다 더 낫지 못하면 결코 천국에 들어
가지 못하리라

이 말씀을 처음 읽는 사람은 이것이 예수께서 하신 산상 설교 중 가장 놀라운 말씀이라고 말할 수 있을 것이다. 이 말씀에서 예수께서는 율법의 영원성을 제시하신다. 그러나 바울은 "그리스도는 율법의 마침이 되시니라"(롬 10:4)고 말했다.

예수께서는 몇 번이나 유대인들이 율법이라고 규정한 것을 부숴 버렸다. 그는 율법이 규정하고 있는 손 씻는 규례도 지키지 않았고 율법이 안식일에 병 고치는 것을 금했는데도 안식일에 병자들을 고치셨다. 사실 그는 율법 파손자로 정죄되어서 십자가에 못 박혔다.

예수께서는 여기에서 랍비나 바리새인들이 넘어설 수 없는 존경의 심정으로 율법에 대해 언급하는 것같이 보인다. 지극히 작다는 것은—KJV는 죠트(매우 작다)라는 단어를 쓴다— 히브리어로 **이오드**(iodh)다. 형식상 이것은 아포스트로피 (')와 같은 것이다. 즉, 점만한 크기의 글자까지도 지나쳐 버리지 않는다는 것이다. 문자 중에서 가장 작은 부분은— KJV는 **점획**(tittle)이라고 하는 것—소위 **세리프**(serif)인데 이것은 글자 아랫부분의 작은 돌출 부분으로, 예를 들면 I이라는 글자의 아래와 위에 긋는 작은 선을 말한다. 이것을 예수께서 율법이 너무나 귀중한 것이기 때문에 율법의 가장 작은 것이라도 간과해서는 안 된다고 규정하는 것인 줄로 생각할 수도 있다.

어떤 사람들은 이 말 때문에 당황한 나머지 이것은 예수의 말씀이 아니라고 결론을 내리기도 한다. 그래서 마태복음은 복음서 중 가장 유대적이며 특히 유대인을 확신시키기 위해 기록했기 때문에 이것은 마태가 예수의 입을 빌려 쓴 것이지 예수께서는 전혀 이런 말을 하지 않았다고 말한다. 그러나 그런 주장은 강한 설득력이 없다. 이 말은 누구도 만들어 낼 수 없는 특수한 것이기 때문이다. 또 우리가 이 말의 의미를 이해한다면 틀림없이 예수께서 썼다는 것을 알게 될 것이다.

유대인들은 **율법**이란 말을 네 가지 다른 방법으로 표현했다.

I. 십계명을 율법이라는 의미로 사용했다.

II. 성경의 처음 다섯 권을 의미했다. **오경**으로 알려진 성경의 이 부분—문자적으로는 **5개 두루마리**—은 유대인들에게 **동등한 우월성**을 지녔고 성경에서 가장 중요한 부분이었다.

iii. 그들은 성경 전체를 의미하는 것으로 "율법"과 "예언"이란 말을 사용했다. 그들은 이 말을 우리가 신·구약 성경 전체를 칭하는 포괄적인 의미로 사용했다.

IV. 그들은 이것을 "구전 율법", 즉 서기관의 율법을 의미하는 데 사용했다. 예수께서 계신 당시에는 이 마지막 뜻이 가장 일반적으로 사용된 의미였다. 사실 예수와 바울이 철저히 규탄한 것은 유대 율법학자의 율법이었다. 그러면 이 율법학자의 율법이란 무엇인가?

구약성경 그 자체에는 규례와 규칙에 대해 거의 기록하고 있지 않다. 다만 크고 넓은 원칙으로서 한 사람 한 사람이 하나님의 인도하심에 따라 해석하며 개인적인 일상생활에 적용시켜야 하는 것만 있을 뿐이었다.

십계명 속에서도 규례나 규칙은 전혀 찾을 수 없다. 이들 하나하나는 다 대원칙으로 여기에서 각자가 생활의 규정을 정해야 하는 것이었다. 후세 유대인들은 이런 대원칙만으로는 충분하지 않다고 생각했다. 그들은 율법은 신성한 것이며 그 안에서 하나님이 자신의 결정적인 말씀을 하셨으므로 그 율법 속에는 모든 것이 포함되어야 한다고 생각했다. 만일 어떤 말씀이 율법 속에 **분명하게** 나타나 있지 않다면 **은연중에**라도 들어 있다고 생각했다. 그러므로 그들은 율법에서 인간 삶의 여러 가지 상태를 규정하는 규칙이나 규례를 뽑아 낼 수 있다고 주장했다. 그래서 율법의 큰 원칙에서 문자적으로 수천 개의 규례와 규칙을 만들어 내는 것을 본업으로 삼는 서기관이라고 불리는 부류의 사람이 생겼다.

우리는 이것을 그들의 생활 속에서 가장 잘 볼 수 있다. 율법은 안식일을 거룩하게 지키고 그날에는 아무런 일도 하지 말라고 규정하고 있다. 이것은 대원칙이다. 그러나 유대 율법주의자들은 무엇이나 정의를 내리지 않고는 견딜 수가 없었다. 그래서 그들은 모든 종류의 일을 노동으로 정했다. 예를 들어 안식일에 **짐을 운반하는 것**도 노동하는 것이었다.

그 다음엔 짐이란 무엇이냐고 정의를 내려야 했다. 그래서 서기관의 율법에는 짐을 "마른 무화과 한 송이 무게에 해당하는 식물, 다른 것과 혼합하기 위해 넣는 한 잔의 포도주, 한 모금으로 마실 수 있는 정도의 우유, 상처에 바를 만한 소량의 꿀, 어린아이에게 바를 만한 양의 기름, 눈에 바른 고약을 축일 만한 양의 물, 한 장의 세관 통지서를 쓸 만한 종이, 알파벳 두 자를 쓸 만한 잉크, 한 개의 펜을 만들 만한 갈대" 등으로 규정했다. 그래서 그들은 사람이 안식일에 등잔을 이곳에서 저곳으로 옮길 수 있는가 없는가, 옷을 만드는 사람이 자신의 옷에 바늘을 한 번 대었는데 이것이 죄를 범한 것이지 아닌지, 여자가 브로치를 달아도 되는지, 가발을 써도 되는지, 안식일에 의치나 의수족을 달아도 되는지, 안식일에 아기를 들어 올릴 수 있는지 등등에 대해 논쟁을 벌여 끝없이 시간을 낭비했다. 그들에게 종교는 사소한 규칙과 규례로 이루어진 율법주의였다.

안식일에 **글을 쓰는 것**도 노동이었다. 그들은 글 쓰는 것에 대해 "알파벳의 글자 두 개를 기록하는 자는 그것이 같은 글자이건 다른 글자이건, 오른손으로 썼건 왼손으로 썼건, 또 그들이 다른 잉크나 다른 말로 썼다 할지라도 유죄하다. 비록 그가 깜박 잊고 두 자를 썼을지라도 그가 그것을 잉크, 도료, 붉은 분필, 비트리올 등 오랫동안 흔적이 남는 것으로 기록했다면 죄를 범한 것이다. 모서리가 된 두 벽이나 회계 장부 두 면에 기록하는 것은 동시에 읽을 수 있으므로 그렇게 쓰는 자는 유죄하다. 그러나 만일 누가 흐린 액체나 과일즙으로 쓰고 길 먼지 위에나 모래 위에 등 오랫동안 흔적이 남지 않는 곳에다 쓰는 것은 죄가 되지 않는다. 만일 한 글자는 땅에 쓰고 한 글자는 집 벽에 쓰거나 한 권의 책에서 두 면을 지나 쓴 것은 함께 읽을 수 없으므로 죄가 되지 아니한다"라고 정의를 내렸다. 이상의 보기는 서기관 율법의 전형적인 구절이다. 즉, 정통 유대인들은 이것을 참된 종교이며 하나님에 대한 참된 봉사라고 생각한 것이다.

안식일에 병 고치는 것은 노동이었다. 이것도 확실하게 정의를 내리지 않으면 안 되었다. 생명에 위험이 있을 때는 치료도 허락되었고 특히 귀, 코, 목이 아플 때도 치료가 허락되었다. 그러나 그런 경우에도 의사는 환자의 병이 더 악화되지 않을 정도로만 손봐 줄 뿐이었다. 조금이라도 병을 더 낫게 해서는 안 되는 것이었다. 그래서 상처에 붕대는 맬 수 있으나 기름을 발라서는 안 되었다. 순수한 솜은 아픈 귀에 끼울 수 있었으나 약을 칠한 솜은 끼워서는 안 되었다.

서기관들은 이런 규례와 규칙을 만들어 내는 사람들이었다. **분리된 자**란 의미를 가진 바리새인들은 이 모든 규칙과 규례를 지키기 위해 보통 시민 생활에서 분리된 사람들이었다.

우리는 다음의 사실에서 이것의 최후의 한계를 볼 수 있다. 여러 세대 동안 이 서기관 율법은 기록되지 않은 채 구전되었고 대대로 서기관들의 기억에 의존해 후세에 전해져 왔던 것이다. 주후 3세기 중엽에 이 율법의 개요가 형성되고 법전으로 성문화되어서 이것을 **미슈나**(Mishnah)라고 불렀다. 미슈나는 그 율법에 대한 각 항목에 대해 63개의 집록이 있고 영어로는 거의 800페이지에 달하는 책이다. 그 후 유대학자들은 **미슈나**를 해설하기 위한 주석을 만들기에 분주했다. 이 주석서가 바로 《**탈무드**(*Talmud*)》다. 예루살렘 《**탈무드**》는 12권으로 인쇄되었고 바빌론 《**탈무드**》는 60권으로 인쇄되었다.

예수 당시에 엄격한 정통 유대인에게서 하나님을 섬긴다는 것은 수천 개의 규례와 규칙을 지키는 것이 중심 문제였다. 그들은 이런 사소한 규칙과 규례를 문자 그대로 삶과 죽음과 영원한 운명에 대한 문제라고 간주했다. 예수께서 이러한 규칙과 규례 중 어느 하나도 없어지지 않을 것이라고는 말씀하시지 않은 것이 분명하다. 예수께서는 가끔 이런 규칙과 규례들을 깨뜨리고 반복해 규탄했다. 이것은 확실히 예수께서 말씀하신 그 율법이 아니다. 이런 종류의 율법은 예수뿐 아니라 바울도 규탄했다.

율법의 본질

마태복음 5:17-20(계속)

그러면 예수께서 말씀하신 율법이란 무엇을 의미하는가? 그는 율법을 폐하러 온 것이 아니라 **완성**하러 왔다고 말씀하셨다. 다시 말해 그는 율법의 참된 의미를 나타내기 위해 오신 것이다. 율법의 참된 의미란 무엇인가? 서기관의 구전율법의 배후에는 서기관과 바리새인들의 하나의 큰 원칙이 있다. 이것을 그들이 국부적으로 혹은 잘못되게 이해한 것이다. 그 대원칙이란 만사에 인간은 하나님의 뜻을 찾아야 하고 그 뜻에 순종해 생명을 바쳐야 한다는 것이다. 서기관과 바리새인들이 하나님의 뜻을 찾아 거기에 순종하고자 그들의 전 생애를 바친 것은 대단히 옳은 일이었다. 그러나 그들이 인간이 산더미처럼 만든 인위적인 규례와 규칙에서 하나님의 뜻을 찾으려고 한 것이 잘못이었다.

그러면 전체 율법 배후에 있는 참된 원칙, 예수께서 성취하고자 한 원칙, 그가 나타내려고 하신 참된 의미의 원칙은 무엇인가?

모든 율법의 본질이요 기반인 십계명을 보면 전체 의미를 한마디로 요약할 수 있다. 그것은 **존경**, 더 정확하게 말하면 **경외**다. 하나님과 하나님의 이름에 대한 경외, 하나님의 날에 대한 경외, 부모에 대한 존경, 생명에 대한 존경, 소유물에 대한 존경, 인격에 대한 존경, 진리와 타인의 명예에 대한 존경, 나쁜 욕망이 우리를 압도하지 않기 위해 싸워야 하는 자신에 대한 존경 등이 십계명 배후에 있는 기본적인 원칙이다. 십계명의 기본 원칙은 하나님에 대한 경외와 이웃과 우리 자신에 대한 존경이다. 그러한 기본적인 경외와 존경 없이는 율법이라는 것이 있을 수 없다. 이 기반 위에 모든 율법이 서 있다.

예수께서 완성하러 오신 것이 이 경외와 존경이다. 그는 현실 생활 속에서 하나님에 대한 경외와 사람에 대한 존경이 어떤 것인지 보여 주기 위해 오셨다. 그리스 사람들은 "정의란 하나님과 사람이 당연히 받아야 할 것을 우리가 주는 것이라" 고 말했다. 예수께서는 하나님께 당연히 돌려야 할 경외와 이웃에게 돌려야 할 존경이 무엇을 의미하는지 생활 속에서 보여 주기 위해 오셨다.

이런 경외와 존경은 수없이 많은 사소한 규례나 규칙을 지키는 데 있지 않다. 이것은 제사에 있는 것이 아니라 자비에 있다. 율법을 고수하는 데 있는 것이 아니라 사랑하는 데 있다. 사람의 행동을 금지하는 데 있는 것이 아니라 적극적으로 사랑하라는 명령에 따라 그 생활을 정돈하는 데 있다.

십계명의 기반인 경외와 존경은 결코 없앨 수 없다. 경외와 존경은 하나님과 인간 간에 관계를 나타내 보이는 불멸의 원칙이다.

율법과 복음

마태복음 5:17-20(계속)

예수께서 율법과 복음에 대해 언급했을 때 그는 은연중에 어떤 광대한 원칙을 암시하고 있었다.

I. 과거와 현재 사이에는 불확실한 연속성이 있다고 말씀하신다. 우리는 이 세상을 과거와 현재와의 대립이라고 생각해서는 안 된다. 현재란 과거에서 발전되어 온 것이다. 제2차 세계대전 때 덩커크(Dunkirk) 철수 이후 영국 군인이 당한 재난에 책임을 물을 사람을 찾고자 했는데 과거에 그 일을 지휘한 자들에게 그 죄를 미루려는 사람이 많았다. 그때 처칠(Winston Churchill)은 "우리가 과거와 현재 사이에서 다투기 시작한다면 곧 미래를 상실할 것입니다"라고 현명하게 말했다. 율법이 복음보다 먼저 올 수 있어야 한다. 사람은 먼저 곧은 것과 굽은 것의 차이를 알아야 한다. 사람은 율법의 요구에 대해 인간이 무능력하다는 것을 알아야 하며 하나님의 요구에 응답할 수 없음을 알아야 한다. 사람은 죄와 무가치와 무능력 같은 것을 배워야만 했다. 사람들은 과거에 일어났던 여러 가지 일을 비판한다. 때로는 그 비난이 옳기도 하다. 그러나 우리는 오히려 과거에서 받고 있는 은혜를 알아야 한다. 사람에게는 과거를 망각하거나 파괴해 버리지 않고 과거의 기초 위에 삶을 건설할 책임이 있다. 우리가 오늘 존재하는 것은 과거 사람들의 노력의 결과다. 우리도 후세 사람들이 우리의 수고의 덕을 입도록 해야 할 것이다.

II. 이 본문에서 예수께서는 사람들에게 기독교는 안이한 것이라고 생각하면 안 된다고 명백하게 경고하신다. 사람들은 "그리스도는 율법의 종말이다. 이제 우리가 하고 싶은 대로 하자"라고 말하며 모든 의무, 책임, 요구가 끝났다고 생각할지 모른다. 그러나 기독교인의 의는 서기관과 바리새인**보다 낫지** 않으면 안 된다는 것이 예수의 경고였다. 이것은 무엇을 의미하는가?

서기관과 바리새인이 행동하는 동기가 된 것은 율법이었다. 그들의 유일한 목적과 욕망은 율법의 요구를 만족시키는 것이었다. 이제 적어도 "나는 율법이 요구하는 모든 것을 끝냈다. 나의 의무는 끝났다. 율법은 더 이상 나에게 권리를 주장하지 않는다"라고 말할 수 있는 시간이 올 수 있다는 의미에서 율법의 요구는 이론적으로는 완전히 만족시킬 수 있다. 그러나 기독교인의 생활 동기는 사랑이고 기독교인의 유일한 소망은 하나님이 예수 그리스도 안에서 자신을 사랑한 그 사랑에 대한 감격과 감사를 나타내 보이는 것이다. 이론적으로 사랑의 요구를 완전히 만족시킨다는 것은 불가능한 일이다. 우리가 우리의 마음을 다하여 누군가를 사랑한다면 평생 그를 섬기고, 봉사하고, 해와 달과 별을 다 바치더라도 불충분하다고 생각할 것이다. 사랑하는 사람을 위해서라면 자연 만물도 너무나 작은 보답이 되기 때문이다.

유대인들의 목적은 하나님의 **율법**을 만족시키는 것이다. 그러나 율법의 요구에는 한계가 있다. 기독교인의 목적은 하나님의 **사랑**에 대한 감사를 나타내는 것이다. 사랑의 요구에는 시간 안에서나 영원 속에서도 한계가 없다. 예수께서는 사람 앞에 설 때 하나님의 율법으로가 아니라 하나님의 사랑으로 나타난다. 어거스틴은 성도의 생활을 한마디로 요약해 "먼저 하나님을 사랑하라. 그리고 네가 좋아하는 것은 무엇이나 행하라"고 말했다.

하나님이 우리를 어떻게 사랑했는지를 알면 우리의 유일한 소망은 그 사랑에 대답하려는 것이 될 것이고 그것이 세상에서 가장 숭고한 사명이 될 것이다. 사랑이란 율법 아래에 있는 사람은 결코 생각조차 할 수 없는 것이고 율법에 대한 책임감보다도 더 큰 책임감을 느끼게 하기 때문이다.

새로운 권위

마태복음 5:21-48

21 옛 사람에게 말한바 살인하지 말라 누구든지 살인하면 심판을 받게 되리라

하였다는 것을 너희가 들었으나 [22]나는 너희에게 이르노니 형제에게 노하는
자마다 심판을 받게 되고 형제를 대하여 라가라 하는 자는 공회에 잡혀가게
되고 미련한 놈이라 하는 자는 지옥 불에 들어가게 되리라 [23]그러므로 예물
을 제단에 드리려다가 거기서 네 형제에게 원망들을 만한 일이 있는 것이 생
각나거든 [24]예물을 제단 앞에 두고 먼저 가서 형제와 화목하고 그 후에 와서
예물을 드리라 [25]너를 고발하는 자와 함께 길에 있을 때에 급히 사화하라 그
고발하는 자가 너를 재판관에게 내어 주고 재판관이 옥리에게 내어 주어 옥
에 가둘까 염려하라 [26]진실로 네게 이르노니 네가 한 푼이라도 남김이 없이
다 갚기 전에는 결코 거기서 나오지 못하리라 [27]또 간음하지 말라 하였다는
것을 너희가 들었으나 [28]나는 너희에게 이르노니 음욕을 품고 여자를 보는
자마다 마음에 이미 간음하였느니라 [29]만일 네 오른 눈이 너로 실족하게 하
거든 빼어 내버리라 네 백체 중 하나가 없어지고 온몸이 지옥에 던져지지 않
는 것이 유익하며 [30]또한 만일 네 오른손이 너로 실족하게 하거든 찍어 내버
리라 네 백체 중 하나가 없어지고 온몸이 지옥에 던져지지 않는 것이 유익하
니라 [31]또 일렀으되 누구든지 아내를 버리려거든 이혼 증서를 줄 것이라 하
였으나 [32]나는 너희에게 이르노니 누구든지 음행한 이유 없이 아내를 버리면
이는 그로 간음하게 함이요 또 누구든지 버림받은 여자에게 장가드는 자도
간음함이니라 [33]또 옛 사람에게 말한바 헛 맹세를 하지 말고 네 맹세한 것을
주께 지키라 하였다는 것을 너희가 들었으나 [34]나는 너희에게 이르노니 도무
지 맹세하지 말지니 하늘로도 하지 말라 이는 하나님의 보좌임이요 [35]땅으로
도 하지 말라 이는 하나님의 발등상임이요 예루살렘으로도 하지 말라 이는
큰 임금의 성임이요 [36]네 머리로도 하지 말라 이는 네가 한 터럭도 희고 검게
할 수 없음이라 [37]오직 너희 말은 옳다 옳다, 아니라 아니라 하라 이에서 지
나는 것은 악으로부터 나느니라 [38]또 눈은 눈으로, 이는 이로 갚으라 하였다
는 것을 너희가 들었으나 [39]나는 너희에게 이르노니 악한 자를 대적하지 말
라 누구든지 네 오른편 뺨을 치거든 왼편도 돌려 대며 [40]또 너를 고발하여 속
옷을 가지고자 하는 자에게 겉옷까지도 가지게 하며 [41]또 누구든지 너로 억
지로 오 리를 가게 하거든 그 사람과 십 리를 동행하고 [42]네게 구하는 자에게

주며 네게 꾸고자 하는 자에게 거절하지 말라 43또 네 이웃을 사랑하고 네 원
수를 미워하라 하였다는 것을 너희가 들었으나 44나는 너희에게 이르노니 너
희 원수를 사랑하며 너희를 박해하는 자를 위하여 기도하라 45이같이 한즉
하늘에 계신 너희 아버지의 아들이 되리니 이는 하나님이 그 해를 악인과 선
인에게 비추시며 비를 의로운 자와 불의한 자에게 내려주심이라 46너희가 너
희를 사랑하는 자를 사랑하면 무슨 상이 있으리요 세리도 이같이 아니하느
냐 47또 너희가 너희 형제에게만 문안하면 남보다 더하는 것이 무엇이냐 이
방인들도 이같이 아니하느냐 48그러므로 하늘에 계신 너희 아버지의 온전하
심과 같이 너희도 온전하라

예수의 교훈에 대한 이 부분은 신약성경 중에서 중요한 부분 중 하나다. 여기에서 대부분을 자세하게 다루기 전에 이에 대해 우리가 주목하지 않으면 안 될 일반적인 것이 있다.

여기에서 예수께서는 다른 사람은 엄두도 낼 수 없는 권위로 말한다. 예수께서 주장하는 그 권위는 그를 만나는 자들을 언제나 놀라게 했다. 예수께서 선교 사업을 막 시작하셨을 때, 먼저 가버나움 회당에서 가르치셨는데 뭇 사람이 그의 교훈에 놀라 "이는 그가 가르치시는 것이 권위 있는 자와 같고 서기관들과 같지 아니함일러라"(막 1:22)고 했다. 마태 역시 산상 설교를 끝내신 예수에 대해서 같은 말을 했다. "예수께서 이 말씀을 마치시매 무리들이 그 가르치심에 놀라니 이는 그 가르치시는 것이 권세 있는 자와 같고 저희 서기관들과 같지 아니함일러라"(마 7:28-29).

예수의 말씀을 듣는 유대인들에게 예수의 권위가 얼마나 충격적이었는지 우리는 상상조차 하기 힘들 것이다. 유대인에게 율법이란 절대적으로 거룩하고 신성한 것이었다. 그들이 절대적으로 율법을 숭배하는 태도는 말로 다할 수 없을 정도다. 아리스테아스(Aristeas)는 "율법이란 거룩한 것이며 하나님으로 말미암아 주어진 것이다"라고 말했고, 필로(Philo)는 "모세의 법령만은 불멸, 불면, 부동한 것이며 대자연이 서명하고 인친 것이다"라고 말했다. 랍비들 역시 "율법이 하늘로부터 온 것이라는 것을 부인하는 자들은 장차 올 세계에 참여하지 못한

다"라고 하면서 "만일 어떤 사람이 율법은 하나님에게서 온 것이지만 어떤 구절은 예외라서 하나님이 아니고 모세가 말한 것이라고 하는 자가 있다면 그는 심판을 받는다. 불경건한 그의 영혼은 마땅히 멸망받아야 한다"라고 말했다.

회당 예배의 순서 중에 첫 순서는 율법의 두루마리를 보관해 두었던 상자에서 두루마리를 꺼내어 그것을 회중의 주위에 빙 돌리면서 회중에게 율법에 대해 존경을 표시하게 한 것이다.

이것이 유대인들이 율법에 대해 가졌던 생각이다. 이에 대해 예수께서는 다섯 번이나(마 5:21, 27, 33, 38, 43) 율법을 인용하여 이의 모순을 지적하고 그 대신 자신의 교훈을 나타내셨다. 예수께서는 세상에서 가장 성스러운 문서의 결점을 지적하고 자신의 지혜로써 그것들을 정정하는 권리가 있다고 주장했다. 헬라인은 엑수시아(exousia), 즉 권위란 "마음대로 가감할 수 있는 능력"이라고 정의했다. 예수께서는 유대인들이 변할 수도 없고 변하게 할 수도 없는 하나님의 말씀으로 믿는 율법에 대해서도 이 권한을 주장한 것이다. 그러면서도 예수께서는 이것에 대해 논쟁도 하지 않고 자기 자신을 정당화하려고도 하지 않았으며 그 권한을 입증하려고도 하지 않았다. 그는 다만 조용하고 당연하게 자신의 권리를 행사한 것이다.

전에는 아무도 이와 같은 것을 들어 본 적이 없었다. 유명한 유대 교사들은 가르칠 때 항상 사용하는 "특정한 관용어"가 있었다. 이 특정한 관용어란 "이와 같이 주가 말씀하시기를"이란 말이었다. 예언자는 개인적인 권위는 주장하지 않았다. 그의 유일한 주장은 하나님이 그에게 말씀하셨다는 것이다. 서기관과 랍비들은 "…이와 같이 가르치고 있다"라는 말을 반드시 사용했다. 그러나 자신의 의견이 과거 유명한 교사들의 인용한 말로 지지될 수 없을 때는 감히 사용하지 않았다. 그의 주장에 대한 최후 평가는 그가 율법에서 분리되었느냐 안 되었느냐에 달려 있었다. 그러나 예수에게는 자신이 행한 권위 이상의 다른 권위는 필요하지 않았다. 자기 자신이 권위이기 때문이었다.

예수께서는 정신병자 아니면 특수한 존재였을 것이다. 과대망상증에 걸린 환자이거나 하나님의 아들이었던 것이다. 그렇지 않고 보통 사람이라면 그때까지 영원한 하나님 말씀으로 인정되던 율법을 감히 마음대로 전복시키는 대담한 일은 할 수 없었을 것이다.

권위에는 권위를 증명하는 힘이 있다. 그것은 정말 놀라운 것이다. 어떤 사람이 가르치기 시작한다면 우리는 즉시 그가 가르칠 자격이 있는지 없는지를 직감적으로 안다. 권위란 그 사람을 감싸고 있는 분위기와 같아서 본인은 그것을 주장할 필요가 없다. 다만 그가 권위를 갖고 있는가 갖고 있지 않은가가 문제가 된다.

대지휘자 토스카니니가 지휘하는 관현악 대원들은 토스카니니가 지휘대 위에 올라서면 그에게서 흘러나오는 권위의 전파를 느낄 수 있다고 말했다. 줄리안 더기드(Gulian Duguid)는 윌프레드 그렌펠(Wilfred Grenfell)과 함께 같은 배를 타고 대서양을 건넜을 때, 그렌펠이 배 선실에 들어오면 쳐다보지 않고도 그가 들어온 것을 알 수 있었다고 한다. 능력과 권위의 파동이 그에게서 나왔다는 것이다. 예수에게도 바로 이러한 힘이 최고도로 일어났던 것이다.

예수께서는 인간들이 최고 지혜라고 하는 것도 더 바르게 시정했다. 그는 과거에도 존재했던 분이기 때문이다. 그는 논증할 필요도 없었다. 자신에 대해 말하는 것만으로 충분했다. 정직하게 예수의 말씀을 들은 사람이라면 누구나 다른 어떤 말도 불충분하며 어떤 지혜도 낡은 것이고 그의 말씀만이 하나님의 최종적인 말씀이라는 것을 느낄 것이다.

새로운 표준

마태복음 5:21-48(계속)

예수의 권위도 놀랍지만 그가 사람들에게 제시하는 표준은 더욱 놀랍다. 그는 하나님 앞에서는 살인죄를 범한 사람만이 죄가 있는 것이 아니라 형제에게 노한 자도 죄가 있으며 심판을 받을 것이라고 했다. 또 하나님 앞에서는 음행를 범한 자만이 죄가 있는 것이 아니라 마음속에 불결한 욕망을 품은 자도 죄가 있다고 말했다. 이 가르침은 완전히 새롭고 잘 이해되지 않는 가르침이다. 단순히 살인을 범하지 않는 것으로는 충분하지 않다. 예수께서는 사람을 죽이고 싶다는 생각도 하지 말아야 한다고 가르치셨다. 또 그는 음행을 범하지 않는 것에 그치지 않고 음행하고 싶다는 생각도 하지 말아야 한다고 가르친다.

실제로 사람을 때리지 않았다고 해도 사람을 때리고 싶은 마음이 든 적이 없었다고 누가 말할 수 있겠는가? 음행을 저지르지는 않았다 해도 그런 욕망을 느낀 적이 없다고 누가 말할 수 있겠는가? 예수의 교훈에서 마음은 행위만큼 중요한 것이다. 죄를 범하지 않았다는 것으로 충분한 것이 아니다. 죄짓기를 **원하는** 생각도 없어야 한다. 예수께서는 사람이 그의 행위로만 심판받는 것이 아니라 행동으로 나타나지 않은 심중에 있는 생각에 의해서도 심판을 받는다고 가르쳤다. 세상의 표준으로는 금지된 것을 하지 않는다면 좋은 사람으로 평가될 것이다. 세상은 사람의 마음까지 심판하지는 않는다. 그러나 예수의 표준에 의하면 사람이 금지된 것을 하고 싶은 욕망까지도 없어야 비로소 좋은 사람으로 평가받는다. 예수께서는 사람의 생각을 대단히 중요하게 여기신다. 여기에서 다음 세 가지 사실을 알 수 있다.

1. 예수의 견해는 바르고 심원하다. 예수의 길만이 안전과 보장에 이르는 유일한 길이다. 누구나 어느 정도는 인격이 분열되어 있다. 인격의 어느 부분은 선에 끌리고 어느 부분은 악에 끌린다. 사람이 그와 같은 상태에 있는 한 언제까지나 내면적 싸움은 계속된다. 한쪽에서는 금지된 일을 하라고 자극하는 소리가 있고 다른 쪽에서는 그런 일을 못하게 하는 소리가 있다.

플라톤은 영혼을 쌍두마차의 마부에 비유했다. 한 말은 온화하고 유순하여 고삐가 이끄는 대로 잘 따르지만 다른 말은 길들지 않아 거칠고 말을 듣지 않는다. 여기서 전자의 말이 의미하는 것은 이성이고 후자의 말이 의미하는 것은 정욕이다. 사람의 생활은 언제나 정욕의 요구와 이성의 억제 사이의 싸움이다. 이성은 정욕을 억제하는 채찍이다. 그러나 **채찍은 어느 순간 뚝 잘라질** 수도 있다. 이성으로 억제하더라도 잠깐 방심할 수 있는 것이다. 그때는 어떻게 되겠는가? 이러한 내적 초조와 긴장과 갈등이 있는 한 삶은 언제나 불안전할 수밖에 없다. 이러한 상태에 있는 한 안전이란 있을 수 없다. 안전을 향한 유일한 길이란 예수께서 말씀하신 바와 같이 금지된 것에 대한 욕망을 영원히 근절해 버리는 것이다. 그래야만 생활이 안전하다.

II. 사람을 심판할 수 있는 분은 하나님뿐이다. 인간은 외면적인 행동만을 볼 뿐이다. 다만 하나님만이 인간 심성 깊은 곳에 있는 비밀을 통찰할 수 있다. 외면적인 행동이 정직한 모습의 본보기처럼 보이더라도 그의 내면은 하나님 앞에서 정죄받아야 할 사람도 많을 것이다. 이런 사람들은 외면적인 심판에 지나지 않는 사람의 심판은 견딜 수 있지만 전능하신 하나님 앞에서는 그의 선이 사라지고 만다.

III. 이런 사실로 볼 때 우리는 부족한 사람들이다. 하나님의 심판 앞에서 버티고 설 수 있는 사람은 아무도 없기 때문이다. 외면적인 도덕 생활은 완전하다고 생각되는 사람이 있어도 금지된 욕망을 품은 적이 한 번도 없다고 말할 수 있는 사람은 아무도 없을 것이다. 내면적 생활이 완전해지는 길은 다만 한 가지다. 즉, 자신은 죽고 그리스도께서 사시는 일이다. 바울은 "내가 그리스도와 함께 십자가에 못 박혔나니 그런즉 이제는 내가 사는 것이 아니요 오직 내 안에 그리스도께서 사시는 것이라"(갈 2:20)고 말했다.

이 새로운 표준이 모든 교만을 말살시키고 우리를 예수 그리스도에게 나아가게 한다. 예수 그리스도만이 자신이 세우신 표준에 우리를 끌어올릴 수 있는 분이기 때문이다.

금지된 분노

마태복음 5:21-22

21옛 사람에게 말한바 살인하지 말라 누구든지 살인하면 심판을 받게 되리라
하였다는 것을 너희가 들었으나 22나는 너희에게 이르노니 형제에게 노하는

자마다 심판을 받게 되고 형제를 대하여 라가라 하는 자는 공회에 잡혀가게 되고 미련한 놈이라 하는 자는 지옥 불에 들어가게 되리라

여기에 예수께서 택하신 새 표준의 첫 예가 있다. 옛 법은 기록하기를 "살인하지 말라"(출 20:13)고 했으나 예수께서는 형제에게 노하는 것까지도 금지하셨다. KJV에는 자신의 형제에게 **원인 없이** 노하는 자는 정죄를 당한다고 했다. 그러나 **원인 없이**라는 낱말은 다른 중요한 어느 사본에도 나타나지 않은 말이다. 이것은 분노를 일체 금지하는 것을 의미한다. 사람을 치지 않는 것으로 충분하지 않다. 그를 치기를 원하는 마음까지도 없고 마음속에 적대심도 없어야 한다. 이 본문에서 예수께서는 랍비의 논법을 사용하고 있다. 그는 당시의 지식인들이 잘 쓰는 토론 방법을 쓰는 데 익숙했다. 이 본문에는 분노의 단계와 거기에 대응하는 벌의 단계가 있다.

1. 첫째로 "자기 형제에게 노하는" 사람이 있다. 여기에 사용된 동사는 오르기제스다이(orgizesthai)다. 헬라어에는 분노를 나타내는 말이 두 가지다. 첫째로 두모스(thumos)는 밀짚에서 타오르는 불꽃과 같은 것으로 빨리 타오르고 꺼져 버리는 분노다. 둘째는 오르게(orgē)로 뿌리처럼 박힌 분노이고, 언제까지나 기억하고 잊어버리지 않는 분노다. 이 분노는 법정까지 가게 마련이다. 법정은 지방 마을의 평의회에서 행해진다. 그 법정은 지방 마을 장로들로 구성되었고 주민이 150명 이하인 마을에서는 3명, 큰 읍에서는 7명, 더 큰 도시에서는 23명으로 구성된다.

예수께서는 모든 이기적인 분노를 책망한다. 성경은 분명히 노를 금했다. 야고보는 "사람이 성내는 것이 하나님의 의를 이루지 못함이라"(약 1:20)고 했다. 바울은 사람들에게 "이제는 너희가 이 모든 것을 벗어 버리라 곧 분함과 노여움과 악의와 비방과 너희 입의 부끄러운 말이라"(골 3:8)고 명했다. 유명한 이방 사상가들도 분노의 어리석음을 말했다. 키케로는 분노를 "아무것도 바르게 할 수 없고 분별력을 잃는 것"이라고 표현했다. 세네카는 분노를 "단기간의 광기"라고 인상적으로 표현했다.

여기서 예수께서는 마음에 꼭 품고 있는 분노나 잊지 않는 분노, 화해를 거절하는 분노, 복수하려고 하는 분노를 영원히 금하신다. 우리가 예수를 따르려면 모든 분노를, 특히 오랫동안 품고 있는 분노를 추방해야 한다. 기독교인은 자신이 받은 부정에 대해 화낼 수가 없다. 이것은 참으로 엄격한 경고다.

II. 분노는 말이 되어 사람을 상하게 한다. 예수께서는 여기서 그 예를 두 가지 들고 있다. 유대 교사들은 노와 언사를 금했다. 그들은 이것을 "말에 의한 압박" 또는 "모욕의 죄"라고 말했다. 또 이렇게도 말했다. "게헨나에 들어가 나오지 못할 세 종류의 죄인이 있나니 음란한 자, 자신의 이웃을 사람 앞에서 수치를 주는 자, 자신의 이웃을 모욕적인 이름으로 부르는 자다."

사람의 마음속에 있는 분노와 사람의 언어 속에 있는 분노는 다 함께 금지된 것이다.

모욕적인 언사

마태복음 5:21-22(계속)

먼저 자신의 형제를 보고 라가(Raca)라 하는 자는 공회에 잡히게 된다. 라가란 말은 번역이 거의 불가능한 말이다. 소리의 억양을 말하는 것 이외는 다른 의미가 없기 때문이다. 이것이 전체적으로 강조하는 것은 **멸시**의 의미다. 누구를 보고 라가라고 부르는 것은 그를 어리석은 천치나 우둔한 바보나 몰지각하게 실수를 범하는 자라고 부르는 것과 같다. 이것은 오만한 자가 상대를 무시할 때 쓰는 말이다.

시몬 벤 엘레아자르(Simon ben Eleazar)라는 한 랍비에 대한 이야기다. 어느 날, 자신의 집으로 돌아오던 그는 자신의 학자적 식견이 높아졌다는 생각에 도취되어 있었다. 그런데 인상이 좋지 않은 사람이 지나가면서 그에게 인사를 했다. 그 랍비는 인사를 받지도 않고 "너는 라가다. 추한 놈 같으니라구! 너희 마을 놈들은 모두 너처럼 그렇게 징그러운 놈들이냐?"라고 그를 모욕했다. 그러자 그는 "나는 모릅니다. 나를 만든 조물주에게 가서 물어보시오. 그가 만든 내가 왜 이렇게 징그러운지를"이라고 대답했다. 결국 랍비는 조물주를 욕한 셈이 되었다. 여기에 멸시하는 죄가 책망을 받고 있다.

멸시하는 죄는 혹독한 심판을 받게 되어 유대인의 최고 법정인 산헤드린(sunedrion)에 서게 된다. 이것을 문자적으로 해석하면 안 된다. 이것은 마치 예수께서 "뿌리 깊게 품고 있는 분노는 나쁘다. 그러나 사람을 멸시하는 죄는 더 나쁘다"라고 말한 것과 같다.

멸시의 죄만큼 기독교인의 도리에서 벗어난 죄는 없다. 문벌에 대한 교만에서도 멸시의 죄다. 이런 속물 근성은 정말 추한 것이다. 자신의 위치나 금전에서도 멸시의 죄는 나온다. 물질에 대한 교만도 추한 모습이다. 지식에서 오는 멸시도 있다. 모든 교만 중에 지적 교만처럼 이해하기 힘든 것도 없다. 현명한 사람은 자신의 무지를 가장 잘 알고 있기 때문이다. 우리는 어떤 사람도 멸시할 수 없다. 그를 대신해 그리스도께서 죽으셨기 때문이다.

III. 다음으로 예수께서는 자신의 형제에게 모로스(mōros)라는 자에 대해 말했다. 모로스란 말도 **어리석다**는 의미지만 이 말은 **도덕적**(moral)으로 바보인 사람을 가리킨다. 시편 기자는 "어리석은 자는 그의 마음에 이르기를 하나님이 없다 하도다"(시 14:1)라고 말했다. 마음으로 하나님이 없다고 하는 사람은 도덕적으로 바보이며 비도덕적인 삶을 사는 사람이다. 사람에게 모로스라고 하는 것은 그 사람의 정신적 능력을 비판하는 것이 아니고, 그 사람의 도덕성을 비방하는 것이다. 이는 그의 명예와 신용을 그에게서 뺏고, 방정치 못한 삶과 비도덕적인 인간으로 그를 낙인찍는 것이 된다.

그러므로 예수께서는 자신의 형제의 신용과 명예를 상하게 하는 자는 무엇보다 가장 중한 심판, 즉 **지옥불에 타는** 심판을 받게 되리라고 말씀하신다.

게헨나는 역사적 의미가 있는 낱말이다. 종종 KJV에서는 지옥으로 번역한다. 유대인들은 이 말을 대단히 일상적으로 사용했다(마 5:22, 29, 30; 10:28; 18:9; 23:15, 33; 막 9:43, 45, 47; 눅 12:5; 약 3:6). 이것은 본래 힌놈의 골짜기를 말한다. 힌놈의 골짜기는 예루살렘 서남쪽에 있다. 이곳은 아하스 왕이 불을 예배하는 이방신 몰록을 이스라엘에 끌어들여 어린아이들을 태워 그 신에게 제사를 드려서 악명이 높은 곳이다. 성경에는 "또 힌놈의 아들 골짜기에서 분향하고 여호와께서 이스라엘 자손 앞에서 쫓아내신 이방 사람들의 가증한 일을 본받아 그의 자녀들을 불사르고"(대하 28:3)라고 기록되어 있다.

종교 개혁을 한 요시아 왕은 이 예배를 박멸하고 그 골짜기가 영원히 저주받은 곳이 되게 하라고 명했다. "왕이 또 힌놈의 아들 골짜기의 도벳을 더럽게 하여 어떤 사람도 몰록에게 드리기 위하여 자기의 자녀를 불로 지나가지 못하게 하고"(왕하 23:10), 이 결과 힌놈의 아들 골짜기는 예루살렘에서 나오는 폐물과 찌꺼기가 버려지고 소각되는 일종의 공동 소각처가 되었다. 언제나 거기에는 불이 타고 두꺼운 연기 장막이 덮여 있고 멸살시키기 어려운 나쁜 벌레가 우글거렸다(막 9:43). 그래서 힌놈의 골짜기는 사람들의 마음속에 저주받고 불결한 것과 동일시되었고 악하고 쓸모없는 것들이 소각되는 장소로 인식되었다.

여기서 예수께서 주장하시는 가장 중한 죄는 사람의 영예와 그의 신용을 파괴해 버리고 탈취해 버리는 것이다. 악담을 지어내고 이웃의 명예를 훼손하려고 뒷공론을 하는 사람에게는 아무리 혹독한 벌을 내려도 과하지 않은 것이다. 문자적인 의미 그대로 이러한 행동은 지옥에 떨어져 마땅한 죄다.

전술한 바와 같이 이런 모든 벌의 단계는 문자적으로 받을 성질의 것이 아니다. 여기서 예수께서 말하고 있는 것은 다음과 같다. "옛 사람은 살인을 정죄했다. 진실로 살인은 나쁜 것이다. 그러나 나는 너희에게 말한다. 사람의 외면적인 행위만 심판을 받게 되는 것이 아니라 내면적인 생각도 엄밀히 밝혀지고 하나님의 심판을 받게 된다. 오랫동안 계속되는 분노는 악한 것이다. 그러나 이웃의 신용을 파괴하는 부주의하고 악의에 찬 말은 무엇보다도 가장 악한 것이다. 분노의 종이 된 자, 강한 멸시의 언사를 하는 사람, 타인의 신용을 파괴하는 자는 행위로 살인을 범하지 않았을지라도 그는 마음에서 이미 살인자다."

넘을 수 없는 장벽

마태복음 5:23-24

[23]그러므로 예물을 제단에 드리려다가 거기서 네 형제에게 원망 들을 만한
일이 있는 것이 생각나거든 [24]예물을 제단 앞에 두고 먼저 가서 형제와 화목
하고 그 후에 와서 예물을 드리라

예수께서는 이 말씀으로 유대인들에게 그들이 마땅히 알고 결코 잊어서는 안 될 원칙을 환기시키고자 하셨다. 제물의 본래적 의미는 아주 단순하다. 사람이 잘못을 행했을 때는 사람과 하나님과의 관계가 파괴된다. 그래서 그 관계를 정상으로 회복하고자 제물을 바치는 것이다.

그러나 주목해야 할 두 가지 중요한 사항이 있다. 첫째, 제물은 유대인들이 소위 말하는 "고범죄"인 고의적인 죄를 사할 수는 없었다. 사람이 무의식중에 범한 죄, 한순간 자제력을 잃고 격정에 휩싸여 지은 죄에 대해서는 제물이 효과가 있다. 그러나 고의적으로 정의를 무시하고, 혹은 악에 무감각해져 죄인 줄 알면서도 죄를 범했다면 희생 제물은 그 죄를 사할 능력이 없다. 둘째, 제물이 효과가 있으려면 죄의 고백과 참된 회개가 포함되지 않으면 안 된다. 참된 회개란 죄로 인한 결과를 보상하려고 노력하는 것이었다. 유대인에게 대속죄 날이 있었다. 이것은 전 국민의 죄를 속죄하기 위한 날이었다. 그러나 그 속죄 날의 제물도 **사람이 자신의 이웃과 먼저 화목하지 못하면** 그에게는 명백히 효과가 없었다.

사람과 하나님과의 화해는 먼저 사람과 사람 사이의 불화가 종식될 때 이루어질 수 있었다. 만일 어떤 사람이 도적질한 죄를 속하기 위해 제물을 드린다면 훔친 물건을 되돌려주지 않는 한 그 제사는 효과가 없었다. 만일 물건을 되돌려주지 않았다는 사실이 발각된다면 그 제물은 불결한 것으로서 성전 밖에서 불태워 버렸다. 하나님과 바른 관계에 들어가기 전에 최선을 다해 자신을 바르게 세워야 한다는 것을 유대인들은 아주 잘 알고 있었다.

또한 희생 제물은 대속이었다. 제물을 바치려고 할 때 바치는 자는 자신의 손을 그 동물의 머리 위에 얹고 자신의 죄가 그 동물에게 넘어가도록 손으로 머리를 누르면서 "오 주여, 사죄를 간청하옵니다. 나는 범죄하였습니다. 나는 사악하게 행하였습니다. 나는 반역하였으며 나는 율법을 범하였나이다(여기에서 제물을 드리는 자는 자신의 죄를 일일이 열거한다). 그러나 이제 뉘우치고 돌아옵나니 이것이 나를 사랑하시는 제물이 되게 하옵소서"라고 말했다.

어떤 제물이라도 효력이 있으려면 죄를 고백하고 그 죄를 보상해야만 했다. 예수께서 말씀하신 이 본문은 대단히 생생한 그림과 같다. 물론 예배하는 자 본인이 제물을 드리지는 않았다. 제사장이 대신 드렸다. 예배드리는 자가 성전에 들어가면 이방인의 뜰, 여자의 뜰, 남자의 뜰을 지나게 된다. 남자의 뜰 다음에는 제사장의 뜰이 있는데 이곳은 평민이 들어가지 못하는 곳이다. 예배드리는 자는 난간에 서서 자신의 헌물을 제사장에게 넘겨줄 준비를 해야 한다. 여기서 손을 제물 위에 놓고 형제와 불화한 것이나 잘못한 것은 없는지 생각해 본다. 자신의 제물이 효력을 발휘하려면 한 번 더 돌아가 화해하고 잘못한 것은 바로잡아야 한다. 그렇게 하지 않으면 아무런 유익이 없다.

예수께서는 이런 근본적인 사실—인간관계가 바르지 못하면 하나님과의 관계가 바르게 될 수 없다는 사실—을 명백히 했다. 우리는 하나님뿐만 아니라 인간에 대해서도 우리의 죄를 고백하지 않고서는 용서를 바랄 수 없고, 죄로 인한 결과를 청산하려는 최선의 노력 없이는 용서를 기대할 수 없다. 때때로 우리는 하나님과 나 사이에 왜 장벽이 있는지, 왜 나의 기도가 효과가 없는지 이상하게 생각한다. 그 이유는 우리 자신이 장벽을 세웠기 때문이라고 봐야 할 것이다. 우리가 이웃과 화목하지 못했느지 이웃에게 나쁜 짓을 했는지 바르게 행한 것이 없는지 우리 자신을 돌아봐야 한다.

적기에 화해하라

마태복음 5:25-26

[25]너를 고발하는 자와 함께 길에 있을 때에 급히 사화하라 그 고발하는 자가
너를 재판관에게 내어 주고 재판관이 옥리에게 내어 주어 옥에 가둘까 염려
하라 [26]진실로 네게 이르노니 네가 한 푼이라도 남김이 없이 다 갚기 전에는
결코 거기서 나오지 못하리라

여기에서 예수께서는 아주 실질적인 충고를 하고 있다. 그는 다투는 일이 앞으로 더 악화되기 전에 빨리 화해하라고 말한다.

예수께서는 다투는 두 원수가 법정을 향해 함께 가고 있는 상황을 서술하면서 법정에 다다르기 전에 화해하여 문제를 해결하라고 말한다. 만일 그들이 화해하지 않고 법률의 절차를 따르게 된다면 적어도 그들 중 한 사람은 더 어려움을 겪어야 하기 때문이다.

두 원수가 함께 법정으로 가는 모습이 우리에게 상당히 생소하게 느껴지고 사실상 이런 일은 없다고 생각할지 모르지만 고대에서는 종종 이런 일들이 있었다. 헬라 법률상에는 아파고게(apagoge)라는 체포 방법이 있었다. 이것은 긴급 체포를 의미했다. 이 법률에서는 원고인이 직접 피고인을 체포했다. 원고인은 피고인의 멱살이나 옷깃을 잡았는데 피고인이 반항하면 눌러서 질식시키기도 했다. 이러한 체포 방법이 명백하게 합법적인 경우는 그리 많지 않았다. 범인은 보통 범행 중에 붙잡히든지 범행 현장에서 잡아야 했다. 긴급 체포가 가능했던 범죄는 도적질이나 의류 절도(고대 헬라에서는 공중목욕탕에서 이런 일이 많았다), 소매치기, 주거침입 강도, 유괴(특히 고대 헬라에서는 재능 있고 유능한 노예들을 유괴하는 일이 많았다) 등이었다. 나아가 시민권을 박탈당한 자가 권리를 행사하는 것을 발견하든지 외국으로 추방된 자가 그 나라의 도시에 다시 들어온 것을 발견했을 때도 긴급히 체포할 수 있었다. 이러한 관습을 알고 보면 헬라 도시에서 원고와 피고가 함께 법정으로 가는 것은 그다지 이상한 일이 아니었다.

예수께서는 분명히 유대 율법을 생각했을 것이다. 유대 율법 아래서도 이것이 불가능한 것은 아니었다. 이것은 확실히 채무의 경우다. 화해가 성립되지 않으면 마지막 한 푼까지도 갚아야 했기 때문이다. 이런 사건은 지방 장로의회에서 결정되었다. 여기에서 원고와 피고가 함께 법정에 출두해야 할 시간이 결정된다. 아무리 작은 읍이나 마을에서도 법정에 함께 출두하는 것을 흔히 볼 수 있었다. 일단 유죄로 판결되면 피고는 관예의 손에 넘어간다. 마태는 관예를 후페레테스(huperetes)라고 말한다. 누가는 이 구절을 설명하면서 그를 더 평범한 말인 프락토르(praktor)라고 말한다(눅 12:58-59). 관예의 의무는 벌과금이 충분히 지불되고 있는지 살피고 그렇지 못할 때는 그 계약 불이행자가 채무를 변제할 때까지 감옥에 가둘 권리가 있었다. 예수께서 염두에 두고 생각한 상황이 바로 이런 것이었다. 예수의 충고는 다음 두 가지 중 어느 한 가지가 될 것이다.

I. 이것은 가장 실제적인 충고의 한 단편일 수 있다. 말다툼이나 불일치나 논쟁이 즉시 해결되지 않으면 이것은 시간이 감에 따라 더욱 악화된다. 불행은 불행을 낳는다. 흔히 두 사람 사이의 사소한 다툼이 그들의 가족에게 전해지고 다음 세대로 전해져 마침내 교회나 사회를 둘로 나누는 일도 있다. 애당초 둘 중 어느 한 사람이 사과하는 미덕을 베풀었거나 상대의 실책을 용납할 미덕만 있었더라면 그러한 비극은 절대 일어나지 않았을 것이다. 남과 불화하게 되면 우리는 되도록 빨리 그 관계를 바로 잡아야 한다. 이것은 잘못한 것을 자백하고 사과할 수 있을 만큼 겸손하지 않으면 안 된다는 의미도 있고 비록 우리가 옳다고 해도 불화를 없애는 데 앞장서야 한다는 것도 의미한다. 인간관계가 잘못되었을 때 즉시 화해하려고 한다면 십중팔구는 성공하지만 그렇게 하지 않는다면 잘못된 관계는 악화 일로로 치달을 것이고 불행은 영원히 확대되는 파문처럼 퍼져 갈 것이다.

II. 예수의 심중에는 이상의 사실보다 더 궁극적인 무엇이 있었을 것이다. 그는 다음과 같이 말했을지 모른다. 즉, "**생명이 계속되는 동안** 너의 이웃과 바른 관계를 맺어라. 왜냐하면 언젠가—너는 그때를 알지 못하나—생명은 끝나고 최후의 심판으로 하나님 앞에 서게 되기 때문이다."

유대인의 절기 중에 가장 큰 절기는 속죄 날이었다. 이날의 희생 제물은 알고 지은 죄와 모르고 지은 죄를 속죄하기 위해 헌납되었다. 그러나 이 제물에도 제약이 있었다. 《탈무드》는 "속죄 날에는 하나님에게 대적한 인간의 죄를 대속하지만 이웃에 대해 범한 죄는 이웃과의 사이에 화해가 성립되지 않는 한 사해지지 않는다"라고 밝히고 있다. 여기에서 우리는 다시 근본적인 사실, 사람이 자신의 이웃과 바른 관계를 맺지 못한다면 하나님과 바른 관계를 맺을 수 없다는 사실을 알게 된다. 사람은 언제 종말이 오더라도 모든 사람과 화평하게 지내는 삶을 살지 않으면 안 된다.

예수께서 하신 이 교훈에 대한 두 가지 해석 중 어느 것 하나만 택하면 안 된다. 이 둘은 예수의 마음에 공존해 있었다. 예수의 마음을 다음과 같이 이해하면 좋을 것이다.

"너희가 현재도 행복하고 영원히 행복하기를 원한다면 네 자신과 네 형제 사이의 다툼이나 불화를 해결하지 않은 채 내버려 두지 말라. 노를 일으킨 장애물을 없애기 위해 즉시 행동하라."

금지된 욕망

마태복음 5:27-28

27 또 간음하지 말라 하였다는 것을 너희가 들었으나 28 나는 너희에게 이르노니 음욕을 품고 여자를 보는 자마다 마음에 이미 간음하였느니라

여기에는 예수의 새로운 표준에 대한 둘째 보기가 나타나 있다. 율법은 "간음하지 말라"(출 20:14)고 말한다. 유대인 교사들은 간음에 대해 아주 엄격한 견해를 갖고 있었기 때문에 범죄한 남녀는 반드시 죽일지니라(레 20:10)고 가르쳤다. 그러나 예수께서는 다시 한 번 정의를 내리셔서 비단 금지된 행위뿐 아니라 금지된 생각을 하는 것도 하나님 앞에서는 유죄하다고 하셨다.

예수께서 여기서 말씀하신 것이 무엇을 의미하는지 반드시 이해해야 한다. 그는 자연적이고 정상적인 성욕에 대해 말한 것이 아니다. 자연적이고 정상적인 욕망이란 인간의 본질의 일부분이고 본능이다. 헬라어 본문에 나타난 문자적 의미로 보면 정죄되는 것은 간음하고자 하는 고의적인 의도로 음욕을 품고 여자를 보는 자다. 정죄된 사람이란 자신의 눈을 의식적으로 자신의 욕망을 불러일으키는 데 사용하는 사람이며 정욕을 일으키고 고의로 욕망을 자극하는 눈빛으로 보는 자다.

유대 랍비들은 눈이 나쁜 욕망을 자극하고 흥분시키는 데 사용될 수 있음을 잘 알았으며 "눈과 손은 죄의 두 중매꾼이다", "눈과 마음은 죄의 두 시녀다", "색정은 보는 자 안에만 기숙하고 있다", "자기 눈을 따라 사는 자는 화 있을진저 이는 저들이 음란함이라", "간음은 마음 가운데 깃든 생각의 열매에 불과하다" 등의 격언도 갖고 있었다.

유혹이 많은 세상에는 교묘하게 사람의 욕망을 자극하고 흥분하게 하는 것이 많다. 서적이나 영화, 연극이나 광고 등을 포함해 이런 것들은 욕망을 자극시키기 위해 교묘하게 고안된 것들이다.

예수께서 여기에서 정죄하는 사람은 자신의 욕망을 일으키기 위해 자신의 눈을 교묘하게 사용하는 사람이다. 즉, 금지된 것에 대한 욕망을 일깨움으로써 기묘한 희열을 느끼는 사람이다. 순수한 사람에게는 모든 것이 순수하게 보인다. 그러나 마음이 불결한 사람은 무엇을 보아도 거기에서 더러운 생각을 한다.

외과 치료

마태복음 5:29-30

29만일 네 오른 눈이 너로 실족하게 하거든 빼어 내버리라 네 백체 중 하나가
없어지고 온몸이 지옥에 던져지지 않는 것이 유익하며 30또한 만일 네 오른

손이 너로 실족하게 하거든 찍어 내버리라 네 백체 중 하나가 없어지고 온몸이 지옥에 던져지지 않는 것이 유익하니라

여기에서는 예수께서 커다란 외과 수술적인 치료를 요구하신다. 그는 죄의 원인이나 죄를 짓도록 유혹하는 것은 어떤 것이라도 완전히 잘라 버리도록 명한다.

장애물의 의미를 표현하기 위해 사용한 낱말은 스칸달론(Skandalon)이다. 스칸달론은 스칸달렛드론(Skandalethron)에서 왔는데 이것은 덫으로 놓은 미끼대를 의미한다. 즉, 지팡이나 미끼가 붙은 지렛대인데 이것은 동물이 스스로 와서 잡히도록 유인하는 덫의 역할을 한다. 그래서 이 낱말은 **인간 파멸의 원인이 되는 것**을 의미하게 되었다. 이것은 두 가지로 생각할 수 있다. 첫째는 사람이 걸려 넘어지도록 길 가운데 숨겨져 있는 돌이나 사람이 걸려 넘어지도록 교묘하게 길을 가로질러 쳐 놓은 끈이다. 둘째는 땅에 구덩이를 파서 약한 나뭇가지와 잔디 같은 것으로 구덩이 위를 가린 것이다. 이곳을 지나는 사람이 모르고 그 위에 발을 올려놓으면 즉시 구덩이에 떨어지게 된다. 스칸달론, 즉 장애물은 사람을 걸려 넘어지게 하고 자신을 죽음으로 인도하는 것이며 인간을 유혹하여 파멸로 끌고 간다.

물론 예수의 말씀이 단순히 문자적으로만 해석될 수 있는 것은 아니다. 이 본문이 의미하는 것은 우리에게 죄를 짓도록 유혹하는 것은 어떤 것이라도 삶에서 냉정하게 근절해야 한다는 것을 의미한다. 만일 생활 가운데 죄를 짓도록 유혹해야 하는 어떤 습관이나 파멸로 이끌 수 있는 오락을 즐긴다면 이런 것은 생활에서 단호히 제거해야 한다.

이 말씀은 금지된 생각과 욕망에 대해 언급한 바로 뒤에 계속되었다. 그렇다면 우리가 어떻게 해야 이러한 불결한 욕망과 더러운 생각에서 자유로울 것인가? 이런 것을 제해 버리는 것이 얼마나 어려운 일인지 누구나 경험했을 것이다. 이러한 욕망과 생각을 없애는 데 사용할 수 없는 방법이 있다. 즉, 나는 이러한 일들에 대해서는 생각하지 않겠다고 스스로에게 말하는 것이다. 나는 이러 이러한 것은 생각하지 않겠다고 말하면 말할수록 우리의 생각은 그 일에 더 집

중된다.

이러한 생각과 욕망을 근절하는 데 잘못된 방법을 사용한 가장 대표적인 예는 초대교회 때 광야에서 수도하고 있던 은둔자들과 승려들을 들 수 있다. 그들은 세상적인 모든 것에서 자유롭기 원했고 특히 육체적 욕망에서 해방되고자 한 사람들이었다. 그래서 그들은 홀로 살면서 하나님 외에는 아무것도 생각하지 않겠다는 신념으로 애굽 광야로 들어갔다. 이들 중 가장 유명한 사람이 성 안토니(Saint Anthony)인데 그는 은둔자 생활을 하면서 단식하고 잠도 자지 않고 고행을 하면서 자신의 몸을 괴롭혔다. 광야에서 살던 35년 동안 그는 잠시의 휴전도 없이 자신과의 끝없는 싸움을 계속했다. 그의 자서전에는 다음과 같은 이야기가 기록되어 있다.

"무엇보다도 악마는 과거 넉넉했던 재산, 돌봐야 하는 자매, 친척들에 대한 위치, 금전에 대한 애착, 영광을 누리고 싶은 마음, 화려한 식탁의 유혹, 생활의 안일, 이러한 덕망을 쌓는 데 따르는 어려움 등을 속삭임으로써 이러한 수련에서 떠나게 하려고 했다. 마음 한쪽에서는 악한 생각이 일어나고 다른 쪽에서는 기도로써 항거했다. 하나는 욕망에 불을 붙였고 다른 하나는 이런 욕망을 부끄럽게 여겨 기도와 신앙과 금식으로 자신을 방어하게 했다. 어느 날 밤 악마는 여자의 모습으로 나타나 여자가 할 수 있는 모든 행동을 취하여 나를 유혹하고자 했다."

안토니와 그의 길을 따르는 자들은 스스로 고통을 초래한 사람들이었다. 사람이 무엇을 생각하지 않겠다고 하면 할수록 그의 생각 속에 더욱 남게 되는 것이 인간 본성의 불가피한 법칙이다. 금지된 생각을 격퇴시키는 데는 두 가지 방법이 있다.

첫째, 믿는 자가 성도로서 활동함으로써 제거하는 방법이다. 이러한 생각을 없애는 가장 좋은 방법은 성도로서 할 일을 하는 것이다. 즉, 이러한 생각이 파고들 틈이 없을 정도로 기독교인으로서 노력하고 봉사를 이행하는 것, 남을 위해 무엇을 더 생각함으로써 마침내 자신을 완전히 망각해 버리는 것, 우리 자신이 아니라 타인에게 관심을 집중함으로써 고질적이고 병적인 자아 집착적 내성을 피하는 것이다. 나쁜 생각을 제거하기 위한 실질적인 방법은 선한 활동이다.

둘째, 선한 생각으로 마음을 충만케 하는 것이다. 베리의 《피터팬》의 주인공은 날 수 있는 피터팬이다. 피터가 어린아이들의 침상에 누워 있자 그가 나는 모습을 봤고 그처럼 날고 싶었던 아이들은 마루와 침대에서 날아 보려고 했으나 번번이 실패하고 말았다. 존이 피터에게 어떻게 날 수 있는지 묻자 피터는 "좋고 아름다운 생각만 해. 그러면 그런 생각들이 너를 공중으로 들어 올려 줄 거야"라고 말했다. 악한 생각을 없애는 유일한 방법은 다른 것을 생각하는 것이다.

금지된 것이나 불결한 것이 자꾸 생각나 괴로운 사람은 성도로서의 활동과 성도다운 생각에 전념함으로써 그런 생각에서 벗어날 수 있다. 그런 좋지 않은 생각을 하지 않겠다며 결심한다고 해결되지는 않는다. 자신의 생활에서 언행을 삼가한다고 되는 일도 아니다. 타인을 위해 자신의 생명을 내던질 때만 악한 생각에서 벗어날 수 있다.

깨뜨려서는 안 될 약정

마태복음 5:31-32

31 또 일렀으되 누구든지 아내를 버리려거든 이혼 증서를 줄 것이라 하였으나
32 나는 너희에게 이르노니 누구든지 음행한 이유 없이 아내를 버리면 이는
그로 간음하게 함이요 또 누구든지 버림받은 여자에게 장가드는 자도 간음
함이니라

I. 유대인들의 결혼. 예수께서 결혼에 대한 율법을 말할 때 그는 대단히 명백한 상황을 배경으로 해 규정했다. 기독교가 처음 세상에 들어온 때는 역사상 어느 때보다도 결혼이 전반적으로 파멸할 위험이 가장 컸다. 당시 세계는 결혼이 깨지고 가정이 붕괴될 위험에 처해 있었다. 기독교는 이중 배경을 갖고 있

었다. 하나는 유대 사회의 배경이고 또 하나는 헬라와 로마 세계의 배경이었다. 이제 예수의 교훈을 이 배경에 비추어 생각해 보자.

이론적으로는 유대인은 결혼에 대해 다른 나라보다 더 상위의 개념을 갖고 있었다. 결혼은 사람에게 주어진 가장 신성한 의무였고 율법 연구에 평생을 바치는 사람만 결혼을 연기하거나 거부할 수 있었다. 만일 결혼과 출산을 거부한다면 그는 생육하고 번성하라고 명한 적극적인 계명을 범했다고 간주되고 세상에서 하나님의 형상을 감소시켰고 자손을 학살했다는 말을 듣게 된다.

관념상 유대인들은 이혼을 대단히 혐오했다. 하나님은 "나는 이혼하는 것을 미워하노라"(말 2:16)라고 했으며 랍비들은 "음란죄가 아닌 다른 모든 죄는 하나님께서 오래 참으신다는 것을 우리가 아노라", "음란은 하나님의 영광을 떠나게 하느니라", "모든 유대인은 우상 숭배, 살인, **간음**죄를 범하기보다는 자신의 생명을 버리는 것이 가하니라", "청년 시대에 아내를 버리는 자가 있을 때에는 제단까지도 눈물을 흘린다" 등의 귀한 교훈을 갖고 있었다. 그러나 안타깝게도 실행은 이념에 미치지 못했다. 결혼 관계를 파괴시킨 한 원인은 법률상 여자는 사람이 아니고 하나의 소유물이라는 것이었다. 여자는 절대적으로 그녀의 아버지나 남편의 처분 여하에 달려 있었다. 여자는 어느 면에서나 법률적 권리를 전혀 갖지 못했다. 사실상 여자는 어떤 이유로도 자신의 남편과 이혼할 수 없었다. 그러나 남자는 마음대로 이혼할 수 있었다. 랍비의 율법에는 "여자는 바라든 바라지 않든 이혼당할 수 있으나 남자는 뜻만 있으면 이혼할 수 있다"라고 규정되어 있다. 유대 이혼법의 표현은 대단히 단순하지만 의미는 숙고해야 하므로 문제가 복잡했다. 신명기 24장 1절 "사람이 아내를 맞이하여 데려온 후에 그에게 수치되는 일이 있음을 발견하고 그를 기뻐하지 아니하면 이혼 증서를 써서 그 손에 주고 그를 자기 집에서 내보낼 것이요"에서 보듯이 이혼 과정은 매우 간단하다. 이혼 증서에는 "이제 내가 그대에게 이혼 증서와 절연장 및 행위의 자유에 대한 각서를 주노니 그대가 원하는 자와 결혼해도 좋으니라"고 기록했다. 두 명의 증인 앞에서 여자에게 이혼 증서를 넘겨주는 것이 절차의 전부였고 절차가 끝나면 여자는 이혼당하게 된다.

확실히 이 문제의 가장 난점은 **수치되는 일**이란 말에 대한 해석에 있다. 유대 율법 문제를 다루는 데는 두 학파가 있었다. 하나는 샴마이(Shammai) 학파인데 이 학파는 엄격하고 냉혹하고 근엄한 학파였고 다른 한 학파는 힐렐(Hillel) 학파로서 관대하고 관용적인 학파였다. 샴마이 학파에서는 **수치되는 일**이 바로 음란을 의미하는 것이고 음란 이외는 아무것도 아니라고 정의를 내렸다. 그들은 "아합의 아내만큼 악한 여자가 되어도 간음 이외에는 이혼할 수 없다"라고 말했다. 샴마이 학파에서는 오로지 간음과 음란 이외에는 이혼의 근거를 찾을 수 없었다. 이와 반대로 힐렐 학파는 **수치되는 일**이란 말을 가능한 한 가장 광범위하게 정의 내렸다. 그들은 여자가 남자의 음식에 소금을 많이 쳐서 불쾌하게 했다든지, 자신의 머리를 가리지 않고 공중 앞에 나갔다든지, 거리에서 다른 남자와 말을 했다든지, 수다스럽든지, 남편 앞에서 남편의 양친에 대해 무례하게 말하든지, 까다롭다거나 다투기를 좋아한다든지 하면 남자는 그 여자와 이혼할 수 있다고 주장했다. 아키바(Akiba)라는 랍비는 이 구절은 남자가 자신의 아내보다 더 매력 있는 여자를 발견했다면 이혼할 수 있음을 의미한다고 말했다.

인간의 본성으로 볼 때 어느 학파가 더 영향력이 컸을지는 알아내기 쉬울 것이다. 예수 당시에 와서는 이혼이 점차 더 쉬워졌다. 그래서 처녀들은 사실상 결혼하는 것을 기쁘게 여기지 않았다. 결혼이 너무나 불안정했기 때문이다.

예수의 말은 이상주의적인 이론이 아니었다. 실질적인 개혁가의 말이었다. 그는 가정생활 구조가 붕괴되고 민족적 도덕이 급격히 타락하는 상황 속에서 말씀하신 것이다.

II. 헬라인들의 결혼. 지금까지 예수 당시 팔레스타인 지방의 결혼에 대해 고찰해 보았다. 그런데 곧 기독교가 팔레스타인 지방을 벗어나 멀리까지 전파되었다. 이제 기독교 교훈이 전파된 더 넓은 세계의 결혼 현상에 대해 고찰해 볼 필요가 있다.

먼저 헬라인들의 결혼을 살펴보자. 헬라 세계에서는 결혼을 타락시키는 두 가지 사실이 있었다. 위대한 고전학자 베롤(A. W. Verrall)은 고대 문명을 말살해 버린 가장 중요한 병폐 중 하나가 여자를 천하게 보는 견해라고 했다. 헬라 사람들의 결혼 관계를 파멸시킨 첫째 원인은 결혼 이외의 관계를 맺는 것을 악으로 생각지 않고 당연한 것으로 용인하는 것이었다. 이런 관계는 불명예스러운 것이 아니라 마땅히 있을 만한 일로 생각되었다. 데모스테네스(Demosthenes)는 그것을 당연한 행위로 생각하며 다음과 같이 정의를 내렸다. "우리는 쾌락을 위해서는 창녀를 데리고 살며, 매일의 동거 생활을 위해서는 첩을 데리고 살고, 합법적으로 자녀를 소유하고, 여러 가사를 돌보기 위해 충실한 아내를 데려오는 것이다."

그 후 헬라 사상이 스며들고 로마 도덕이 무너졌을 때 키케로(Cicero)는 〈카엘리우스에 항변하여〉라는 연설에서 "창녀와 사랑을 절대적으로 금해야 한다고 생각하는 사람이 있다면 나는 그 사람은 너무 엄격하다고 말하고 싶다. 그가 말하는 원칙을 부인할 수 없다. 그러나 그는 이 시대의 완화된 도덕과도 모순될 뿐 아니라 우리 조상들의 관습과 물려준 특권과도 모순이 된다. 사실상 언제 이런 일이 없었던가? 누가 언제 여기에서 잘못을 찾아낸 적이 있는가? 언제 그 허가가 취소되었던가? 지금은 합법적이던 것이 언제 비합법적인 때가 있었는가?"라고 말했다. 혼외 관계는 일반적인 것이고 인습적인 것에 불과하다는 것이 데모스테네스와 함께 키케로의 항변이기도 했다.

헬라도 결혼에 대한 견해가 대단히 모순되어 있었다. 헬라 사람들은 여자는 거리에 절대 혼자 다닐 수 없고 남자들과 한 곳에서 식사도 함께할 수 없는 은거하는 자처럼 살아야 한다고 주장했다. 여자는 사회생활에도 참여해서는 안 되었다. 헬라 사람들은 자신의 아내에게 완벽하게 도덕적인 순결을 요구하면서도 자신은 최대한 비도덕적인 특권을 주장했다. 단적으로 말해 헬라인들은 안정된 가정을 위해 결혼은 하지만 자신의 쾌락은 다른 곳에서 찾았다. 소크라테스까지도 "그대가 그대의 아내에게 맡긴 일보다 더 작은 일을 맡길 만한 사람이 있겠는가? 그리고 그대가 그대의 아내에게 하는 말보다 적게 말할 사람이 어디 있겠는가?"라고 말했다. 로마 황제인 마르쿠스 아우렐리우스의 친구 웨루스(Verus)는 다른 여자들과 교제하다가 아내에게 책망을 받자 아내란 이름은 명예의 명목이지 쾌락의 대상은 아님을 기억해야 한다고 대답했다.

그러므로 헬라에서는 이상한 현상이 생겼다. 고린도에 있는 사랑의 여신전(The Temple of Aphrodite)에는 천여 명의 여자 사제가 있었는데 그들은 성녀이자 창녀들이었다. 저녁이 되면 그들은 고린도 거리로 내려왔고 이것이 "고린도의 거리에 가려면 돈이 들어서 누구나 다 가지는 못한다"라는 격언까지 생겼다. 이러한 종교와 매음의 놀라운 결합은 솔론(Solon)이 시작한 것이다. 그는 아덴에 창부와 유곽을 둘 것을 용인한 최초의 사람이며 그가 허가한 유곽에서 나오는 수입금으로 새로운 사랑의 여신 아프로디테 신전을 세웠다. 헬라인들은 매음 행위를 하기 위해 그 신전을 세운 것이 악한 일이라고 생각하지 않았던 것이다.

그러나 보통 창부와는 달리 헬라에는 헤타이라이(hetairai)라고 불리는 놀라운 계층의 여인들이 나타났다. 그들은 당시 헬라의 저명인사들의 애인들이었다. 그들은 최고의 교양을 갖추었고 사회적으로 세련미를 갖춘 여자들이었다. 그들은 호화판 저택에 살았고 그들의 이름은 그들이 교제한 인물의 명성과 함께 역사에 남아 있다. 타이스(Thais)는 알렉산더 대왕의 헤타이라이(성창녀)였다. 알렉산더가 죽자 그 여자는 프톨레미(Ptolemy)와 결혼했고 애굽 왕실의 어머니가 되었다. 아스파시아(Aspasia)는 페리클레스(Pericles)의 헤타이라이였다. 페리클레스는 아덴이 낳은 가장 위대한 통치자요 웅변가였는데 이 여자가 페리클레스에게 웅변을 가르쳤고 연설문을 써 주었다는 말이 있다. 에피큐러스(Epicurus)는 유명한 철학자로서 자기만큼 유명한 레온티니움(Leontinium)이 있었다. 소크라테스에게는 디오티마(Diotima)가 있었다.

이런 여자들은 크세노폰이 말해 주는 바와 같이 소크라테스가 데오도타를 방문한 데서 관찰할 수 있다. 그는 데오도타가 소문날 만큼 아름다운지 아닌지 알아보기 위해 그녀를 방문했고, 그녀를 만나자 오만한 자를 만나서는 안 되며 사랑하는 자들이 병들면 돌봐야 하며 영예가 그들에게 왔을 때는 함께 기뻐하고 자기를 사랑하는 자들을 부드럽게 사랑해야 한다고 말했다.

이와 같이 당시 헬라의 전 사회생활이 혼외 관계에 근거해 있었다. 그리고 이러한 관계가 자연스럽고 정상적인 것으로 용납되었고 조금도 비난받을 만한 것이 아니었다. 이러한 관계가 사실상 남자의 생활에는 중요한 부분을 차지하고 있었다. 이와 같이 헬라의 남자들은 혼외 관계에서 자신들의 쾌락을 추구하면서도 그들의 아내에게는 절대적인 순수성을 강요했던 것이다.

둘째로 헬라에서 결혼의 가치를 떨어뜨린 것은 이혼이 어떤 의미로든지 법적인 절차 없이 요구될 수 있었다는 데 있다. 남자가 해야 할 일은 두 증인 앞에서 자신의 아내를 내보내는 것뿐이었다. 여자를 위한 유일한 구제 조항은 남자가 그 여자의 지참금을 원금 그대로 되돌려 주어야 하는 것이었다.

이와 같은 문화권에서 기독교가 결혼의 순결과 정절을 말한 것은 수긍하기 어려울 정도로 고상한 것이었음은 쉽게 알 수 있다.

III. 로마인들의 결혼. 로마인들의 결혼 문제는 비극의 역사였다. 로마의 종교와 사회는 원래 가정을 기반으로 하고 있었다. 전 로마 제국의 기초는 파트리아 포테스타스(Patria Potestas), 즉 부권이었다. 부권은 자신의 가족에 대해 절대적인 권력을 가졌다. 로마인의 자식 된 자에게는 부친이 살아 있는 한 권리는 주어지지 않았다. 집정관이 되고 국가가 제공한 최고의 영예를 누리고 공직에 오르더라도 자신의 부친이 살아 있는 한 그는 아버지 세력 밑에 있었다. 로마인에게는 가정이 모든 것이었다. 로마의 여자들은 헬라의 여자들처럼 은거하지 않았고 사회생활에 참여할 수 있었다. 로마 법관 모데스티누스(Modestinus)는 "결혼이란 모든 신적이고 인간적인 권리가 주어진 한평생의 친교다"라고 말했다.

로마에도 매춘부는 있었다. 그러나 그들은 멸시를 받았고 그들과 교제하는 것은 불명예스러운 일이었다. 어떤 로마행 정관이 매음굴에서 폭행을 당했는데 그는 이 사건을 기소하여 법적으로 다스릴 것을 거절했다. 그렇게 한다는 것은 자신이 그러한 장소에 갔다는 것을 인정하게 되기 때문이었다. 이렇게 로마의 도덕 수준이 높았기 때문에 로마 제국이 개국하고 500년 동안에는 이혼에 대한 한 건의 기록도 없다. 자신의 아내를 최초로 버린 사람은 주전 234년 스프리우스 카르윌리우스 루가(Spurius Carvilius Ruga)였다. 그의 아내는 출산을 못했고 그 는 자녀를 원했기 때문에 이혼한 것이었다.

그 후 헬라 사람이 침입해 왔다. 군사적, 정치적 의미에서 로마는 헬라를 정복했지만 도덕적, 사회적 의미에서는 헬라가 로마를 정복한 셈이 되었다. 주전 2세기경에는 헬라 도덕 사상이 로마로 흘러 들어가기 시작하여 도덕 관념이 급격히 저하했다. 이혼은 결혼만큼이나 흔해졌다. 세네카는 여자는 이혼하기 위해 결혼하고 결혼하기 위해 이혼한다는 말을 남겼다. 유베날(Juvenal)은 "이베리나에게 한 남편이 충분하겠는가? 그 여자에게는 한 눈으로 만족하라고 말하는 편이 남자 한 명으로 만족하라는 말보다 용이하다"라고 했다. 그리고 그는 5년 동안 여덟 명의 남편을 둔 한 여자에 대해서도 말하고 있다. 마르티알(Martial)은 열 명의 남편을 둔 여자에 대해 말하고 있다. 로마의 웅변가 메틸루스 누미디쿠스(Metillus Numidicus)는 다음과 같은 놀라운 말을 했다.

"로마인들이여, 아내를 취하지 않고 사랑을 누릴 수 있다면 시끄러운 일들은 생기지 않을 것이다. 그러나 아내가 없으면 즐거운 생활도 못하고 아내 없이는 못 사는 것이 자연의 법칙이므로 우리는 순간의 쾌락보다 인종의 보존을 위한다는 생각을 갖고 살아야 할 것이다."

로마인에게 결혼이란 불행한 것이지만 필요상 하지 않을 수 없는 것으로 인식되었고 다음과 같은 냉소적인 농담까지 생겼다. "결혼해서 행복한 것은 이틀뿐이다. 하루는 남편이 처음으로 아내의 젖가슴을 껴안을 때이고, 다른 하루는 남편이 아내를 무덤에 장사할 때다."

상황이 이렇게 되자 독신자들에게는 특별 세금을 부과하는 제도가 생겼고 결혼하지 않은 사람은 상속받을 권리조차 빼앗겼다. 자녀가 있는 자에게는 특권이 부여되었다. 자녀가 있다는 것은 불행으로 생각되었기 때문에 특별한 법령을 정해 결혼이란 필요한 제도를 보호하고자 한 것이었다.

렉키(Lecky)는 "로마의 비극은 헬라 문명을 접한 후에 일어난 무정부적이고 거의 광적인 타락의 폭발과 같은 것에 있다"라고 말했다. 이러한 고대 세계가 순결을 주장하는 기독교인의 요구를 듣고 충격이 컸으리라는 것은 쉽게 짐작할 수 있다.

기독교인의 결혼 이념에 대해서는 마태복음 19장 3-9절을 설명할 때 하기로 하자. 여기에서는 단지 기독교가 세상에 들어옴으로써 사람들이 꿈도 꾸지 못한 결혼 순결의 이념이 들어왔다는 것에 주목하고자 한 것이다.

맹세

마태복음 5:33-37

[33]또 옛 사람에게 말한바 헛맹세를 하지 말고 네 맹세한 것을 주께 지키라 하
였다는 것을 너희가 들었으나 [34]나는 너희에게 이르노니 도무지 맹세하지 말
지니 하늘로도 하지 말라 이는 하나님의 보좌임이요 [35]땅으로도 하지 말라
이는 하나님의 발등상임이요 예루살렘으로도 하지 말라 이는 큰 임금의 성
임이요 [36]네 머리로도 하지 말라 이는 네가 한 터럭도 희고 검게 할 수 없음
이라 [37]오직 너희 말은 옳다 옳다, 아니라 아니라 하라 이에서 지나는 것은
악으로부터 나느니라

산상수훈에서 흥미로운 것은 예수께서 유대인들이 이미 잘 알고 있는 것을 지적하는 것이다. 예수께서는 그 사건 안에 들어 있는 이유를 다시 여러 가지로 열거한다.

유대 교사들은 진리를 설명할 때는 언제나 최상의 의무로서 강조했다. 즉, "세계는 정의, 진실, 평화 이 세 가지 위에 확고하게 서 있다", "다음의 네 사람, 즉 조롱하는 자, 위선자, 거짓말하는 자, 중상하는 자는 하나님 앞에서 쫓겨나리라", "약속을 하고도 실행치 않고 변경하는 자는 우상 숭배자만큼 악하니라"고 가르쳤다. 샴마이 학파에서는 진실 자체에 너무나 열심이었기 때문에 보통 사용하는 예의적인 언사도 금지했다. 예를 들면 사실상 아름답지 않은 신부에게는 아름답다고 찬사하지 않았다.

더욱이 유대 교사들은 진실하다고 서약된 것은 어디까지나 진실이라고 말했다. 되풀이하여 이 원칙이 신약성경에 나타난 것이다. 계명에서는 다음과 같이 말했다. "너는 네 하나님 여호와의 이름을 망령되게 부르지 말라 여호와는 그의 이름을 망령되게 부르는 자를 죄 없다 하지 아니하리라"(출 20:7). 이 계명은 비단 나쁜 말을 사용한다는 의미에서만 서약해서 안 된다는 것이 아니다. 즉, 이 계명의 하나님의 이름으로 진실을 서약하는 사람이나 무엇을 언약하는 사람, 거짓되

게 맹세하는 사람은 정죄당한다.

"사람이 여호와께 서원하였거나 결심하고 서약하였으면 깨뜨리지 말고 그가 입으로 말한 대로 다 이행할 것이니라"(민 30:2).

"네 하나님 여호와께 서원하거든 갚기를 더디 하지 말라 네 하나님 여호와께서 반드시 그것을 네게 요구하시리니 더디면 그것이 네게 죄가 될 것이라"(신 23:21-22).

그러나 예수 당시에는 서약하는 데 두 가지 충분하지 못한 것이 있었다.

첫째는 필요하거나 적절하지 않은 때 서약하는 경박한 맹세다. 즉, "내 생명을 걸고", "나의 머리를 걸고", "만일 ~면 내가 결코 이스라엘의 위로를 받지 못하리라" 등의 말은 너무나 흔해 빠진 관용어였으므로 이런 말로 그 서약이 보증될 수는 없었다. 랍비들은 이것을 "저것은 올리브나무다"라는 말처럼 단순한 말에 서약을 하면 유죄가 될 수 있으며 잘못된 것이라고 했다. 그들은 "옳은 것은 예, 아닌 것은 아니오"라고 말하라고 했다. 여기에서 좀더 경고할 것이 있다. 사람들은 흔히 정말 무의미한 것에 최고의 성스러운 말을 적용시킨다. 그들은 가장 경솔하고 부적당한 태도로 신성한 이름과 신성한 물건을 그들의 입에 오르내리게 했다. 거룩한 이름은 거룩한 것을 위해서만 쓰여야 한다.

둘째는 전자보다 더 나쁜 유대인의 습관이었는데, 이것은 회피적인 맹세라고 부를 수 있다. 유대인들은 서약을 두 부류로 나누었는데 절대적인 구속력을 가진 것과 그렇지 않은 것이었다. 하나님의 이름으로 된 서약은 어떤 것이라도 절대적인 구속력이 있었고, 하나님의 이름을 피하고 된 서약은 어떤 구속력에 지배되지 않았다. 그 결과 어떤 사람이 어떤 식으로든 하나님의 이름으로 맹세했으면 그 서약을 엄격하게 지켰으나 하늘, 땅, 예루살렘, 자신의 머리 등을 두고 맹세했으면 그 서약을 아주 자유스럽게 깨뜨릴 수 있다고 생각했다. 그 결과 서약하는 데 하나님의 이름을 피하는 방법이 아주 교묘해지게 되었다.

이 배후에는 하나님의 이름이 사용되면 그때는 하나님이 그 계약에 참여자가 된다는 사상이 있었다. 그러므로 하나님의 이름이 사용되지 않으면 하나님은 이 계약과는 아무런 관계가 없다고 생각했다. 예수께서 말하는 이 원리는 여기서 분명해졌다. 결과적으로 예수께서는 하나님을 모든 계약에 간섭하시는 참여자로 내세움으로써 어떤 계약에서도 하나님의 간섭을 벗어날 수 있는 사람은 없다는 것을 말하고 있다. 하나님은 이미 거기에도 계신다. 하늘은 하나님의 보좌요 땅은 하나님의 발등상이며, 예루살렘은 하나님의 성이며, 사람의 머리는 하나님에게 속한 것으로서 사람은 한 터럭도 희고 검게 할 수 없으며, 사람의 생명도 하나님의 것이며, 이 세상에는 하나님에게 속하지 않은 것이라고는 하나도 없다. 그러므로 하나님의 이름이 불리건 불리지 않건 그것이 문제가 아니다. 하나님은 이미 거기에 계신다.

여기에는 하나의 위대하고 영원한 진리가 있다. 생활은 하나님이 관계하지 않는 부문과 관계하는 부문으로 나누어 생각할 수 없다. 즉, 교회에서 전용되는 언어가 따로 있고 조선소, 공장, 사무실에서 전용되는 언어가 따로 있어서는 안 된다. 교회의 행동 표준과 사업계에서 사용되는 행동 표준이 달라서는 안 된다. 하나님은 다른 것과 별개로 떨어진 생활에 들어오시기를 원하지 않는다는 것이다. 그는 무소부재하시며 모든 삶의 활동 영역에 편재해 계신다. 그는 당신의 이름으로 나온 말뿐 아니라 모든 말씀을 들으신다. 어떤 계약에서도 하나님의 간섭을 피할 수 있는 말은 있을 수 없다. 모든 언약은 하나님의 임재하심 앞에서 이루어진다는 것을 기억한다면 모든 언약을 신성한 것으로 간주하지 않을 수 없을 것이다.

서약의 끝

마태복음 5:33-37(계속)

이 교훈의 결론으로써 경고하고 있다. 그것은 사람이 "예"라고 해야 할 때 "예"라고 하고, "아니요"라고 해야 할 때 "아니요"라고 해야 한다는 것이고 그 밖의 것이 포함되어서는 안 된다는 것이다. 말의 진실성을 보증하고 증명하는 맹세는 하지 않는 것이 이상적이다. 맹세할 필요가 전혀 없는 인격이야말로 훌륭한 것이다. 말은 그 인격이 보증하고 증명할 것이다. 유명한 헬라 교사이며 웅변가인 이소크라테스(Isocrates)는 "사람은 어떤 서약보다도 자신을 더 믿을 수 있도록 인생을 이끌고 가지 않으면 안 된다"라고 말했다. 알렉산더의 클레멘트는 믿는 자는 사람들에게 그에게 아예 서약을 요구할 틈도 주지 않을 정도로 신실한 삶을 살고 그러한 인격을 보여 주지 않으면 안 된다고 주장했다. 이상적인 사회란 아무도 진실성을 보증하기 위해 서약을 요구할 필요가 없는 사회이며 누구의 언약이라도 실행을 보증하는 서약이 필요 없는 사회다.

그러면 예수께서 명한 이 교훈은 어떤 곳에서라도, 예를 들면 법정 증인석에서도 서약하는 것을 금하는가? 모든 서약을 완전히 거부한 두 종류의 사람들이 있었다. 고대 유대인들의 한 종파인 엣세네파들이 그 한 부류였다. 요세푸스(Josephus)는 그들에 대해 "그들은 성실성이 뛰어났고 평화의 사도들이었다. 그들이 말한 것은 어떤 서약보다도 더 확고하였다. 그들은 맹세하는 것을 피했으며 맹세하는 것은 거짓 증서보다도 악한 것이라고 평가했다. 맹세하지 않고는 믿을 수 없는 자는 이미 정죄된 것이라고 말했다"라고 기록했다. 둘째는 퀘이커 교도들인데 그들은 과거에도 현재도 맹세하지 않는다. 조지 폭스(George Fox)는 극단의 경우에서도 **진실로**란 말만 사용했다. 그는 "나는 나의 전 생활을 통하여 (그가 실업계에서 활동한 동안) 남자나 여자에게 부정을 행한 일이 결코 없다. 내가 그 일에 종사하는 동안 거래관계에서 나는 **진실로**란 말을 사용했다. '조지 폭스가 **진실로**란 말을 했다면 거기에는 어떤 변경도 없다' 고 모두가 말하게 되었다"라고 기록했다. 고대에는 엣세네파 사람들이 어떤 조건하에서도 서약하지 않았고 오늘날에는 퀘이커 교도들이 그와 같이 서약하지 않는다.

이런 사람들이 맹세를 하지 않는 것이 옳은 것인가? 바울도 서약한 때가 있었다. 그는 고린도 교회에 "**내가 내 목숨을 걸고** 하나님을 불러 증언하시게 하노니 내가 다시 고린도에 가지 아니한 것은 너희를 아끼려 함이라"(고후 1:23)라고 편지했다. 그는 또 갈라디아에 "보라 내가 너희에게 쓰는 것은 **하나님 앞에서 거짓말이 아니로다**"(갈 1:20)라고 편지했다. 이런 경우 바울은 서약을 전제하고 있다. 예수께서는 서약해야 할 위치에 섰을 때 항변하지 않았다. 그는 대제사장 앞에서 심문을 당할 때 "내가 너로 살아 계신 하나님께 맹세하게 하노니-즉, 내가 너로 하나님 자신의 이름으로 서약을 하도록 너를 세우노니-네가 하나님의 아들 그리스도인지 우리에게 말하라"(마 26:63)고 말씀하셨다. 이때는 어떤 상황이었던가?

이 본문 구절의 마지막 부분을 살펴보자. 성경에서는 사람은 단순히 "예" 혹은 "아니요"라고 대답해야 하며 "이에서 지나는 것은 악으로 좇아나느니라"고 말한다. 이것은 무엇을 의미하는가? 이것은 다음 둘 중 어느 하나를 의미할 것이다.

I. 인간 속에 악이 없다면 서약은 필요 없을 것이다. 다시 말해 때때로 사람에게 서약하게 할 필요가 있다는 사실은 그리스도 부재의 인간 본성에 악이 있다는 것을 나타내는 것이다.

II. 경우에 따라 사람들에게 서약을 하게 할 필요가 있다는 사실은 현세계는 악한 세계라는 것을 입증한다. 완전한 세계, 즉 하나님 나라가 임한 세계에서는 서약이 필요하지 않다. 서약을 하게 하는 것은 이 세상의 악이다.

예수께서 말씀하시는 것은 진실로 선한 사람은 서약을 할 필요가 없다는 것이다. 즉, 그의 말의 진실과 그의 약속의 확실성에는 이러한 보증이 결코 필요하지 않다는 것이다. 그러나 아직까지 때때로 서약이 필요하다는 사실은 사람들이 선하지 못하며 우리가 사는 현실이 선한 세상이 아니라는 증거다.

그러므로 예수께서 주신 이 교훈은 우리에게 두 가지 의무를 부과해 준다. 첫째는 사람들이 우리에게 어떤 서약도 요구하지 않을 만큼 선을 보여 줄 수 있도록 우리 자신을 만들어 나갈 의무다. 그 다음은 이 세상에서 거짓과 불신을 완전히 일소시켜서 서약이 폐지될 수 있는 세계가 되도록 만들어 갈 의무다.

옛 법

마태복음 5:38-42

[38]또 눈은 눈으로, 이는 이로 갚으라 하였다는 것을 너희가 들었으나 [39]나는
너희에게 이르노니 악한 자를 대적하지 말라 누구든지 네 오른편 뺨을 치거
든 왼편도 돌려 대며 [40]또 너를 고발하여 속옷을 가지고자 하는 자에게 겉옷
까지도 가지게 하며 [41]또 누구든지 너로 억지로 오 리를 가게 하거든 그 사람
과 십 리를 동행하고 [42]네게 구하는 자에게 주며 네게 꾸고자 하는 자에게 거
절하지 말라

신약성경 중에서 이 구절보다 더 성도의 윤리의 본질을 함축하고 있는 구절이 없다. 여기서 나타나는 성도의 생활에 대한 윤리적 특성이야말로 신자와 비신자의 생활과 행위를 구별하며 규정 짓고 있다.

예수께서는 그 세계에서는 가장 오래된 율법–눈은 눈으로 이는 이로–을 인용함으로써 자신의 주장을 세우기 시작한다. 옛 법은 렉스 탈리오니스(Lex Talionis)로 알려진 것인데 이것은 똑같은 방법으로 보복하는 율법이라고 불린다. 이것은 주전 2285–2242년 바빌론을 통치한 함무라비의 법전에서 나타나는데 이 법전이 법전 중에 최초로 편집된 것으로 알려져 있다. 이 함무라비 법전은 신사와 노동자를 교묘하게 구분해 놓고 있다.

"만일 사람이 한 신사의 눈을 실명케 했다면 그의 눈 하나는 실명되어야 할지니라. 만일 신사의 사지 중 하나를 부러뜨렸으면 그의 사지 중 하나를 부러뜨려야 할지니라. 만일 신사가 가난한 사람의 눈을 실명케 했거나 가난한 사람의 사지 중 하나를 부러뜨렸으면 그는 은 한 미나를 지불할지니라…. 만일 자기와 동등한 사람의 이빨을 부서뜨렸다면 그의 이빨도 부서뜨려야 할지니라. 만일 신사가 가난한 사람의 이빨을 부서뜨렸다면 그는 은 3분의 1 미나를 지불할지니라."

이 원칙은 간결하고 명료해서 사람이 타인에게 상해를 입혔다면 똑같은 상해를 받아야 한다는 원칙이다.

이 법은 구약성경 윤리의 일부분이 되었다. 우리는 구약성경에서 이 원칙이 세 번이나 분명하게 나타난 것을 볼 수 있다.

"그러나 다른 해가 있으면 갚되 생명은 생명으로, 눈은 눈으로, 이는 이로, 손은 손으로, 발은 발로, 덴 것은 덴 것으로, 상하게 한 것은 상함으로, 때린 것은 때림으로 갚을지니라"(출 21:23-25). "사람이 만일 그의 이웃에게 상해를 입혔으면 그가 행한 대로 그에게 행할 것이니 상처에는 상처로 눈에는 눈으로, 이에는 이로 갚을지라 남에게 상해를 입힌 그대로 그에게 그렇게 할 것이며"(레 24:19-20). "네 눈이 긍휼히 여기지 말라 생명에는 생명으로, 눈에는 눈으로, 이에는 이로, 손에는 손으로, 발에는 발로이니라"(신 19:21).

이러한 율법들은 종종 구약 율법 중에서도 잔인하고 야만적이며 무자비한 율법처럼 인용되었다. 그러나 우리가 구약성경의 비평을 시작하기 전에 확실한 의미를 먼저 주목해 볼 필요가 있다.

I. 동일한 대가로 보복하는 율법인 렉스 탈리오니스(Lex Talionis)는 잔인하고 야만적인 율법과는 거리가 멀 뿐 아니라 사실은 자비의 시초다. 이 법의 원래 목적은 **복수의 한계**를 분명하게 하려는 것이었다. 원시 시대에는 가족간의 유혈 복수와 부족 사이의 유혈 복수가 빈번하게 일어났다. 만일 갑이라는 부족 중 한 사람이 을이라는 부족 중 한 사람에게 상해를 입혔다면 피해의 부족원 **전부**가 상해를 입힌 사람의 부족원 **모두**에게 복수를 하려고 나섰다. 복수란 바로 상대를 죽이는 것이었다. 여기에서 이 법, 즉 렉스 탈리오니스(동일한 대가의 보복법)는 **복수를 신중하게 제한한다.** 이것은 상해를 입힌 자만이 벌을 받아야 하며 그가 입힌 상해와 그가 행한 손상 이상 처벌하면 안 된다고 규정하고 있다. 이러한 역사적 배경에서 고찰해 보면 이 법은 야만적인 법이 아니라 자비로운 법이라고 할 수 있다.

II. 더 나아가 이것은 결코 "사사로운 개인"에게 복수를 실행할 권리를 부여하는 법률이 아니다. 이 법은 언제나 법정에서 **재판관**이 형벌과 벌금을 정하는 기준을 보여 준다(출 18:19 참조). 이 율법은 개인에게 동일한 대가의 복수를 할 권리를 주려는 것이 아니라 어떤 폭행이나 불의한 행위에 대해 죄인이 마땅히 받아야 할 벌칙을 재판관이 부과하기 위한 지침서의 역할을 했다.

III. 더욱이 이 율법은 초기 문명사회에서도 문자 그대로 실행되지는 않았다. 유대 법률가들은 이것을 문자 그대로 실행하는 것은 사실상 정의에 반대된다고 주장했다. 나쁜 눈이나 악한 이 때문에 좋은 눈과 좋은 이가 희생되어야 할 경우도 있기 때문이다. 그래서 얼마 안 되어 상해는 금액으로 환산하여 부과되었다.

바바 캄마(Baba Kamma)라는 논문에 나타나 있는 유대 율법은 손상을 입혔을 때 어떻게 대가를 치러야 하는지 조심스럽게 규명하고 있다. 갑이란 사람이 을이란 사람에게 상해를 입혔다면 갑은 을에게 다섯 가지-상해의 대가로, 고통의 대가로, 치료를 위해, 시간 낭비의 대가로, 명예 손상의 대가로-의 배상을 해야 했다. 상해를 입은 사람이 시장에서 매매될 수 있는 노예라면 상해 입기 **전**의 가치와 받은 **후**의 가치의 가격 차이를 상해를 입힌 자가 지불해야 한다. 즉, 피해자의 가치 손실을 책임져야 한다. 고통에 따라 상해를 입은 자가 고통을 겪은 대가로 기꺼이 받아들일 수 있는 금액이 얼마나 될지 평가되었고 가해자는 전액을 책임져야 한다. 가해자는 피해자가 완전히 치료될 때까지 소요되는 치료비 전액을 지불해야 한다. 그리고 가해자는 피해자가 노동할 수 없는 기간 동안 받지 못하는 임금에 대한 배상을 해야 하고, 피해자가 원래 좋은 보수를 받는 위치에 있었으나 이제 상해 때문에 보수가 낮은 일을 하게 되었다면 여기에 상응하는 배상을 해야 한다. 명예 훼손에 대해서도 가해자는 피해자가 당한 모욕과 경멸에 대한 대가를 지불해야 한다. 그러므로 실질적인 실행면에서 렉스 탈리오니스가 규정하는 보상 방법은 근대적이다.

IV. 무엇보다도 중요한 것은 동일한 대가의 보복적인 율법이 구약성경 윤리의 전부는 결코 아니라는 것이다. 구약성경에는 자비를 나타내는 말이 이곳저곳에 나타나 있으며 자비를 나타내는 탁월한 사상도 있다.

"원수를 갚지 말며 동포를 원망하지 말며"(레 19:18). "네 원수가 배고파 하거든 음식을 먹이고 목말라 하거든 물을 마시게 하라"(잠 25:21). "너는 그가 내게 행함같이 나도 그에게 행하여 그 행한 대로 갚겠다 말하지 말지니라"(잠 24:29). "자기를 치는 자에게 뺨을 돌려 대어 치욕으로 배불릴지어다"(애 3:30).

이와 같이 구약성경 중에도 풍부한 자비 사상이 들어 있다.

고대의 윤리는 동일한 보복법에 근거되어 있었다. 그러나 이 율법은 일종의 자비의 법이라는 것은 사실이다. 이 율법은 재판관을 위한 것이지 개인을 위한 것이 아니며 문자 그대로 실행되지는 않았다. 또 여기에는 자비를 강조하려 하고 있었다. 그러나 예수께서는 그 율법의 원칙을 도말해 버렸다. 아무리 제한된 보복도 기독교인의 삶에는 있을 수 없는 것이기 때문이다.

원한과 보복의 끝

마태복음 5:38-42(계속)

그래서 예수께서는 믿는 자를 위해 제한된 복수인 옛 법을 폐지하고 원한이 없고 보복이 없는 새로운 정신을 제시해 준다. 예수께서는 계속해 실행할 수 있는 성도의 정신 태도에 대해 세 가지 예를 들고 있다. 이런 예를 전혀 이해하지 못하고 문자적으로 받아들이는 것은 완전히 그 본래의 의미의 중심을 상실하는 것이다. 그러므로 예수께서 말씀하고 계시는 것이 무엇인지를 이해하는 것이 가장 중요하다.

I. 예수께서는 누가 우리의 오른 뺨을 치면 다른 뺨도 돌려 대야 한다고 말씀하신다. 여기에는 우리의 안목이 미치지 못하는 깊이와 단순히 얼굴을 때리는 문제 이상의 것이 있다. 이제 갑이라는 오른손잡이가 을이라는 사람 앞에 서 있다고 생각해 보라. 그리고 갑이 을의 오른 뺨을 때리려고 한다고 하자. 어떻게 때릴 수 있을까? 갑이 몸을 뒤틀지 않고 치려 한다면, 또 힘껏 제대로 치려 한다면 **자신의 손등**으로 칠 수밖에 없을 것이다. 그런데 유대 랍비들의 율법에 의하

면 **손등**으로 사람을 치는 것은 **손바닥**으로 때리는 것보다 두 배의 모욕을 주는 일이다. 손등으로 때리는 것은 그 사람을 두 배로 멸시하는 것이다. 따라서 예수께서 말씀하시는 것은 다음과 같다. "누가 너를 심하게 또 계획적으로 공격한다 할지라도 너는 보복해서는 안 되며 너는 거기에 분개하지 말아야 한다"는 것이다. 누가 우리의 뺨을 때리는 일이 흔하지 않고 설사 전혀 없는 일이라 할지라도, 생활하는 가운데 우리는 크고 작은 모욕적인 사건에 부닥치게 된다. 예수께서는 여기에서 참된 성도란 욕설에 분개하지 않으며 복수하려는 생각은 조금도 하지 않는 마음가짐을 가진 자라고 말한다.

예수 자신은 먹기를 탐하는 자요 술을 즐기는 자라는 말을 들었고, 그는 그를 따르는 자들과 같은 부류라는 의미로 세리와 창녀의 친구라는 말까지 들었다. 초대 성도들은 예배 때 사랑의 만찬의 순서가 있었기 때문에 식인종과 방화범이란 말을 들었고 부도덕하며 야비하고 염치없는 자들로 비난을 받았다. 세프츠버리(Shaftesbury)는 가난한 자와 억눌린 자를 돕는 운동을 하려고 했을 때 그는 친구와 상류 사회 사람들에게서 평판이 좋지 못할 것이며, 모든 희망을 포기해야 할 것이라는 경고를 받았다. 윌버포스(Wilberforce)가 노예 해방을 위해 개혁을 부르짖고 일어났을 때 그가 잔인한 남편이고 아내를 때리는 자라느니, 흑인 여자와 결혼했다느니 하면서 그를 중상모략하는 사람이 많았다.

교회에서는 가끔 특별한 모임에 초대되지 못했다고, 혹은 당연히 자신에게 주어질 지위를 얻지 못했다는 이유로 모욕을 당했다고 느끼는 사람들이 있다. 기독교인은 모욕당했다고 생각하지 않는 사람, 어떤 모욕을 받아도 결코 분개하지 않으며, 복수할 생각은 추호도 하지 않는 것을 주 예수에게서 배운 사람이다.

II. 예수께서는 누구든지 소송을 걸어 우리의 속옷을 가지고자 한다면 속옷뿐 아니라 겉옷까지도 주라고 말씀하신다. 여기에도 우리의 통찰이 미치지 못하는 훨씬 깊은 의미가 있다. 속옷 카이튼(Chiton)은 무명이나 아마로 만든 긴 자루처럼 생긴 옷으로 아무리 가난한 사람도 두 벌은 갖고 있다. 겉으로는 모포처럼 생긴 외투가 있었는데 사람들은 낮에는 의복으로 걸치고 다니고 밤에는 이불로도 사용했다. 유대인들에게 이런 겉옷은 단지 한 벌밖에 없었다. 유대의 율법에 의

하면 속옷(Chiton)은 저당 잡을 수 있으나 겉옷은 저당 잡을 수 없었다.

"네가 만일 이웃의 옷(겉옷)을 저당 잡거든 해가 지기 전에 그에게 돌려보내라 그것이 유일한 옷이라 그것이 그의 알몸을 가릴 옷인즉 그가 무엇을 입고 자겠느냐 그가 내게 부르짖으면 내가 들으리니 나는 자비로운 자임이니라"(출 22:26-27).

요점은 권리를 가지고는 타인의 겉옷을 영구히 취할 수 없다는 것이다. 그러므로 예수께서 말하고 있는 것은 "기독교인은 자신의 권리를 주장하지 않으며 자신의 법적 권리에 대해 논쟁하지 않으며 자기 자신이 법적 권리를 갖고 있다고 생각하지도 않아야 한다"라는 것이다.

흔히 자신의 권리를 영원히 견지해 나가려는 사람, 자신의 특권에 집착해 절대로 양보하지 않는 사람, 권리에 대해서는 일말의 여지도 없이 철저해서 극히 사소한 침해도 당하지 않고 싸우려는 사람이 있다. 유감스럽게도 교회에도 이런 사람들이 많다. 자신의 세력 범위가 침해당했다고 생각하는 공직자, 자신의 직책에 따르는 권한이 행사되지 못한다고 불만을 가지는 사람, 어떤 사람의 권리가 무시될까 봐 겁이 나서 사무를 운영할 때 규약과 관례에 얽매이는 위원회, 이런 사람들은 기독교가 무엇인지 근본도 모르는 사람들이다. 믿는 자란 자신의 권리보다는 의무를, 자신의 특권보다는 책임을 생각하는 자다.

기독교인이란 자신에게 어떤 권리가 있는지 완전히 잊어버린 사람이며, 교회 안팎에서 자신의 권리를 사수하려고 끝까지 법정에서 싸우는 사람은 성도의 길에서 벗어난 사람이다.

III. 예수께서는 오 리를 가자고 할 때 믿는 자는 기꺼이 십 리를 가야 한다고 말씀하신다. 여기에는 우리가 알지 못하는 한 전제가 있다. 즉, 그것은 피점령지에 있는 현상이란 것이다. **억지로 하게 하다**는 동사의 원형은 아가레우에인(aggareuein)인데 이 낱말은 하나의 역사가 있는 말이다. 이것은 명사 아가레우스(aggareus)에서 온 낱말인데 **급사**란 의미의 페르시어다. 페르시아인들에게는 놀라운 우편 제도가 있었다. 모든 도로는 하루가 걸리는 거리로 나뉘어 거기마다 역이 있었다. 각 역에는 급사를 위한 음식, 말을 먹이기 위한 물과 사료, 새로운 구간을 달릴 새 말이 있었다. 그러나 특별한 일이 생겨 무엇이든 부족한 것이 생긴다면 누구에게든지 강제적으로 음식, 숙소, 말 등 어떤 조력을 요구하거나 다음 역까지 그 전달문을 연락해 주도록 강요할 수 있었다. 이러한 강요를 나타낸 낱말이 아가레우에인이었다. 결국 이 낱말은 점령 세력에 봉사하도록 하는 강제 징용에 대한 의미를 나타내게 되었다. 피점령 국가의 시민들에게는 음식을 제공하고 숙소를 마련하고 수하물을 운반하도록 강요할 수 있었다. 때때로 점령 세력들은 가장 포악하고 잔인한 방법으로 이 권리를 행사했다. 시민들에게는 언제나 강제 징용의 위협이 가시지 않았다.

팔레스타인은 피점령지였으므로 유대인은 언제 로마인의 창날이 날아들어 로마인의 수종을 들도록 강요당할지 알 수 없었고, 그들이 시키는 일이란 가장 천한 일이었다. 구레네 시몬이 예수의 십자가를 메고 가도록 강요당한 것(aggareuein)도 사실상 그러한 강요였다. 그러므로 예수께서는 다음과 같이 말씀하셨다.

"다스리는 자가 그대에게 길 안내자로나 혹 짐 운반자로 오 리를 가도록 강요할 때 그대는 괴롭고 원한에 찬 마음으로 오 리를 가지 말고 명랑하고 친절한 호의를 보이면서 십 리를 갈지니라", "그대는 그대가 좋아하는 대로 할 수 있는 자유가 있다고 생각하지 말고 오히려 타인에게 봉사해야 할 의무와 특권이 있다고 생각할지니라. 그대에게 어떤 과업이 주어지면 비록 그것이 비합법적이고 증오스러운 것이라 할지라도 원한을 품고 냉혹하게 의무를 행하는 자같이 하지 말고 마음을 기쁘게 해 섬기는 자같이 할지니라."

언제나 일을 하는 데는 두 가지 형태의 사람이 있다. 첫째, 최소한의 할 일만 하고 그 이상은 조금도 하지 않는 사람이다. 그런 사람은 그 일 전부에 대해 염증을 나타내며 기껏해야 최소한의 능력만 발휘할 뿐이지 그 이상은 하지 않는다. 둘째, 그와 반대로 호의에 찬 친절과 자원하는 심정으로 그 일을 훌륭하게 하려는 사람이다. 이런 사람은 그가 해야 하는 정도만 아니라 기대치 이상의 일을 한다. 비능률적인 노동자나 원한에 가득 찬 하인이나 공손치 못한 협조자는 이러한 기독교인의 삶의 올바른 이념은 꿈도 꾸지 못할 것이다. 참된 기독교인이란 자신이 좋아하는 일만을 하는 자가 아니라 비록 그 요구가 무례하고 불합당하고 난폭하다 할지라도 오로지 남을 돕겠다는 생각만을 하는 자다.

그러므로 예수께서는 이 본문에서 동방의 광경을 눈앞에 그리면서 세 가지 위대한 법칙을 보여 주고 있다. 첫째, 기독교인은 어떤 계획적이고 치명적인 모욕에 대해서도 결코 분개하거나 복수하려는 생각을 해서는 안 된다. 둘째, 기독교인은 자신의 법적 권리나 권리도 내세워서는 안 된다. 셋째, 기독교인은 자신이 하고 싶은 것을 하는 것을 권리라고 생각할 것이 아니라 남을 돕는 것을 의무라고 생각해야 한다.

그러면 우리는 어떻게 해야 그 단계까지 다다를 수 있을 것인가?

기꺼이 줄 것

마태복음 5:38-42(계속)

마지막으로 예수께서는 네게 구하는 자에게 주며 네게 주고자 하는 자에게 거절하지 말라고 하신다. 남에게 무엇을 주는 것은 유대 율법상 가장 귀한 것이었다. 신명기 15장 7-11절을 보면 다음과 같이 기록되었다.

> 네 하나님 여호와께서 네게 주신 땅 어느 성읍에서든지 가난한 형제가 너와 함께 거주하거든 그 가난한 형제에게 네 마음을 완악하게 하지 말며 네 손을 움켜쥐지 말고 반드시 네 손을 그에게 펴서 그에게 필요한 대로 쓸 것을 넉넉히 꾸어 주라 삼가 너는 마음에 악한 생각을 품지 말라 곧 이르기를 일곱째 해 면제년이 가까이 왔다 하고 네 궁핍한 형제를 악한 눈으로 바라보며 아무것도 주지 아니하면 그가 너를 여호와께 호소하리니 그것이 네게 죄가 되리라 너는 반드시 그에게 줄 것이요 때에는 아끼는 마음을 품지 말 것이니라 이로 말미암아 네 하나님 여호와께서 네가 하는 모든 일과 네 손에 닿는 모든 일에 네게 복을 주시리라 땅에는 언제든지 가난한 자가 그치지 아니하겠으므로 내가 네게 명령하여 이르노니 너는 반드시 네 땅 안에 네 형제 중 곤란한 자와 궁핍한 자에게 네

손을 펼지니라.

일곱째 해 **면제년**이란 매 7년이 되는 해에 빚을 말소하는 것을 말한다. 그래서 인색하고 타산적인 사람은 면제년이 가까이 오면 빌려 준 빚을 떼이지 않으려고 빌려 주기를 꺼려했다.

유대 율법에 근거한 시여(자선을 베푸는 것)가 전술한 본문인데 랍비들은 이 시여에 대한 다섯 가지 원칙을 규명했다.

I. 주는 일을 거절해서는 안 된다. "자비를 거절하지 않도록 조심하라. 자비를 거절하는 자는 누구나 우상을 섬기는 자와 같으니라." 만일 누군가에게 주기를 거절하는 자가 있다면 언젠가는 그에게 빌려 와야 할 때가 올 것이다.

II. 시여는 넉넉히 해야 한다. 신명기는 **무엇이나 궁핍한 것은** 얻게 되어야 한다고 말했다. 다시 말해 겨우 살아갈 수 있을 만큼 주는 것으로는 불충분하고, 적어도 그 사람의 이전 생활 수준, 이전에 즐겼던 안락한 생활에 상당하는 것을 주지 않으면 안 된다는 것이다. 여기서 힐렐(Hillel: 유대 랍비 중 한 사람)은 극빈해진 귀족 가문 자손에게는 단순히 아사를 면하게 하는 것만으로 충분하지않고 타고 갈 말과 그 말을 끌 종도 주어야 한다고 했다. 그래서 한 번은 말을 끌 만한 종이 없었을 때 힐렐이 몸소 종처럼 말을 끈 일도 있었다. 단순히 현실적인 빈곤이 아니라 가난이 몰고 오는 굴욕적인 것도 없앤다는 측면에서 시여는 대단히 아름답고 귀한 행동이었다.

III. 시여는 사람들이 보지 않는 곳에서 은밀히 해야 한다. 시여하는 자 외에는 거기에 아무도 있어서는 안 된다. 실제로 랍비들은 시여의 최상의 경지를 주는 자가 누구에게 주는지, 받는 자가 누구에게 받는지를 알지 못하는 것이라고 말하고 있다. 성전 안에는 사람들이 남몰래 와서 은밀히 자신들의 선물을 놓고 가는 곳이 있었다. 이런 은밀한 헌물은 몰락한 귀족들이나 이러한 도움 없이는 혼인할 수 없는 가난한 과부의 딸들을 위해 은밀히 사용되었다. 유대인들은 자기 선전이나 세력, 명예를 얻기 위해 하는 선물은 대단히 혐오했다.

IV. 주는 자의 태도는 받는 자의 인격이나 기질에 적합해야 한다. 재산을 가진 사람이 너무 인색하여 그것을 사용치 않는 사람이 있으면 선물은 주되 후에 그것을 차용금으로 변경시켜서 내게 하는 규칙이 있었다. 또 너무 자존심이 강하여 도움을 청하지 않는 사람이 있다면 그의 자존심이 상하지 않도록 랍비 이스마엘은 주는 자가 그에게 가서 "나의 벗이여, 그대는 아마 돈을 빌릴 필요가 있을 것일세"라고 말하라고 암시했다. 그렇게 돈을 주고 그 차용금을 돌려받지 않으면 사실상 그것은 차용금이 아니라 시여물이 된다. 그리고 어떤 사람이 도움을 간청했을 때 여기에 응할 수 없으면 비록 돈을 못 주었으나 적어도 동정은 했다는 것을 보여 주고 상대를 도와 상처를 받지 않도록 해야 했다. 주는 태도도 물질 못지않게 중요했던 것이다.

V. 모든 시여가 바로 하나님에게 드리는 것이기 때문에 이것은 특권이며 동시에 의무다. 어떤 궁핍한 자에게 무엇을 준다는 것은 주건 안 주건 **선택**할 수 있는 성질의 것이 아니라 **하지 않으면 안 되는** 것이다. 그가 주기를 거절했다면 이것은 바로 하나님에게 주기를 거절한 것이라고 생각하기 때문이다.

"가난한 자를 돕는 자는 주님께 돈을 대부해 준 자와 같나니 주께서 이 선행에 대해 풍부하게 그를 보상하시리로다", "남에게 자비를 베푼 사람마다 그에게 하늘에서 자비를 보이시리로되 남에게 자비를 베풀지 않는 자에게는 하늘의 자비도 감추시로다."

랍비들이 즐겨 지적한 것은, 율법에서 아무런 제한을 두지 않은 행위는 극히 적은데 애정이 담긴 친절이 그 중 하나라는 것이었다.

그러면 예수께서는 다만 분별없이 나누어 주어야 한다고 하셨을까? 이에 대해서는 간단하게 대답할 수 없다. 주는 물건이 받는 자에게 어떤 영향을 미치게 하는지를 고려해야 한다는 것은 당연하다. 남에게 주는 행동이 받는 자에게 게으름이나 무책임에 빠지게 한다면 단지 해만 될 뿐이다. 또한 우리는 공적인 기관을 통해서만 기부하겠다고 하고 개인적으로는 도와주지 않는 사람들 중에는 기부하지 않으려고 핑계대는 사람이 많다는 것을 기억해야 한다. 그리고 정말 가난한 사람을 돌려보내는 잘못을 저지르느니 정직하지 못하게 구걸하는 사람들에게라도 자비를 베푸는 것이 낫다는 것을 기억해야 할 것이다.

기독교인의 사랑

마태복음 5:43-48

[43]또 네 이웃을 사랑하고 네 원수를 미워하라 하였다는 것을 너희가 들었으
나 [44]나는 너희에게 이르노니 너희 원수를 사랑하며 너희를 박해하는 자를
위하여 기도하라 [45]이같이 한즉 하늘에 계신 너희 아버지의 아들이 되리니
이는 하나님이 그 해를 악인과 선인에게 비추시며 비를 의로운 자와 불의한
자에게 내려주심이라 [46]너희가 너희를 사랑하는 자를 사랑하면 무슨 상이 있
으리요 세리도 이같이 아니하느냐 [47]또 너희가 너희 형제에게만 문안하면 남
보다 더하는 것이 무엇이냐 이방인들도 이같이 아니하느냐 [48]그러므로 하늘
에 계신 너희 아버지의 온전하심과 같이 너희도 온전하라

I. 사랑의 의미. 유대인 학자 몽테피오레(C. G. Montefiore)는 이것을 산상수훈에서 "중심이 되며 가장 유명한 부분"이라고 했다. 사실 위의 본문만큼 인간관계에 대한 기독교 윤리를 집약적으로 표현한 구절도 없다. 대부분의 사람들은 이 구절이 행위에 대한 기독교의 본질이라는 것을 알고 있다. 교회에 한 번도 오지 못한 사람이라도 이 말이 예수의 가르침이라는 것을 알기 때문에 기독교인이라 칭하는 사람들이 이 말씀대로 행치 않는다고 비난하고 있다.

이 말씀을 연구하려고 하면 우선 예수께서 말씀하신 것이 무엇인지, 예수께서 자신을 따르는 자들에게 요구하는 것이 무엇인지를 알아보아야 한다. 이 본문의 의미를 살려 내려면 무엇보다도 먼저 이것이 요구하고 있는 것이 무엇인지에 대해 분명히 해야 한다. 그러면 예수의 **원수를 사랑하라**는 말은 어떤 의미일까?

헬라어는 동의어가 많다. 즉, 영어로는 의미를 나타낼 수 없는 다양한 뜻의 낱말이 있다. 헬라어에는 **사랑**을 나타내는 데도 네 가지 다른 낱말이 있다.

첫째로, 동사 스텔게인(stergein)과 함께 명사 스톨게(storge)가 있다. 이것은 **가족 관계의 사랑**을 나타내는 말이다. 즉, 자녀에 대한 부모의 사랑과 부모에 대한 자식의 사랑을 나타내는 말이다. 플라톤은 “어린아이는 자신을 이 세상에 낳아 준 부모를 **사랑하고**(stergein), 그들에게 사랑을 받는다”라고 말했다. 필레몬(Philemon)은 “부친에게 사랑(storge)이 있다면 그는 어린아이에 대해 친절하다”라고 말했다. 이런 말들은 가족적인 애정을 나타내는 말이다.

둘째로, 동사 에란(eran)과 함께 명사 에로스(erōs)가 있다. 이것은 남자와 여자에 대한 사랑을 나타내는 말이다. 여기에는 언제나 정열이 있고 성적인 사랑이 있다. 소포클레스(Sophocles)는 에로스를 “열렬한 그리움”으로 서술했다. 이 낱말은 본래 나쁜 뜻으로 사용되지는 않았다. 다만 인간 애정의 정열로 서술되었을 뿐이다. 그러나 세월이 흐름에 따라 사랑이라기보다는 색정이란 개념으로 물들기 시작했다. 그래서 이 낱말은 신약성경에는 전혀 나타나지 않는다.

셋째로, 동사 필레인(philein)과 함께 필리아(philia)가 있다. 사랑을 나타내는 헬라어 중에서 이 말이 가장 온후하고 좋다. 이것은 참된 사랑과 애정을 나타낸다. 현재분사 호이 필로운테스(hoi philountes)란 말은 가장 친밀하고 진실한 친구를 의미하는 낱말이다. 이것은 유명한 메난더(menander)의 격언 “신들에게 사랑을 받는 자는 요절한다”에서 사용된 말이다. 필레인이란 말은 **애무하다** 혹은 **입 맞추다**는 의미를 가질 수 있다. 이것은 온후하고 부드러운 애정과 가장 높은 사랑을 표현하는 낱말이다.

넷째로, 동사 아가판(agapan)과 함께 아가페(agnpē)가 있다. 아가페가 본문에 사용된 낱말이다. 아가페의 참된 의미는 **억제할 수 없는 자비심**, **추종을 불허하는 선의**다. 우리가 어떤 사람을 아가페로 사랑한다면 그 의미는 그 사람이 우리에게 무슨 짓을 하든, 그가 우리를 어떻게 대우하든, 그가 우리를 모욕하고, 상해를 입히고, 슬프게 할지라도 미워하지 않으며, 오히려 그 사람을 억제할 수 없는 자비심과 선의로 대하고, 그 사람을 가장 위하는 일을 하고자 하는 것이다.

1. 예수께서는 우리가 사랑하는 사람이나 가장 가까운 사람이나 가장 귀하게

여기는 사람을 사랑하는 것처럼 원수를 사랑하라고 하시지는 않았다. 그것은 다른 낱말이다. 가장 귀하게 사랑하는 자와 똑같이 우리의 원수를 사랑한다는 것은 불가능한 일이고 옳지도 않은 일이다. 이것은 다른 종류의 사랑이다.

2. 그러면 중요한 차이는 어디에 있는가? 가장 가깝고 귀하게 여기는 사람은 우리가 사랑하지 않을 수 없다. 즉, 우리는 이것을 **사랑에 빠진다**고 한다. 이 감정은 의도하지 않아도 자연히 마음속에서 생기는 것이다. 그러나 원수의 경우에는 그 사랑이란 **정**의 문제일 뿐 아니라 **의지**의 문제다. 이것은 우리가 사랑하지 않을 수 없는 것이 아니라 사랑하려고 하는 의지로 사랑하는 것이다. 이것은 자연인에게 있는 본능을 이기고 그것을 극복해 나가는 모습이다. 아가페는 사랑하려고 노력하지 않아도 자연히 일어나는 감정이 아니고, 자신을 괴롭히고 상해하는 자에 대해서도 억제할 수 없는 선의를 가지고자 결의하는 것이다.

누군가 아가페는 우리가 좋아하고 싶지 않은 자를 사랑하게 되고, 우리를 사랑하지 않는 자를 사랑하게 하는 힘이라고 했다. 우리는 예수 그리스도의 힘에 의해 분노와 미움이라는 자연 감정을 극복하고 모든 사람에게 선의를 베풀 수 있을 때만 진정으로 사랑할 수 있다.

3. 분명히 아가페는 사람들에게 하고 싶은 대로 하게 하며, 방임하는 것은 아니다. 부모가 자신의 자녀가 하고 싶은 대로만 하게 한다면 그를 진정으로 사랑하고 있다고 할 수 없을 것이다. 우리가 더할 수 없는 선의로 누구를 돌보고 있다고 하면 이것은 우리가 때로는 그에게 벌도 주고 제재도 하며, 훈계도 하고, 극기도 가르쳐야 한다는 것을 의미한다. 벌을 주는 것은 복수하고자 하기 위함이 아니라 그를 더 좋게 기르기 위한 것이다. 모든 기독교인의 훈계와 징벌은 복수가 목적이 아니라 구원이 목적이 되어야 한다. 벌은 결코 인과응보적이 되어서는 안 되고 치유하는 것이 되어야 한다.

4. 예수께서 이 사랑을 **인간관계**의 기반으로 했다는 것에 주목해야 한다. 사람들이 이 구절을 들어 평화주의의 논거로 삼기도 하고 국제 관계에 대해 언급할 때 주제로 삼기도 했다. 물론 그러한 것을 포함하고 있긴 해도 일차적으로 우리의 가정 관계, 이웃 관계, 매일 생활에서 만나는 사람들과의 관계를 말하고 있다. 국제간의 분쟁을 규탄하는 것이 우리가 일상에서 만나는 사람들과 미움이

없는 평화스러운 관계를 유지하는 것보다 훨씬 수월하다. 그러므로 이 예수의 계명은 가장 먼저 개인적인 관계에 대해서 말하고 있다. 이 계명을 받은 자는 "이것은 나의 문제다"라고 고백하지 않으면 안 된다.

5. 이것은 오로지 믿는 자만 지킬 수 있는 계명이다. 예수 그리스도의 은혜가 있어야 우리는 타인과의 개인적 관계에서 억제할 수 없는 자비심과 그 이상 더할 수 없는 선의를 소유할 수 있다. 우리의 마음 가운데 그리스도가 계실 때만 미움이 소멸되고 사랑이 살아나게 된다. 흔히 사람들이 산상수훈의 원칙을 따라 살기만 하면 이 세상은 완전할 것이라고 말한다. 그러나 그리스도의 도움이 없다면 이 원칙을 따라 살겠다는 희망마저도 불가능한 것이다. 그리스도의 명령에 복종하기 위해서는 그리스도가 필요하다.

6. 마지막으로—아마 이것이 가장 중요할 것으로 생각하지만—다른 사람들이 하는 것을 묵묵히 받을 뿐 아니라 **그들을 위해 기도할 것을 명하고 있다**. 누군가를 위해 기도하면서 그를 미워할 수는 없다. 자신을 위해 기도하고 밉다고 생각하는 사람을 위해 하나님께 기도할 때 변화가 일어난다. 우리는 하나님 앞에서 사람을 계속 미워할 수는 없다. 미움을 말소시키는 가장 확실한 방법은 우리가 미워하는 사람을 위해 기도하는 것이다.

II. 사랑해야 할 이유. 예수께서 기독교인에게 사랑하라고 명했을 때, 그것이 무엇을 의미하는지를 먼저 생각해 보았다. 이제는 왜 주께서 사랑하라고 명했는지에 대해 살펴보자. 왜 예수께서는 우리에게 이 사랑, 즉 억제할 수 없는 자비심과 더할 수 없는 선의를 품으라고 명령했을까? 그 이유는 대단히 단순하고 아주 중요하다. 이러한 사랑을 통해 사람이 하나님을 닮을 수 있기 때문이다.

예수께서는 세상에서 하나님의 일하심을 나타냈는데 그것은 바로 억제할 수 없는 자비다. 하나님은 해를 선인과 악인에게 비치게 하시며 비를 의로운 자와 불의한 자에게 내리신다. 랍비 죠수아 벤 느헤미야(Joshua ben Nehemiah)는 "그대는 갑이라는 의인의 밭에는 비가 내리고 을이라는 악인의 밭에는 비가 내리지 않는 것을 본 적이 있는가? 또한 해가 떠서 의로운 이스라엘만 비추고 악한 이방인에게는 비추지 않은 것을 본 적이 있는가? 하나님은 이스라엘과 만방에 함께 비치게 하나니 주는 만인에게 크게 자비로우시다"라고 말했다. 유대 랍비까지도 선인과 악인에게 똑같이 주시는 온전한 자비에 감동되었고 감명을 받았다.

홍해에서 애굽 군대를 멸망시킨 것에 대해 랍비간에 전해지는 이야기가 있다. 기록에 의하면 애굽 군대들이 물에 빠지자 천사들은 감사의 찬송을 불렀으나 하나님은 슬픈 빛으로 "내 손으로 지어 만든 것이 바다에 가라앉거늘 너희는 내 앞에서 노래를 부르는가"라고 하셨다고 한다.

하나님의 사랑은 이와 같이 당신의 손으로 지으신 피조물 중 어떤 것이라도 멸망되는 것을 좋아하시지 않는다. 시편 기자는 "**중생**의 눈이 주를 앙망하오니 주는 때를 따라 저희에게 식물을 주시며 손을 펴사 **모든 생물**의 소원을 만족케 하시나이다"(시 145:15-16)라고 했다. 하나님의 보편적인 사랑은 당신의 법과 마음을 상하게 하는 자들에게도 미치고 있다.

예수께서는 우리가 "하늘에 계시는 우리 아버지의 아들"이 되기 위해서는 이러한 사랑을 가져야 한다고 말한다. 히브리어에는 형용사가 많지 않다. 그래서 히브리어에는 종종 추상명사 다음에 ~**의 아들**이란 말을 두어 형용사 대신 사용했다. 예를 들면 **평화의 아들**은 **평화스러운 사람**이고 **위로의 아들은 위로하는 사람**이다. 그러므로 **하나님의 아들**은 **신과 같은 사람**이다. 우리가 이러한 억제할 수 없는 자비심과 더할 수 없는 호의를 가져야 할 이유는 하나님이 그런 자비심과 호의를 가지신 분이기 때문이다. 우리도 그런 자비심과 호의가 있어야 **하나님의 아들**, 즉 **하나님과 같은** 사람이 된다.

여기서 우리는 신약성경에서 가장 난해한 구절 중 하나인 이 구절의 끝 문장을 이해할 수 있게 된다. 예수께서는 "하늘에 계신 너의 아버지의 온전하심과 같이 너희도 온전하라"고 하셨다. 문맥상으로 볼 때 이 말은 우리에게는 실행 불가능한 계명으로 들린다. 우리 중에 온전할 수 있는 사람은 아무도 없다.

온전이란 의미를 가진 헬라어는 텔레이오스(teleios)다. 이 낱말은 종종 헬라어로는 대단히 특별하게 사용되었다. 이 말은 소위 추상적, 철학적, 형이상학적인 온전을 말하는 것이 아니다. 하나님께 드리기에 합당한 희생 제물, 흠 없는 제물이 텔레이오스다. 충분히 성장한 사람을 미성년자와 구별해 텔레이오스라고 한다. 그리고 자신의 연구 과제에 대해 원숙한 지식을 획득한 학생을 방금 시작하는 초보자와 아직 자신의 주제를 파악하지 못한 사람과 구별해 텔레이오스라고 한다. 달리 말해 온전에 대한 헬라적 관념은 **기능적**인 것이다. 만일 어떤 것이 본래 계획되고 설계되고 목적대로 되었다면 그것은 온전한 것이다. 사실 그 의미는 낱말의 어원에 나타나 있다. 텔레이오스는 명사 텔로스(telos)에서 온 형용사다. 텔로스는 **끝**, **목표**, **목적**, **종착점** 등을 의미한다. 어떤 물건이 본래 계획대로 목적에 맞게 만들어진다면 그것은 텔레이오스고 사람이 자신이 창조되어 세상에 내보내진 목적을 이룬다면 그 삶이 텔레이오스다.

이제 아주 단순한 비유를 들어 보자. 덜 조여진 나사못이 하나 있는데 당신이 이 나사못을 조여 고정시키려 한다고 생각해 보자. 당신은 철물상에 가서 손에 쥐기에 꼭 알맞고 너무 크거나 작지도 않고, 너무 거칠거나 매끄럽지도 않은 나사못 드라이버를 살 것이다. 그 나사못 드라이버를 나사못 머리 홈에 갖다 대니 아주 잘 맞아서 나사를 돌려 고정시킬 수 있었다.

헬라어의 의미상으로, 특히 신약성경의 의미로 볼 때 이 나사못 드라이버가 바로 텔레이오스다. 그 드라이버가 구입 목적을 정확하게 했기 때문이다. 사람도 마찬가지다. 자신이 본래 창조된 목적을 이루면 텔레이오스(온전)가 될 것이다. 그러면 사람은 무슨 목적을 위해 창조되었는가? 성경은 그것에 대해 명백하게 말하고 있다. 구약의 창조 이야기에서 하나님은 다음과 같이 말씀하셨다. "하나님이 가라사대 우리의 형상을 따라 우리의 모양대로 우리가 사람을 만들고"(창 1:26).

사람은 하나님의 모습을 닮기 위해 창조되었다. 하나님은 보편적 자비와 더할 수 없는 선의를 갖고 계시며 모든 사람에게서 항상 가장 선한 것을 찾으신다. 하나님의 위대한 특성은 선한 자도 죄인도 다 같이 사랑하시는 사랑이다. 사람이 하나님 앞에 어떤 태도를 취해도 하나님은 최선만을 찾으신다. 다음 찬송은 예수에 대한 이러한 사랑을 노래하고 있다.

당신의 원수는
미워하고 경멸하고 욕하였나이다.
당신의 친구는

불충한 증언을 했습니다.
그래도 아직
용서하시기에 지침이 없으시니
당신의 가슴에는
오로지 사랑뿐이로소이다!

사람이 살아가면서 끊임없이 용서하고, 희생적인 하나님의 사랑을 나타낼 때 하나님처럼 되고, 신약성경에 나타난 의미대로 온전하게 된다. 단적으로 말해 인간에 대해 가장 깊은 사랑을 가지는 사람이 가장 온전한 사람이다.

우리가 하나님처럼 닮아 감으로써 완전한 인간이 된다는 것이 성경이 교훈하는 전부다. 우리가 하나님을 닮을 수 있도록 하는 것은 무엇을 하든지 간에 그 사람에 대한 사랑을 계속하는 사랑밖에 없다. 우리는 하나님이 용서하심같이 용서하는 것을 배우고, 하나님이 사랑하심같이 사랑하는 것을 배울 때 참된 인간이 되고 온전한 기독교인이 된다.

The Gospel of Matthew 06

보상을 구하는 동기

마태복음 6:1-18

[1]사람에게 보이려고 그들 앞에서 너희 의를 행하지 않도록 주의하라 그리하
지 아니하면 하늘에 계신 너희 아버지께 상을 받지 못하느니라 [2]그러므로 구
제할 때에 외식하는 자가 사람에게서 영광을 받으려고 회당과 거리에서 하
는 것같이 너희 앞에 나팔을 불지 말라 진실로 너희에게 이르노니 그들은 자
기 상을 이미 받았느니라 [3]너는 구제할 때에 오른손이 하는 것을 왼손이 모
르게 하여 [4]네 구제함을 은밀하게 하라 은밀한 중에 보시는 너의 아버지께서
갚으시리라 [5]또 너희는 기도할 때에 외식하는 자와 같이 하지 말라 그들은
사람에게 보이려고 회당과 큰 거리 어귀에 서서 기도하기를 좋아하느니라
내가 진실로 너희에게 이르노니 그들은 자기 상을 이미 받았느니라 [6]너는 기
도할 때에 네 골방에 들어가 문을 닫고 은밀한 중에 계신 네 아버지께 기도
하라 은밀한 중에 보시는 네 아버지께서 갚으시리라 [7]또 기도할 때에 이방인
과 같이 중언부언하지 말라 그들은 말을 많이 하여야 들으실 줄 생각하느니
라 [8]그러므로 그들을 본받지 말라 구하기 전에 너희에게 있어야 할 것을 하
나님 너희 아버지께서 아시느니라 [9]그러므로 너희는 이렇게 기도하라 하늘

에 계신 우리 아버지여 이름이 거룩히 여김을 받으시오며 10나라가 임하시오
며 뜻이 하늘에서 이루어진 것같이 땅에서도 이루어지이다 11오늘 우리에게
일용할 양식을 주시옵고 12우리가 우리에게 죄 지은 자를 사하여 준 것같이
우리 죄를 사하여 주시옵고 13우리를 시험에 들게 하지 마시옵고 다만 악에
서 구하시옵소서 나라와 권세와 영광이 아버지께 영원히 있사옵나이다 아멘
14너희가 사람의 잘못을 용서하면 너희 하늘 아버지께서도 너희 잘못을 용서
하시려니와 15너희가 사람의 잘못을 용서하지 아니하면 너희 아버지께서도
너희 잘못을 용서하지 아니하시리라 16금식할 때에 너희는 외식하는 자들과
같이 슬픈 기색을 보이지 말라 그들은 금식하는 것을 사람에게 보이려고 얼
굴을 흉하게 하느니라 내가 진실로 너희에게 이르노니 그들은 자기 상을 이
미 받았느니라 17너는 금식할 때에 머리에 기름을 바르고 얼굴을 씻으라 18이
는 금식하는 자로 사람에게 보이지 않고 오직 은밀한 중에 계신 네 아버지께
보이게 하려 함이라 은밀한 중에 보시는 네 아버지께서 갚으시리라

마태복음 6장 초두의 몇 절을 연구하면 곧 하나의 중요한 문제에 부딪히게 된다. 즉, 성도의 생활에서 보상을 구하는 동기가 어떤 의미를 갖고 있는가 하는 것이다. 이 구절에서 하나님은 자신이 원하는 생활태도를 가진 자들에게 보상하신다고 예수께서 세 번 말한다(마 6:4, 6, 8). 이 문제는 정말 중요하기 때문에 이 장에 대해 자세하게 논의하기 전에 먼저 그 의미를 살펴보고자 한다.

기독교인은 보상을 바라고 어떤 일을 하면 안 된다. 선을 위해 선을 해야 하는 것이고 덕은 그 자체가 보상이므로 보상을 받겠다는 생각은 성도의 생활에서 사라져야 한다.

한 나이 많은 성자가 있었는데 그는 물을 이용해 지옥의 모든 불을 꺼 버리고 싶어 했을 뿐 아니라 불로써 천국의 모든 쾌락을 없애 버리고 싶어 했다. 그리하면 인간이 선을 위해 선을 추구하고 상과 벌이라는 관념이 생활 속에서 완전히 사라진다고 생각했기 때문이다.

표면상으로 볼 때 이 견해는 대단히 훌륭하고 고상해 보인다. 그러나 이는 예수의 견해가 아니다. 예수께서는 이 구절에서 세 번이나 보상에 대해 말하고 있

다. 예수께서는 바른 태도로 간구하고 단식할 때 보답을 받게 된다고 하셨다. 예수께서 보상에 대해 말씀하신 구절은 이뿐이 아니다. 예수께서는 충성스럽게 박해를 견디는 자들과 분내지 않고 모욕을 참아 가는 자들은 하늘에서 그들의 상이 크리라(마 5:12)고 말씀하셨다. 또한 "누구든지 제자의 이름으로 이 소자 중 하나에게 냉수 한 그릇이라도 주는 자는 내가 진실로 너희에게 이르노니 그 사람이 결단코 상을 잃지 아니하리라"(마 10:42)고 하셨다. 그리고 달란트 비유에서도 충성된 종이 자신의 상을 받으리라(마 25:14-30).

최후의 심판의 비유도 우리가 이웃의 요구에 얼마나 응답하는가에 따라 상과 벌이 결정된다고 가르치고 있다(마 25:31-46). 예수께서는 상과 벌이라는 말을 사용하는 데 조금도 주저하지 않았다. 그러므로 우리는 보상 문제에 대해 생각할 때 예수보다 더 영적으로만 생각하려고 노력하지 않도록 주의해야 한다. 이 일에 대해 주목해야 할 몇 가지 점이 있다.

I. 아무것도 이루어 놓지 못하는 행위는 무익하고 무의미하다. 이런 것은 분명히 인생의 규칙을 말한다. "도움이 되지 않는다면 그것은 선이라고는 말할 수 없다"는 말처럼 목적을 이루지 못하는 선이란 무의미하다. 만일 기독교인의 생활에 무엇을 달성하고자 하는 목적이나 목표가 없다면 그 생활은 완전히 의미 없는 것이 될 것이다. 기독교인의 생활 태도와 그 약속을 믿는 자는, 선이란 다만 그 선 자체가 목적일 뿐이고 그 이상의 아무런 보수가 없다고는 생각하지 않는다.

II. 모든 상과 벌을 종교에서 없애 버리는 것은 결과적으로 불의가 궁극적으로 승리하는 것을 인정하는 게 된다. 선한 사람과 악한 사람의 종말이 하나요, 똑같다는 것은 불합리한 주장이다. 이것은 하나님께서 사람이 선하게 되든 악하게 되든 관여하지 않는다는 의미가 되고 말 것이다. 노골적으로 말해 어떻게 살아도 그 결과가 같다고 한다면 아무도 선하게 살아야 할 필요가 없게 된다. 모든 상벌을 제하여 버리는 것은 사실상 하나님에게 정의도 사랑도 없다고 말하는 것이 된다. 도리가 있는 세상이라면 상과 벌은 없어서는 안 되는 것이다. 하우스먼

(A. E. Housman)은 다음과 같이 읊었다.

> 저 건너 샛별이 반짝일 때
> 태양이 오르고
> 나는 잠자리에서 일어난다.
> 세수하고 옷 입고
> 먹고 마시고
> 그리고 일을 한다
> 무엇 때문에…
>
> 몇 번이고 거듭거듭
> 세수하고 옷 입고…
> 이런 일을 무엇 때문에 하는 것일까?
> 침상에 눕혀 쉬게 해 다오
> 끝없이 계속되는 이 괴롭은
> 다만 거듭하기 위해서일까?

상벌이 없다면 위의 시가 말하는 인생관은 정당하다. 행위는 모두 무의미하고 모든 노력은 수포로 돌아가고 말 것이기 때문이다.

I. 보상에 대한 기독교인의 관념. 이상 보상에 대해 생각해 보았는데 좀더 분명히 해야 할 몇 가지 사실이 있다.

1. 예수께서 말씀하신 보상은 물질적인 보상의 의미는 아니었다. 구약성경에서는 선과 부의 관념이 아주 밀접하게 연관되어 있다. 구약에서는 번영해서 그의 논밭에 수확이 많으며 자녀와 재산이 많은 것이 선한 사람임을 입증하는 것으로 생각했다. 그것은 바로 욥기 배후에 있는 문제와 같은 것이다. 욥은 불운에 빠진다. 그의 친구들이 와서 이러한 불운은 그의 죄의 결과라고 주장한다. 이에 대해 욥은 아주 맹렬히 부인한다. 엘리바스는 "생각하여 보라 죄 없이 망한 자

가 누구인가"(욥 4:7)라고 말했고, 빌닷은 "또 청결하고 정직하면 정녕 너를 돌아보시고 네 의로운 집으로 형통하게 하실 것이라"(욥 8:6)고 말했다. 또한 소발은 "네 말이 내 도는 정결하고 나는 주의 목전에 깨끗하다 하는구나 하나님은 말씀을 내시며 너를 향하여 입을 여시고"(욥 11:4-5)라고 말했다. 욥기가 반박하기 위해 기록한 것이 바로 선에는 물질적인 부가 병행한다는 사상이다.

시편 기자는 "내가 어려서부터 늙기까지 의인이 버림을 당하거나 그 자손이 걸식함을 보지 못하였도다"(시 37:25), "천인이 네 곁에서, 만인이 네 우편에서 엎드러지나 이 재앙이 네게 가까이 못하리로다 오직 너는 목도하리니 악인의 보응이 네게 보이리로다 네가 말하기를 여호와는 나의 피난처시라 하고 지존자로 거처를 삼았으므로 화가 네게 미치지 못하며 재앙이 네 장막에 가까이 오지 못하리니"(시 91:7-10)라고 말했다. 예수의 견해는 이와 다르다. 예수께서 그의 제자들에게 약속한 것은 확실히 물질적인 번영이 아니었다. 오히려 시험과 시련, 수난, 핍박, 죽음이었다. 예수께서 물질적인 보상을 생각하지 않았다는 것은 너무나 명백하다.

2. 최고 상은 그 상을 구하는 자에게는 결코 오지 않는다. 어떤 사람이 언제나 보상만 구하고 있다면, 또 이익을 헤아려 가면서 행동한다면 실제 구하는 그 상은 얻지 못할 것이다. 하나님에 대한 자세와 인생길이 잘못되어 있기 때문이다. 언제나 자신의 보상에 대해서만 생각하는 사람은 하나님을 재판관이나 회계원으로 생각한다. 그래서 인생을 율법적인 관점에서 생각하고 이만큼 행하면 이만한 이익이 된다는 식으로 계산해 인생을 채권과 채무의 대차대조표라는 관점에서 보고 있다. 계산서를 제출하고는 "나는 이만큼 많이 했으므로 이제 거기에 상당하는 보수를 청구합니다"라고 말하는 식이다.

이러한 관점의 근본적인 오류는 인생을 사랑의 각도에서 생각하지 않고 율법의 면에서 생각하는 것이다. 우리가 어떤 사람을 깊이 열렬하고 겸손하게 사심없이 사랑한다면 내가 갖고 있는 모든 것을 주어도 아직 부족하다고 생각할 것이며 그에게 해와 달과 별을 주어도 오히려 빚지고 있다는 생각이 들 것이다. 사랑하는 자는 언제나 빚을 졌다고 느끼며 상대에게 받을 것이 있다고는 생각지 않는다. 율법적인 인생관을 갖고 있는 사람은 언제나 자신이 일한 것에 대한 보수를 생각하지만, 사랑하고자 하는 사람은 보수 같은 것은 조금도 생각하지 않는다.

믿는 자가 받을 보상에 대한 커다란 역설이 이것이다. 즉, 보상을 바라는 사람, 사례를 전제로 삼고 있는 사람은 그것을 받을 수 없고, 사랑만을 갖고 어떤 보수도 받을 자격이 없다고 생각하는 사람은 그것을 받게 된다는 것이다. 대단히 특이한 사실은 보상이 믿는 자의 부산물이면서 동시에 궁극적인 목적이라는 것이다.

II. 믿는 자가 받을 보상. 이제 좀더 생각해 보자. 성도의 삶에 대한 보상은 무엇인가?

1. 하나의 근본적이고 일반적인 진리를 염두에 두고 시작해 보자. 예수 그리스도는 물질적인 보상을 의미하시지 않았다. **성도에 대한 보수는 정신적인 가치를 중요시하는 사람에게만 주는 보수다**. 물질적인 마음을 소유한 사람에게는 이 보상이 전혀 없다. 이 보수는 오로지 성도에게만 주어진다.

2. 성도가 받는 첫 보수는 **만족**이다. 옳은 일을 행하고, 예수 그리스도에게 순종하고, 그의 길을 따른다면 다른 것은 얻지 못할지라도 반드시 만족을 맛볼 수 있다. 옳은 일을 하고, 예수 그리스도에게 순종한다는 이유로 감옥에 갇히고, 교수대에 오르고, 인기를 잃어버리고, 고립되고, 악평을 받더라도 그럴수록 그는 내적인 만족을 소유할 것이다. 그 만족은 다른 어떤 것이 주는 것보다 더 큰 만족이어서 돈으로도 환산할 수 없고 무엇과도 비교할 수 없는 인생의 영광된 면류관이다.

시인 조지 허버트(George Herbert)는 친구들과 함께 작은 관현악단과 비슷한 그룹을 만들었다. 한번은 연주하러 가다 개울 진흙탕에 빠진 짐수레를 보았다. 허버트는 자신의 악기를 놓고 수레꾼을 도왔는데 짐수레를 끌어내는 데 시간이 너무 오래 걸려 온통 진흙투성이로 회합 장소에 도착했을 때는 이미 연주가 끝난 후였다. 그가 늦은 이유를 친구들에게 설명하자 한 친구가 "자넨 음악을 몽땅 놓쳐 버렸군" 이라고 말했다. 그러나 허버트는 웃으면서 "그렇긴 하네만 나는 한밤중에 무수한 노래를 가지게 될 걸세" 라고 대답했다고 한다. 그는 그리스도와 같은 일을 했기 때문에 만족할 수 있었던 것이다.

가드프리 윈(Godfrey Winn)은 영국에서 가장 훌륭했던 정형외과의사에 대해 말하고 있다. 전쟁이 벌어지는 동안 이 의사는 1년에 1만 파운드의 수입을 올리는 자기 병원의 문을 닫고 모든 시간을 전쟁터에서 불타고 절단된 공군 조종사들의 얼굴과 몸을 치료하는 데 전념했다. 가드프리 윈이 그에게 당신의 야망이 무엇이냐고 묻자 그는 "나는 보람 있는 일을 하고자 할 뿐이오"라고 했다. 1년에 1만 파운드의 수입도 이타적인 일을 함으로써 오는 만족과는 비교될 수 없었던 것이다.

한번은 한 여인이 버밍엄의 데일 박사를 길에서 불러 세우고는 "데일, 당신에게 신의 가호가 있기를"이라고 말하며 감사하고 자신의 이름도 밝히지 않고 그냥 가 버렸다. 그때까지 대단히 침울했던 데일은 "마치 안개가 걷히고 태양빛이 비치는 것 같았다. 나는 하나님의 산의 신성한 공기를 들이마셨다"라고 당시의 기분을 밝혔다. 물질적인 면에서는 풍족하지 않아도 남을 도와주는 것에서 오는 큰 만족감이야말로 무한한 재산이다. 성도가 받는 첫째 보수는 세상에서 돈으로 살 수 없는 만족감이다.

3. 성도의 삶의 둘째 보수는 **해야 할 일이 더욱 많아지는** 것이다. 일을 잘 감당한 자에게는 휴식과 위안 대신 더 큰 일과 더 큰 노력이 요구된다. 이것은 역사적인 사실이다. 달란트 비유를 보면 충성된 종들에게 주어진 보수는 더 큰 책임이었다(마 25:14-30).

교사는 머리가 총명하고 유능한 제자에게는 공부를 면제하는 것이 아니라 오히려 더 어려운 공부를 시킨다. 뛰어난 젊은 음악가에게는 더 쉬운 곡이 아니라 더 어려운 곡을 익히게 한다. B팀에서 능숙하게 잘 싸운 선수는 흘리지 않고 쉽게 시합할 수 있는 C팀에 보내는 것이 아니라 온 심혈을 기울여 싸워야 하는 A팀에 들어가게 된다. 유대인들에게는 "현명한 교사는 학생을 매일 짐 무게를 무겁게 하는 어린 송아지와 같이 가르쳐야 한다"라는 재미있는 격언이 있다. 성도의 보수는 세상의 보수와는 반대다. 세상이 주는 보수와 달리 성도가 받는 보수는 하나님과 이웃을 위해 할 일이 점점 더 많아지는 것이다. 더 어려운 일을 하게 된 자에게는 더 큰 보수가 주어진다.

4. 믿는 자에게 주어질 셋째이자 마지막 보수는 여러 세대를 통해 사람들이 **하나님에 대한 소망(비전)**이라고 불러 온 것이다. 하나님의 일을 생각해 보지 못한 사람, 하나님을 만나 보지 못한 세상 사람에게 하나님은 두려움일 뿐 즐거움은 되지 않을 것이다. 그러나 한평생 하나님과 동행하려고 노력했고, 주께 복종하려고 노력했고, 선만 추구했다면, 그는 점점 하나님께 가까워져서 마침내 현존으로 두려움 없이 빛나는 희열로 충만하여 보좌 가까이 나아간다. 이것이 모든 보수 중 최고인 것이다.

잘못된 동기에서 하는 옳은 일

마태복음 6:1

1사람에게 보이려고 그들 앞에서 **너희** 의를 행하지 않도록 주의하라 그리하지 아니하면 하늘에 계신 **너희** 아버지께 상을 받지 못하느니라

유대인들에게는 종교 생활의 3대 행위, 즉 선한 생활을 뒷받침하는 3대 지주가 있었다. 그것은 **자선**, **기도**, **금식**이었다. 이 일에 대해 예수께서 한 번도 의문을 가진 적은 없었으나 예수께서 문제로 생각하신 것은 인간 생활에서 가장 아름다운 일들이 나쁜 동기에서 수행된다는 것이었다.

이런 일을 할 때, 행하는 자가 영광을 얻기 위해 한다면 결국 그들은 가장 중요한 가치의 대부분을 잃게 된다고 예수께서는 경고했다. 자선을 베풀 때 상대를 도와주기 위해 하는 것이 아니라 자신의 아량을 과시하고 어떤 개인의 감사나 모든 사람의 찬사를 받기 위해 하는 사람이 있다. 기도를 하되 자신의 기도가 참으로 하나님 앞에 상달되기 위해 하기보다 다른 사람에게 들려주기 위해 하는 사람도 있다. 이런 사람의 기도는 단순히 누군가 자기를 인정해 주기 바라고, 자신의 경건심을 과시하기 위한 것이다. 단식할 때도 하나님 앞에서 겸손히 하는 것이 아니라 사람 앞에서 자신의 훌륭하고 규율 있는 생활을 나타내고자 하는

사람이 있다. 선행을 할 때도 마찬가지로 사람에게 칭찬 받고 자신의 세력을 펴고, 자신의 선을 보이려고 하는 사람이 있다.

예수께서 말씀하신 대로 선한 행동은 분명히 일정한 보상을 받는다. 예수께서는 성경에서 "진실로 너희에게 이르노니 저희는 자기 상을 이미 받았느니라"(마 6:2, 5, 16)고 세 번이나 말씀하셨다. 이 구절은 "그들은 보수를 전액 받았느리라"고 번역하는 것이 좋다. 헬라어에서 사용된 이 말은 동사 아페케인(apechein)이다. 이것은 보수를 전액 그대로 다 받는다는 전문적인 상업용어로서 수령된 계산서에 사용된 낱말이었다. 예를 들면 영수증에 "본인은 당신이 전세 낸 올리브 기름틀에 대한 사용료를 당신에게서 영수(apechō)하였음"이라고 기록했다. 또 세리들은 "본인은 당신이 치러야 할 세금 전액을 당신에게서 영수(apechō)하였음"이라고 쓰인 영수증을 발급했다. 또 보통 노예를 팔았을 때 "본인은 본인에게 지불될 전액을 영수(apechō)하였음"이라고 영수증에 썼다.

예수께서 말한 것은 다음과 같다. "만일 네가 자신의 관대함을 과시하려는 태도로 자선을 베푼다면 너는 사람들의 칭찬은 받을 것이다. 그러나 그것이 네가 받을 전부, 네가 받을 보수의 전액이니라. 만일 네가 사람들 보는 앞에서 너의 깊은 신앙을 과시하려는 태도로 기도한다면 너는 대단히 신앙심이 깊은 사람이라는 평판을 받을지 모르나 그것만이 네가 받을 보수의 전부다. 만일 네가 금식하고 있다는 것을 사람들에게 알리기 위한 태도로 금식한다면 너는 대단히 절제하고 금욕하는 사람으로 알려질지 모르나 그것만이 네가 받을 보수의 전부이니라."

또한 예수께서는 "만일 너의 유일한 목적이 세상의 보수를 받는 것이라면 틀림없이 너는 그것을 받을 것이다. 그러나 너는 그 이상의 하나님만이 주시는 보상을 기대해서는 안 된다"라고 말씀하신다. 일시적인 보상을 얻고 영원한 보상을 잃는 사람은 영적인 근시안이다.

구제할 때 금해야 할 태도

마태복음 6:2-4

2그러므로 구제할 때에 외식하는 자가 사람에게서 영광을 받으려고 회당과
거리에서 하는 것같이 너희 앞에 나팔을 불지 말라 진실로 너희에게 이르노
니 그들은 자기 상을 이미 받았느니라 3너는 구제할 때에 오른손이 하는 것
을 왼손이 모르게 하여 4네 구제함을 은밀하게 하라 은밀한 중에 보시는 너
의 아버지께서 갚으시리라

유대인들에게 자선은 모든 종교 의무 중에서 가장 신성한 것이었다. 자선이 얼마나 신성한 것이었는지는 유대인들이 **의**와 **자선**이란 말과 같은 낱말—체다카(tzedakah)—를 사용했다는 사실에서 알 수 있다.

자선을 베푸는 것과 의롭게 사는 것은 같은 것이었다. 자선은 하나님 앞에서 공로를 얻고 과거의 죄에 대한 속죄까지 얻을 수 있는 것이었다. "금을 쌓아 모으는 것보다도 구제하는 것이 더 좋으니 구제는 사망에서 구해 주고 모든 죄를 깨끗게 하느니라"(도빗서 1:8).

> 아비에게 드릴 것을 잊어서는 안 된다.
> 죄의 대신에 이것으로써 튼튼하게
> 심지 않으면 안 된다.
> 이것은 너의 고난의 날에 기억함이 되어
> 너의 죄는 열기에
> 녹는 서리같이 사라지리라(외전 벤시락의 지혜 3:14-15)

.

다음과 같은 랍비의 격언도 있다.

> "자선을 베푸는 자는 모든 제사를 드린 자보다 크니라."

자선은 선행 중에 으뜸가는 것이었다.

선하게 되려는 사람이 자선에 집중하는 것은 당연한 일이었다. 랍비들이 가르친 최고의 교훈은 예수께서 가르치신 교훈과 똑같았다. 그들도 위선적인 자선은 금해서 "은밀한 자선을 베푸는 자는 모세보다 크니라" 고 말했다. 그리고 사망에서 구하는 자선이란 "받는 자가 누구에게 받았는지 알지 못하고 주는 자가 누구에게 주는지 알지 못하는 자선이다" 라고 말했다. 자선을 베풀 때 누가 그것을 줍는지 모르기 위해 돈을 고의로 떨어뜨리는 랍비도 있었다. "누구에게 무엇을 주어서 그로 부끄럽게 하기보다는 아무것도 주지 않는 것이 나으니라" 고 그들은 말했다. 여기에는 성전과 관계된 특별히 아름다운 하나의 관습이 있었다. 성전 안에는 침묵의 방이란 곳이 있었는데 속죄하고자 하는 사람은 여기에 돈을 바쳤다. 이곳에 모인 돈은 명문 출신으로서 가난해진 사람들을 은밀히 도와주는 데 쓰였다.

그러나 다른 예에서도 많이 보듯이 실행은 그 교훈에 미치지 못했다. 주는 자는 그 선물을 모든 사람에게 보이기 위해 주었고 누구를 돕기 위한 목적보다 자신이 영광을 받기 위해 자선을 베풀었다. 회당의 예배에서 가난한 자들을 위해 헌금할 때도 일부러 사람의 눈에 띄게 헌금하는 자도 생겼다.

베트슈타인(J. J. Wetstein)은 예로부터 전해 오는 동방의 한 관습에 대해 말했다. 동방에는 물이 아주 귀했기 때문에 때때로 사야 했다. 좋은 일을 하고 싶은 사람이나 자신의 가정에 축복을 기원하는 사람은 목소리 좋은 물 운반인에게 "목마른 자에게 물을 나눠 주시오" 라고 했다. 그러면 물 운반인은 자신의 가죽 부대에 물을 채워 갖고 장터로 나가 아름다운 목청을 돋우어 "오 목마른 자들이여, 선물로 주는 물을 마시러 오시오" 라고 외쳤다. 그러면 물을 대신 사 주는 자는 그의 옆에 서서 "당신에게 이것을 마시게 한 나를 축복하시오" 라고 말했다. 이것이 바로 예수께서 책망하신 것이었다. 예수께서는 그와 같은 행위를 하는 자를 **위선자**라고 불렀다. 위선자(hupokritēs)란 말은 헬라어로 "배우" 를 나타내는 말이다. 그런 사람들은 자신들이 영광을 받기 위해 연극을 하는 것이기 때문이다.

구제 동기

마태복음 6:2-4(계속)

이제 구제의 배후에 있는 동기에 대해 살펴보자.

1. **"의무감"에서 구제하는 경우가 있다.** 그는 주기를 원해 구제하는 것이 아니라 주는 것이 피할 수 없는 의무이기 때문에 구제하는 것이다. 세상에 가난한 사람이 있는 것은 자신이 구제 의무를 실행하여 하나님 앞에서 공로를 얻기 위함—아주 무의식적이긴 하겠지만—이라고 생각하는 사람도 있다. 카데린 카스웰(Catherine Carswell)은 자서전 《잠들 수 없는 대로》에서 다음과 같이 글레스고의 어린 시절 이야기를 하고 있다.

"가난한 자들은 총아였고 언제나 우리의 주위에 있었다. 우리 집에서는 가난한 사람을 사랑하고 존경하고, 대접하도록 가르쳤다."

그러나 이제 생각하면 그것은 우월감이었고 겸양치 못한 것이었다고 그녀는 말한다. 자선을 베푸는 것은 의무로 간주되었고 가난한 사람에게 구제를 할 때는 훈시를 했는데 그것이 주는 자에게 일종의 쾌감을 주었다. 당시 글래스고는 토요일 밤이 되면 술주정꾼의 도시였다. 저자는 "수년 동안 일요일 오후만 되면 음주로 인하여 경찰에 붙잡혀 월요일 아침 일을 못하게 될 노동자들을 보석하기 위해 경찰서에 2실링 6펜스를 지불해 주었다. 그리고 그들 각자에게 서약을 하게 하고 그 다음 주 임금에서 그 벌과금을 반납하게 했다"라고 말하고 있다. 물론 그는 아주 올바른 일을 한 것이다. 그러나 그는 자기가 존경 받아야 할 훌륭한 사람이라는 의식이 있었고, 구제할 때는 훈시를 곁들이고 있었다. 자신의 돈을 받는 자들과 자신은 완전히 다른 인종이라는 생각이 그에게 있었음이 분명하다.

훌륭하긴 해도 우월감이 강한 사람을 "자신의 모든 소유는 주되 자기 자신은 주지 않는 자"라고 말한다. 다시 말해 남에게 자선을 베풀 때 자신을 높이 올리면서 어떤 타산을 생각하고 의무감에서 주며, 때로는 믿는 자로서의 의무감에서 주는 경우가 있다. 이런 때는 아무리 많은 것을 준다 해도 자기 자신을 주지 않는 것이기 때문에 그 구제는 불완전한 것이다.

II. "명예욕"에서 주는 경우가 있다. 자선을 행함으로써 자신의 명예를 얻으려고 하는 사람이 있다. 이런 사람은 그 일을 아는 사람이 아무도 없다거나 선전되지 않는 경우에는 구제를 하려 하지 않는다. 그런 사람은 감사를 받지 못하거나 찬양이나 명예를 충분히 얻지 못한다면 아주 심하게 불평불만을 늘어놓을 것이다. 그는 하나님의 영광을 얻기 위해서가 아니라 자신의 영광을 위해 준다. 그는 본래부터 가난한 사람을 돕기 위해서가 아니라 자신의 허영심과 자신의 권력 의식을 만족하기 위해 자선을 베푸는 것이다.

III. "주지 않고서는 견딜 수 없는" 경우가 있다. 마음에 넘치는 사랑과 호의감때문에 남을 도와주지 않고는 견딜 수 없는 사람이 있다. 이런 사람은 어떻게 해도 궁핍한 자에 대한 자신의 책임감을 버릴 수 없다.

친절한 의사 존슨(Dr. Jonson)과 로버트 레베트(Robert Levett)라고 불리는 대단히 가난한 사람이 있었다. 레베트는 파리에서 웨이터도 했고 런던의 빈민가에서는 의사로도 활동했다. 존슨의 말에 의하면 레베트는 부자에게는 불쾌감을 주고 가난한 자들에게는 공포감을 주는 인상이었다. 아무튼 그는 존슨의 집에서 살게 되었다. 보스웰(Boswell)이 이것을 보고 놀랐으나 골드스미스(Goldsmith)는 존슨을 더 잘 알았다. 그는 레베트에 대해 "그는 가난하지만 존슨에게 추천할 수 있을 만큼 충분히 정직하다. 궁핍한 생활 자체가 존슨의 보호를 받기에 합당한 것이다"라고 말했다. 어려운 일, 즉 불행 자체가 바로 존슨이 받아들인 조건이었다. 보스웰은 존슨에 대해 다음과 같은 이야기를 했다.

"존슨이 어느 날 저녁 늦게 집에 돌아오는 중 한 가여운 여인이 길에 쓰러져 있는 것을 보았다. 그 여자는 기운이 없어 걸을 수 없었다. 그는 여자를 등에 업고 자신의 집에다 옮겼다. 그리고 여자가 건강이 회복되어 스스로 힘으로 충분히 살 수 있을 때까지 상당한 액수의 비용을 들여 가면서 오랫동안 온 정성을 다하여 돌보았다."

존슨에게 돌아온 것은 그의 인격에 대한 하찮은 의심뿐이었지만 그의 마음은 그 여자를 도와주지 않고서는 견딜 수 없었던 것이다.

확실히 문학사 중에서 아름다운 대목으로 손꼽히는 것은 존슨을 묘사한 것이다. 바로 자신이 가난한데도 이른 아침 스트렌드가를 걸어 집으로 돌아오는 도중 갈 곳 없어 문간에서 쓰러져 자고 있는 불량아의 손에 몇 푼의 돈을 쥐어 주는 모습이다.

어떤 사람이 존슨에게 왜 당신의 집에는 언제나 "가난하고 불량한 사람"이 온 집안에 가득 차 있는가 하고 물었더니 존슨은 "내가 그들을 돕지 않는다면 아무도 돕는 자가 없을 것이다. 그들이 궁핍 때문에 악한 일을 해서는 안된다"라고 말했다. 이것이야말로 참된 자선이고, 사람의 마음속에서 우러나오는 사랑의 행위이고 하나님의 사랑의 발로다.

우리는 이러한 완전한 자선의 모범을 예수 그리스도에게서 본다. 바울은 고린도에 있는 그의 친구들에게 "우리 주 예수 그리스도의 은혜를 너희가 알거니와 부요하신 자로서 너희를 위하여 가난하게 되심은 그의 가난함을 인하여 너희로 부요케 하려 하심이니라"(고후 8:9)고 편지했다. 우리는 의무감에서 나오는 완고한 자의감(自義感)이나 더욱이 자신의 명예나 권력을 위해 자선을 베풀면 안 된다. 자선은 사랑의 감정에서 넘쳐 흘러나오는 것이 되어야 하며 예수 그리스도께서 우리에게 하신 것처럼 남에게 베풀어야 한다.

잘못된 기도

마태복음 6:5-8

[5]또 너희는 기도할 때에 외식하는 자와 같이 하지 말라 그들은 사람에게 보
이려고 회당과 큰 거리 어귀에 서서 기도하기를 좋아하느니라 내가 진실로
너희에게 이르노니 그들은 자기 상을 이미 받았느니라 [6]너는 기도할 때에 네
골방에 들어가 문을 닫고 은밀한 중에 계신 네 아버지께 기도하라 은밀한 중

에 보시는 네 아버지께서 갚으시리라 [7]또 기도할 때에 이방인과 같이 중언부
언하지 말라 그들은 말을 많이 하여야 들으실 줄 생각하느니라 [8]그러므로 그
들을 본받지 말라 구하기 전에 너희에게 있어야 할 것을 하나님 너희 아버지
께서 아시느니라

유대인들은 어떤 만족보다도 기도에 대한 높은 이념을 갖고 있었으며 기도를 중요하게 평가했다. 랍비들은 "기도하는 자는 위대하고 기도는 선행보다도 존귀하다"라고 말했다. 랍비들은 "자기 집에서 기도하는 자는 그 집을 강철보다 강한 담으로 두름과 같다"라는 말로 가정예배를 아름답게 표현했다. 랍비의 유일한 후회는 온종일 기도할 수 없는 것이었다.

그러나 유대인의 기도 관습에는 잘못된 점이 있다. 이러한 결점은 비단 유대인들에게서만 아니라 기도를 중요시하고 있는 사회에서는 어디서나 볼 수 있는 것이다. 이런 결점은 태만함 때문이 아니라 잘못된 열심에서 생긴다.

1. 기도가 형식화되는 경향이 있다. 모든 유대인에게는 매일 기도할 때 반드시 사용하도록 지시한 것이 두 가지가 있었다. 첫째는 쉐마(shema)인데 이것은 성경 중에서 짧은 세 구절—신명기 6장 4-9절, 11장 13-21절, 민수기 15장 37-41절—로 되어 있었다. 쉐마란 말은 **듣는다**는 히브리어의 명령형으로서 "들어라. 오 이스라엘아, 주 너의 하나님은 유일의 주시니라"란 중심 성구에서 취해 온 것이다. 쉐마는 모든 유대인이 아침저녁으로 낭송했고 가능한 한 이른 시간에 낭송되었다. 빛이 강해져 청색과 백색을, 혹은 랍비 엘리에제르(Eliezer)가 말한 바와 같이 청색과 초록을 분간할 수 있을 때 곧 낭송되었다. 적어도 이것은 제3시, 즉 오전 9시 전에, 저녁에는 오후 9시 전에 낭송되었다. 쉐마를 낭송할 시간이 되면 어디에 있든 집에서나 거리에서나 일터에서나 회당에서나 일단 모든 것을 멈추고 낭송해야 했다. 쉐마를 낭독하면서 존경심과 숭배하는 마음과 사랑하는 마음으로 만족해 하는 사람도 많았지만 그보다는 무의미하게 관습에 따라 중얼거리는 사람이 더 많았다. 그런 사람들은 마치 염불이나 주문처럼 공허하게 쉐마를 중얼거렸다. 오늘날 형식적으로 쉐마를 중얼거리는 것같이 식사

전에 감사하는 성도도 비판받아야 한다.

둘째는 역시 유대인들이 매일 반복해 낭송하는 것으로서 쉐모네 에스레(shemonēh esreh)인데 이것은 18을 의미한다. 이것은 18개 기도문으로 되어 있고 과거나 지금이나 회당 예배의 중요한 부분을 차지하고 있다. 시간이 지남에 따라 그 기도문은 19개가 되었지만 옛 이름 그대로 사용되고 있다. 이들 기도문은 대부분 아주 짧고 모두 대단히 훌륭하다.

열두 번째 기도문을 보면 다음과 같다.

> 오 주여, 당신의 자비를 정직한 자, 겸손한 자, 당신의 백성, 이스라엘의 장로, 모든 교사에게 나타나게 하소서.
> 우리 가운데 거하는 경건한 이방인들과 우리 모두에게 은혜를 베푸소서.
> 당신의 이름을 진심으로 믿는 자를 풍성하게 갚아 주소서.
> 우리를 오는 세상에서 기업을 이을 자로 삼아 주시고 우리의 희망을 이루어 주소서.
> 오 주여, 찬양을 받으소서. 당신은 신실한 자의 소망이요 마음의 지주입니다.

다섯 번째 기도는 다음과 같다.

> 오 우리 아버지시여, 우리에게 당신의 율법으로 돌아가게 하소서.
> 오 왕이시여, 우리에게 당신을 섬기게 하소서.
> 참된 회개로 당신께 이끄소서.
> 오 주여, 찬양을 받으소서.
> 당신은 우리의 회개를 열납하시나이다.

이 쉐모네 에스레는 가장 아름다운 기도문이라고 할 수 있다. 유대인들은 아침에 한 번, 오후에 한 번, 저녁에 한 번, 이렇게 세 번 낭송할 것을 율법으로 정했다. 그런데 여기에도 쉐마와 같은 현상이 일어났다. 경건한 유대인들은 진심으로 이 기도를 드렸으나 여러 번 반복되는 동안 많은 사람이 이 아름다운 기도를 의미 없이 중얼거리며 형식적으로 해 버렸다. 전부 낭송할 시간이 없거나 18개 전부를 기억하지 못하는 사람을 위해 요약된 기도문까지 나왔다. 이 쉐모네 에스레를 반복하는 것은 미신적인 주문에 불과하게 되었다. 오늘날 예수께서 가르치신 기도를 이와 똑같이 하는 기독교인도 비판 받아야 한다.

II. 유대인의 기도문은 모든 경우에 사용할 수 있도록 갖가지 기도문이 정해져 있었다. 생활 속에서 일어나는 사건 하나하나마다 각각의 기도 형식이 있었다. 식사 전과 후에 드리는 기도, 빛이나 불이나 번갯불을 접할 때 드리는 기도, 새 달, 혜성, 비, 태풍, 바다, 호수, 강을 보고 드리는 기도, 좋은 소식을 받고 드리는 기도, 새 가구를 사용할 때 드리는 기도, 어떤 시가지에 들어갈 때와 떠날 때 드리는 기도가 각각 있어서 모든 경우에 따라 기도를 정해 놓았다.

물론 여기에는 생활 속에서 일어나는 모든 사건을 하나님께 고한다는 장점이 있었다. 그러나 어떤 사소한 일에도 일정한 기도문이 있었기 때문에 기도는 형식주의에 빠져 버렸고 거의 아무런 의미도 없이 말로만 지껄이는 형식이 되고 말았다. 그리고 때와 장소에 맞는 기도를 그냥 유창하게 읽어 버리는 경향을 띠었다. 그래서 신앙심이 깊은 랍비들은 이런 것을 알고 방지하기 위해 "의무를 빨리 끝내려는 마음으로 하는 기도는 참된 기도가 아니다", "기도는 부과된 의무가 아니라 겸손한 자가 하나님의 자비를 얻기 위한 행위다"라고 말했다. 랍비 엘리에제르는 기도가 형식주의에 빠졌다고 생각해서 매일 새로운 기도를 드리도록 노력했다. 이것은 항상 새로운 기분으로 기도하기 위해서였다. 이러한 위험은 기도에만 국한된 것이 물론 아니었다. 하나님께 대한 찬미로 시작한 묵상도 얼마 안 되어 정한 것만을 지키는 어려운 일과가 되어 버리고 형식적으로 될 위험은 언제나 있었다.

III. 경건한 유대인에게는 일정한 기도 시간이 정해져 있었다. 기도 시간은 제3시, 제6시, 제9시로서 오전 9시, 12시, 정오, 오후 3시였다. 이 시간에는 어떤 곳에 있더라도 기도해야만 했다. 이때 진심으로 하나님을 생각하는 사람도 있었으나 관습적으로 기도하는 자도 많았다. 모하메드 교도도 같은 관습을 갖고 있다. 원수를 찌르려고 뒤쫓아가는 한 모하메드 성도에 대한 이야기에는 기도 시간을 알리는 종이 울리자, 딱 멈춰 서서 기도서 두루마리를 펴고 무릎을 꿇고 일사천리로 읽은 후 일어나 살인 경주를 계속한 사람의 이야기가 나온다.

하루에 세 번 하나님을 기억하는 것은 대단히 아름다운 일이다. 그러나 여기에도 하나님을 생각하지 않고 입으로만 중얼거리고 지나쳐 버릴 위험이 도사리고 있다.

IV. 기도는 일정한 장소, 특히 회당에서 해야 한다고 생각했다. 물론 어떤 장소에서는 하나님이 더 가까이 계신다고 느낄 수도 있다. 어떤 랍비는 성전이나 회당에서 드리는 기도만 효과가 있다는 결론을 내렸다. 그래서 점차 기도 시간에 성전에 나가는 습관이 생겼다. 초대교회 당시에는 예수의 제자들까지도 이 습관을 따랐다. 사도행전 3장 1절을 보면 베드로와 요한이 기도 시간에 성전에 올라간 것을 볼 수 있다. 그러나 여기에도 사람들이 하나님이 특정하게 신성한 장소에 국한된 존재라고 생각할 위험성이 있고 전 세계가 하나님의 성전이란 사실을 잊을 위험이 있다. 현명한 랍비는 이 위험을 알고 "하나님은 이스라엘에게 말씀하신다. 너희는 너희 거리 회당에서 기도하라. 만일 그렇게 할 수 없으면 너희 침상 위에서 하라. 그렇게도 할 수 없으면 너희 침상에 들어가 심중으로 조용히 명상하라. 거기에도 계시느니라" 고 말했다.

어떤 제도에 문제가 있는 것은 제도 자체가 나쁜 것이 아니라 그것을 이용하는 인간에게 문제가 있기 때문이다. 사람이 기도라는 제도를 사용하여 하나님에 대한 신앙을 피력할 수도 있고 일종의 형식으로서 아무것도 생각하지 않고 입술로만 기도할 수도 있는 것이다.

V. 유대인에게는 기도를 길게 하는 습관이 있었다. 이러한 경향은 비단 유대인들에게만 국한된 것은 아니었다. 18세기 스코틀랜드 예배에서는 긴 것이 경건한 것이라고 생각했다. 이 스코틀랜드 예배에서는 한 구절 한 구절 따지는 성경 강해가 무려 한 시간이나 계속됐고 그 다음 설교가 또 한 시간 걸렸다. 기도는 길고 즉흥적인 것이었다.

맥스웰(W. D. Maxwell) 박사는 "기도의 효력은 그 힘차게 나오는 말과 열의로 측정되는 것이고 시간의 길고 짧음으로 좌우되는 것은 아니다"라고 말했다. 랍비 레비(Levi)는 "누구나 기도를 길게 하는 사람이 경청되리라"고 말했다. 또 "옳은 사람이 길게 하는 기도는 경청되리라"고 말한 사람도 있다. 지금도 그렇지만 옛날에도 사람들이 하나님의 문을 오랫동안 두들기면 언젠가는 하나님이 대답하시리라는 생각에 하나님을 성가시게 굴면 응답하실 것이라는 관념이 있었다. 현명한 랍비들은 이에 대한 위험을 잘 알았다. 그들 중 한 사람은 "거룩한 자에 대한 찬양을 되는 대로 길게 하는 것은 금지되었다. 시편에도 '뉘 능히 여호와의 능하신 사적을 전파하며 그 영예를 다 광포할꼬'(시 106:2)라고 기록했다. 그렇게 할 수 있는 자만이 길게 찬미하고 그 영예를 말하는 것이 허락된다. 그러나 그의 영예를 **말할 수 있는 사람**은 아무도 없다. 하나님 앞에서 인간은 항상 적게 말해야 한다. 이르시되 '너는 하나님 앞에서 함부로 입을 열지 말며 급한 마음으로 말을 내지 말라 하나님은 하늘에 계시고 너는 땅에 있음이니라 그런즉 마땅히 말을 적게 할 것이라'(전 5:2)고 되어 있기 때문이다"라고 말했다. 다변을 경건으로 혼동하고, 웅변을 헌신으로 혼동하기 쉽다. 그래서 많은 유대인들이 이러한 오류에 빠졌던 것이다.

VI. 이외에도 동방에서는 같은 말을 반복하는 습관이 있다. 유대인들도 동방 사람들처럼 한 구절 또는 한마디를 갖고 끝없이 반복하여 스스로 최면 상태에 빠지는 습관이 있었다. 열왕기상 18장 26절에서 우리는 바알 선지자들이 어떻게 외쳤는지 볼 수 있다. 그들은 반나절이나 "오, 바알이여, 우리에게 응답하소서"라고 외쳤다. 사도행전 19장 34절에서 에베소 폭도들은 두 시간 동안이나 계속 "크다, 에베소 사람의 아데미여"라고 외쳤다. 모하메드 교도들은 몇 시간이고 계속하여 둥근 원을 만들어 뛰어 돌면서 그들의 성어(聖語)인 HE를 반복했다. 그러다 그들은 황홀경에 빠지고 마지막에는 모든 기력을 잃고 혼수상태가 되어 쓰러진다. 유대인들은 쉐마(shema)를 갖고 이렇게 했는데 이것은 기도가 아니라 일종의 자기 최면 상태다.

유대인이 기도를 반복하는 형식은 이것뿐이 아니었다. 그들은 하나님을 부를 때 가능한 한 모든 명칭과 형용사를 동원하려고 했다.

한 유명한 기도는 "거룩한 주의 이름은 축복 받으실 자, 찬양 받으실 자, 영광 받으실 자, 높임 받으실 자, 격찬 받으실 자, 영예와 칭송을 받으실 자니이다"라는 말로 시작되고 있다.

하나님의 이름을 수식하는 형용사가 무려 열여섯 개나 되는 기도도 있었다. 이것은 말 그 자체에 도취된 것이라고 볼 수 있다. 무엇을 위해 기도하느냐가 아니고 어떻게 기도하느냐에 마음을 쓰는 기도는 기도하는 자의 입술에서 죽어 버리는 기도다.

Ⅶ. 끝으로 유대인의 기도하는 태도에서 예수께서 지적한 결점은 사람에게 보이려고 한다는 것이다. 유대인의 기도 규정은 사람들에게 보이기 쉽게 되어 있다. 그들은 선 자세로 팔을 펼쳐 들고 손바닥을 위로 하고 고개를 숙이고 기도했다. 시간은 오전 9시, 12시, 오후 3시로 정해져 있었다. 그 시간에는 어디에 있든지 기도를 드려야 했기 때문에 이 시간에 번화한 거리에나, 군중이 운집한 시 광장에 있으면 모든 사람에게 열심히 기도하는 모습을 보일 수가 있었다. 그래서 어떤 사람은 회당 입구 층계 위에 서서 아주 길게, 그리고 과시하는 태도로 기도하여 모든 사람에게서 자신의 특별한 경건에 대해 칭찬을 받고자 했다. 사람들에게 보이기 위해 기도하는 것이 그렇게 쉬웠다.

현명한 유대 랍비는 이런 위험을 충분히 의식하고 이런 태도를 경계하여 "위선을 행하는 자는 세상에 하나님의 진노를 가져오고 그의 기도는 열납되지 않는다", "하나님의 영광의 얼굴을 보지 못할 네 종류의 사람이 있으니 조롱하는 자, 위선자, 거짓말하는 자, 훼방하는 자들이다"라고 경계했다. 랍비들은 기도하기 위해 마음이 정돈되어 있지 않으면 기도할 수 없다고 했고 온전한 기도를 드리기 위해서는 기도드리기 전 한 시간 동안 자신의 개인적인 마음의 준비가 필요하고 기도 후 한 시간 동안 명상이 필요하다고 말했다. 그러나 유대인의 기도 규정은 오만한 마음을 조장하는, 보이기 위한 기도의 경향을 띠었다.

예수께서는 기도하는 데 두 가지 큰 원칙을 제시했다.

1. 모든 참된 기도는 하나님께만 드려야 한다고 예수께서는 말씀하셨다. 예수

께서 책망하는 사람들의 본질적인 점은 그들이 하나님께 기도드리는 것이 아니라 사람에게 기도하고 있다는 것이다. 어떤 설교자는 보스턴 교회에서 공들여 멋진 기도를 드렸는데, 마치 보스턴의 청중에게 드리는 웅변적인 기도와 같았다. 이 설교자는 하나님과 만나기 위한 기도보다 회중에게 강한 인상을 주는 데 더 큰 관심을 갖고 있었던 것이다. 공적인 기도건 사적인 기도건 사람은 마음속에 하나님 외에 다른 것을 생각하거나 갈망해서는 안 된다.

2. 우리가 기도드리는 하나님은 우리가 기도드리는 그 이상으로 응답하시고자 하시는 사랑의 하나님이라는 것을 항상 기억해야 한다고 예수께서는 말씀하신다. 그는 자신의 선물과 그의 은혜를 마지못해 주시는 것이 아니다. 우리가 기도하는 하나님은 기도에 응답하시도록 무리하게 조르거나 성가시게 굴어야 하는 분이 아니다. 우리의 하나님은 주시는 일을 다만 하나의 소원으로 갖고 계시는 분이다. 이것을 기억한다면 하나님께 기도할 때 마음에 원하는 것을 조금이라도 표시하고 입으로 "뜻대로 하옵소서"라고 말하는 것으로 족한 것이다.

사도의 기도

마태복음 6:9-15

9그러므로 너희는 이렇게 기도하라 하늘에 계신 우리 아버지여 이름이 거룩
히 여김을 받으시오며 10나라가 임하시오며 뜻이 하늘에서 이루어진 것같이
땅에서도 이루어지이다 11오늘 우리에게 일용할 양식을 주시옵고 12우리가 우
리에게 죄 지은 자를 사하여 준 것같이 우리 죄를 사하여 주시옵고 13우리를
시험에 들게 하지 마시옵고 다만 악에서 구하시옵소서 나라와 권세와 영광
이 아버지께 영원히 있사옵나이다 아멘 14너희가 사람의 잘못을 용서하면 너
희 하늘 아버지께서도 너희 잘못을 용서하시려니와 15너희가 사람의 잘못을
용서하지 아니하면 너희 아버지께서도 너희 잘못을 용서하지 아니하시리라

주기도에 대해 상세하게 논의하기 전에 먼저 우리가 기억해 두어야 할 전반적인 문제들이 있다.

첫째, 이 기도는 예수께서 제자들에게 가르친 기도라는 것에 주목해야 한다. 마태와 누가는 이런 사실을 명백히 하고 있다. 마태는 산상수훈 전체가 사도들에게 주어진 것임을 나타내고 있다(마 5:1). 누가는 예수께서 이 기도를 제자 중 한 사람의 요구에 대한 응답으로 가르치셨다고 말해 주고 있다(눅 11:1).

주기도에서 기억해야 할 사실은 이 기도가 제자만 할 수 있는 기도라는 것이다. 즉, 이 기도는 예수 그리스도에게 충성하고 헌신하는 자만이 할 수 있는 기도다. 주기도는 종종 생각되어 온 것처럼 한 어린아이의 기도가 아니다. 어린아이들은 그 의미를 모른다. 또 주기도는 종종 가족의 기도라고 말하는 사람이 있으나 **가족**이란 말이 **교회의 가족을** 의미하지 않는 이상 올바른 말이 아니다. 주기도는 특별하고 분명하게 제자의 기도일 때만 의의가 있다. 다시 말해 주기도는 그 기도의 의미를 이해할 때만 참된 의미의 기도가 될 수 있으며 제자가 되지 않으면 그 의미를 이해할 수 없다.

그 다음 우리는 주기도에서 간구하는 내용의 **순서**에 주목해야 한다. 처음의 세 가지 간구는 하나님과 그의 영광에 대한 것이고 다음 세 가지는 우리의 요구와 필요에 대한 것이다. 다시 말해 먼저 하나님에게 최상의 위치를 드린 다음 우리 자신의 필요와 소원에 눈을 돌리는 것이다. 하나님이 정당한 곳에 계실 때만 모든 것이 정돈되어 간다. 우리의 욕망에 따라 기도로 하나님의 뜻을 끌어들이려고 해서는 안 된다. 기도는 언제나 우리의 의지를 하나님의 의지에 복종시키려고 하는 노력이다.

주기도의 후반, 즉 우리의 요구와 필요에 대한 부분에는 놀라운 통일이 있다. 여기에서는 인간의 세 가지 본질적인 필요와 인간이 생활하는 세 가지 시간적 영역을 말해 주고 있다. 첫째, **빵을 구한다**. 이는 생명 유지에 필요한 것이고, **현재** 필요한 것을 하나님께 고하는 것이다. 둘째, **사죄**를 구한다. 이는 **과거**를 하나님께 고하여 하나님의 용서를 받는 은혜를 구하는 것이다. 셋째, **시험이 올 때 도움을 구한다**. 이는 **미래**를 하나님의 손에 위탁하는 것이다. 이 세 가지 짤막한 간구 속에서 우리는 현재, 과거, 미래의 모든 것을 은혜의 하나님 앞에 피력하는 것이다.

주기도는 참으로 잘 정돈되어 있으며 우리의 생활을 하나님 앞에 내놓는 동시에 하나님의 전체를 우리 생활에 받아들이게 한다. 우리가 육적 생명을 유지하기 위해 **양식**을 간구할 때, 바로 우리의 창조자이고 생명의 유지자이시며 아버지 되신 하나님에게 우리의 생각이 향하게 된다. 또 우리가 **죄의 용서**를 간구할 때 바로 우리의 생각은 우리의 구세주이시자 구속자이신 **하나님의 아들** 예수 그리스도에게 향하게 되는 것이다. 우리가 미래의 유혹에서 구해 주실 것을 간구할 때는 바로 우리의 생각은 위안자, 강하게 하시는 자, 진리를 주시는 자, 우리 길의 안내자이시며 보호하시는 **성령**이신 하나님을 향하게 되는 것이다.

이 짤막한 주기도의 후반은 참으로 놀라운 방법으로 현재, 미래, 과거를 포함하는 인간 생활을 완전한 신격을 갖추신 하나님, 즉 아버지이신 하나님, 아들이신 하나님, 성령이신 하나님 앞에 드리는 것이다. 주기도 속에서 예수께서는 우리에게 삶의 전체를 하나님에게 드릴 것과 하나님의 전 존재를 생활의 모든 영역에 받아들여야 한다고 가르쳐 주고 있다.

하늘에 계신 아버지(1)

마태복음 6:9

9 그러므로 너희는 이렇게 기도하라 하늘에 계신 우리 아버지여 이름이 거룩히 여김을 받으시오며

하나님 아버지라는 말은 기독교 신앙의 간결한 축소판이 된다. 아버지라는 말은 이 말이 모든 생의 관계를 바로잡아 준다는 데 큰 가치가 있다.

1. 아버지란 말은 우리와 보이지 않는 세계와의 관계를 바로잡아 준다. 복음을 전하는 사람들은 하나님은 오직 한 분뿐이심을 밝혀 줌으로써 이교도에게 안

심을 준다고 증언하고 있다. 이방인들은 강과 냇물, 나무와 계곡, 언덕과 숲 등 모든 자연이 신적인 힘을 갖고 있다고 생각하여 이 세상을 신들의 군집 장소로 믿어 왔다. 그리하여 이방인들은 수많은 우상의 세계 속에서 살아 왔다. 더욱이 이 신들은 모두 질투와 잔인함과 적의라는 속성을 갖고 있으므로 인간은 신들의 마음을 달래야 하고 이 신들을 만족시키지 않으면 늘 불안에 떨었다.

결과적으로 이방인들은 우상의 공포 속에 살게 되었고 자신의 종교에서 도움을 얻기는커녕 오히려 괴로움을 당하게 되었다. 이런 예로 그리스의 유명한 신화 프로메테우스 전설을 들 수 있다.

프로메테우스도 신들 중 하나였고 당시 인간에게는 아직 불이 없었다. 인정 많은 프로메테우스는 불이 없으면 생활에 기쁨도 위안도 없다는 사실을 알고 하늘에서 불을 가져다가 인간에게 선물로 주었다. 신들의 왕인 제우스는 인간이 불을 선물로 받았다는 사실을 듣고 노발대발했다. 그래서 프로메테우스를 데려다가 아드리해 중앙에 있는 바위에 쇠사슬로 묶어 놓았다. 그곳에서 그는 밤의 추위와 낮의 열기와 갈증으로 고통을 당해야만 했다. 더욱이 제우스는 독수리에게 그의 간장을 쥐어뜯게 하면서 그의 생명은 계속 유지시켜 고통을 더하게 했다.

이 신화가 의미하는 바는 인간을 도우려는 신의 최후는 질투와 복수와 포악으로 끝을 맺었다는 것이다. 이것이 보이지 않는 세계에 대한 이방인들의 태도와 생각이다.

이방인들은 질투심이 강하고 포악한 신들에 대한 두려움 때문에 늘 고통을 받는다. 그러나 우리가 기도하는 대상인 신이 아버지이고, 아버지의 마음을 갖고 있음을 알게 되면 우리 안에 큰 변화가 일어난다. 즉, 질투하는 신들의 무리 앞에서 더 이상 두려워 떨 필요 없이 아버지의 사랑 앞에서 쉴 수 있는 것이다.

II. 보이는 세계와의 관계를 바로잡아 준다. 아버지라는 말은 우리가 살고 있는 공간과 시간의 세계에 대한 관계를 바르게 한다. 우리는 흔히 이 세계를 적의에 찬 세계로 생각하기 쉽다. 이 세상에는 우연이 있고, 변화가 있다. 우주에는 철칙이 있어 그것을 어기면 상하게 된다. 또한 세상에는 죽음과 고통도 있다. 그러나 이 세계 배후에 변덕스럽고 조롱하고 질투하는 신이 아니라 아버지 하나님이 계시다는 사실을 안다면 문제가 다 해결되지 못하더라도 견디기 쉬워진다. 배후에 사랑이 있는 것을 알기 때문이다. 그리고 이 세계를 쾌락을 위한 장소가 아니고 훈련을 위한 장소로 생각할 수 있게 된다. 고통을 예로 들어 보자. 고통을 좋아하는 사람은 없다. 그러나 고통도 하나님의 질서 안에 하나의 역할을 하고 있다. 고통을 느끼지 못하는 이상 체질의 사람은 자신의 생명이 위험할 뿐 아니라 다른 사람도 위험하게 한다. 고통이 없다면 우리는 병에 걸렸다는 사실도 몰라서 손도 써 보지 못한 채 죽고 말 것이다. 물론 고통이 좋다는 말은 아니다. 그러나 고통은 앞으로 위험이 다가오는 것을 알리는 하나님의 적신호 역할을 하는 경우가 많다.

레싱(Lessing)은 그리스의 신 스핑크스(머리는 여자이고 몸체에 날개가 달린 괴물)에게 질문할 수 있다면 "이 우주가 정말 우애에 찼느냐?"라고 물어보고 싶다고 했다. 우리가 이 세계를 만드신 분이 아버지 하나님임을 확신할 수 있다면 근본적으로 이 우주는 우애가 넘친다고 확신할 수 있을 것이다. 하나님을 아버지로 부르게 되면 우리가 살고 있는 이 세계와의 관계는 바로잡히게 된다.

III. 우리가 하나님이 아버지 되심을 믿는다면 이 믿음은 "우리와 우리 이웃과의 관계를 바로 잡아 준다". 하나님이 아버지라고 한다면 그분은 곧 만인의 아버지라는 뜻이다. 주기도는 우리에게 "나의 아버지"라고 기도하라고 가르치지 않고 "우리 아버지"라고 기도하라고 가르친다. 주기도에서 "나", "나를", "나의", "나의 것"이란 말이 쓰이지 않고 이런 말 대신에 "우리", "우리를", "우리의", "우리의 것"이라고 쓰인 것은 의미가 있다. 하나님은 한 사람의 독점물이 될 수 없다. 우리의 아버지라는 말은 자신의 부정을 의미한다. 하나님이 아버지가 되실 때만 모두 형제가 될 수 있다.

IV. 우리가 하나님이 아버지 되심을 믿을 때 이 믿음이 "자신과의 관계를 바로잡아 준다". 삶을 살아갈 때 누구나 자신을 경멸하고 증오할 때가 있어서 자신이 땅 위에 사는 존재 중에 가장 빈약하다고 느낄 수 있다. 이런 때 그는 가슴 아파하며 자신이 가치 없는 존재라는 인식을 강하게 할 수 있다. 그러나 러더포드(Mark Rutherford)는 "자기 혐오를 고치는 사람은 복이 있나니"라며 팔복에 한 구절을 더 첨가하고자 했다. 자존심을 회복하는 사람은 복된 사람이다. 분명히 그렇게 하기를 하나님은 원하신다. 아무도 돌봐 주지 않아도 나는 하나님께 사랑을 받고 그의 무한한 자비 가운데 있는 왕 중의 왕인 그분의 자녀다. 아무리 냉혹하고, 외롭고, 고통스러운 순간에도 우리는 늘 마음속에 그 사실을 되새겨야 한다.

V. 우리가 하나님이 아버지 되심을 믿을 때 이 믿음이 "하나님과의 관계를 바로잡아 준다". 하나님이 아버지가 된다는 것은 하나님의 권능과 존귀의 힘을 무력하게 하는 것은 아니다. 또 하나님으로서의 가치가 감소되는 것도 아니다. 오직 그분의 권능과 존귀의 힘이 우리와 더 가까워질 뿐이다.

로마 황제의 개선에 대해 다음과 같은 이야기가 있다. 로마에서는 전쟁에서 승리하면 승리자의 영예를 찬양하기 위해 그 군대가 전리품과 포로를 끌고 로마의 거리를 행진하게 되어 있었다. 그날도 황제는 군대의 선두에 서서 행진하고 있었다. 거리는 온통 기쁨에 찬 사람으로 인산인해를 이루었고 키 큰 병사들은 그곳에 모인 사람들을 정리하기 위해 길가에 한 줄로 늘어섰다. 이 승리의 행렬이 계속되는 동안 황후와 그의 가족들은 단상에 앉아 황제가 마차에서 승리에 도취하여 지나가는 모습을 보고 있었다. 이 단상에는 나이 어린 그의 막내아들도 어머니와 함께 앉아 있었다. 황제가 탄 마차가 자기에게 가까이 오자 아이는 단상에서 뛰어내려 군중을 헤치고 군인들의 다리 사이를 애써 피하여 아버지가 탄 마차를 만나려고 달려가려고 했다. 군인은 허리를 굽혀 길을 가로막고 소년의 팔을 움켜잡고서는 "얘, 그쪽으로 뛰어가면 안돼. 그 마차에 타고 계신 분이 누군지 아니? 황제란 말이야"라고 말했다. 그랬더니 그 소년은 웃으면서 "그분이 당신에게는 황제이지만 저에게는 아버지란 말이에요"라고 대답했다.

기독교인의 하나님에 대한 생각도 이와 똑같다. 하나님의 권능과 존엄과 힘은 예수께서 우리에게 **"우리 아버지시여"**라고 부르라고 가르쳐 주신 그분의 권능과 존엄과 힘이기 때문이다.

하늘에 계신 아버지(2)

마태복음 6:9(계속)

우리는 하나님을 처음의 두 마디, 즉 **우리**와 **아버지**에 대해 생각했는데, 그분은 우리 아버지일 뿐 아니라 **하늘에 계신** 우리 아버지다. 우선 "하늘에 계신"이란 말은 깊은 뜻이 있고 두 가지 진리가 포함되어 있다.

I. 이 말은 하나님의 거룩함을 나타낸다. 잘못하면 하나님이 아버지 되신다는 생각이 잘못 해석되어 감상적으로 흐르거나 안이한 위안의 종교가 되기 쉽다. 즉, 그분은 좋은 분이니 무슨 짓을 해도 괜찮다고 생각하거나, 하이네가 말했듯이 용서하는 것이 하나님의 본질이라고 생각하기 쉽다. 우리 아버지라고 하고 그것으로 끝난다면 그렇게 말할 수도 있겠지만, 우리가 기도하는 분은 **하늘에 계신** 우리 아버지다. 거기에는 사랑과 함께 거룩이 있다. 예수께서 하나님께 대해 아버지라는 말을 거의 쓰지 않았다는 것은 이상한 일 중 하나다. 마가복음이 가장 먼저 쓰인 복음서이므로 예수께서 실제 말씀하시고 행하신 것을 가장 잘 표현했다고 생각되는데 이 마가복음에 예수께서 하나님을 아버지라고 부른 것은 단지 6회밖에 없다. 그리고 이것도 제자들에게 말씀하실 때만 사용했다. 아버지란 말이 예수께는 너무 거룩한 것이어서 그 말을 거의 사용하지 않았을 것이다. 즉, 아버지라는 말을 잘 이해하는 사람들을 제외하고 다른 사람들 앞에서는 그 말을 쓰지 않으셨으리라 생각된다. 우리는 아버지라는 말을 함부로 감상적으로 부르지 말아야 한다.

하나님은 모든 죄와 결점과 잘못에 대해 무책임하게 눈을 감아 주시는 분이 아니다. 우리가 아버지라고 부를 수 있는 하나님은 아직도 우리가 경배와 존경과 두렵고 떨림으로 다해야 하는 신이다. 하나님은 하늘에 계신 우리 아버지시고 그분 안에는 사랑과 거룩이 조화되어 있다.

II. 이 말은 하나님의 능력을 암시해 준다. 인간의 사랑이 있는 곳에는 때때로 좌절을 겪게 되는 비극도 있다. 우리가 한 사람을 아무리 사랑하더라도 그 사람을 도와 어떤 일을 하거나 못하도록 만들기는 참 어려운 일이다. 인간의 사랑은 열렬할 수는 있어도 무력하다. 버릇이 나쁜 자녀를 둔 부모나 바람둥이 애인을 둔 사람은 그것을 잘 알고 있다. 그러나 우리가 하늘에 계신 우리 아버지라고 말할 때는 두 가지 사실, 즉 하나님의 사랑과 하나님의 능력을 동시에 생각해야 한다. 하나님의 능력은 하나님의 사랑의 동기에서 나오는 것이며, 하나님은 우리에게 도움이 되는 것 이외에는 그 능력을 사용하시지 않는다. 동시에 하나님의 사랑의 배후에 하나님의 능력이 있기 때문에 궁극적으로 사랑이 목표하는 바는 실패하거나 패배할 수 없다. 그것은 하나님의 사랑이기 때문이다. 우리가 하늘에 계신 우리 아버지라고 기록할 때는 하나님의 거룩하심과 사랑 가운데 역사하시는 능력과 패배할 수 없는 그분의 능력 배후에 역사하시는 사랑을 늘 기억해야만 한다.

이름을 거룩하게

마태복음 6:9(계속)

"이름을 거룩하게 하옵시며." 이것은 주기도 중에서 가장 설명하기 어려운 기원이다. 대부분의 사람은 이 의미를 물어도 확실하게 대답할 수 없다. 그러면 우선 이 말의 실제 의미를 알아보자.

"거룩하게 하옵시며"라고 번역된 말은 **하기오체스다이**(hagiazesthai)라는 헬라어 동사 중 하나다. "하기오체스다이"라는 헬라어 동사는 형용사 **하기오스**(hagios)와 관계되어 있고 사람이나 사물을 거룩하게 대우해 주는 것을 의미한다. 하기오스란 말을 보통 "거룩"으로 번역하지만 하기오스의 본래 의미는 "다르다" 혹은 "구별되다"란 뜻이다. 하기오스한 것이란 다른 것과 같지 않은 것이란 뜻이고, 하기오스한 사람이란 다른 사람들에게서 구별된 사람을 말한다. 성전은 다른 건물과 다르기 때문에 **하기오스**, 제단은 보통 물건과 사용 목적이 다르기 때문에 **하기오스**다. 하나님의 날은 다른 날과 다르기 때문에 **하기오스**다. 제사장은 다른 사람과 구별되었기 때문에 **하기오스**다. 여기에서 이 기도의 의미는 "하나님의 이름은 다른 모든 사물이나 사람의 이름과는 구별되게 취급해 주십시오. 다른 것과는 절대적으로 다른 하나밖에 없는 지위를 받으소서"라는 것이다.

그러나 여기에 한 가지 더 첨가할 것이 있다. 히브리어에서는 **이름**이 존 혹음 제임스처럼 그 사람을 부르는 명칭만 의미하지는 않았다. 히브리어로 **이름**은 한 사람의 본성, 성격, 인격 전체를 의미했다. 이는 성경이 **이름**을 어떻게 표현하고 있는지 살펴보면 명백히 알게 될 것이다. 시편 9편 10절에 "주의 이름을 아는 자는 주를 의지하오리니"라는 구절이 있다. 이것은 분명히 하나님의 이름이 여호와라는 사실을 아는 사람들이 그분을 의지한다는 의미가 아니고, 하나님이 어떤 분이며 그분의 독특성과 하나님 됨과 품성을 아는 사람이 그분을 의지하게 될 것이라는 의미다.

또 시편 20편 7절에서 시편 기자는 "어떤 삶은 병거, 어떤 사람은 말을 의지하나 우리는 여호와 우리 하나님의 이름을 자랑하리로다"라고 말했다. 이는 시편 기자가 어려울 때 여호와 하나님의 이름을 기억했다는 의미가 아니다. 어려울 때 사람들은 인간이나 물질적인 도움이나 보호를 의지하나 시편 기자는 하나님이 어떤 분인지, 즉 하나님의 성격과 품성을 알기 때문에 확신을 얻을 수 있다는 뜻이다.

그러면 이 두 가지 사실을 갖고 종합해 보자. **거룩한**으로 번역된 하기오체스다이는 유일하고 특별한 지위를 주고 상이하게 간주된다는 의미다. 또 **이름**은 그 사람의 본성과 성격과 인격 전체를 의미한다. 즉, 우리가 하나님을 하나님답게 대우하고 그분에게 독특한 지위가 있음을 시인하는 것이 바로 이 기도다.

경배

마태복음 6:9(계속)

하나님의 품성과 그분의 독특한 지위를 나타낼 만한 영어 낱말로는 경배

(reverence)를 들 수 있다. 이 기원은 우리가 마땅히 하나님을 하나님이 받으시기에 합당하게 경배해야만 한다는 기도다. 하나님을 참으로 경배하는 데는 네 가지 조건이 따른다.

I. 하나님을 경배하기 위해 우리는 먼저 그분이 계시다는 것을 믿어야 한다. 존재하지 않는 분에게 경배할 수는 없다. 먼저 하나님이 계시다는 확신에서 시작해야 한다. 현대인들은 성경에 하나님의 계심을 입증하려고 시도한 곳이 없다고 이상하게 생각할지 모른다. 그러나 성경에서 하나님이 계시다는 것은 공리로 되어 있다. 공리(公理)란 증명받을 필요가 없는 자명의 이치로 다른 모든 증명의 기초다. 예를 들어 일직선은 두 점에서 가장 가까운 거리이고, 평행선은 아무리 연장해도 서로 만날 수 없다는 것이 공리다. 성경을 쓴 이들은 하나님의 존재를 증명할 필요가 없었을 것이다. 그들은 삶 속에서 매 순간 하나님이 계심을 경험했던 것이다. 마치 자신에게 부인이 있다는 사실을 입증할 필요가 없는 것처럼 말이다. 그들은 매일 자신의 부인을 만나듯 하나님을 만났던 것이다. 그러나 하나님이 계심을 증명한다고 하면 어디서부터 시작하면 좋을지 생각해 보자. 먼저 우리가 **살고 있는 세계에서부터** 시작해 보자.

팔레이(Paley)의 옛 토의법은 오늘날에도 적용된다. 어떤 사람이 길을 걷고 있다고 생각해 보자. 길을 걷다 먼지 속에 묻혀 있던 시계가 그의 발길에 차였다. 그는 평생 시계를 한 번도 본 적이 없어서 그것이 무엇인지 모른다. 그가 시계를 주워 내부를 뜯어 봐야 그것이 금속, 복잡한 톱니바퀴, 지레 장치, 태엽, 보석으로 만들어졌다는 사실을 알게 된다. 모든 것이 질서 정연한 가운데 움직이고 활동하는 모습을 보고, 더욱이 정확한 질서 속에서 시계 바늘이 번호판 주위를 돌고 있다는 것을 봤을 때 그가 무엇이라고 말하겠는가? 이 모든 금속과 보석이 우연히 땅속에서 나와 톱니바퀴, 지레 장치, 태엽이 되고 이것들이 우연히 모여 하나의 기계가 되었고, 시계 태엽이 감겼다 풀렸다 하는 사이에 조화 있는 질서가 만들어진 것이라고 말하겠는가? 그렇지 않다. 그는 분명히 어디엔가 이 시계를 만든 사람이 있을 것이라고 말할 것이다.

질서는 이지(mind)를 전제로 한다. 우리는 일정한 질서 속에서 일하고 있는 우주를 본다. 일정한 궤도 안에서 해가 뜨고 지며, 밀물과 썰물이 일정한 시간에 따라 들어오고 나간다. 또 일정한 시간에 따라 사철이 바뀐다. 이런 우주를 바라보면 어디엔가 이 우주를 만든 이가 있을 것이라고 말할 수밖에 없다. 이런 우주의 모든 사실은 우리에게 하나님을 알도록 해 준다. 제임스 진(James Jeans)이 말한 대로 "천문학자는 무신론자가 될 수 없다"는 것이다. 이 우주 질서의 배후에는 하나님의 이지(理智)가 있어야만 된다.

우리 자신의 일을 생각해 보자. 인간이 만들 수 없는 것이 하나 있다면 그것은 생명이다. 인간은 사물의 모양을 고치고, 재조정하고, 변화시킬 수는 있다. 그러나 그 물건에 생명을 불어넣을 수는 없다. 그러면 우리의 생명은 어디서 받은 것인가? 부모에게 받았는가? 맞는 말이다. 그러면 우리 부모는 생명을 어디서 받았는가? 이렇게 따져 볼 때 언젠가 이 생명이 이 세상 안으로 들어온 것임에 틀림없다. 생명이 다른 곳에서 왔다는 것은 틀림없는 사실이다. 인간은 생명을 창조할 수 없기 때문이다. 이때 우리는 다시 하나님께로 돌아갈 수밖에 없다. 우리가 안으로 자신을 들여다보고 밖으로 우주를 내다볼 때 하나님께로 돌아가게 된다. 칸트가 말한 대로 우리 안에 있는 도덕법과 우리 위에 있는 하늘은 우리를 하나님께로 이끌어 준다.

II. 우리는 하나님을 경배하기 전에 하나님이 살아 계심을 믿어야 할 뿐 아니라 하나님이 어떤 분인지를 알아야 한다. 그리스의 사랑의 신, 전쟁의 신, 미움의 신, 간음의 신, 속임의 신, 악의 신은 경배할 수 없는 신이다. 아무도 변덕스럽고 불결한 신을 경배할 수는 없다. 그러나 하나님 안에는 세 가지 위대한 품성, 곧 **거룩**과 **정의**와 **사랑**이 있다. 우리는 하나님이 살아 계실 뿐 아니라 그분이 어떤 분인지를 우리에게 나타내 보이셨기 때문에 그분을 경배하는 것이다.

III. 하나님의 살아 계심을 믿고 하나님은 거룩하고 의롭고 사랑이심을 알고 있으면서도 아직 하나님을 경배하지 못하는 사람이 있다. 하나님을 경배하려면 항상 하나님을 의식하고 있어야 한다. 하나님을 경배한다는 것은 하나님이 주장하는 세계에 살고 그분을 늘 기억하는 생활을 하는 것이다. 단지 교회나 거룩한 장소에서만 하나님을 의식해서는 안 된다. 언제 어디서나 의식해야 한다. 워즈워드는 틴턴 수도원 가까이에 살 때 이런 짤막한 시를 지었다.

나는 느껴 왔다.
생각을 높여 나를 환희로 몰아넣는
어떤 존재가 있다는 것을.
나는 호흡해 왔다.
마음속에 더 깊이 스며드는 무엇인가
숭고한 감각이 있다는 것을,

나는 알아 왔다. 지는 햇빛, 둥근 태양,
신선한 공기, 푸른 하늘, 사람의 마음, 이런 것들 가운데
그 누군가 살고 있다는 것을.

나는 믿어 왔다.
생각하게 하고, 생각할 대상이 있어,
모든 생각을 꿰뚫어 약동케 하고
움직여 숨 쉬게 하는 어떤 영이 있다는 것을.

유명한 현대 경건주의 시인 하디(Henry Ernst Hardy)는 〈신비한 미〉라는 시를 지었다.

오, 런던 시가에 자욱한 온갖 기질
그 뒤섞인 기분 중에
성자의 생명이 싹트고 있다.

이 거리를 오르고 내리며
누군가를 만나보는 눈을 가졌다면

예술적인 그림의 소재는 넘칠 텐데.

나는 휘슬러의 영혼이 알았던 대로
푸름과 호박색 얼룩으로 채색된
뒷거리를 보아 왔다.

사고파는 고기 튀김 상점에서
발하는 조화 있는 색채
오, 그것은 희한한 미가 아니냐!

석양의 어두움이 뒤섞일 때
성 제임스 공원을 걸으면
오! 넘치는 신비,

회색, 초록, 보랏빛으로 물든
그날 밤의 조화를 나는 결코
잊을 수가 없다.

나는 신이 계심을 알고 있다.
미가 있는 곳에 신의 축복된
발자국이 보인다.

누군가가 거친 인생길을 걸으며
우리에게 하나님을 보여 주신 분은
아직도 거리를 걷고 있다.

뒷거리에도, 성 제임스 공원에도 고기 튀김 상점에도 계시는 그분을 아는 것이 곧 경배다. 사람들은 대부분 특정한 때와 장소에서는 하나님을 강하게 의식하지만 다른 곳에서는 전혀 의식하지 않는다. 이것이 문제다. 경배란 끊임없이 하나님을 의미하는 것을 의식한다.

IV. 경배에는 또 다른 요소가 있다. 우리가 살아 계신 하나님을 믿고, 하나님이 어떤 분인지를 알고 늘 하나님을 의식하면서도 하나님을 경배하지 않는 경우가 있다. 하나님을 경배하려면 이 모든 것에 하나님에 대한 복종과 순종이 따라야 한다. 경배란 지식에 복종을 합치는 것이다. 루터의 요리문답에서 그는 "어떻게 하나님의 이름이 우리 가운데서 거룩히 여김을 받을 것인가"에 대한 질문에 "생활과 교리 양면을 다 갖춘 진정한 기독교인이 될 때"라고 대답했다. 즉, 우리의 지적인 확신과 실제적인 행위가 하나님의 뜻에 완전히 복종할 때 그분의 이름은 거룩하게 된다. 하나님이 살아 계심을 알고, 그분이 어떤 분임을 알고, 항상 하나님을 의식하고, 끊임없이 하나님께 복종하는 것이 곧 우리가 "당신의 이름을 거룩하게 하옵시며"라고 기도하는 내용이다. 하나님의 독특성과 그분의 품성에 합당하도록 그분을 경배하라.

하나님 나라와 하나님의 뜻(1)

마태복음 6:10-11

[10]나라가 임하시오며 뜻이 하늘에서 이루어진 것같이 땅에서도 이루어지이
다 [11]오늘 우리에게 일용할 양식을 주시옵고

"하나님 나라"라는 말은 신약성경 전체의 특징이다. 이 구절처럼 기도나 설교나 기독교 문학에서 많이 쓰이는 것은 없다. 그러므로 이 말이 무엇을 뜻하는지를 먼저 명백히 하는 것이 중요하다. 하나님 나라는 예수의 선교의 중심이었다. 예수께서 역사의 무대에 첫 등장해서 갈릴리에 가셨을 때 가장 먼저 하나님 나라의 복음을 전하셨다(막 1:14). 예수께서는 하나님 나라를 전하는 것이 자신에게 지워진 의무라고 생각했다(눅 4:43; 막 1:38). 누가는 예수의 활동에 대해 각 성과 촌에 두루 다니시며 하나님 나라를 전했다고 기록하고 있다(눅 8:1). 따라서 우리는 어떻게 하든지 하나님 나라의 뜻을 이해해야 한다.

그런데 이 구절을 이해하려면 몇 가지 파악하기 힘든 문제에 직면하게 된다. 예수께서는 하나님 나라를 세 가지 다른 방법으로 말씀하셨다. 먼저 하나님 나라를 **과거의 것**으로 말했다. 그는 아브라함과 이삭과 야곱이 하나님 나라에 들어갔다고 말했다(마 8:11; 눅 13:28). 이는 분명히 하나님 나라를 과거의 것으로 표현한 말이다. 그는 또한 왕국을 **현재의 것**으로 표현해 "하나님 나라는 너희 안에 있느니라"(눅 17:21)고 말했다. 그러므로 하나님 나라는 지금 여기 있는 현재의 사실이다. 그는 또 하나님 나라를 **미래의 것**으로 표현해 주기도에서 "나라가 임하옵시며"라고 기도하라고 가르쳤다. 그러면 어떻게 하나님 나라가 동시에 현재, 과거, 미래의 것이 될 수 있는가? 하나님 나라를 우리가 간구하는 까닭은 무엇인가?

주기도에 나타난 이 두 가지 기원에서 우리는 문제의 열쇠를 찾아야 한다. 히브리 문체의 특징 중 하나는 전문적인 용어로 평행법이란 것이다. 히브리인들은 같은 것을 두 차례 말하는 경향이 있다. 어떤 일을 한 번 말한 다음 같은 일을 다른 방면으로 반복하고 보충해 설명하는 것이다. 시편의 어느 절에도 이 평행법이 사용되고 있다. 시편의 대부분 구절은 중간에서 둘로 나뉜다. 뒤의 반절은 거의 처음 반절을 반복하고 보충하고 상세히 설명하는 것이다. 몇 가지 예를 들면 이 사실이 명백해질 것이다.

"하나님은 우리의 피난처시요 힘이시니 환난 중에 만날 큰 도움이시라"(시 46:1).

"만군의 여호와께서 우리와 함께하시니 야곱의 하나님은 우리의 피난처시로다"(시 46:7).

"여호와께서 나의 목자시니 내게 부족함이 없으리로다 그가 나를 푸른 풀밭에 누이시며 쉴 만한 물가로 인도하시는도다"(시 23:1-2).

그러면 이 원리를 주기도의 두 기원에 적용시켜 보자. "나라가 임하옵시며 뜻이 하늘에서 이룬 것같이 땅에서도 이루어지다." 두 번째 기원이 첫 번째 기원을 설명하고 보충하고 명백하게 했다고 한다면 이때 우리는 천국의 완전한 뜻을 알게 된다. **하나님 나라란 하나님의 뜻이 하늘에서 완전히 행해지는 것같이 땅에서도 완전히 행해지는 사회다**. 이것은 하나님 나라가 어떻게 동시에 과거, 현재, 미래인가를 설명하고 있다. 역사 중에서 하나님의 뜻을 완전히 행했던 사람은 하나님 나라에 있었던 것이요, 지금 하나님의 뜻을 완전히 행하는 자는 하나님 나라에 있는 자이며, 장래 하나님의 뜻을 완전히 행할 자는 하나님 나라에 들어온다는 것이다. 그러나 이 세상은 하나님의 뜻이 완전하게 보편적으로 행해지는 곳이 아니다. 하나님 나라가 완전히 오는 것은 미래다. 그러므로 "하나님 나라가 임하옵시며"라고 기도하는 것이다. 하나님 나라에 있다는 것은 하나님의 뜻에 복종하는 상태에 있는 것이다. 하나님 나라는 어떤 국민, 어떤 인종, 어떤 국가에 대한 것이 아니고 우리 개개인에 대한 것이다. 실로 하나님 나라는 이 세상에서 가장 개인적인 것이다. 하나님 나라는 **나**의 뜻과 **나**의 마음과 **나**의 생활을 하나님에게 복종시킬 때 임한다. 우리 개개인이 하나님 앞에 개인적인 복종을 할 때만 하나님 나라가 임하는 것이다.

중국의 기독교인들은 "주여, 당신의 교회에 영적 불을 일으켜 주소서. 먼저 나부터 시작해 주소서"라고 자주 기도하는데 이 기도의 의미는 "주여, 당신의 나라를 주소서. 먼저 나부터 시작해 주소서"라고 말할 수 있다. 천국에 들어가게 해 달라는 기도는 우리의 뜻을 전적으로 하나님의 뜻에 복종시킬 수 있게 해 달라는 것이다.

하나님 나라와 하나님의 뜻(2)

마태복음 6:10-11(계속)

앞에서 이미 설명한 대로 세상에서 가장 중요한 것은 하나님의 뜻에 복종하는 것이고, 세상에서 가장 중요한 말은 "당신의 뜻이 이루어지이다"라는 말이다. 그러나 이 말을 하는 사람의 마음 상태와 말의 확신 여부에 따라 그 뜻이 크게 달라진다.

I. 어떤 사람은 체념의 어조로 "당신의 뜻이 이루어지이다"라고 말한다. 그런 사람은 그 말을 하고 싶어서 하는 것이 아니고 자신이 어떻게 할 수 없어 하는 말이다. 하나님이 너무 강해서 어떻게도 할 수 없는 현실, 또는 우주라는 벽에 머리를 부딪쳐도 헛되다는 사실을 전제로 해 말하는 것이다. 혹은 피할 수 없는 하나님의 힘에 붙잡혀 말하는 경우도 있다. 오말 카얌(Omar Khayyam)은 그런 상태를 잘 표현했다.

당신이 두는
패승의 장기판 위에 놓인 말들
이리 움직이고 저기 멈추고 죽어서
하나 또 하나 본 상자에 들어가네.

말은 자신의 의지가 없고
당신이 두는 대로 여기저기로 이동한다
이 세상에 던져진 우리
당신만이 알리라
이 모든 것을, 이 모든 것을!

인간은 무력하다는 이유만으로 하나님의 뜻을 받아들일 때가 있다.

II. 어떤 사람은 지긋지긋한 반항심으로 "당신의 뜻이 이루어지이다"라고 말한다. 스윈번(Swinburne)은 하나님의 쇠발에 인간이 짓밟히는 느낌이라고 말했고 하나님을 최대 악이라고까지 말했다. 베토벤은 외로이 죽어 갔다. 사람들이 그의 시체를 발견했을 때, 그는 입술은 악물고 손은 꽉 쥐고, 마치 하늘에 계시는 하나님을 향해 휘두른 것 같은 자세였다고 한다. 어떤 사람은 하나님을 적대시하지만 그의 힘이 너무 강해 할 수 없이 그의 의지에 굴복하고 속으로는 격한 반항심을 품는다.

III. 어떤 사람은 완전한 사랑과 믿음에서 "당신의 뜻이 이루어지이다"라고 말한다. 그 뜻이 어떤 것이든 간에 기쁘게 그것을 받아들이는 것이다. 기독교인은 하나님에 대해 두 가지 사실을 확신하고 있기 때문에 "당신의 뜻이 이루어지이다"라고 기도할 수 있다.

1. 기독교인은 하나님의 지혜를 확신한다. 우리가 어떤 건물을 짓거나 개조하거나 수선해야 할 때는 기사를 찾아 그것에 대해 의논하고 자신의 뜻을 말한다. 그러면 전문가는 자신의 뜻을 제안할 것이고 우리는 "당신은 전문가니까 당신이 가장 좋다고 생각하는 대로 하시오"라고 말할 것이다. 하나님은 인간의 생의 전문가이며 누구도 결코 타락의 길로 인도하시지 않는다.

한때 스코틀랜드에서 계약 교파의 일을 보던 리처드 캐머론(Richord Cameron)이 살해되었다. 그의 아버지도 똑같은 이유로 감옥에 갇혀 있었는데 원수들이 그의 슬픔을 더하게 하려고 아들의 머리와 손을 그에게 갖고 와 이것이 누구의 것인지를 물었다. 아들의 머리와 손을 잡은 그는 거기에 입 맞추며 "나는 알고 있습니다. 내 아들입니다. 내 귀여운 아들입니다. 이것은 주께서 하신 일입니다. 주의 뜻은 언제나 선하십니다. 주님은 나도 내 가족도 배반하신 일이 없고 언제나 우리를 위해 은혜와 긍휼만을 예비하셨습니다"라고 말했다.

이와 같이 말할 수 있는 사람은 자신의 모든 생활이 무한한 지혜를 가지신 하나님의 손안에 있다는 것을 알기에 "당신의 뜻이 이루어지이다"라고 쉽게 말할 수 있는 사람이다.

2. 기독교인은 하나님의 사랑을 확신한다. 하나님은 변덕스럽고 사람을 조롱하는 분이 아니며 맹목적이고 무자비한 결정론자가 아니다. 토마스 하디는 그의 소설 《테스》에서 "신들의 두령은 테스를 갖고 장난했다. 그리고 그 장난도 이것으로 끝났다"라고 냉혹하게 말했다. 하지만 우리가 믿는 하나님은 사랑이시다. 위티어(Whittier)가 이런 사실을 잘 묘사했다.

나는 모른다.

잎이 무성한 야자나무가
어찌해서 섬들에 자라고 있는지

나는 안다.
하나님의 사랑과 긍휼에서
벗어나 나가지 않는다는 것을.

브라우닝(Browing)은 승리의 신앙을 선언했다.

"하나님, 당신은 사랑이십니다. 당신의 사랑 안에 내 신앙의 터를 닦습니다. 나는 압니다. 당신이 내 길을 지키시는 줄 나는 압니다. 슬픔에 찬 어두움에 빛을 비추어 무한한 기쁨으로 변하게 하신 사랑의 빛을 어찌 의심하리요. 이 당신의 사랑을."

바울은 "자기 아들을 아끼지 않으시고 우리 모든 사람을 위하여 내주신 이가 어찌 그 아들과 함께 모든 것을 우리에게 주시지 않겠느냐"라고 말했다. 십자가를 바라본 사람은 누구나 하나님의 사랑을 의심할 수가 없다. 그리고 우리가 하나님의 사랑을 확신할 때 "당신의 뜻이 이루어지이다"라고 기도할 수 있다.

우리의 일용할 양식(1)

마태복음 6:11

11 오늘 우리에게 일용할 양식을 주시옵고

우리는 이것이야말로 그 뜻이 분명한 주님의 기원 중 하나라고 생각해 왔다. 겉으로 판단하기에는 이 기원이 아주 단순하고 직접적인 것 같지만 많은 주석가들이 여기에 대해 여러 가지로 해석해 왔다. 우리가 성급하게 결론을 내리기에 앞서 오늘날까지 주석되어 온 여러 다른 설명을 살펴보자.

I. 빵은 주의 만찬이라고 생각했다. 처음부터 주기도는 주의 만찬과 밀접한 관계가 있다. 지금까지 전해진 바에 의하면 주기도는 최후 만찬 때 드린 기도다. 그래서 어떤 사람은 이 기원을 우리 주님의 식탁에 매일같이 앉아 영의 양식을 받아먹도록 허락된 기도라고 설명해 왔다.

II. 빵은 영적 양식, 곧 하나님의 말씀이라고 생각했다. 우리는 때때로 이런 찬송을 부른다.

주여, 갈릴리 해변에서
떡과 고기를 나눠 주신 것같이
오늘 나에게 생명의 양식을 주옵소서

주여, 생명의 말씀을
나에게 주소서
주께서 주시는 양식을 간구합니다.

그래서 이 기원은 성경, 즉 하나님의 말씀에 나타난 참 교훈과 교리와 본질적인 진리와 우리 인간의 마음과 영혼이 양식을 구하는 기도라고 생각해 왔다.

III. 빵은 예수 자신이라고 생각했다. 예수께서는 친히 자신을 **생명의 떡**(요 6:33-35)이라고 말씀하셨다. 이것은 우리가 매일 생명의 떡이신 그분이 주는 양식을 먹고 살도록 기도하라는 뜻으로 해석되었다. 매튜 아놀드(Matthew Arnold)도 이런 의미로 해석하여 어느 무더운 날 런던의 동편 끝에 선 하나님의 성자에 대해 시를 썼다.

8월 어떤 날
불같은 햇살이 베트날 그린(Bethnal Green)의
누추한 거리에 내리비칠 때.

창 너머 보인다.
스피탈에서 몹시 피곤해 창백해진 그 모습이.

잘 아는 목사를 만나 물어보았다.
과로에 당신은 어떻게 지내느냐고?
그는 대답했다. 건강하오.
나는 힘이 솟아나오.
생명의 양식인 그리스도를 생각하면.

그래서 이 기원을 생명의 떡인 그리스도로 우리가 더욱 힘을 얻어 강건해지도록 해 달라는 기도로 설명했다.

IV. 이 기원을 순순히 유대적인 의미로 설명했다. 그래서 빵을 천국의 양식으로 설명했다. 누가는 함께 먹는 자 중 한 사람이 예수께 "하나님 나라에서 떡을 먹는 자는 복되도다"(눅 14:15)라고 말한 것을 기록했다. 유대인들은 메시아가 와서 황금시대가 되면 메시아의 만찬회가 열리고, 하나님으로부터 선택된 자는 그 자리에 앉게 된다는 것을 절실히 기대하고 있었다. 그 만찬에는 비헤모스(Behemoth: 하마 비슷한 큰 짐승. 욥 40:15-24 참조)와 레비아탄(Leviathan: 거대한 바다 짐승)이라는 괴물이 죽음을 당해 요리되어 연회상에 나오고 선민은 하나님이 베푸는 일종의 향연에 참석한다고 생각하고 있었다. 그래서 이 기도는 하나님이 베푸시는 최후의 만찬에 참석할 수 있기 위한 기도라고 생각했다.

물론 이들 설명 중에 어느 하나만이 이 기도의 중요한 의미를 모두 나타내고 있다고 생각할 필요는 없다. 또한 이들 해석이 전부 잘못된 것으로 단정할 필요도 없다. 이 모든 설명은 진리와 타당성을 갖고 있다.

이 기도가 해석하기 어려운 또 하나의 이유는 KJV 성경이 "일용할"이라고 번역한 **에피우시오스**(epiousios)란 말의 의미가 애매하다는 점이다. 이상하게도 얼마 전까지만 해도 그리스 문학에서 이 말은 나오지 않았다. 오리겐은 이런 사실을 알고서, 마태가 새로운 말을 스스로 만들어 냈다고까지 했다. 따라서 이 말의 정확한 의미를 알 수 없었다. 그런데 최근에 발견된 파피루스 단편에 이 말이 발견되었다. 발견된 파피루스 단편은 부인들이 물건을 사기 위해 기록한 메모지였는데 어떤 물품목록에서 에피우시오스란 말이 쓰여 있었다. 그것은 그날에 필요한 식료품을 사는 데 잊지 않기 위해 적어 두는 메모였던 것이다.

여기에서 이 기원의 의미는 명확해진다. 즉, "날마다 우리에게 먹을 것을 주십시오. 오늘 아침 나갈 때 사야 할 품목을 메모지에 적었는데 그것을 살 수 있도록 도와주십시오. 어린애들이 학교에서 돌아와, 또 일하는 자가 일터에서 돌아와 먹을 수 있도록 음식을 주십시오. 우리가 오늘 식탁에 함께 앉을 때 먹을 것이 없는 일이 없도록 해 주십시오"라는 뜻이다. 이것은 곧 "하나님, 그날에 우리에게 필요한 양식을 주십시오"라는 아주 솔직한 기도다.

우리의 일용할 양식(2)

마태복음 6:11(계속)

이 기원이 매일 우리에게 필요한 것을 솔직히 원하는 기도라고 할 때, 여기에는 깊은 진리가 들어 있다.

1. 이것은 하나님이 우리의 육체를 돌보신다는 뜻이다. 예수께서는 그것을 우리에게 보여 주셨다. 예수께서는 많은 시간을 들여 병자를 고쳐 주셨고, 그들의 육체적인 굶주림을 채워 주셨다. 예수를 따라 적막한 장소에 온 군중이 먹을 것이 없고, 금방 집에 돌아갈 수도 없게 되었을 때 예수께서는 염려해 주셨다. 하나님은 우리의 육체도 돌봐 주신다. 육체를 경시하고 고행을 장려하는 가르침은 잘못된 것이다. 하나님이 친히 예수 그리스도 안에서 육신이 되셨다는 사실은 하나님이 인간의 육체를 중요시하신다는 것을 나타낸다. 구원은 영혼의 구원만을 의미하지 않는다. **전 인격의 구원**, 즉 육체와 마음과 영혼 전체의 구원을 의미한다. 이것이 기독교의 목적이다.

II. 이 기원은 우리에게 "매일의 양식, 그날을 위한" 양식을 구하라고 가르쳐 준다. 이것은 먼 장래에 대해 두려워하거나 염려하지 말고 매 순간 매일 기쁘게 살라고 가르쳐 준다. 예수께서 제자들에게 이 기도를 가르치실 때 분명히 광야의 만나를 생각하게 하셨을 것이다(출 16:1-21). 이스라엘 자손들이 광야에서 굶주리고 있을 때 하나님은 그들에게 하늘에서 만나를 내려 주셨다. 그러나 여기에는 한 가지 조건이 따랐다. 그들은 하루 먹기에 필요한 양만을 모아들여야 했다. 그들이 필요 이상으로 모으거나 저장한 만나는 썩어 버렸다. 그들은 그날 먹을 양식만으로 만족해야 했다. 어떤 랍비는 그것을 "날을 창조하신 이가 그날을 위한 양식도 만드시니 그날에 주어진 것으로 살아야 한다"라고 설명했다. 또 어떤 랍비는 오늘 먹을 것을 갖고 있으면서 내일 무엇을 먹을지 염려하는 자는 믿음이 적은 자라고 말했다.

이 기원은 그날 하루를 살면서 내일 일을 염려하지 말라고 가르친다. 염려는 하나님을 믿지 않는 사람이 하는 것이다.

III. 이 기원은 하나님을 하나님으로 인정할 것을 암시한다. 이것은 우리가 살기에 필요한 양식을 하나님이 주신다고 인정하고 있다. 인간은 생명력이 있는 씨를 창조할 수는 없다. 과학자는 종자의 구성 요소를 분석할 수는 있어도 합성 종자가 자라게 할 수는 없다. 생명이 있는 모든 것은 하나님으로부터 왔다. 우리가 먹는 식물은 하나님의 직접적인 선물이다.

IV. 이 기원은 기도가 어떻게 응답되는지를 교묘하게 가르쳐 준다. 우리가 기도만 하고 앉아서 손안에 빵이 떨어지기를 기다린다면 굶어 죽고 말 것이다. 이 기원은 기도에는 활동이 따라야 한다는 것, 즉 기도할 때는 그 기도가 이루어지도록 일해야 한다고 가르친다. 생명 있는 씨앗은 하나님으로부터 왔다. 인간에게는 그 씨를 양육하고 손질할 책임이 있는 것이다.

디크 세퍼드(Dick Sheppard)는 이런 재미있는 이야기를 했다. 토지를 분배받은 어떤 사람이 열심히 일해 그 땅을 경작했다. 돌을 골라내고 무성한 잡초를 뽑아 버리고 비료를 주었더니 마침내 아름다운 꽃과 야채를 거두어들일 수 있었다.

어느 날 저녁 그가 신앙심 깊은 친구에게 이 토지를 보였더니, 그 경건한 친구는 "하나님이 이 좁은 땅속에서 이와 같은 소산을 내도록 해 주셨으니 놀랍지 않느냐"라고 말했다. 수고한 남자는 "그렇소"라고 대답하면서도 "이 좁은 토지를 하나님이 혼자 갖고 계셨을 때 어떠했었는지는 알지요?"라고 말했다.

하나님의 은혜에는 인간의 노력이 합해져야만 한다. 행함이 없는 기도는 행함이 없는 신앙과 같아 죽은 것과 같다. 우리가 이 기도를 할 때는 하나님 없이 우리는 아무것도 할 수 없다는 것과 또 우리의 노력과 협력 없이는 하나님도 우리를 위해 아무 일도 하실 수 없다는 두 가지 기본 진리를 깨달아야만 한다.

V. 예수께서는 "나에게" 일용할 양식을 주십시오가 아니라 "우리에게" 일용할 양식을 주십시오라고 기도하도록 가르치셨다. 우리는 이 점에 주의해야 한다. 세계의 기아 문제는 먹을 것이 넉넉하지 못한 데 있는 것이 아니다. 먹을 것은 남을 만큼 충분하다. 미국에 있는 창고에는 곡식이 차고 넘치고, 브라질에서는 잉여 커피를 연탄과 같이 굳게 해 기관차의 연료로 사용하고 있다. 문제는 공급과 분배에 있다.

이 기원은 우리가 자기중심의 기도를 해서는 안 된다고 가르친다. 우리가 우리보다 불행한 사람을 위해 나누어 줌으로써 하나님이 이 기도에 응답하시도록 우리가 하나님과 협력하는 것이다. 이 기도는 "우리에게 일용할 양식을 주십시오"라는 기도일 뿐 아니라 "우리의 양식을 다른 사람에게 나누어 줄 수 있도록 해 주십시오"라는 기도도 되는 것이다.

인간의 용서와 하나님의 용서(1)

마태복음 6:12, 14-15

12 우리가 우리에게 죄 지은 자를 사하여 준 것같이 우리 죄를 사하여 주시옵
고

[14]너희가 사람의 잘못을 용서하면 너희 하늘 아버지께서도 너희 잘못을 용서
하시려니와 [15]너희가 사람의 잘못을 용서하지 아니하면 너희 아버지께서도
너희 잘못을 용서하지 아니하시리라

우리가 진실로 정직하게 주님의 이 기원을 간구하려면 먼저 기도의 필요성을 깨달아야만 한다. 즉, 우리가 이 기도를 드리기 전에 먼저 자신이 죄인임을 알아야 한다. 현대인은 죄라는 말을 좋아하지 않으며 누구든지 지옥에 떨어질 죄인이라고 불리든가, 그와 같은 취급을 받으면 아주 분개한다. 사람들은 대부분 강도, 술주정꾼, 살인자, 간음자, 거짓말하는 사람을 죄인이라고 생각하고 자신은 그런 죄를 지은 일이 없고, 성실하며 남 못지않게 존경받으며 살고, 법정에 가서 재판을 받는 일이나 감옥에 들어가는 일이나 자기 이름이 신문에 보도되는 일은 없다고 생각한다. 따라서 자신은 죄와 아무런 상관이 없는 자라고 생각하고 있다.

신약성경에는 죄를 나타내는 다섯 가지 낱말이 있다.

1. 가장 공통된 말은 "하말티아(bamartia)"다. 원래 "하말티아"는 사격할 때 쓰는 말로서 "과녁을 벗어나다"는 뜻이다. 과녁을 향해 쏜 것이 빗나가 맞지 못한 것이 **하말티아**였다. 따라서 **죄란 우리가 되어야 할 것이 못 되고, 할 수 있는 것을 하지 못한 것**이다.

찰스 램(Charles Lamb)은 사무엘 레 그리스(Samuel Le Grice)란 사람에 대해 설명했다. 레 그리스는 우수한 청년이었으나 기대에 어긋나게 평범한 사람으로서 일생을 마쳤다. 렘은 이 사람의 생애에 세 단계가 있었다고 말했다. 첫째 단계는 "그가 무엇을 할 것인가?"라고 생각되었을 때이고, 둘째 단계는 "그는 하고자 한다면 할 수 있는 사람이다"라고 생각되었을 때이고, 셋째 단계는 "그가 하려고 했기만 해도 되었을 것인데"라고 애석하게 생각되었을 때다.

에드윈 뮤어(Edwin Muir)는 자서전에 "착한 사람이든 나쁜 사람이든 일정한 연령에 도달하면 슬픔을 경험한다. 그 이유는 자신에게 있는 능력을 자각하지 못했던 것, 달리 말해 자신이 되어야 할 사람이 되지 못한 것을 깨닫기 때문이다"

라고 썼다. 이것이 하말티아다. 우리 모두가 이런 상태에 있다. 우리는 최상의 남편이고, 아내인가? 최상의 아들이고 딸인가? 최상의 일꾼, 고용주인가? 자신에게 있는 가능성을 모두 실현했다고 장담할 수 있는 사람이 있을 수 있는가? 죄란 과녁을 벗어난 것이다. 이런 의미에서 우리는 한 사람도 남김없이 모두 죄인이다.

II. 죄에 대한 두 번째 말은 "파라바시스(parabasis)"인데, "짚고 넘어간다"는 뜻이다. 죄란 **정과 부정을 구별하는 선을 짚고 넘어가는 것**이다. 우리는 바른길에서 언제나 빗나가지 않는가? 우리 생활에서 조그마한 부정이라도 없다고 말할 수 있는가? 진리와 거짓을 나눌 때 늘 진리의 편에만 섰는가? 진실치 못한 말을 하거나, 침묵해 진실을 굽히거나, 회피하는 일은 없었는가? 정직과 친절을 이기주의와 불친절에서 구별하는 선(線)의 올바른 편에 있었는가? 지금까지 무례하게 굴거나 불친절하게 말한 적은 없었는가? 이런 식으로 생각해 보면 언제나 경계선의 올바른 편에만 있었다고 장담할 수 있는 사람은 아무도 없을 것이다.

III. 죄에 대한 세 번째 말은 "페랍토마(paropto-ma)"인데, "미끄러진다"는 뜻이다. 이 말은 미끄러운 길, 얼음판 길에서 발이 미끄러진다는 의미로서 **페르바시스**처럼 의도적은 아니다. 우리는 미끄러진다는 말을 자주 써 왔다. 덕이 되지 못하는 말을 하고, 순간적인 충동이나 감정에 의해 움직였고, 자제심을 잃어버린 일도 가끔 있을 것이다. 훌륭하다고 칭송 받는 사람도 방심하는 순간 죄를 범할 수 있다.

IV. 죄에 대한 네 번째 말은 "아노미아(anemia)"인데, "불법"을 의미한다. 아노미아는 옳은 것을 알면서도 아직 나쁜 데 머물러 있는 사람의 죄로서 법칙을 알면서 그것을 어기는 사람의 죄를 뜻한다. 인간은 본능적으로 자신이 하고 싶은 대로 하고자 하는 강한 충동이 있기 때문에 어떤 사람이든지 때때로 전통적인 규칙을 어기든가 법을 범하든가 금하는 것을 하고 싶어 하는 충동에 휩싸이게 된다.

"만달레이(mandalay)" 에서 키플링(Kipling)은 노병사에서 이런 말을 하게 한다. "수에즈 운하 동편으로 파견해 주시오. 최선이 최악으로 생각되는 어덴가의 고장, 십계명이 없고 자유롭고 술을 마실 수 있는 곳으로."

"나는 십계명을 어긴 적이 없다"라고 말하는 사람은 있을 수 있어도 십계명을 어길 생각을 한 번도 해 보지 않은 사람은 한 사람도 없다.

V. 죄에 대한 다섯 번째 말은 "오페일레마(ophei-ema)"인데, 주기도의 중간에 쓰였으며 빚을 지고 있다는 뜻이다. 그것은 **마땅히 지불해야 할 것을 지불하지 않은 것**을 의미한다. 즉, 의무를 다하지 못한 것이다. 하나님과 사람에 대한 의무를 완전히 수행했다고 장담할 사람은 아무도 없을 것이다. 그와 같은 완전한 인간은 존재하지 않는다. 여기에서 죄란 모든 사람이 범하고 있는 보편적인 것이다. 사람의 눈에는 외견상 훌륭하게 보이는 사람도 속을 꿰뚫어 보시는 하나님 앞에서는 죄인이다. 그러므로 주기도의 이 기원은 모든 사람이 기도하지 않으면 안 되는 것이다.

인간의 용서와 하나님의 용서(2)

마태복음 6:12, 14-15(계속)

우리는 주기도에서 이 기원을 드려야 한다는 것뿐 아니라 이 기도를 드릴 때 내가 무엇을 하고 있는지를 깨달아야 한다. 주기도의 모든 기원 중에서도 이 기원이 가장 놀라운 것이다. "우리가 우리에게 죄지은 자를 사하여 준 것같이 우리 죄를 사하여 주옵소서"라는 구절은 글자 그대로 말하면 "우리가 우리에게 죄지은 자를 용서해 준 만큼 우리 죄를 용서해 주십시오"라는 뜻이다.

마태는 14, 15절에서 계속하여 우리가 남을 용서하면 하나님께서 우리를 용서하실 것이고, 우리가 남을 용서하기를 거절하면 하나님도 우리를 용서하기를 거부하실 것이라는 것을 보여 줌으로써 그 뜻을 분명히 나타냈다. 만일 우리가 일상생활에서 화해하지 않고 다투면서 이 기원을 드린다면 하나님께 우리를 용서하시지 말라고 기도하는 것이 된다. 그리고 "그 사람이 내게 한 일을 결코 용서하지 않을 것이다"라고 말한다든지 "그 사람이 내게 한 짓을 결코 잊지 않겠다"라고 말하면서 이 기도를 드린다면 우리는 고의적으로 하나님에게 우리를 용서하지 말아 달라고 간청하는 것이 된다. 누군가 말했듯이 용서는 화평과 마찬가지로 하나이며 분리될 수 없다. 즉, 인간의 용서와 하나님의 용서는 결코 분리될 수 없게 결부되어 있는 것이다. 우리가 친구를 용서해 주는 것과 하나님이 우리를 용서해 주는 것은 분리될 수 없고 상호 결부되어 있으며 상호 의존적이다. 이렇게 기원할 때, 우리가 무엇을 하고 있는지를 안다면 감히 이 기도를 드릴 수 없을 때도 있을 것이다.

로버트 루이스 스티븐슨(Robert Louis Stevenson)은 남해 열도에 살고 있을 때, 자신의 가족을 위해 가정예배를 아침마다 드렸는데 그 예배는 늘 주기도로 끝났다. 어느 날 아침 주기도를 외우던 그는 벌떡 일어나서 밖으로 나갔다. 그는 평소 건강이 안 좋았기 때문에 그의 아내는 그가 아픈가 보다 생각하면서 그를 쫓아 나갔다. "왜 그러세요?"라고 아내가 묻자 스티븐슨은 "아무것도 아니오. 나는 오늘 주기도를 드릴 자격이 없어"라고 대답했다.

용서하지 않는 마음이 지배를 하고 있는 한 그 사람은 주기도를 드리기에 합당치 못한 사람이다. 사람이 사람 사이의 관계를 올바르게 하지 않는 한 하나님과의 관계도 올바르게 할 수 없다.

우리가 일상생활에서 이런 기독교적 용서를 하려면 다음 세 가지가 필요하다.

1. 우리는 "이해하기를" 배워야 한다. 사람이 어떤 행동을 하는 데는 항상 이유가 있는 법이다. 예의 없이 굴고, 불손하며, 성을 잘 내는 사람은 아마도 고민이 있거나 고통 중에서 그런 행동을 했을 수 있다. 우리를 의심하고 증오하는 사람은 우리의 언행에 대해 오해를 하고 있거나 잘못 전해 들었을 가능성이 있다. 혹은 환경과 유전이 그 이유가 될 수도 있다. 그런 사람에게 생이란 살기 어려운 것이고 인간관계는 문젯거리일 뿐이다. 그러므로 우리가 사람을 저주하기

전에 먼저 그를 이해하려고 노력한다면 용서도 훨씬 쉬워질 수 있다.

II. 우리는 "잊어버리기를" 배워야 한다. 멸시당한 일과 손해 본 일을 기억하고 거기에 집착한다면 누구든 용서해 줄 수 없을 것이다. 우리는 "그가 나에게 한 짓을 잊을 수 없다", "그가 나를 어떻게 취급했는지 결코 잊을 수 없다"라고 말할 때가 많다. 이런 생각은 나쁜 기억을 머릿속에 각인시키기 때문에 자신을 해친다.

스코틀랜드의 유명한 작가 앤드류 랭(Andrew Lang)이 어떤 젊은이가 쓴 책에 대해 좋은 서평을 쓴 일이 있었다. 그런데 그 젊은이는 랭에게 혹독하고 무례하고 모욕적인 공격으로 그의 호의를 갚았다. 그로부터 3년이 흐른 어느 날 랭은 계관시인 로버트 브릿지(Robert Bridges)와 자리를 함께하게 되었다. 브릿지는 랭이 읽고 있는 책을 보고서, "그건 당신을 그렇게도 모욕했던 배은망덕한 젊은이가 쓴 또 하나의 책이구려"라고 말했다. 놀랍게도 랭은 그 모든 일을 까마득하게 잊고 있었던 것이다. 브릿지는 랭에 대해 "그는 가혹하고 모욕적인 공격을 완전히 잊고 있었다. 그래서 용서할 수 있는 사람은 위대하지만 잊을 수 있는 사람은 숭고한 사람이다"라고 말했다. 오직 그리스도의 맑게 씻는 영만이 우리가 잊어버려야만 할 과거의 괴로움에서 벗어나게 할 수 있다.

III. 우리는 "사랑하기를" 배워야 한다. 기독교인의 아가페(agepē) 사랑은 아무도 정복할 수 없는 자비와 패할 수 없는 선의이며 이는 다른 사람들이 우리에게 어떻게 행동하든지 우리를 어떻게 취급하든지 간에 그 사람에게서 최고의 선 이외에는 아무것도 추구하지 않는 것이다. 이 사랑은 사랑이신 그리스도가 우리 마음 안에 거하실 때만 우리에게 올 수 있고 예수께서는 우리가 그분을 초대하지 않으면 오실 수 없는 것이다.

용서 받기 위해서는, 우리가 용서해야 한다. 이것이 용서 받는 조건이다. 그리고 이 조건은 그리스도의 능력에서 온다.

시련의 시험

마태복음 6:13

[13]우리를 시험에 들게 하지 마시옵고 다만 악에서 구하시옵소서 나라와 권세와 영광이 아버지께 영원히 있사옵나이다 아멘

우리가 이 기원에 대해 상세히 검토하기 전에 살펴보아야 할 두 가지 의미가 있다.

1. 현대인에게 "시험"이란 늘 나쁜 의미이며, 악으로 빠지도록 유혹하는 것을 의미한다. 그러나 성경에서 페이라제인(peirzein)이라는 동사는 시험이라는 말보다는 테스트라는 말로 번역하는 것이 마땅하다. 신약성경 용법에서 사람을 시험한다는 것은 그를 죄에 빠지도록 유혹한다는 의미보다는 어떤 일에 대해 그의 힘과 충성심과 능력을 테스트해 본다는 뜻으로 사용된다.

구약성경에는 하나님께서 아브라함에게 독자 이삭을 희생 제물로 드리라고 해 그의 믿음을 시험하신 이야기가 나온다. 그 이야기는 "하나님이 아브라함을 시험하시려고"(창 22:1)라는 말로 시작한다. 여기에서 시험한다는 말은 분명히 죄에 빠지도록 유혹한다는 뜻이 될 수 없다. 이런 일은 하나님께서 결코 하시지 않기 때문이다. 이 말은 오히려 충성과 복종의 테스트를 한다는 의미다. 예수께서 시험 받은 이야기는 "그때에 예수께서 성령에게 이끌리어 마귀에게 시험을 받으러 광야로 가사"(마 4:1)라고 시작한다. 우리가 시험한다는 말을 단순히 죄에 빠지도록 유혹한다는 의미로 해석한다면 이는 성령을 예수께서 억지로 죄에 빠지도록 하려던 마귀의 공모자로 만드는 것이다. 우리는 성경에서 거듭거듭 시험한다는 말이 적어도 죄로 유인하려고 한다는 뜻으로도 사용되고 있음을 알게 될 것이다.

시험에 대한 가장 심오하고 값진 진리 중 하나는 시험이란 우리를 넘어지게 하려는 것이 아니라 우리를 더 강하고 훌륭한 사람이 되도록 하려는 것이라는

사실이다. 시험이란 우리를 죄인으로 만들려는 것이 아니라 우리를 좋은 사람이 되도록 하려는 것이다. 우리가 시험을 받아 넘어질 수는 있지만 그것이 시험의 목적일 수는 없는 것이다. 시험은 우리가 더 강하고 훌륭하게 되도록 하려는 목적이 있는 것이다. 어떤 의미로 사람은 인간이기에 받는 벌이 아니라 인간이기에 받는 영광이다. 어떤 금속을 거대한 공사에 쓰려고 하면 그 금속이 앞으로 견뎌 내야 될지 모를 정도보다 훨씬 더한 정도로 압력과 장력(張力) 시험을 한다. 마찬가지로 인간도 하나님을 위한 봉사에 크게 쓰시기 전에 하나님 앞에서 시험을 받아야 한다.

II. 위의 모든 것은 사실이다. 그러나 성경이 이 세상에 악의 세력이 있다는 것을 전혀 의심치 않았다는 것도 사실이다. 성경은 사색적인 책이 아니기 때문에 악한 세력의 기원에 대해 논하지 않는다. 다만 성경은 악한 세력이 있다는 사실을 인정하고 있다. 분명히 주기도의 이 기원은 "우리를 다만 악에서 구하옵소서"라고 번역해야 한다. 성경은 악을 어떤 추상적인 원리나 힘으로 생각하지 않고 하나님을 대적하는 능동적이고 인격적인 힘으로 생각한다.

성경의 사탄은 개념적으로 가장 흥미롭게 발전했다. 히브리어에서 **사탄**이란 말은 단순히 **대적자**를 의미한다. 이 말은 종종 사람에게 적용되기도 한다. 어떤 사람에게 대적하는 자는 곧 그의 **사탄**이다. 블레셋 사람들은 다윗이 자신들의 사탄이 되어 버릴까 봐 두려워했다(삼상 24:9). 솔로몬은 이제 하나님께서 그에게 태평과 풍요함을 주시니 자신을 대적할 사탄이 없다고 선언했다(왕상 5:4). 다윗은 아비새를 자신의 사탄으로 생각했다(삼하 19:22). 이 모든 경우에서 **사탄**은 **대적자** 혹은 **반대자**를 의미했다. 더 나아가 사탄이란 단어는 "어떤 사람에게 불리한 사건을 간하는 사람"을 뜻한다. 그리고 사탄이란 단어는 지상에서는 더 이상의 의미가 없고 하늘과 관련을 갖는다. 유대인들은 하늘에 어떤 사람을 대적하여 소송 일을 맡아 보는 일종의 검사와 같은 천사가 있다고 생각했다. 그리고 이런 천사의 일이 **사탄**의 기능이 되었다. 사탄은 악의 권세가 아니라 오히려 하늘의 재판 기관 중 한 부분이다. 욥기 1장 6절을 보면 사탄은 하나님의 아들 가운데 하나였다. "하루는 하나님의 아들들이 와서 여호와 앞에 섰고 사탄도 그들 가운데 온지라." 이 경우에 사탄은 하늘에 사람들을 고발하는 자다.

그러나 어떤 사람을 대적해 사건을 진술하는 것과 어떤 사건을 날조하는 것 사이는 멀지 않다. 그것이 바로 다음 단계다. 사탄의 또 다른 이름은 악마다. 악마는 헬라어의 디아블로(Diablos)란 말에서 왔고 중상모략자에 대한 이름이다. 그러므로 사탄은 악마, 즉 중상을 뛰어나게 잘하는 자, 인류의 적대자, 하나님의 목적을 헛되게 하려고 발 벗고 나서 인간을 파멸케 하는 권세가 된다. 사탄은 인간을 반대하고 하나님을 반대하는 모든 것의 대명사다. 예수께서 "우리를 구해 주옵소서"라고 기도하라고 우리에게 가르쳐 주신 것이 이 파괴적인 권세다. 이 권세의 기원은 논하지 않았고, 그런 사변적인 것이 없다. 어떤 사람이 잠에서 깨어나 그의 집이 불타고 있는 것을 발견한다면 의자에 앉아 사택에서 화재 원인에 대한 논문을 쓰거나 읽지 않고 불을 꺼서 자신의 집을 구하려고 온갖 노력을 다할 것이다. 이와 같이 성경은 악의 기원에 대해 많은 시간을 낭비하지 않는다. 성경은 물어볼 필요도 없이 거기에 있을 악에 대항해 싸우도록 장비를 갖추게 한다.

도전의 시험(1)

마태복음 6:13(계속)

삶이란 늘 시험의 공격 대상이다. 그러나 적은 교두보를 발견하기 전까지는 침입을 개시할 수 없다. 그러면 시험은 이 교두보를 어디서 찾는가? 우리의 시험은 어디서부터 오는 것일까? 미리 경고를 받는다는 것은 미리 무장하는 것이다. 우리가 이 공격이 어디서부터 올지 미리 안다면 그 공격을 극복하고 방어할 더 좋은 기회를 얻을 수 있을 것이다.

1. 때때로 시험은 외부에서부터 공격해 온다. 세상에는 악한 일을 쉽게 해서 악영향을 미치는 사람들이 있다. 반면에 어떤 사람 앞에서는 차마 부끄러워

자신의 악한 행동을 말할 수 없는 사람도 있다. 로버트 번스(Robert Burns)는 젊은 시절 아마(亞麻) 의상 기술을 배우려고 어빈으로 간 적이 있었다. 거기서 그는 로버트 브라운(Robert Brown)이란 사람과 일을 하게 되었는데 그는 세상의 쓴맛 단맛을 다 본 사람이었고 사람의 마음을 지배하는 기술이 있었다. 번스는 그 사람을 존경했고 그를 닮으려고 애썼다. 하지만 그는 브라운에 대한 그의 생각을 다음과 같이 말하고 있다. "그는 내가 이때까지 본 사람 중에 여자의 유혹에는 가장 약한 사람이었다. 어떤 사교계 인사가 경솔하여 실패한 얘기를 하기로 했는데 나는 그런 것을 지금까지 증오해 왔다. 이 교제는 나에게 해를 끼쳤다."

친구나 아는 사람 중에는 우리에게 해를 끼칠 수 있는 사람들이 있다. 이 시험 많은 세상에서 친구를 고를 때나 우리가 활동할 사회나 단체를 택할 때는 매우 조심해야 한다. 우리는 외부에서 오는 시험이 기회를 얻지 않도록 최대한 노력해야 한다.

II. 삶의 가장 비극적인 사실 중 하나는 사랑하는 사람들에게서 시험이 온다는 것이고 이 시험은 모든 시험 가운데 대항해 싸우기 가장 힘든 것이다. 이 시험은 우리를 매우 사랑하고 해칠 의사가 전혀 없는 사람에게서 온다. 그것은 이러한 것이다. 어떤 사람이 하나님의 뜻이라고 생각하고 어떤 행동 방침을 세웠다고 하자. 그러나 그와 같은 행동은 나쁜 평판이나 위험이 따르게 마련이고, 그와 같은 생활은 세상에서 인정되는 지위를 단념하게 만들기도 한다. 그렇게 되면 사랑하는 사람들은 그를 사랑하기 때문에 그러한 생활을 못하도록 설득할 것이다. 그들은 신중하라, 조심하라, 처세의 지혜를 갖고 살라고 한다. 사랑하는 자가 출세하는 것을 보고 싶어 하며 출세의 기회를 놓치면서까지 옳은 일을 시키고 싶지 않기 때문이다.

테니슨(Tennyson)은 가레스(Gareth)와 린넷(Lynette)에서 롯(Lot)과 벨리센트(Bellicent)의 막내아들 가레스에 대한 이야기를 했다. 가레스는 아더(Arthur) 옆에서 일하는 자신의 형들에게 가고 싶어 했다. 그러나 그의 어머니 벨리센트는 그가 그곳에 가는 것을 원치 않았다. 그래서 "너는 내가 외롭게 되는 것을 안타깝게 생각하지도 않니? 아버지는 연로하여 다 타 버린 고목과 같단 말이다"라면서 그를 만류했다. 그의 두 형이 모두 궁정에 가 있는데 그마저도 보낼 수 없었던 그의 어머니는 그가 집에 머물러 있기만 하면 온갖 수단을 다하여 그를 행복하게 해 줄 것이라고 했다. 어머니가 그를 붙잡아 두고 싶어 했던 이유는 아들을 사랑했기 때문이다. 시험하는 자는 사랑의 말로 그를 유혹하고 있었다. 그러나 가레스는 "오 어머니, 당신은 왜 나를 당신 곁에 잡아 두려고 합니까? 유감입니다. 나는 성인이 되었고, 남자의 일을 해야 합니다. 저는 왕인 그리스도를 따르렵니다. 순수하게 살고 진리를 말하고 부정을 바로잡고 왕을 따르렵니다. 그렇잖으면 내가 무엇 때문에 세상에 태어났겠습니까?"라고 대답했다.

그 아들은 떠났지만, 사랑의 음성은 그를 머물도록 했다.

그와 같은 시험은 예수께도 있었다. 예수께서는 "사람의 원수가 자기 집안 식구리라"(마 10:36)고 말씀하셨다. "예수의 친족들이 듣고 그를 붙들러 나오니 이는 그가 미쳤다 함일러라"(막 3:21)는 말씀에서도 볼 수 있듯이, 그들에게 예수께서는 자신의 삶과 생활을 내버린 어리석은 사람으로 보였다. 그래서 그들은 예수께서 일을 못하게 하려고 애썼다. 때때로 우리가 가장 견디기 어려운 시험은 사랑하는 자의 음성으로 온다.

III. 특별히 젊은이들에게서 우리가 받기 쉬운 시험 중에 묘한 것이 있다. 사람들 중에는 지금의 나보다 자신을 더 나쁘게 보이려고 하는 이상한 성미를 가진 자들이 있다. 얌전하고 경건하고 거룩하게 보이기를 싫어하고 오히려 대담하게 나쁜 짓을 하며 위험한 일을 하고 세상의 뒷골목도 잘 알고 있는 자로 알려지기를 바라는 것이다.

어거스틴은 참회록에서 "친구들이 자신의 악한 행위를 자랑하는 말을 들었을 때, 나는 그들보다 더 파렴치하지 못한 것을 부끄러워했다. 나는 부끄러운 일을 하는 것에 쾌감을 느꼈을 뿐 아니라 그런 일에 대해 칭찬 듣는 것을 기뻐했다. 좋은 사람으로 보여서 비난받지 않도록 나는 실제보다 더 나쁜 사람으로 보이려고 했다. 누군가가 나보다 더 무서운 죄를 범했을 때는 실제로 하지 않은 일도 했다고 해 내가 가장 나쁜 사람이 되고자 했다"라고 기록했다.

죄악에 빠지고 악습에 물드는 사람들 중에는 친구들에게 세상 물정을 모른다고 취급받는 것이 싫어 나쁜 일을 하는 자가 많다. 유혹에 저항하는 강력한 무기는 선에 대한 용기다.

도전의 시험(2)

마태복음 6:13(계속)

IV. 시험은 외부에서 오기도 하지만 내부에서도 온다. 우리의 내부에 시험에 반응하는 것이 없다면 시험은 우리에게 대해 아무런 힘도 없다. 우리는 모두 내부에 단점을 갖고 있다. 시험은 그 단점부터 공격하기 시작한다. 그 단점은 우리 모두가 다르다. 어떤 사람에게는 격심한 시험이 어떤 이에게는 아무렇지도 않은 시험일 수도 있다. 또 어떤 사람에게는 아무렇지도 않은 일이 다른 사람에게는 저항할 수 없는 시험이 되기도 한다. 제임스 배리(James Barrie)의 희곡《의지(*The Will*)》에는 이런 이야기가 나온다.

법률가인 데이비스(Devizes)는 수년 동안 자신의 밑에서 일해 오던 나이 많은 사무원이 심한 병에 걸렸다는 말을 듣고 그에게 무슨 일이 있었느냐고 물었다. 그러자 노인은 의사가 자신에게 불치병에 걸렸다는 사실을 전해 주었다고 말했다.

데이비스: (기분이 좋지 않게) 겁낼 것 없어요. 전문의가 보면 분명히 그렇게 말할 것이에요.

슈테스: (쳐다보지도 않고) 어제, 전문의를 찾아갔었습니다.

데이비스: 그래요?

슈테스: 그 결과가 그거였어요.

데이비스: 그가 그렇게 확신할 수야 없지.

슈테스: 아닙니다. 확실합니다.

데이비스: 그러면 수술을?

슈테스: 너무 늦었다고 합디다. 훨씬 전에 수술을 받았으면 구제할 길이 있었을 텐데.

데이비스: 그러나 당신은 병에 걸린 지 오래되지 않았지 않소.

슈테스: 제가 몰랐지요. 그러나 그 의사는 내 몸속이 늘 그 상태로 있었고 바늘 끝보다도 작은 검은 점이 때만 되면 터져 나를 해칠 준비를 하고 있었답니다.

데이비스: (어쩔 수 없다는 태도로) 운명이란 참 너무하군요.

슈테스: (공손히) 전 모르겠어요. 그분의 말로는 거의 모든 사람이 몸속에 그런 점을 갖고 있다는군요. 그리고 우리가 조심하지 않으면 그 병은 결국 우리에게 치명상을 입히고 만답니다.

데이비스: 아니야, 절대 그럴 리 없어.

슈테스: 의사는 그 점을 나쁘게 말했지만 저는 우리에게 그런 점이 있다는 것은 우리 모두가 그것에 대해 알고 방심하지 말아야 한다는 뜻이라고 생각합니다.

사람에게는 누구나 단점이 있다. 우리가 조심하지 않으면 그 단점이 우리를 해칠 수도 있다. 모든 인간에게는 단점이 있고, 생을 망칠 수 있는 잘못된 성질도 있고, 어떤 때는 이성을 잃고 격발할 가능성이 있는 강한 본능이나 충동도 있고, 다른 사람에게는 쾌락이 되는 것이 우리에게는 위협이 되는 언동도 있다. 우리는 이런 점을 알아야만 하고 늘 조심해야 한다.

V. 이상하게도 시험이란 종종 우리의 단점에서 오는 것이 아니라 장점에서 온다. 우리가 버릇같이 하는 말 중에는 "나는 그것만은 결코 하지 않겠다"라는 말도 포함된다. 바로 여기에 우리가 주의해야 할 점이 있다. 역사를 보면 성을 지키는 자들이 보초를 세울 필요조차 없을 정도로 막강하다고 생각하여 소홀히 했던 곳이 점령당한 예가 허다하다. 과신만큼 시험에 좋은 기회를 주는 것은 없다. 우리는 장단점에 늘 주의해 방심하지 말아야 한다.

시험에 대한 방어

마태복음 6:13(계속)

지금까진 시험의 공격에 대해 살펴보았다. 그러면 이제 이 시험에 대한 방비에 대해 살펴보자.

I. 단순한 "자존심"의 방어가 있다. 느헤미야가 생명에 위협을 받았을 때 주위에서는 그에게 그의 일을 중단하고 위험이 지나갈 때까지 성전에서 나오지 말라고 했다. 그러나 그의 대답은 "나 같은 자가 어찌 도망하며 나 같은 몸이면 누가 외소에 들어가서 생명을 보존하겠느냐 나는 들어가지 않겠노라"(느 6:11)였다. 우리가 다른 수다한 일에서 도피할 수는 있어도 자신에게서는 도피할 수 없다. 인간은 기억과 더불어 살아야 하고 인간이 자존심을 상실하게 되면 생명을 감당할 수 없게 된다.

한때 가필드 대통령은 유익하기는 하나 불명예스러운 어떤 행동 방침을 세우라고 압력을 받았다. 그는 "이 일은 아무도 모를 거다. 그러나 가필드 대통령은 알 것이다. 나는 그와 더불어 잠들 때도 함께하기 때문이다"라고 스스로에게 대답했다. 우리는 시험을 받을 때, "나 같은 사람이 그런 일을 하려고 하는가?"라고 스스로에게 물어 봄으로써 방어할 수 있다.

II. "전통"의 방어가 있다. 인간은 자신이 그 영향을 받아 왔고 형성하는 데 수세대가 걸린 전통과 유전을 쉽게 무시할 수 없다. 아덴의 유명한 정치가 페리클레스(Pericles)는 아덴 의회에서 연설할 때면 늘 자신 있게 "페리클레스여, 그대가 아덴 사람이라는 것과 아덴 사람들에게 연설하러 간다는 것을 기억하라"고 속삭였다.

제2차 세계대전의 유명한 사건 중 하나는 토브룩(Tobruk) 방어전이었다. 콜드스트림 친위대들이 토브룩에서 탈출했는데 단지 몇몇 병사만 살아남았고 살아남은 자들도 아주 피로해 있었다. 2개 대대에서 살아남은 2백 명은 영국 공군의 보호를 받고 있었다. 콜스스트림 친위대 장교가 식당에 들어가자 다른 장교 한 사람이 그에게 "결국 육군으로서 우리는 도망치는 수밖에 없다"라고 하자 옆에서 있던 영국 공군 사병이 "친위대원이 된다는 것은 참 힘든 일이군요. 환경이 어떻든 간에 전통이 당신에게 임무를 수행하게 하니까요"라고 말했다.

전통의 힘은 인생에서 큰 힘 중 하나다. 우리는 한 국가, 한 학교, 한 가정, 한 교회에 속해 있다. 우리가 하는 일은 우리가 속한 집단에 영향을 미치며, 우리가 속해 있는 전통을 쉽게 묵살할 수는 없다.

III. "우리가 사랑하는 사람과 우리를 사랑하는 사람의 방어가 있다." 인간이 받아야 할 벌이 단지 자기 혼자 받아야 할 벌이라면 많은 사람이 죄를 가벼운 마음으로 저지를 수 있을 것이다. 그러나 사람은 자기 인생에 파탄을 가져왔을 때, 다른 사람의 눈에서 고통을 바로 볼 수 없기 때문에 죄를 짓지 않을 수 있었다.

로라 리차드(Laura Richards)는 다음과 같은 비유를 들었다. "어떤 사람이 담배를 피우며 자기 집 문 옆에 앉아 있었고 그 옆에는 그의 이웃 친구가 앉아 그를 유혹했다. '당신은 가난하고 직장도 없소. 여기에 당신의 처지가 나아질 방법이 있소. 그것은 쉬운 일이고 돈을 벌 수도 있소. 그리고 그 일은 존경받는 높은 사람들이 일상 하는 일보다 더 부정하지도 않소. 당신이 이런 기회를 차 버린다면 어리석은 사람이오. 자, 함께 가서 그 일을 결정합시다.'

그 사람은 귀가 솔깃했다. 바로 그때 그의 젊은 부인이 팔에 어린아이를 안고 다가왔다. 그녀는 '잠깐 이애를 좀 봐 주세요. 빨래를 널어야 하는데 아이가 보채는 군요' 라고 말했다. 남자가 자신의 아기를 받아 안았을 때, 아버지를 바라보는 아기의 눈은 '나는 아버지의 심중의 살이요, 혼 중의 혼입니다. 아버지가 나를 어디로 인도하든지 나는 따라가겠어요. 아버지, 길을 인도해 주세요. 나는 아버지를 따르겠어요' 라고 말하는 것 같았다. 그러자 그 남자는 이웃 사람에게 잘라 말했다. '가시오, 더 이상 여기 찾아오지 마시오.'"

죄의 대가가 자신에게만 영향을 미친다면 인간은 죄의 대가를 기꺼이 지불하려고 할 수도 있지만 자신의 죄가 다른 사람의 마음을 아프게 한다는 것을 기억한다면, 시험에 대해 강력하게 방어할 수 있을 것이다.

IV. "예수 그리스도의 임재"의 방어도 있다. 예수께서는 소설 속의 인물이 아니다. 그분은 살아 계신 분이다. 우리는 "그리스도께서 당신 옆에 서 계시다는 것을 당신이 갑자기 알았다면 당신은 어떻게 하겠소?", "예수 그리스도가 당신 집에 초대를 받아 오셨으면 당신은 어떻게 살겠소?"라고 종종 묻는다. 그러나 기독교 신앙의 중심점은 예수 그리스도께서 우리 옆에 **계시다**는 것과 동시에 그분은 모든 가정의 손님이시라는 것이다. 우리는 그분을 피할 수 없다. 그러므로 우리는 우리의 모든 생활을 그분이 보시기에 합당하도록 해야 한다. 우리는 예수 그리스도의 단절 없는 임재를 기억함으로써 시험에 대해 완강한 방어를 갖게 된다.

은밀한 금식(1)

마태복음 6:16-18

16금식할 때에 너희는 외식하는 자들과 같이 슬픈 기색을 보이지 말라 그들
은 금식하는 것을 사람에게 보이려고 얼굴을 흉하게 하느니라 내가 진실로
너희에게 이르노니 그들은 자기 상을 이미 받았느니라 17너는 금식할 때에
머리에 기름을 바르고 얼굴을 씻으라 18이는 금식하는 자로 사람에게 보이지
않고 오직 은밀한 중에 계신 네 아버지께 보이게 하려 함이라 은밀한 중에
보시는 네 아버지께서 갚으시리라

오늘날까지 금식은 종교 생활의 필수 조건이 되고 있다. 마호메드 교도들은 회교력의 9월에 마호메드에게 내려진 첫 계시를 기념하기 위해 철저히 금식을 한다. 금식은 새벽—흑백을 분간할 수 있을 만큼 밝을 때—부터 해 질 때까지 계속된다. 목욕, 음주, 흡연, 향수 뿌리기, 식사 등 불필요한 사치는 금지된다. 이

금식에서 유모나 산모는 제외된다. 행군 중인 군인과 여행 중인 사람들도 제외되나 그 후 다른 때 같은 날 수만큼 금식해야 한다. 건강상 이유로 음식을 먹어야 한다면 가난한 자에게 구제를 함으로써 금식령을 어긴 것을 보상해야 한다.

유대인의 금식에 대한 관습도 이와 똑같다. 이미 언급한 바와 같이 금식은 새벽부터 해 질 때까지 행했다. 그러나 그 시간 외에는 평상시와 같이 음식을 먹을 수 있었다. 예수 당시 유대인에게는 속죄 날에 행하는 의무적인 금식만이 남아 있었다. 그날은 아침부터 저녁까지 모든 사람이 스스로 자신을 괴롭혀야만 했다 (레 16:31).

유대 서기관의 유례에는 "속죄 날에는 먹는 것, 마시는 것, 목욕하는 것, 기름을 바르는 것, 신발을 신는 것, 부부 생활을 즐기는 것 등을 금하라"고 명시되어 있다. 어린이들까지도 속죄 날의 금식에 대해 어느 정도 교육을 해서 그들이 자라 거국적이고 전 민족적인 금식을 받아들일 수 있게 미리 준비시켜야 했다. 그러나 의무적이고 전국적인 금식은 1년에 한 번뿐이었지만 유대인들은 개인적으로 금식을 많이 했다.

슬퍼함과 관련 있는 금식이 있었다. 임종부터 장례 때까지 호객들은 고기와 술을 금해야 했다. 또 **속죄의 금식이 있었다.** 예를 들면 르우벤은 요셉을 파는 데 자신이 참여했기 때문에 7일간이나 금식을 했다고 전해 온다. "그는 포도주뿐 아니라 다른 어떤 술까지도 마시지 않았고 고기는 그 입에 대지도 않았으며 식욕을 돋우는 음식은 먹지 않았다"(르우벤 언약서 1:10). 또 같은 이유로 "시므온은 그가 요셉을 미워했기 때문에 2년간이나 금식으로 자기 영을 괴롭혔다"(시므온 간증서 3:4). 유다는 다말과의 죄를 회개하기 위해 늙을 때까지 "술과 고기를 먹지 않았고 쾌락을 즐기지 않았다"(유다 예언서 1:4).

유대 사상에서는 회개와 동떨어진 금식은 아무 가치가 없는 것으로 생각했다. 그러나 금식은 본래 단지 내적 슬픔의 외적 표현에 불과한 것이다.

《집회서(*Ecclesiasticus*)》 저자는 31장 30절에서 "자기 죄를 없애려고 금식하고 나아가 같은 짓을 되풀이하는 사람은 누가 그의 기도를 들을 것이며, 자신을 낮추는 데 무슨 유익이 있으리오?"라고 말했다.

때때로 금식은 **전 국민적 회개**의 행위였다. 그래서 베냐민 지파와의 내전 후

전 국민이 금식했다(사 20:26). 사무엘은 백성이 바알을 좇아 탈선했으므로 그들을 금식하게 했다(삼상 7:6). 느헤미야는 이스라엘 민족이 금식하고 죄를 자백하도록 했다(느 9:1). 이스라엘 민족은 하나님 앞에서 온 국민이 속죄하는 표정으로 여러 차례 금식했다.

때때로 **금식은 계시를 받기 위한 준비 단계였다**. 모세는 시내 산에서 40주야를 금식했다(출 24:15). 다니엘은 하나님의 말씀을 기다릴 때 금식했다(단 9:3). 예수도 친히 시험의 시련을 기다리실 때 금식하셨다(마 4:3). 이것은 불변의 원칙이었다. 육신이 가장 엄하게 수양이 될 때 정신이나 영이 가장 민감해지기 때문이다.

어떤 때 금식은 하나님을 향한 호소였다. 예를 들어 비가 오지 않아 흉년이 들면 하나님께 대한 호소로서 온 국민이 금식하곤 했다. 실로 유대인의 금식에는 세 가지 중요한 개념이 있었다.

I. 금식은 금식하는 사람에게 "하나님의 주의를 끌게 하는" 의식적인 시도였다. 이것은 아주 원시적인 개념이었다. 이 금식은 이렇게 몸을 괴롭힌 사람에게 하나님이 눈을 돌려 그를 눈여겨보게끔 하려는 것이었다.

II. 금식은 "회개가" 사실이라는 것을 입증하려는 고의적인 시도였다. 금식은 말과 기도가 진실하다는 것을 보증하는 것이었다. 그래서 금식으로 회개가 진실이라는 사실을 증거하려고 했다. 그러나 여기에 위험이 있다는 것을 쉽게 알 수 있다. 회개를 입증하려 했던 것이 회개 **대신**으로 인식되기 쉽기 때문이다.

III. 금식은 대부분 "대속적"이었다. 금식은 금식하는 사람 자신의 혼을 구원하기 위한 것이 아니고 그보다는 유대 민족을 그들이 받는 고난에서 해방시키려고 하나님의 마음을 움직이기 위한 것이었다. 특별히 경건한 사람들은 "범인은 이런 금식을 할 수 없다. 그들은 자기 일과 세상에 너무 분주하다. 그러므로 그들 안에 필요한 신앙의 결핍을 보충하기 위해 우리는 금식을 할 것이다"라고 말했다. 이것이 금식에 대한 유대인의 이론과 실천이었다.

은밀한 금식(2)

마태복음 6:16-18(계속)

금식에 대한 개념이 고상한 것만큼 금식의 실천에는 불가피한 위험이 개재되어 있다. 큰 위험은 사람이 남보다 낫다는 경건의 표시로 금식을 한다는 것이다. 즉, 그의 금식이 하나님에게가 아니라 인간에게 자신이 얼마나 믿음이 좋고 율법을 잘 지키는지를 의식적으로 나타나게 되기 쉽기 때문이다. 이것이 바로 예수께서 저주하신 것이다. 금식이 외식하는 경건이 될 때, 예수께서는 저주하셨다. 유대인의 금식일은 월요일과 목요일이었다. 이날은 장날이었으므로 시골에서부터 읍과 마을과 특히 예루살렘으로 많은 사람이 모여들었다. 그러므로 사람에게 보이려고 금식하는 자들은 그날에는 더 많은 사람이 그들의 경건을 보고 감탄할 수 있기 때문에 자신들이 금식하는 것을 다른 사람들이 놓치지 않고 볼 수 있도록 여러 가지 수법을 사용했다.

그들은 고의로 머리를 풀어헤치고 옷을 땅에 질질 끌면서 길거리를 활보했다. 심지어 자신의 얼굴이 창백하다는 것을 나타내기 위해 흰 칠을 하기까지 했다. 이것은 경솔한 행위가 아니라 영적인 교만과 가식에 따른 고의적인 행위였다.

현명한 랍비들은 예수께서 하셨던 것과 같이 가차 없이 이런 금식을 저주했다. 그들은 금식을 위한 금식은 가치가 없다는 사실을 분명히 알고 있었다. 그들은 금욕을 위한 맹세는 죄수의 목에 차는 칼과 같다고 말했다. 그와 같은 맹세를 하는 자는 자신의 목둘레에 그런 칼이 있는 것을 보고 잘못 생각하여 머리를 그 속으로 집어넣어서 그로써 무용한 노예 행각을 자행하는 사람이라고 말했다. 랍비 교훈 중 가장 멋진 말은 "즐길 수 있는 모든 좋은 것을 즐기지 않는 자는 심판날에 그것을 해야만 한다"라는 것이다.

보어햄(Boreham) 박사가 금식에 대한 그릇된 개념을 설명한 이야기를 살펴보자.

한 여행자가 록키 산맥 속에서 연로한 가톨릭 신부를 만났다. 그는 그렇게 나이 많은 분이 바위와 절벽과 가파른 계곡에서 몸부림치는 것을 보고 놀랐다. 그래서 "당신은 여기서 무엇을 하고 계십니까?"라고 물었다. 그러자 노신부는 "나는 세계의 미를 찾고 있는 중이오"라고 대답했다. 여행자가 "그러나 당신은 너무 늦게 출발하셨군요"라고 말하자 그 노신부는 이런 이야기를 했다. "나는 수도원에서 일생을 보냈고 수도원 밖으로는 나가 본 적도 없었소. 그런데 중병에 걸리고 말았고 병중에서 환상을 보았소. 내 침대에 천사가 서 있었소. '무엇 때문에 여기 왔소?' 라고 천사에게 물어보았더니 '당신을 천국으로 인도하기 위해서요' 라고 대답했소. 내가 다시 '내가 갈 곳이 정말 아름다운 곳입니까?' 라고 물었더니 '당신이 떠나는 세계가 정말 아름다운 세계요' 라고 대답했소. 그때 내가 수도원 주위의 밭과 나무 이외에는 아름다운 것이라고는 아무것도 본 적이 없다고 말하자 천사는 '당신이 갈 세계에서도 아름다움을 거의 보지 못할 것이요' 라고 말했소. 나는 심히 걱정이 되어 이 세상에서 2년만 더 살 수 있게 해 달라고 간청했죠. 내 기도는 허락되었고 나는 내가 지금까지 모아 놓았던 돈과 있는 시간을 세계의 아름다움을 찾아내는 데 쓰고 있죠. 나는 이 세계가 얼마나 아름다운가를 발견했소!"

인간은 마땅히 세계의 아름다움을 거절하거나 물리치지 않고 의미를 받아들이고 향해야 한다. 금식을 위한 금식이나 남보다 더 경건하려는 외식적 전시는 종교적으로 아무런 가치가 없다.

진정한 금식

마태복음 6:16-18(계속)

예수께서 잘못된 금식을 저주하셨을지라도 주님의 교훈의 이면에는 기독교인이 할 수 있는 현명한 금식도 있다는 것을 의미한다. 이런 사실을 생각하는 사람은 별로 없다. 별 이유 없이 금식하는 사람은 거의 없다. 그러나 바른 금식은 몇 가지 이유에서 유익한 것이다.

I. 금식은 "건강에 좋다". 많은 사람이 쉽게 불규칙적인 생활에 빠진다. 그래서 살기 위해 먹는 것이 아니라 먹기 위해 산다고 할 수 있을 단계까지 떨어진다. 금식은 특별히 건강이 나쁘지 않은 사람을 제외하고는 신체에 퍽 좋은 영향을 끼칠 수 있다.

II. 금식은 "자기 수련에 좋다". 사람들은 자신에게 극히 관용하기 쉽다. 그래서 주의하지 않으면 얻을 수 있는 대로, 살 수 있는 대로 모두 사들이려고 한다. 우리가 매주 얼마 동안 사람의 소원과 욕망의 노예가 되기를 멈추고 엄격하고 세상에 타락하지 않는 자기 수련을 한게 된다면 대부분의 사람에게 크게 유익할 것이다.

III. 금식은 우리가 "습관의 노예"가 되지 않게 보호해 준다. 우리 중에 많은 사람이 그저 끊을 수 없어서 어떤 습관에 빠져 버리는 사람이 있다. 그 습관들이 우리가 끊을 수 없을 정도로 우리 생활에서 중요하게 되어 향락이어야 할 어떤 것이 필수적인 것이 되는 단계까지 그 일에 계속 몰두할 수가 있다. 그리고 그런 것이 오히려 고통을 가져올 수 있다. 우리가 현명한 금식을 해 왔으면 향락은 속박될 수 없고 어떤 습관도 우리의 주인이 되지 못할 것이다. 그래서 우리가 우리의 향락의 주인공이 될지언정 그 향락이 우리의 주인이 되지는 않을 것이다.

IV. 금식은 "물건에 의지하지 않는 생활 태도를 키우게 한다". 사람을 가장 크게 시험하는 것은 없어서는 안 된다고 생각하는 사물들이다. 우리가 필수품이라고 생각하는 물건이 적어지면 적어질수록 속박에서 벗어날 수 있다. 모든 것이 필수품이 되면 우리는 생활의 노예가 되어 버릴 것이다. 우리에게는 상가를 거닐며 거기에 진열된 물품을 들여다보면서 그 중 없어도 살 수 있는 물건들을 상기해 보는 태도가 필요하다. 금식함으로써 우리는 물건에 의존하지 않는 생활, 불필요한 것이 필수품이 되지 않는 생활을 할 수가 있다.

V. 금식은 "모든 것에 더 감사할 줄 알게 한다". 어떤 일정한 시간 동안 어떤 것을 즐길 수가 없으면 그것이 얻어졌을 때는 더 큰 기쁨을 느끼는 법이다. 현대인들은 음식을 너무 먹어 싫증이 나서 혀의 감각이 둔해졌다. 전에 신선한 기쁨을 느끼던 것이 이제는 복용하지 않으면 견딜 수 없는 마약같이 되어 버렸다. 금식은 항상 싱싱하고 새롭게 즐거움을 느낄 수 있게 해 주어 감격을 잃지 않게 한다.

현재 금식은 사람들의 생활에서 거의 찾아볼 수 없게 되었다. 하지만 예수께서는 그릇된 금식을 저주하셨지 결코 우리의 생활에서 금식을 완전히 제거하시려고 했던 것은 아니다. 금식은 적당한 방법과 개인의 필요에 따라 행하면 유익한 것이다. 그리고 그렇게 하면 "이 땅의 기쁨이 우리의 안내자는 될망정 우리의 죄사슬이 되지는 않게" 할 수 있다.

진정한 보화

마태복음 6:19-21

19너희를 위하여 보물을 땅에 쌓아 두지 말라 거기는 좀과 동록이 해하며 도
둑이 구멍을 뚫고 도둑질하느니라 20오직 너희를 위하여 보물을 하늘에 쌓아
두라 거기는 좀이나 동록이 해하지 못하며 도둑이 구멍을 뚫지도 못하고 도
둑질도 못하느니라 21네 보물 있는 그곳에는 네 마음도 있느니라

일상생활에서 옷 한 벌을 사든지 자동차를 사든지 마루에 깔 양탄자를 사든지 가구 한 질을 사든지 할 때, 싼 것은 피하고 견고하고 내구성이 있고 정교하고 오래 쓸 수 있는 것을 사는 것이 상식이다. 이것이 바로 예수께서 말씀하시는 것이다. 주님은 우리에게 영구성이 있는 것에 힘을 기울이라고 말씀하신다.

예수께서는 팔레스타인의 3대 부(富)의 원천에서부터 세 가지를 들어 말씀하신다.

I. 주님은 사람들에게 "녹이 슬" 물건은 피하라고 말씀하신다. 동양에서는 값지고 정교한 옷이 재산의 일부다. 엘리사가 나아만을 고쳐 준 후 그의 종 게하시가 나아만에게서 불법적으로 이익을 취하려 했을 때 그는 은 한 달란트와 옷 **두 벌**을 요구했다(왕하 5:22). 아간을 유혹한 물건 중 하나는 **좋은 바벨론 의상**이었다(수 7:21). 그러나 이런 것에 마음을 두는 것은 어리석은 짓이다. 옷장 안에 옷을 넣어 두면 언젠가는 좀이 슬고 그 아름다움과 가치가 떨어지기 때문이다. 그런 것들에는 영구성이 없다.

II. 주님은 "녹이 스는 것"을 피하라고 하셨다. 녹이라고 번역된 말은 **브로시스**(brōsis)다. 이 말은 원래 **먹어 버리는 것**을 의미했고 다른 곳에서는 녹이란 뜻으로 사용된 예가 없다. 아마도 이유는 다음과 같았을 것이다. 동양에서는 사람의 부가 곳간에 쌓아 둔 곡식에 있다고 생각했다. 그러나 벌레나 쥐가 들어와 곳간에 쌓아 둔 곡식을 다 먹어 버릴 수도 있었다. 그런 소유물에는 영구성이 없다.

III. 주님은 "도적이 뚫고 들어와 훔칠 수 있는 보물은" 피하라고 하셨다. 뚫는다는 말은 헬라어로 디오루세인(diorussein)이다. 팔레스타인의 집들의 담은 대부분 구운 진흙 같은 것으로 만들었다. 그래서 도적들이 그저 흙을 파내기만 하면 얼마든지 들어갈 수가 있었다. 이 성경 구절에는 얼마 안 되는 보물을 집에 감추어 두었다가 얄팍한 담을 파고들어온 도적에 의해 보물을 도둑 맞는 이야기가 나온다. 전문적인 도적의 손에 좌우될 수 있는 보물에는 영구성이 없다.

그래서 예수께서는 세 가지 향락과 소유에 대해 경고하신다.

1. 낡은 옷이 해지는 듯하는 향락을 경고하셨다. 세상에서 가장 좋은 옷일지라도 결국에는 좀이 먹든지 안 먹든지 해어져 버린다. 모든 육적인 향락은 어떤 방법으로라도 싫증나게 마련이다. 어떤 향락이든지 한 번씩 맛볼 때마다 그 스릴은 덜해 간다. 예전과 같은 효과를 거두려면 더 많은 향락이 필요한 것이다. 향락은 처음의 효능을 잃고 점점 그 효력이 약해지는 약과 같다. 차차 효력이 다해 가는 향락 중에서 자신의 행복을 찾는 사람은 어리석은 사람이다.

2. 침식될 수 있는 향락을 경고하셨다. 곡식 더미는 곡식을 갉아 먹고 쏠아 먹

는 쥐들의 희생물이 될 수 있다. 사람이 나이 들수록 점점 매력을 느끼지 못하는 향락이 있다. 그리고 육체적으로 그것을 즐길 수 없게 되든지 정신적으로 성숙하면 어떤 의미로든지 그 사람을 만족시킬 수 없는 향락도 있다. 사람은 나이 들면 사라질 수 있는 그런 즐거움에 집착해서는 안 된다. 그 대신 시간이 도저히 침식할 수 없는 그런 일에서 즐거움을 찾아야 한다.

3. 도둑맞을 수 있는 향락을 경고하셨다. 어떤 물질도 안전한 것이 없다. 사람이 그런 물질 위에 행복을 구축한다면 가장 불안전한 기초 위에 구축하는 것이 될 것이다. 사람이 돈에 행복을 두고 자신의 생을 설계한다면, 그러고 나서 갑작스러운 파멸로 그의 돈이 사라진다면 재산과 함께 행복도 사라져 버릴 것이다. 현명한 사람이라면 잃어버릴 수 없고 이 생의 기회나 변화와 관련이 없는 것 위에 자신의 행복을 구축할 것이다. 번즈(Burns)는 인생 무상에 대해 다음과 같은 글을 남겼다.

> 쾌락이란 꽃을 피우게 하는 양귀비 같다.
> 손이 닿으면 꽃잎이 떨어진다.
> 쾌락은 강물에 떨어지는 눈과 같다.
> 잠깐 희게 보이나 곧 녹아 버린다.

누구든지 행복을 이런 것들에 의존한다면 실망하게 마련이며, 그의 보화가 **물질**에 있다면 자신의 보화를 상실하게 마련이다. 물질에는 영구성이 없어서 영원히 존재하는 물질이란 없기 때문이다.

하늘의 보화

마태복음 6:19-21(계속)

유대인은 **하늘의 보화**란 말에 매우 익숙하다. 그들은 그런 보화를 특히 다음의 두 가지로 이해했다.

1. 사람이 지상에서 행한 친절한 행동은 하늘의 보화가 된다고 했다. 유대인들 사이에서는 나중에 유대교로 개종한 아디아베네(Adiabēne)의 모노바즈 왕에 대한 유명한 이야기가 전해진다.

모노바즈가 흉년에 그의 모든 재화를 가난한 사람들에게 나누어 주자 그의 형제들이 그에게 사람을 보내 "그대의 조상들이 재산을 모았고 그들의 조상의 유산에 더 보태었는데, 이제 그대는 그대의 재산과 조상의 재산을 모조리 흩어 버렸도다"라고 비난했다. 그러자 그는 그들에게 "나의 조상은 땅을 위해 재산을 모았고 나는 하늘을 위해 보화를 모았다. 우리 조상은 사람의 손이 통치할 수 없는 곳에 보화를 쌓아 놓았다. 나의 조상들은 이윤이 없는 보화를 모았고 나는 이윤이 있는 보화를 모았다. 나의 조상들은 돈의 보화를 모았으나 나는 영의 보화를 모았다. 나의 조상들은 이 세상을 위해 보화를 모았고 나는 장차 올 세계를 위해 보화를 모았다"라고 말했다.

예수와 유대 랍비들은 다 같이 이기적으로 쌓아 둔 것은 없어지나 너그럽게 남에게 준 것은 하늘의 보화를 가져다준다고 확신했다.

또 그것은 그 후 기독교회의 원리가 되었다. 초대교회는 항상 불쌍한 사람, 아픈 사람, 근심에 싸인 사람, 의지할 데 없는 사람, 아무도 돌보지 않는 사람들을 사랑으로 잘 보살폈다.

로마의 무시무시한 데시안(Decian) 황제 박해 때에 로마 관헌들이 교회를 부수고 들어왔다. 그들은 교회가 소유했으리라고 믿었던 보물을 약탈하러 왔던 것이다. 로마군 사령관이 교회 집사인 라우렌티우스(Laurentius)에게 교회 안에 있는 보물을 당장 내놓으라고 하자 라우렌티우스는 거기서 공양을 받던 과부와 고아, 간호를 받고 있던 병자들, 필요한 것을 얻어 가던 가난한 사람들을 가리키며 "이 사람들이 교회의 보물이오"라고 말했다.

교회는 항상 우리가 간직하는 것은 잃게 되고 우리가 쓰는 것은 갖게 된다고 믿어 왔다.

II. 항상 "하늘의 보화"란 말을 인격과 결부시켰다. 랍비 요세프 벤 키스마(Yosef ben Kisme)에게 많은 봉급을 지불한다는 조건으로 이방인의 도시에 살겠느냐고 묻자, 그는 율법의 본고장 이외에는 아무 곳에서도 살지 않겠다고 대답했다. 그는 그 이유로 사람이 이 세상을 떠날 때는 금은보석을 갖고 갈 수 없지만 율법의 지식과 선행만은 갖고 갈 수 있기 때문이라고 말했다.

스페인 격언에 "수의에는 호주머니가 없다"라는 말이 있다. 사람이 이 세상에서 저세상으로 갖고 갈 수 있는 단 한 가지는 자신이다. 자신을 더 훌륭하게 만들면 그만큼 더 많은 보화를 하늘에 쌓아 두게 되는 것이다.

III. 예수께서는 이 부분을 사람의 보물이 있는 곳에 그의 마음도 있다는 진리를 말씀하심으로 끝맺으셨다. 어떤 사람이 그가 값지게 여기고 마음에 두는 모든 것이 이 땅 위에 있다면 그의 모든 관심은 이 땅 위에 있을 것이고 이 세상 이외의 어느 세상에도 관심이 없을 것이다. 영원을 향해 일생을 살아가는 사람은 이 세상 것에 큰 가치를 두지 않는다. 귀한 것이 모두 지상에 있는 자는 마지못해 불평을 하며 세상을 떠날 것이다. 그러나 내세를 생각하며 일생을 보낸 사람은 결국 대망하던 하나님께로 가는 것이기 때문에 기쁨 속에서 이 세상을 하직할 것이다. 존슨 박사는 훌륭한 성과의 기초를 돌아보고 난 후 동행자들에게 "이것들이 죽기 어렵게 만드는 것이다"라고 말했다.

예수께서는 이 세상이 중요하지 않다고 말한 적이 없다. 그 대신 이 세상의 중요성은 그 자체에 있는 것이 아니라 이 세상이 향해 가는 최종 목표에 중요성이 있는 것이라고 누차 말씀하시고 암시하셨다. 이 세상이 생의 마지막이 아니다. 이곳은 우리가 가는 길의 한 과정이다. 그러므로 사람은 이 세상과 이 세상에 있는 것들에 자신의 마음을 빼앗겨서는 안 된다. 우리 눈은 영원 저편의 목표에 고정되어야 한다.

비뚤어진 시력

마태복음 6:22-23

[22]눈은 몸의 등불이니 그러므로 네 눈이 성하면 온몸이 밝을 것이요 [23]눈이 나쁘면 온몸이 어두울 것이니 그러므로 네게 있는 빛이 어두우면 그 어둠이 얼마나 더하겠느냐

이 본문 뒤에 있는 개념은 아주 단순해서 눈을 빛이 온몸으로 들어오는 창문으로 생각했다. 창문의 색깔과 형태는 방안으로 들어오는 빛의 형태를 결정한다. 창문이 투명하고 깨끗하고 바르면 빛이 온 방으로 들어와 구석구석을 비칠 것이다. 그러나 창의 유리가 색깔이 있는 유리든지, 우윳빛 유리든지, 일그러졌든지 더럽든지 혹은 흐리면 빛이 못 들어와 방은 환해지지 않을 것이다. 방으로 들어오는 빛의 분량은 그 빛이 통과하는 창문의 상태에 달렸다. 그래서 예수께서는 사람의 마음과 영혼으로 들어오는 빛은 눈이 온몸의 창이기 때문에 그 눈의 영적 상태에 달렸다고 말씀하셨다. 한 사람의 사람됨은 그가 어떤 종류의 눈을 가졌는지에 따라 판단된다. 세상에는 우리의 눈을 가리고 의견을 비뚤어지게 할 수 있는 것들이 몇 가지 있다.

1. "편견"은 우리의 견해를 비뚤어지게 할 수 있다. 편견만큼 사람의 판단을 그르치는 것은 없다. 사람은 누구나 분명하고 합리적이고 논리적인 판단을 하게 되어 있는데 편견은 이런 판단을 방해한다. 편견은 그 진상을 보지 못하게 한다. 새로운 발견은 대부분 일반에 인정될 때까지 편견과 싸우지 않으면 안 된다.

제임스 심프슨이 마취제의 장점을 발견했을 때, 그는 당시의 의학과 종교계의 편견과 싸우지 않으면 안 되었다. 그의 전기 작가 중 한 사람은 "낡아빠진 길로 밖에는 걸어가지 못하고 새 길은 피하는 절름발이 같은 결정인 편견이 그 발견에 반대하여 일어섰고 새로 발견된 축복을 짓밟기에 최선을 다했다"라고 말했

다. 우리에게는 원칙에 준해 살고 있는지, 비합리적이고 맹목적인 편견의 희생물이 되고 있는지를 엄밀히 분간하는 자기 검토가 가장 중요하다. 편견에 지배되는 사람은 그의 눈이 어두워지고 견해가 비뚤어진다.

II. "질투"가 우리의 견해를 비뚤어지게 할 수 있다. 셰익스피어의 비극 《오셀로》에서 질투의 고전적 표본을 볼 수 있다. 흑인인 오셀로는 그의 영웅적인 업적으로 명성을 얻었고 그를 절대적인 헌신과 완전한 성실함으로 사랑했던 데스데모나와 결혼했다. 베리스의 장군이었던 오셀로가 카시오를 승진시켜 이아고보다 높게 하자 이아고는 질투심에 불탔다. 조심스러운 음모와 사건의 조작으로 이아고는 카시오와 데스데모나가 간통하고 있다고 오셀로가 의심하게 만들었다. 그는 이를 증명할 증거를 만들어 냈고 오셀로를 질투의 극에 달하게 해 결국에는 데스데모나를 베개로 눌러 죽이게 했다.

브래들리는 "오셀로의 질투와 같은 질투는 인간성을 혼돈으로 바꾸고 인간 속에 있는 동물성을 풀어 놓는다"라고 기록했다. 결혼과 우정이 많은 경우 완전히 결백한 사건을 범죄로 잘못 보게 하고 진실과 사실에 대해 인간의 눈을 어둡게 하는 것은 사람이 질투심이라는 암초에 부딪혀 파선케 하기 때문이다.

III. "자만심"이 우리의 견해를 비뚤어지게 할 수 있다. 마크 러더포드(Mark Rutherford)의 전기에서 캐서린 맥도날드 맥클린(Catherine Macdonald Maclean) 여사는 서적 판매와 출판인이었고 한때는 러더포드 여사의 고용주였던 존 채프먼에 대해 "바이론형의 미남으로 유쾌했던 그는 여인들에게 극히 매력적이었으나 실제 이상으로 자신이 그들에게 인기가 있다고 생각했다"라며 통렬하게 비난하고 있다.

자만은 사랑의 견해에 이중으로 영향을 끼친다. 자신을 사실 그대로 볼 수 없게 하고 남도 사실 그대로 볼 수 없게 하기 때문이다. 사람이 남보다 자신의 지혜가 탁월하다고 생각하게 되면 그는 절대로 자신의 미련함을 알 수 없게 된다. 그리고 자신의 장점 이외에는 아무것도 모르는 사람은 절대로 자신의 결점을 깨닫지 못하게 되어 자기와 남을 비교할 때 언제나 자신에게는 유리하게, 남에게는 불리하게 비교할 것이다. 그런 사람은 영원히 자기 비판을 할 수 없고 따라서 영원히 자신을 발전시킬 수 없다. 마음속에 자신과 남을 보아야 할 빛이 비치지 않기 때문이다.

관대한 눈의 필요성

마태복음 6:22-23(계속)

여기서 예수께서는 눈을 밝게 하는 덕과 눈을 어둡게 하는 과실에 대해 말씀하신다. 이 본문에서는 눈이 **성하다**(single), 눈이 **나쁘다**(evil)라고 말했다. 그러나 성경이 기록된 시대의 헬라어에서는 **성하다**, **나쁘다**란 단어들이 아주 특수한 의미로 쓰였다.

성하다란 단어의 헬라어는 하플루스(haplos)이고 그 명사형은 하플로테스(haplotēs)다. 헬라어로 된 성경에서는 주로 이 단어가 **너그럽다**와 **관용**을 의미한다. 야고보는 **후히** 주시는 하나님에 대해 말했다(약 1:5). 이때 사용된 부사는 하플루스(haplōs)다. 비슷한 뜻으로 바울은 로마서(12:8)에서 그의 친구들에게 성실함(haplōs)으로 주라고 권했다. 이 경우에는 성경 관주가 더 잘 번역하고 있다. 바울은 고린도 교회 교인들에게 마게도니아 지방 교회의 후한 연보(haplotēs)에 대해 말하고는 고린도 사람들에게도 후한(haplous) 연보를 권면했다(고후 9:13). 이 단어의 참뜻을 알려면 하플루스(haplous)란 단어를 **성한**으로가 아니라 **너그러운**으로 번역해야 한다. 예수께서 칭찬하시는 것은 이 **너그러운 눈**이다.

우리 성경에 **나쁘다**로 번역된 말의 헬라어는 포네로스(ponēros)다. **나쁘다**는 의미가 이 단어의 일반적인 뜻이다. 그러나 신약이나 70인역에서 포네로스는 보통 **인색한**이나 **아까워하다**는 뜻이다.

신명기는 가난한 형제에게 꾸어 줄 의무에 대해 언급하고 있다. 그러나 매 일곱째 해가 모든 빚이 탕감되는 면제년이라는 사실 때문에 문제가 복잡해졌다. 그래서 일곱째 해가 가까워 오면 돈을 빌려 간 사람이 면제년이란 이점을 악용하여 갚지 않을까 봐 꾸어 주기를 거절했을 것이 분명하다. 그래서 율법은 다음과 같이 명하고 있다. "삼가 너는 마음에 악한 생각을 품지 말라 곧 이르기를 일곱째 해 면제년이 가까이 왔다 하고 네 궁핍한 형제를 악한(ponēros) 눈으로 바라보며 아무것도 주지 아니하면…" (신 15:9). 분명히 여기에서 포네로스는 **인색하고**, **아까워하고**, **너그럽지 못한** 것을 의미한다. 잠언은 "악한 눈이 있는 자의 음식을 먹지 말며" (잠 23:26)라고 말한다. 이 말은 "당신이 먹는 족족 아까워하는 사람의 집에는 손님으로 가지 말라"는 뜻이다. 또 잠언은 "악한 눈이 있는 자는 재물을 얻기에만 급하고" (잠 28:22)라고 했다. 이 말은 "아까워하고 너그럽지 못한 사람은 항상 자신이 취할 수 있는 것을 찾아다닌다"라는 뜻이다. 그러므로 이 본문의 참뜻을 나타내려면 포네로스란 단어를 **악**으로 번역하지 말고 **아까워하다**나 **욕심이 많은**으로 번역해야 한다.

그래서 예수께서 "너그러운 마음같이 바르고 비뚤어지지 않은 인생관을 주는 것은 없고 아까워하는 마음처럼 인생과 사랑에 대한 견해를 비뚤어지게 하는 것은 없다"라고 말씀하시는 것이다.

I. 우리는 "남을 판단하는 데" 너그러워야 한다. 사람은 남의 가장 나쁜 것을 보고 그것을 되풀이해 말하는 것에 악의적인 쾌감을 느끼는 본성이 있다. 일상생활에서 차를 마시며 이야기하는 중에 사람들에 대한 비평이라는 독소로 선량한 사람들의 명성이 죽어 가기도 한다. 우리가 다른 사람의 행동을 최악이 아니라 최선으로 해석한다면 이 세상에서 많은 사람의 가슴 아픈 일을 덜어 줄 수 있을 것이다.

II. 우리는 "행위에" 너그러워야 한다. 러더포드의 전기에서 캐서린 맥도날드 맥클린 여사는 마크가 런던에서 일하러 왔던 시절에 대해 말하고 있다. "그에게서 '사람의 영에 대한 동정심' 의 시작을 발견할 수 있었던 것이 이 무렵이었다. 그 동정심은 그에게 습관처럼 되어 버렸다. 그가 살고 있던 지역의 많은 사람의 생활을 보고 마음 아파하던 문제는 '내가 무엇을 할 수 있을까? 어떻게 하면 그들을 도울 수 있을까?' 였다. 그때, 그리고 일생을 통한 그의 주장은 작은 힘이더라도 말로만 분개하는 것보다는 행동으로 하는 편이 가치가 있다는 것이었다."

러더포드가 출판자인 채프먼(Chapman)과 함께 있을 때 조지 엘리옷(George Eliot)—본명은 마리아 에반스(Maria Evans)라는 여자다 —도 같은 직장에서 일했다. 그 여자에게서 러더포드는 깊은 인상을 받았다. 그녀는 가난하고 수입은 매우 적었다. 그리고 여류 문인으로서 생계를 유지하기를 희망했으나 장래는 매우 불확실했다. 그러나 여자는 놀라울 정도로 너그러웠다. 절름발이 개가 계단을 오르내릴 때면 도와주었고, 남의 빈곤이 자신의 빈곤보다 그녀의 마음을 무겁게 했다. 그 여자는 자신의 궁핍보다 친구의 빈곤을 해결해 주지 못하는 것 때문에 더 심하게 울었다.

이렇게 그녀처럼 느낄 때 우리는 비로소 사람과 물건을 바로 볼 수 있다. 이때 우리의 눈이 완전히 밝아지는 것이다. 욕심 많은 마음과 아까워하는 눈의 3대 악은 다음과 같은 것이다.

1. **자기 안에 평화가 없다**. 늘 남의 성공을 시기하고 남의 행복을 질투하고 다른 사람의 궁핍에 자신의 내용을 담아 버리면 그는 가장 가련한 존재다. 이렇게 마음이 좁은 사람의 내면에는 미움과 원한이 자라게 되어 그에게서 행복을 앗아가고 평안을 도적질해 가고 만족감을 깨 버린다.

2. **다른 사람과의 사이에 평화가 없다**. 인색한 사람은 모든 사람이 싫어하고 수전노는 모든 사람에게 멸시를 당한다. 자비는 많은 죄를 덮고 아까워하는 마음은 많은 덕을 상하게 한다. 악한 마음이 있어도 사람에게 사랑을 받을 수 있으나 인색한 사람은 아무리 선한 마음이 있어도 모든 사람이 싫어한다.

3. **하나님과의 사이에 평화가 없다**. 하나님과 같이 너그러우신 분은 세상에 없다. 정반대의 주의와 주장이 있는 두 사람 사이에는 깊은 친교가 있을 수 없는 것이다. 마음이 사랑으로 불타는 하나님과 마음이 인색함으로 얼어붙은 사람 사이에 사귐이 있을 수 없다.

인색한 눈은 우리의 견해를 그르치고 너그러운 눈만이 사물을 명확히 볼 수 있다. 이런 눈만이 하나님이 보시는 것처럼 사물을 볼 수 있기 때문이다.

편협한 섬김

마태복음 6:24

[24]한 사람이 두 주인을 섬기지 못할 것이니 혹 이를 미워하고 저를 사랑하거나 혹 이를 중히 여기고 저를 경히 여김이라 너희가 하나님과 재물을 겸하여 섬기지 못하느니라

이 표현은 현대인들에게보다 옛날 사람에게 더 생생한 표현이다. 성경은 아무도 두 주인을 섬길 수 없다고 말한다. 그러나 이는 충분한 표현이 아니다. 우리말 성경에 "섬기다"로 번역된 원어는 둘루에인(douleuein)이다. 둘로스(doulos)는 노예를 의미한다. 그리고 둘루에인은 **~에게 노예가 되다**란 뜻이다. 우리 성경이 **주인**으로 번역한 원어는 **퀴리오스**(kurios)이고 **퀴리오스**는 **절대적 소유권**을 의미한다. 따라서 "아무도 두 주인에게 노예가 될 수는 없다"라고 번역하면 그 뜻이 더 잘 통할 것이다.

이것이 의미하는 바를 이해하려면 고대 시대의 노예에 대해 두 가지 사실을 기억해야 한다. 첫째, 법의 눈에는 노예가 사람이 아니라 물건이었다. 노예에게는 권리가 하나도 없다. 그의 주인이 원하는 대로 할 수 있었다. 법의 눈에는 노예가 **살아 있는 도구**일 뿐이다. 노예의 주인은 그를 팔 수도 있고, 때릴 수도 있고, 내쫓을 수도 있고, 심지어 죽일 수도 있었다. 주인은 다른 물건을 소유하는 것과 완전히 똑같이 그를 소유했다. 둘째, 고대에서 노예는 자기만의 시간이 전혀 없었다.

오늘날 사람들은 생의 진정한 재미를 그의 작업 시간 이외에 찾을 수 있는 것이 가능하다. 낮에는 사무실에서 서기 노릇을 하더라도 밤에는 교향악단에서 바이올린을 연주면서 참된 삶의 맛을 음악에서 찾을 수 있다. 낮에는 조선소나 공장에서 일하더라도 저녁에는 청소년 클럽을 운영할 수 있다. 거기서 그는 진정한 기쁨과 자기 개성의 참된 표현을 찾을 수도 있다. 그러나 노예는 그런 것과 거리가 멀다. 노예에게 자신을 위한 시간이란 단 1초도 없었던 것이다. 노예는

모든 시간이 주인에게 속해 있었고 그의 주인이 마음대로 할 수 있었다.

여기서 우리와 하나님과의 관계를 살펴볼 수 있다. 하나님에 대해서 우리는 자신의 권리란 아무것도 없다. 하나님은 무조건 우리의 생활을 지배한다. 우리는 "내가 무엇을 할까?"라고 묻는 것이 아니라 "하나님은 우리에게 무엇을 시키려고 하는가?"라고 물어야 한다. 우리에게 우리 자신의 시간이란 있을 수 없다. 우리는 어떤 때는 "하나님이 원하시는 것을 하겠다"라고 말하고 어떤 때는 "내가 좋아하는 것을 하겠다"라고 말할 수는 없다. 기독교인은 언제나 기독교인으로서의 시간 이외에 다른 시간이 없다. 기독교인은 그가 비번일 때와 같이 기독교적 표준을 이완시킬 수는 없다. 하나님께 대한 부분적이거나 간헐적인 봉사는 충분치 않다. 기독교인이 된다는 것은 전 시간적 일이다. 성경 어디에서도 여기보다 더 명백하게 하나님이 요구하시는 절대적인 봉사에 대해 서술한 곳이 없다.

예수께서는 계속해서 "하나님과 재물을 겸하여 섬길 수 없느니라"고 말씀하신다. 매몬(Mamon: 옳은 철자법은 m이 둘이 아님)은 히브리어로 **물질적 소유**를 의미한다. 이 말은 원래 나쁜 의미가 아니었다. 예를 들면 랍비들의 말에 "네 이웃의 매몬을 네 자신의 것같이 귀하게 여겨라"는 말이 있다. 이 말은 자기 이웃의 물질적 소유를 자신의 것과 같이 중요하게 생각해야 한다는 뜻이다.

매몬이란 말은 흥미롭고 잘 알려진 역사를 갖고 있다. 이 단어는 "맡기다"라는 뜻을 가진 어근에서 유래되었다. 그러므로 매몬이란 말은 어떤 사람이 은행이나 어떤 종류의 안전한 금고에 맡긴 것, 자신을 위해 안전하게 보관하려고 다른 사람에게 맡긴 재물을 말한다. 그러나 해가 감에 따라 매몬은 **맡겨진 것**이 아니라 **사람이 믿어**(trust) **버리는 것을** 의미하게 되었다. 이런 과정 끝에 매몬은 대문자로 시작하게 되었고 신과 같이 인식하게 되었다.

이 단어의 유래는 우리에게 물질적 소유가 우리 생의 한 자리를 어떻게 점거할 수 있는지 생생하게 보여 주고 있다. 원래 안전히 보전하기 위해 다른 사람에게 위탁했던 소유물이 결국에는 인간이 전 신뢰를 건 것으로 변하고 말았다. 신이란 인간이 전 신뢰를 거는 존재다. 이 정의보다 더 신의 본질을 잘 나타내는 것은 없다. 사람이 물질적인 것을 믿으면 물질적인 것이 자신을 보조하는 것이 아니라 자신의 신이 되는 것이다.

소유물의 위치

마태복음 6:24(계속)

이 예수의 말씀은 물질적 재산이 우리 생활 중에 차지하는 위치를 생각하게 한다. 재산에 대한 예수의 이 교훈의 바탕에는 3대 원리가 있다.

1. 결국 "모든 것은 하나님께 속한 것이다". 성경은 그것을 아주 명백히 하고 있다. "땅과 거기에 충만한 것과 세계와 그 가운데에 사는 자들은 다 여호와의 것이로다"(시 24:1). "이는 삼림의 짐승들과 뭇 산의 가축이 다 내 것이며… 내가 가령 주려도 네게 이르지 아니할 것은 세계와 거기에 충만한 것이 내 것임이로다"(시 50:10-12).

예수의 교훈에서 종들에게 달란트를 나누어 주는 사람은 주인이고(마 25:15), 농부에게 포도원을 주는 것도 포도원의 소유주였다(마 21:33). 이 원리는 많은 영역에 영향을 미친다. 사람들은 물건을 매매할 수 있고 어느 정도까지 물건을 변화시키거나 배치할 수는 있다. 그러나 인간은 물건을 창조하지는 못한다. 만물의 최종적 소유주는 하나님이시다.

이 세상에는 사람이 "이것은 내 것이다"라고 말할 수 있는 것이라곤 아무것도 없다. 사람은 단지 이것은 하나님께 속한 것이고 하나님이 나에게 사용하라고 주신 것이다"라고 말할 수밖에 없다. 그리하여 생의 이 원리가 나오게 된다. "이것은 내 것이다. 그러므로 나는 내가 좋아하는 대로 하겠다"라고 말할 수 있는 사람은 이 세상에 아무도 없다. 모든 것에 대해 사람은 "이것은 하나님의 것이고 나는 그 주인이 원하시는 대로 사용하겠다"라고 **말해야 한다.**

어느 날 어른들을 따라 도시의 어린이가 시골로 내려왔다. 생전 처음으로 잔대꽃이 쌓여 있는 것을 본 여자아이는 자신의 선생님을 보고 "내가 하나님의 꽃

중에 하나를 꺾으면 혹시 하나님이 싫어하시지 않을까요?" 라고 물었다. 바로 이것이 인생과 이 세상의 만물에 대한 올바른 태도다.

II. 둘째 원리는 "사람이 항상 물건보다 더 중요하다"는 것이다. 사람을 물건과 같이 취급함으로써 재물을 얻고, 돈을 모으고 부가 축적된다면 그런 부는 잘못된 것이다. 언제 어디서나 이 원리가 망각되든지, 소홀히 되든지, 무시당하든지 하면 확실히 엄청난 불행이 뒤따를 것이다. 영국에서는 오늘날까지도 산업적인 관계의 세계에서 산업혁명 시대에 사람을 물건같이 취급했다는 사실 때문에 고통을 당하고 있다.

영국 전설집에서 아더 브라이언트(Arthur Bkyant)는 중세에 일어났던 일에 대해 몇 가지 얘기를 하고 있다. 일곱 살과 여덟 살의 어린아이들—실은 세 살짜리 경우도 있었다—이 광산에 고용이 되었다. 어떤 아이들은 갱도에서 사지로 기면서 트럭을 끌었고, 어떤 아이들은 물이 무릎까지 차오르는 곳에서 하루 열두 시간씩 물을 퍼냈다. 어떤 아이들은 하루에 16시간까지 환기갱의 환기문을 열었다 닫았다 했다. 1815년에는 공장에서 일하는 미성년자들은 토요일의 반공일도 없이 겨우 아침과 점심시간 30분씩만 쉬고 아침 8시부터 저녁 8시까지 일을 했다. 1833년에 8만 4천 명의 14세 미만의 미성년자들이 각종 공장에서 일을 했던 것이다.

실제 다음과 같은 기록도 있다. 더 이상 필요가 없는 미성년 노동자는 마을 운동장으로 끌고 가 버려졌다. 고용주들은 "버려졌다"란 표현을 싫어해서 "아이들을 놓아 주었다"라고 말했다. 그들도 그 아이들이 곤란을 당할 것이라는 사실에는 동의해서 "그애들이 먹고 살려면 구걸하든지 그런 비슷한 일을 해야 할 것이다"라고 말했다.

1842년에 번리(Burnley)의 방직공들은 하루에 7페니 반을 받았고 스태포셔(Staffordshire)의 광부들은 하루에 2실링 6페니를 받았다고 한다(구화폐 단위로 1페니는 12분의 1 실링). 이러한 모든 일을 범죄라고 생각한 사람들이 있었다. 칼라일(Caryle)은 "면직 산업이 병약한 미성년자의 몸에 세워졌다면 그것은 없어져야 하고 귀신이 방직공장에 들어온다면 폐쇄하라"고 비난했다. 저임금은 원가절하를 위해 필요하다는 역설에 대해 콜러리지(Coleridge)는 "당신은 이 물건의 값을 시장에서 8페니에서 6페니로 낮춤으로써 물건을 더 값싸게 한다고 말하고 있다. 그러나 그렇게 함으로써 당신이 국가의 외적에게서 당신의 조국을 더 약화시켰고, 수많은 동포의 도덕을 저하시켰고, 사회 계급간에 불만의 씨를 뿌려 놓았다고 상상해 보시오. 당신의 물건은 내 생각에는 너무나 비싸다"라고 말했다.

물론 모든 일이 오늘날에는 퍽 달라졌다는 것은 사실이다. 그러나 민족의 기억이란 것이 있다. 사람들의 깊은 잠재의식 속에 이런 악몽의 시대의 기억이 지울 수 없이 강하게 남아 있는 것이다. 인간이 필요한 노동력의 보급기재로서 또는 고용주를 부유하게 하기 위한 수단으로서 기계 혹은 기계와 같이 취급되면 낮이 가면 밤이 오듯이 반드시 불행이 따르게 마련이다. 인간이 물질보다 귀하다는 원칙을 망각한 국민은 위험을 초래한다는 사실을 알지 않으면 안 된다.

III. 셋째 원리는 "부는 항상 종속적 선"이라는 것이다. 성경은 "돈은 일만 악의 뿌리다"라고 말하지 않고 "**돈을 사랑함이** 일만 악의 뿌리"(딤전 6:10)라고 한다. 물질적인 것에서는 누군가 말했듯이 "구원의 적수"를 만나게 되기 쉽다. 사람은 돈이 있으면 무엇이나 살 수 있고 어떤 경우도 돈이면 해결할 수 있을 것이라고 생각한다. 부가 그의 판단 기준이 되고 최종 목적이 된다면 부는 그의 인생에 유일한 무기가 될 수도 있다.

사람이 자신의 가족을 돕고, 자신의 이웃을 위해 봉사하고 영예로운 독립을 보전하기 위해 물질을 원한다면 그것은 바람직한 것이다. 그러나 그가 단지 향락 위에 향락을 더하려고, 사치에 사치를 더하려고 재물을 원하고 물질이 그의 생의 목표와 수단이 되어 버리면 부는 종속적 선이 아니라 우리 생에서 하나님만이 점유하고 계셔야 할 장소를 탈취하는 꼴이 되고 만다.

이 모든 것에서 나오는 것, 즉 부와 돈과 물질의 소유에서 나오는 것은 죄가 아니라 엄숙한 책임이다. 많은 물질을 갖고 있다면 그 물질은 기뻐하는 대상보다는 기도의 대상이 된다. 그 기도는 하나님이 그에게 원하는 대로 그 물질을 쓰실 수 있게 기원하는 것이다.

소유에 대한 두 가지 질문

마태복음 6:24(계속)

소유에 대해 두 가지 중대한 질문이 있는데 이 질문에 대한 대답에 모든 것이 달려 있다.

I. 그가 어떻게 재물을 벌었는가? 예수께서 보시면 좋다고 할 수 있는 방법으로 벌었는가, 예수로부터 감추기를 원하는 방법으로 벌었는가? **사람은 정직과 명예의 희생에 의해 돈을 벌 수도 있다**. 조지 맥도날드(George Macdonald)는 부자가 된 동네 구멍가게 주인의 얘기를 들려 준다. 그 가게 주인은 포목을 잴 때마다 두 엄지손가락을 자의 눈 안쪽으로 쥐고 재어서 항상 짧게 주었다. 조지는 그에 대해 "자기 영에서 떼내어 자신의 돈 주머니에 넣어 버렸다"라고 말했다. 사람은 자신의 영혼을 가난하게 만듦으로써 돈을 모을 수도 있다. **사람은 고의적으로 자기보다 약한 라이벌을 쳐부숨으로 돈을 벌 수 있다**. 많은 사람의 성공이 타인의 실패 위에 이루어졌고, 많은 사람의 승진이 타인을 그 자리에서 밀어냄으로써 이루어졌다. 그렇게 해서 성공하는 사람들이 어떻게 밤에 편히 잘 수 있는지 모르겠다. **사람은 더 고차적인 의무를 버림으로써 자신의 소유를 얻을 수도 있다**.

저명한 편집가 로버트슨 니콜(Robertson Nicoll)은 스코틀랜드 동부 지방의 한 목사의 아들로 태어났다. 그의 아버지는 책을 사고 읽는 것에만 열정을 쏟았고 연 수입이 200파운드를 넘지 못했다. 그러나 그는 장서가 17,000권 이상이나 되는 스코틀랜드에서 가장 큰 개인 도서관을 만들었다. 그는 책들을 설교에 사용하지는 않았고 그저 소유하고 읽는 데만 몰두했다. 그는 40세 때 24세의 여인과 결혼했으나 8년 후에 부인이 결핵으로 죽었다. 5명의 가족 중 겨우 두 명만이 20세가 넘게 살았다. 자꾸만 늘어 가는 책은 목사관의 모든 방과 통로를 다 메워 버렸고 책의 주인을 기쁘게 했을지는 모르나 그의 부인과 가족을 죽인 결과가 되었다. 책은 너무 고가의 대가를 치르고 얻은 재물이었다. 우리는 "내가 소유하고 있는 것들을 내가 어떻게 얻고 있나?" 라고 자문해야 한다.

II. 사람이 소유한 물건을 어떻게 사용하는가? 사람이 취득한 물건을 사용하는 데는 여러 가지 방법이 있다. 첫째, **전혀 사용하지 않을 수 있다**. 그저 욕심 많은 구두쇠처럼 소유했다는 사실에 만족해서 그의 소유는 전혀 무용지물이 될 것이다. 그 무용성은 항상 재난을 불러 온다.

둘째, **완전히 이기적으로 사용할 수 있다.** 사람은 그저 더 큰 차와 새 텔레비전, 더 호화로운 공휴일을 위해 더 많은 월급을 바라는 수가 있다. 그런 사람은 단순히 그 소유가 자신을 위해 무엇을 할 수 있을지에 대해서만 생각한다.

셋째, **악하게 사용할 수 있다.** 그런 사람은 자신에게 권리가 없는 것을 얻으려고 타인을 설득하는 데 재물을 사용할 수 있다. 많은 젊은이가 남의 돈을 뇌물로 받는 죄의 유혹에 빠지곤 했다. 부는 권력을 형성하고 부패한 사람은 남을 부패시키는 데 자신의 소유를 사용할 수 있다. 그것은 하나님 앞에서 매우 무거운 죄다.

넷째, **자신의 경제적 독립과 남의 행복을 위해 사용할 수 있다.** 이를 위해 큰돈이 드는 것은 아니다. 반 크라운(1크라운은 5실링)의 돈으로도 일천 파운드(1파운드는 20실링)의 돈을 갖고 할 수 있는 것만큼 남에게 도움을 줄 수 있기 때문이다. 타인에게 행복을 가져다주는 데 자신의 소유를 사용하는 사람은 잘못될 수가 없다.

바울은 모든 사람이 잊었던 예수의 교훈을 기억하고 있었다. "주는 것이 받는 것보다 복이 있다"(행 20:35). 주는 것이 하나님의 특성이다. 우리가 일상생활에서 주는 것을 받는 것보다 항상 우선시하면 우리의 소유가 많든지 적든지 그 소유를 바르게 쓸 수 있을 것이다.

염려하지 말라

마태복음 6:25-34

[25]그러므로 내가 너희에게 이르노니 목숨을 위하여 무엇을 먹을까 무엇을 마
실까 몸을 위하여 무엇을 입을까 염려하지 말라 목숨이 음식보다 중하지 아
니하며 몸이 의복보다 중하지 아니하냐 [26]공중의 새를 보라 심지도 않고 거
두지도 않고 창고에 모아들이지도 아니하되 너희 하늘 아버지께서 기르시나
니 너희는 이것들보다 귀하지 아니하냐 [27]너희 중에 누가 염려함으로 그 키
를 한 자라도 더할 수 있겠느냐 [28]또 너희가 어찌 의복을 위하여 염려하느냐
들의 백합화가 어떻게 자라는가 생각하여 보라 수고도 아니하고 길쌈도 아
니하느니라 [29]그러나 내가 너희에게 말하노니 솔로몬의 모든 영광으로도 입
은 것이 이 꽃 하나만 같지 못하였느니라 [30]오늘 있다가 내일 아궁이에 던져
지는 들풀도 하나님이 이렇게 입히시거든 하물며 너희일까 보냐 믿음이 작
은 자들아 [31]그러므로 염려하여 이르기를 무엇을 먹을까 무엇을 마실까 무엇
을 입을까 하지 말라 [32]이는 다 이방인들이 구하는 것이라 너희 하늘 아버지
께서 이 모든 것이 너희에게 있어야 할 줄을 아시느니라 [33]그런즉 너희는 먼
저 그의 나라와 그의 의를 구하라 그리하면 이 모든 것을 너희에게 더하시리
라 [34]그러므로 내일 일을 위하여 염려하지 말라 내일 일은 내일이 염려할 것
이요 한 날의 괴로움은 그날로 족하니라

우리는 이 본문 연구에서 예수께서 무엇을 금하시고 무엇을 요구하시는지를 확실히 하고 시작해야 한다. KJV 성경은 예수의 계명을 이렇게 번역했다. "내일 일을 위해 염려하지 말라(Take no thought for the tomorrow)." 이상하게도 이렇게 번역한 것은 KJV가 처음이다. 위클리프(Wyclif)는 "네 사는 것에 대해 복잡하게 생각하지 말라(Be not busy to your life)"로 번역했고 틴데일(Tyndale), 그랜머(Granmer), 제네바 등은 "네 사는 것에 걱정하지 말라(Be not careful for your life)"고 번역했다. 이 번역들에서는 careful이란 단어의 뜻을 글자 그대로

full of care(걱정이 가득한)로 사용했다. 사실 더 오래된 번역일수록 뜻이 더 정확하다.

예수께서 금하시는 것은 보통 사람이 흔히 하는 일반적이고 조심성 있는 내일에 대한 깊은 사려가 아니라 근심하는 것이다. 예수께서는 게으르고 아낄 줄 모르고 무모하고 지각이 없고 앞일을 생각하지 않는 그런 태도를 옹호하시는 것이 아니다. 주님은 우리 인생의 기쁨을 모두 앗아 가는 근심과 염려와 두려움을 금하신 것이다.

여기에 사용된 단어는 메림난(merimnan)인데 그 뜻은 **걱정스럽게 염려하는**이다. 이 단어의 명사형 메림나(merimna)는 **염려**라는 뜻이다. 옛날에 파피루스 종이에 한 부인이 출타중인 남편에게 "나는 밤이나 낮이나 당신의 안위에 대한 염려(merimna) 때문에 잠을 이루지 못합니다"라고 편지했다. 아들의 건강과 성공의 소식을 듣고 그의 어머니는 "그것이 내 기도의 전부요, 내 걱정(merimna)의 전부"라고 회답했다. 시인 아나크레온은 "내가 포도주를 마실 때, 나의 근심(merimnai)이 잠 잔다"라고 읊었다. 헬라어에서 이 단어는 걱정, 근심, 염려 등을 잘 나타내는 단어다.

유대인들은 이러한 삶의 태도에 익숙했다. 저명한 랍비들은 사람이 조심과 침착으로 생을 대해야 한다고 가르쳤다. 예를 들면 그들은 자식에게 직업을 가르치라고 했다. 자식에게 직업을 가르치지 않는 것은 도적질을 가르치는 것이라고 말했다. 이 말은 그들이 삶을 조심성 있게 살 수 있도록 하는 데 필요한 조치였다. 그러나 동시에 그들은 "자기 바구니에 빵이 있으면서 '내일은 무엇을 먹을까?' 라고 말하는 사람은 믿음이 적은 사람이다"라고 말했다.

예수께서는 여기에서 당시 유대인들이 잘 알고 있는 교훈을 가르치셨다. 그 교훈이란 앞날에 대한 조심스러운 생각과 침착과 신앙을 갖고 살라는 교훈이다.

염려와 치유

마태복음 6:25-34(계속)

이 10절에서 예수께서는 염려를 논증하는 7가지 반증을 제시하고 있다.

I. 25절에서 예수께서는 하나님이 우리에게 가장 귀한 생명을 주셨다면 우리는 그보다 작은 일들에 대해 하나님이 주실 줄을 신뢰할 수 있지 않느냐고 지적한다. 하나님이 우리에게 목숨을 주셨으면 물론 그 목숨을 유지할 음식을 주시리라고 하나님을 신뢰할 수 있는 것이다. 하나님이 우리 몸을 주셨으면 하나님이 몸을 가릴 옷을 주시리라고 확신할 수 있다. 누가 우리에게 값을 따질 수 없는 귀한 선물을 주었다면 그것을 주신 분이 그것보다 훨씬 값싼 선물에 대해 인색하거나, 생각이 없거나, 잊어버리거나 하지 않으리라는 것을 확신할 수 있다. 그래서 첫 번째 논증은 하나님이 목숨을 주셨으니 우리는 목숨을 이어 나가는 데 필요한 것들을 하나님이 주시리라고 믿을 수 있다는 것이다.

II. 예수께서는 다음으로 새에 대해 말씀하신다(26절). 새의 생애에는 염려하는 것이 없고, 보지 못하고 볼 수도 없는 미래를 위해 물건을 쌓아 두려고 하지 않으며 살아간다. 많은 유대 랍비가 동물들이 살아가는 방법에 흥미를 보였다. 랍비 시므온은 "평생에 나는 한 번도 수사슴이 무화과를 말린 것을 보지 못했고, 사자가 물건을 운반하고, 여우가 장사하는 것을 본 적이 없다. 그러나 그들은 염려 없이 먹고 산다. 나를 섬기기 위해 창조된 그들이 걱정 없이 먹고 산다면 나의 창조주를 섬기기 위해 창조된 나는 얼마나 더 염려 없이 먹을 수 있겠는가? 그러나 나는 염려함으로써 내가 갖고 있는 것까지 부패시켰다"라고 말했다.

예수께서 강조하시는 점은 새들이 일을 안한다는 것이 아니라 염려를 하지 않는다는 것이다. 새들에게서는 볼 수 없는 미래를 보려는 인간의 긴장은 찾아볼 수 없고 미래를 위해 저장하고 저축된 물건에서 안전을 찾으려는 인간의 추구를 찾아볼 수가 없다.

III. 27절에서 예수께서는 염려는 어떤 경우에도 소용없다는 것을 증명하신다. 이 절은 두 가지 뜻을 갖고 있다. 이것은 아무도 염려함으로 그의 키를 한 규빗이나 더할 수 없다는 뜻인데 한 규빗은 18인치(약 46센티미터)이며 이 세상 누구도 자신의 키를 18인치나 더 크게 하려고 마음먹는 사람은 없다. 또한 이것은 염려함으로 생을 잠시라도 연장할 수 없다는 뜻일 것이며 그것이 더 타당성이 있다. 예수의 논증은 여하튼 무익하다는 것이다.

IV. 예수께서는 옷에 대해 말씀하신다(28-30절). 들의 백합꽃은 붉은 개양귀비와 아네모네다. 이 꽃들은 팔레스타인 언덕에서 하루 동안만 핀다. 이렇게 꽃들은 잠시 피지만 그동안은 제왕들의 옷보다 더 아름다운 옷을 입는다. 꽃이 지면 땔감으로밖에는 쓸 데가 없다. 요점은 이것이다. 팔레스타인의 아궁이는 진흙으로 만들어졌고 그 모양은 벽돌 위에 놓은 진흙상자같이 생겼다. 아궁이를 빨리 뜨겁게 하려면 마른 풀이나 마른 들꽃을 아궁이 **안으로** 던져 놓고 불을 지른다. 그 꽃들은 단 하루밖에는 못 산다. 여인이 급하게 밥을 지으려고 할 때 땔감으로 사용되었다. 그런데도 하나님은 사람이 모방할 수 없는 정도로 아름다운 옷을 입히신다. 하나님이 잠깐 있다 없어지는 그런 꽃도 그렇게 아름답게 하시는데 사람은 얼마나 더 돌보시겠는가? 하루살이꽃에 아끼지 않고 주시는 너그러우심이 만물의 영장인 인간을 소홀히 하시지 않을 것이다.

V. 예수께서는 더 나아가 염려에 대해 매우 근본적인 논증으로 옮겨 가신다. 주님은 염려는 이방인들이 하는 것이고 하나님을 아는 사람들은 할 것이 아니라(32절)고 하셨다. 염려는 원칙적으로 하나님을 불신하는 것이다. 그런 불신은 질투심이 많고 변덕스럽고 예측할 수 없는 신을 만든 이방인에게서는 이해를 할 수 있다. 그러나 하나님을 아버지라는 이름으로 부르기를 배운 사람에게는 불신이 있어서는 안 된다. 기독교인은 하나님의 사랑을 믿기 때문에 염려를 할 수 없는 것이다.

VI. 예수께서는 염려를 제거할 두 가지 방법을 말씀하신다. 첫째는 하나님 나라를 구하고 그곳에만 힘을 기울이는 것이다. 우리는 하나님 나라에 들어가는 것은 하나님의 뜻을 행하는 것이라고 이미 밝힌 바 있다(마 6:10). 하나님의 뜻을 행하는 데만 힘을 기울이고 그 뜻을 받아들이는 것이 염려를 제거하는 길이다. 우리는 생활에서도 깊은 사랑이 모든 염려를 축출하는 것을 체험하고 있다. 그런 사랑은 그 사람의 일에 활력을 붓고, 그의 연구에 열의를 주고, 그의 생을 정화하고 그의 전 인격을 지배한다. 하나님이 우리 생활을 지배하는 힘이 될 때 염려는 사라진다. 이것이 예수의 확신이었다.

VII. 마지막으로(34절) 예수께서는 우리가 그날 한 날만 사는 방법을 배울 때, 염려는 없어진다고 말씀하신다. 유대인에게는 "내일의 불행 때문에 염려하지 말라. 오늘의 생명도 모르는 몸이다. 내일 살아 있지 못하다면 네 것이 아닌 남의 세상을 위해 염려하는 결과가 된다"라는 속담이 있다. 그날 그날을 살고, 그때 그때 주어진 임무를 완수한다면 이런 모든 날이 합해져 유익할 것이다. 예수의 충고는 우리가 날마다 책임을 감당하고 예상할 수 없는 내일과 전혀 일어나지 않을지도 모르는 일에 대해 염려하지 말아야 한다는 것이다.

어리석은 염려

마태복음 6:25-34(계속)

이제 염려에 대한 예수의 논증을 종합해 보자.

I. 염려는 필요 없고 무익하고 심지어는 해로운 것이다. 염려한다고 과거를 바꿀 수는 없다. 과거는 과거다. 오마르 카얌(Omar Khayyam)이 다음 표현에서 잘 말해 주고 있다.

"움직이는 손가락은 글을 쓴다. 쓰곤 또 움직인다. 그러나 그대의 모든 경건이나 재치로도 손가락을 되돌려 반 줄도 지우게 할 수 없고, 그대의 온갖 눈물도 써 놓은 글의 한 자도 씻어 버리지 못한다."

과거는 과거다. 이것은 사람이 과거에서 자신을 분리시킬 수 있다든지 그렇게 해야 한다는 뜻이 아니다. 단지 과거는 미래의 더 나은 행동을 위한 자극이나 안내로서 이용해야 하는 것이다. 언제까지나 과거에 구애되고 과거의 것을 염려하여 행동력을 마비시켜서는 안 된다.

이와 같이 미래를 위해 염려하는 것도 무익하다. 알리스테어 맥클린(Alistair Maclean)은 그의 설교에서 런던의 의사 이야기를 들려주었다.

그레이트하트(Greatheart) 박사는 반신불수가 되어 자리에 누워 있었다. 그러나 그는 놀랄 정도로 명랑하고 그의 웃음은 용기와 기쁨으로 빛났기 때문에 사람들은 모두 그를 동정하려는 생각을 잊게까지 되었다. 그의 자녀들도 그를 존경했다. 아들 중 한 명이 성장하여 자기 인생을 시작하려 할 때 그는 다음과 같은 유익한 충고를 해 주었다. "얘, 자니야, 네가 할 일은 네 책임을 감당하고 신사답게 행동하는 것이다. 그리고 네가 직면하는 가장 큰 문제는 일어나지도 않은 일을 근심하는 일이라는 것을 기억해 두어라."

장래에 대한 염려는 노력을 낭비하는 일이다. 우리가 두려워하는 미래는 실제로는 별로 나쁘지 않을 때가 많다.

염려는 무익할 뿐 아니라 유해하다. 현대의 전형적인 병으로는 위궤양과 관상동맥 혈전증을 들 수 있는데 많은 경우 이 병은 염려의 결과로 생긴이다. 가장 많이 웃는 사람이 가장 장수한다는 것은 의학적으로 증명된 사실이다. 염려는 정신을 쇠퇴시키고 그와 함께 몸도 쇠퇴시킨다. 또한 염려는 사람의 판단력을 둔화시키고 판단력을 약화시키고 점차로 생활력을 감퇴시킨다. 사람은 매 순간마다 최선을 다하고, 그 후는 하나님에게 맡겨야 한다.

II. 염려는 맹목적이다. 염려는 **자연**의 교훈을 배우려 하지 않는다. 예수께서는 새를 보라고 명하신다. 그리고 자연의 뒤에 있는 하나님이 후히 주시는 것을 보라고 하셨고 더 나아가 그 뒤에 있는 사랑을 신뢰하라고 하셨다. 또한 염려는 역사의 교훈을 배우려 하지 않는다.

시편 기자는 역사를 기억하며 스스로 즐거워했다. "내 하나님이여, 내영혼이 내 속에서 낙심이되므로 내가 요단 땅과 헤르몬과 미살 산에서 주를 기억하나이다"(시 42:6; 신 3:9 참조). 곤궁에 빠졌을 때, 그는 하나님이 하신 일을 생각하며 자위했다. 하나님이 과거에 행하신 일을 생각하며 자기 영혼을 키우는 사람은 절대로 미래에 대해 염려하지 않을 것이다. 또한 염려하는 자는 인생에서 교훈을 배우려 하지 않는다. 우리가 처한 상황이 어떻든 아직 우리는 생존해 있고 우리의 머리가 물 위에 있지 침몰되지는 않았다. 그러나 누군가 우리에게 우리가 자라면서 겪은 일들을 미리 말해 주었다면 그것을 불가능하다고 말했을 것이다. 우리는 오늘까지 견딜 수 없는 것을 견뎌 냈고 할 수 없는 일을 해냈고, 더 이상할 수 없다고 생각할 때도 어떻게든 해 왔다. 염려는 불필요하다. 이것이 인생 경험이 교훈하는 것이다.

III. 염려는 본질적으로 불신앙이다. 염려는 외적 조건 때문에 일어나는 것은 아니다. 같은 조건하에서도 어떤 사람은 초연하고 다른 어떤 사람은 죽을 정도로 염려하기도 한다. 염려와 안심은 둘 다 외적 환경에서 오는 것이 아니고 마음에서 온다.

앨러스테어 맥클린은 독일 신비주의자 타울러(Tauler)의 이야기를 이렇게 인용했다. 타울러가 하루는 거지를 만나서 "친구여, 오늘도 안녕하기를(a good day) 바랍니다"라고 했더니 거지는 "난 하루도 안녕하지 않은 날(a bad one)이 없어 하나님께 감사합니다"라고 대답했다. 그러자 타울러가 "그러면 행복하시기를 바랍니다"라고 하자 거지는 다시 "난 불행해 본 적이 없어 하나님께 감사합니다"라고 대답했다. 놀란 타울러는 "그것이 무슨 뜻이죠?"라고 물었다. 그러자 거지는 "날이 좋으면 하나님께 감사하고, 비가 와도 감사하고, 먹을 것이 넉넉하면 감사하고, 배고파도 감사합니다. 하나님의 뜻이 나의 뜻이니 하나님을 기쁘시게 하는 것은 무엇이나 나를 기쁘게 하는데 내가 불행하지도 않는데 왜 불행하다고 말해야 합니까?"라고 말했다. 타울러는 놀라서 그를 쳐다보고 "당신은 누구시오?"라고 물었다. 거지는 "나는 왕이오"라고 대답했다. 그리고 "그럼 당신의 나라는 어디 있소?"라는 타울러의 질문에 "내 마음속에 있소"라고 조용히 대답했다.

이사야는 이미 오래전에 "주께서 심지가 견고한 자를 평강하고 평강하도록 지키시리니 이는 그가 주를 신뢰함이니이다"(사 26:3)라고 말했다. 북부 지방의 한 부인은 "내가 항상 행복한 비결은 바다 위에 항상 돛을 띄우고 마음을 항구에 매어 두지 않기 때문이다"라고 말했다. 염려보다 더 큰 죄는 많다. 그러나 염려처럼 사람의 능력을 저하시키는 것은 없다. "내일을 위해 걱정하는 생각을 하지 말라"는 것이 예수의 계명이다. 사람을 안심시킬 뿐 아니라 힘을 불어넣어 주는 방법이다.

The Gospel of Matthew 07

그릇된 비판

마태복음 7:1-5

[1]비판을 받지 아니하려거든 비판하지 말라 [2]너희가 비판하는 그 비판으로 너
희가 비판을 받을 것이요 너희가 헤아리는 그 헤아림으로 너희가 헤아림을
받을 것이니라 [3]어찌하여 형제의 눈 속에 있는 티는 보고 네 눈 속에 있는 들
보는 깨닫지 못하느냐 [4]보라 네 눈 속에 들보가 있는데 어찌하여 형제에게
말하기를 나로 네 눈 속에 있는 티를 빼게 하라 하겠느냐 [5]외식하는 자여 먼
저 네 눈 속에서 들보를 빼어라 그 후에야 밝히 보고 형제의 눈 속에서 티를
빼리라

예수께서는 이 말씀을 하시면서 산상수훈의 다른 부분과 마찬가지로, 유대인들의 최고 사상에 극히 익숙한 단어와 개념을 사용하셨다. 랍비들은 백성에게 남을 비판하지 말라고 여러 번 경고했다. 그들은 "자기 이웃을 좋게 판단하는 자는 하나님으로부터 좋게 판단을 받을 것이다"라고 말했다. 또한 그들은 사람에게 이 세상에서는 신임을, 내세에서는 유익을 가져다주는 여섯 가지 좋은 행위가 있다고 주장했다. 그것은 바로 **연구**, **병자 방문**, **손님 대접**, **기도에 전념**, **율**

법 안에서 자녀 교육, 다른 사람의 최선을 생각하는 것이었다. 유대인들도 애정을 갖고 사람을 판단하는 것이 거룩한 의무라는 것을 알고 있었다.

인간의 역사가 놀라운 오판의 기록으로 점철되어 있기 때문에 사람들은 이 계명을 순종하기에 쉬운 계명이라고 생각했을 수도 있다. 오판이 너무 많았기 때문에 사람에게 전혀 판단하지 말라고 경고했으리라고 생각되기 때문이다.

문학 중에도 오판의 예가 많다. 1814년 11월호 《**에딘버그 리뷰**(*Edinburgh Review*)》에서 제프리(Jeffrey)는 최근 발간된 워즈워드(Wordsworth)의 시 〈유람(The Excursion)〉에 대한 시평을 썼다. 거기에서 그는 유명하다기보다 불명예스러운 "절대로 안 된다"라는 선언을 했다. 키츠(Keats)의 **엔디미온**(Endymion)의 시평에서, 잡지 《**계간**(*The Quarterly*)》은 그를 장려하는 의미에서 "다소의 재능은 인정되므로 바르게 지도할 필요가 있다"라고 썼다.

역사상 유명인 중에는 무능한 자로 배척받은 사람이 많았다. 길버트 프랭코(Gilbert Frankau)는 자서전에서 빅토리아 여왕 시대에 자기 어머니의 집이 훌륭한 사람들은 대부분 모이던 사롱이었다고 말한다. 한번은 그의 어머니가 내객의 여흥을 위해 오스트레일리아의 젊은 소프라노 가수가 노래를 부르는 자리를 마련했다. 가수의 노래가 끝난 후 프랭코의 어머니는 "아, 저 치가 떨리는 목소리! 저 가수는 다시는 입을 벌리지 말고 노래를 하게 해서는 안 되겠다!"라고 말했다. 그 가수의 이름이 넬리 멜바(Nellie Melba)였다.

프랭코가 희곡을 연출할 때 그는 연극 대행사에 남자 주인공을 할 배우를 보내 달라고 했다. 한 젊은이가 인터뷰를 받고 시험을 치렀다. 시험을 치른 후 프랭코는 그 대행사에 전화를 걸어 "이 사람은 절대로 안 되겠어. 그 사람은 연극을 할 줄 모르고 절대로 연극을 할 수 없을 것이오. 그러니 그 청년에게 굶어 죽기 전에 다른 직업을 찾아보라고 일러 주시오. 아 참, 그런데 그 친구 이름을 다시 한 번 가르쳐 줄 수 있겠소? 내 명단에서 그 친구 이름을 지워 버려야겠소"라고 말했다. 그의 이름은 로날드 콜맨(Ronald Colman)이었는데 그는 후에 연극 무대에서 가장 유명한 배우가 되었다.

또 사람은 도덕성에 대해서도 두려울 정도로 오판을 저지를 때가 적지 않다. 콜리 녹스(Collie Knox)는 그와 그의 친구에게 일어났던 일을 말해 주었다. 녹스가 영국 비행단에서 근무하고 있을 때, 비행 사고로 심하게 부상을 입었다. 그의 친구는 바로 그날 버킹엄 궁전에서 용맹람을 기리는 훈장을 받았다. 시간이 흐른 후 어느 날 그들은 둘 다 군복을 벗고 사복으로 갈아입은 후 런던의 한 유명한 식당에서 점심을 먹고 있었다. 그때 한 소녀가 다가와 두 사람에게 병역 기피, 즉 비겁의 상징인 흰 깃을 주었다.

세상에는 중요한 오판에 책임이 없는 사람이 거의 없다. 또 타인의 오판 때문에 고통을 당해 본 적이 없는 사람도 거의 없다. 그런데도 이상한 사실은 사람들이 예수의 계명 중 이 계명을 가장 잘 범하고 무시한다는 것이다.

아무도 판단할 수 없다

마태복음 7:1-5(계속)

사람이 남을 판단하지 못하는 데는 세 가지 이유가 있다.

1. 우리는 어떤 사건이나 사람을 속속들이 절대로 모른다. 유명한 랍비 힐렐(Hillel)은 "네가 그 사람의 환경이나 입장이 되기 전에는 사람을 판단하지 말라"고 했다. 아무도 다른 사람에게 닥쳐 온 유혹의 정도를 알 수 없다. 평온하고 침착한 성격의 소유자는 피가 불타는 것 같고, 흥분이 곧 터질 것 같은 성격의 소유자가 받는 시험에 대해서는 절대로 알 수가 없다. 좋은 가정과 기독교적 환경에서 자라난 사람은 빈민굴이나 죄악이 활개 치는 곳에서 성장한 사람이 받는 시험에 대해 아무것도 알 수 없다. 또한 좋은 부모를 축복으로 받은 사람은 나쁜 유전의 짐을 지고 있는 사람이 받는 시험에 대해 아무것도 모른다. 우리가 다른 사람들이 겪어야 할 일들을 이해한다면 그들을 저주하기는커녕 그들이 현재 저만큼이라도 좋은 사람이 된 것에 대해 놀랄 것이다.

우리는 남의 전 인격을 알지 못한다. 한 가지 상황에서는 사랑이 없고 은혜를 모르는 것처럼 보이는 사람도 다른 상황에서는 힘과 아름다움을 지키는 믿음직

한 인물이 될 수도 있다.

마크 러더포드의 소설에 나오는 이야기다. 어떤 남자가 재혼했다. 그의 부인도 재혼이었으며 십대의 딸이 한 명 있었다. 그녀의 딸은 매력이라고는 털끝만치도 없는 심술궂고 귀엽지 않은 소녀였다. 그런데 뜻밖에도 어머니가 병에 걸리니까 그 딸은 봉사와 지칠 줄 모르는 헌신의 화신으로 변해 완전히 간호사가 되었다. 소녀에게는 갑작스러운 광채가 빛났고 소녀의 인간성에는 아무도 상상할 수 없었던 것이 나타났다.

보석 중에 라브라도석이라는 수정이 있다. 처음 보면 그 보석은 희미하고 광택이 없어 보인다. 그러나 여기저기 빙글빙글 돌리다 보면 갑자기 광선의 조사 각도가 맞아 기가 막히게 멋있어 보일 때가 있다. 사람도 마찬가지다. 사람은 사랑스러워 보이지 않을 수 있다. 그러나 그것은 그의 모든 것을 알지 못하기 때문이다. 사람은 누구나 무엇인가 장점을 지니고 있다. 우리는 외적인 결점만 보고 남을 저주하거나 판단할 것이 아니라 속에 잠재해 있는 미를 찾아야 한다. 그것이 남이 우리에게 해 주기를 바라는 것이요 우리가 남에게 베풀어야 할 일이다.

II. 어떤 사람은 판단하는 데 철두철미하게 공평할 수는 없다. 우리는 자주 사람에 대해 본능적이고 직감적으로 반응한다. 우리의 판단은 어떤 판단다운 판단에서 온 것이 아니라 단순히 직감적이고 비논리적인 반응에서 온 것이다.

헬라인들은 특별히 중요하고 어려운 재판을 할 때는 어둠 속에서 재판을 했다고 한다. 판사들이 피고를 볼 수 없게 해 그 사건의 사실 이외에는 아무 데서도 영향을 받지 않게 하려는 목적이었다.

몽테뉴(Montaigne)는 그의 수필에서 다음과 같은 이야기를 했다. 옛날에 한 페르시아 법관이 있었는데 뇌물을 받고 편견된 판결을 내렸다. 캄비세스(Cambysses) 왕이 이 사실을 알고 그 법관을 사형에 처하라고 명했다. 그러고는 그 시체의 가죽을 벗겨 판사석의 의자에 씌웠다. 그리하여 다시는 편견으로 재판을 하지 않게 하기 위한 무서운 경고가 되게 했다.

온전히 공정한 사람만이 판단을 할 권리가 있다. 온전히 공정한 성품을 지닌 사람은 없다. 따라서 오직 하나님만이 판단하실 수 있다.

III. 예수께서는 우리가 남을 판단하지 말아야 하는 결정적인 이유를 말씀하셨다. 아무도 남을 판단할 만큼 선하지 않다는 것이다. 예수께서는 제 눈에 들보를 갖고 있으면서 남의 눈 속에 있는 티를 빼내려고 하는 사람의 모습을 생생하게 묘사하셨다. 다소 유머러스한 이 이야기는 사람이 납득할 만한 교훈을 준다. 남을 판단하는 때는 판단하는 그것에 대해 자신이 그 사람보다 우월하지 못하면 아무런 말도 할 권리가 없다.

매 토요일 축구 시합에는 극단적인 비평자들이 가득 모인다. 이들은 자신이 직접 운동장에 내려가게 된다면 훨씬 못할 것이 뻔하면서도 남을 비평한다. 모든 단체나 교회는 회중석에서 때로는 감독의 자리에 앉아 비평할 준비는 되어 있으나 자신들은 그 직임을 받을 꿈도 안 꾸는 사람들로 가득 차 있다. 세상은 비평에는 매우 열심이나 자신의 행동은 그 비평의 대상이 못 되는 사람들로 가득 차 있다. 자신이 같은 환경에서 그 일을 해 볼 준비가 되어 있지 않은 사람은 남을 비평할 자격이 없다. 남을 비평할 만큼 훌륭한 사람은 이 세상에 없다.

우리는 남의 결점을 찾아내 고치려 하지 않더라도 우리 자신의 생활을 고치는 일만으로도 벅차다. 우리는 우리 자신의 잘못에 정신을 쏟고 남의 잘못은 하나님께 맡겨 두는 것이 좋다.

진리와 그것을 듣는 사람

마태복음 7:6

6거룩한 것을 개에게 주지 말며 너희 진주를 돼지 앞에 던지지 말라 그들이 그것을 발로 밟고 돌이켜 너희를 찢어 상하게 할까 염려하라

이것은 매우 이해하기 어려운 예수의 말씀 중의 하나다. 표면상으로는 기독교

복음의 정반대인 배타성을 요구하는 것같이 보이기 때문이다. 사실 초대교회에서는 이 말씀이 두 가지 특수한 방법으로 사용되었다.

I. 유대인은 하나님의 은사와 은혜는 자신들만을 위한 것이라고 믿고 이 말을 그런 의미로 사용했다. 바울의 반대자인 유대인들이 그 예가 된다. 그들은 이방인들이 그리스도인이 되기 전에 할례 받고 율법을 수락하고 유대인이 되지 않으면 안 된다고 주장했다. 이것은 사실 유대적 배타주의를 위해 사용되거나 오용될 수 있던 부분이었다.

II. 초대교회는 이 본문을 특별한 방법으로 사용했다. 초대교회는 이중의 협박 아래 있었다. 그 하나는 **외부**의 협박이었다. 로마 교회는 이방의 부도덕이라는 바다에 둘러싸인 섬이었다. 그리고 세상의 타락에 가장 영향을 잘 받는 위치에 있었다. 또 초대교회는 내부에서도 협박을 받았다. 당시에는 사람들이 무엇인가를 생각해 냈고, 그래서 불가피하게 그들의 사색이 이단의 길로 흘러들어갈 가능성이 있는 사람들이 있었다. 기독교 사상과 이교 사상 사이에 타협을 얻으려고 한 사람들도 있었고 이렇게 해 양방을 만족시킬 종합적인 신앙을 꾀하려고 하는 사람들이 있었다.

기독교가 살아남으려면 외부의 협박과 내부의 협박을 다 같이 막아야 했다. 그렇지 않으면 당시 로마 제국 안에서 서로 경쟁하던 많은 종교 중 하나로 타락했을 것이다. 특히 초대교회는 성찬에 참여시킬 사람들에 대해 매우 세심한 주의를 기울였고 이 본문은 성찬 때 사용하게 되었다. 성만찬은 "거룩한 것은 거룩한 사람을 위해"라는 선언으로 시작되었다.

테오도렛(Theodoret)은 기록되지 않은 예수의 말씀이라고 전제한 말을 이렇게 인용하였다. "나의 비밀은 나 자신과 나의 백성을 위한 것이다." **사도 헌법**의 규정에 의하면 성찬을 시작할 때, 집사는 "초신자(아직 학습을 받고 있는 사람)와 방청자(기독교에 흥미가 있어 예배에 참석한 자)와 불신자와 이단자는 한 사람도 이곳에 있지 말지어다"라고 말해야 한다. 성찬에는 서약을 한 기독교인 외에는 참여할 수 없었다.

디다케(Didachē)로 알려진 《**열두 사도의 교훈**》이라는 책은 주후 1백 년경의 것으로서 기독교회의 최초 예배서인데 "주의 이름으로 세례를 받은 사람 이외에는 성만찬은 먹지도 마시지도 말게 하라. 이는 이에 대해 주께서 말씀하시기를 '거룩한 것을 개에게 주지 말라'고 말씀하셨기 때문이다"라고 쓰여 있다. 터툴리안의 염려는 이단자들이 모든 사람을, 심지어는 이방인까지도 성만찬에 참여시켜 "거룩한 것을 개에게 던지게 되고, 진주(사실은 진짜 진주가 아닐지라도)를 돼지에게 던지게 된다"(규칙에 관하여 41)는 것이었다.

이런 모든 경우에 이 본문은 배타적인 것의 근거로 사용되었다. 이것은 교회가 전도할 생각이 없었다는 것이 아니다. 초대교회는 모든 사람을 주께로 인도하려는 욕망으로 충만했다. 그러나 교회는 신앙의 순수성을 유지할 필요를 절실히 느꼈다. 기독교가 이교주의의 바다에 서서히 동화되고 결국에는 흡수되어 버리지 않게 하기 위해서였다.

이 본문의 **잠정적** 의미를 깨닫기 쉽지만 우리는 **영구적** 의미를 이해하려고도 노력해야 한다.

들을 귀를 갖지 못한 자

마태복음 7:6(계속)

이 예수의 말씀은 전수 과정에서 우연히 바뀌었다고 말할 수 있다. 이 본문은 우리가 이미 본(마 6:10) 히브리 연계법 습관의 좋은 예다. 이 본문을 다시 연계법으로 나열하면 다음과 같다. "거룩한 것을 개에게 주지 말며 네 진주를 돼지 앞에 던지지 말라." 한 단어만 제외하고는 완전한 연계법이다. **주다**란 말은 **던지다**로 대구되었고 **개**는 **돼지**로 대치되었다. 그러나 **거룩**은 **진주**와 잘 맞지 않는다. 여기에 연계법이 무너진 것이다. 그렇게 된 이유는 히브리어에 모음의 문자가 없기 때문에 두 단어가 정확하게 같은 것이 많기 때문이다. **거룩한**이란 단어는 카도쉬(Kadosh, KDSH)이고 **귀걸이는** 아람어로 **카다샤**(Kadasha, KDSH)다. 자음은 둘 다 똑같다. 고대 히브리어에서는 이 두 단어가 똑같이 보였을 것이다. 《**탈무드**》에서 "돼지 코에 귀걸이"란 말은 전혀 어울리지 않고 격에 맞지 않는 것을 뜻하는 격언이다. 그렇다면 이 본문이 원래 "귀걸이를 개에게 주지 말며 네 진주를 돼지 앞에 던지지 말라"가 아니었나 생각할 수 있다. 그럴 경우 연계법은 완전한 것이 된다.

이 말이 옳다면 이는 교회가 열심히 전하려고 하는 기독교 복음을 받아들이기에 적합지 못하며 받아들이지 못하는 사람들이 있다는 뜻이 될 것이다. 이것은 배타주의는 아니고, 전도자들이 어느 세대에나 경험하는 복음 전달의 곤란을 말한다고 볼 수 있다. 사실 이 세상에는 진리를 전해 주기 불가능한 사람들이 있다. 그들이 진리를 깨달으려면 무엇인가가 일어나야 한다. 실제로 랍비들의 가르침에는 "보물일지라도 모든 사람에게 보일 필요는 없는 것과 같이 율법의 말씀도 그렇다. 적합한 사람들이 있는 곳 이외에서는 율법의 깊이를 말할 필요가 없다"라는 말이 있다. 이것은 사실 보편적인 진리다. 우리가 모든 사람에게 아무것이나 다 말할 수는 없다. 친구들간에는 천천히 우리의 신앙에 대해 이야기할 수 있고, 우리의 생각에 의문을 품게도 할 수 있고, 우리를 당황케 하는 문제를 이야기할 수도 있고, 깊은 사색에 빠지게 할 수도 있다. 그러나 이런 자리에 엄격하고 양보할 줄 모르는 정통주의자가 들어온다면 그는 우리를 위험한 이단자들의 집단이라고 규정짓기 쉽다. 그리고 단순하고 깊이 생각하지 않는 사람이 들어온다면 그의 믿음은 충격을 받아 동요할 것이다.

한 의학 영화가 어떤 사람에게는 의학에 눈을 뜨게 하고, 새 지식을 얻게 하고, 가치 있고 유익한 경험이 되겠지만, 동시에 다른 사람에게는 호색적이고 호기심을 불러일으키는 음란을 일으킬 수도 있다.

마음이 통하는 오랜 친구들과 함께 농담을 하고 있던 존슨 박사는 반갑지 않은 친구가 들어오는 것을 보고서 "조용합시다. 이해하지 못하는 녀석이 오는군"이라고 말했다.

사람들 중에는 기독교의 진리를 받아들이지 못하는 사람들도 있다. 아마 그들의 생각이 꽉 막혔거나 무자비하고 음탕한 것으로 한 꺼풀 덮였을 수도 있다. 아니면 진리를 볼 수 있는 능력을 앗아 간 그런 생활을 해 왔을 수도 있고, 선천적으로 거룩한 것이라면 다 조롱하는 사람들일 수도 있다. 간혹 그렇듯이 우리와 그들은 서로 이야기할 공통된 기반이 전혀 없는지도 모른다. 사람은 그의 능력 범위 내에서만 이해할 수 있다. 아무에게나 비밀을 다 털어 놓을 수 있는 것이 아니다. 세상에는 그리스도의 교훈을 어리석다고 생각하고 말로써 전하는 진리에 대해 완강하게 저항을 느끼는 사람들이 반드시 있다.

이런 사람들에게는 어떻게 해야 할까? 가망이 없다고 버려져야 할까? 기독교 복음을 그저 단념하고 말아야 할 것인가? 기독교인이 말로 할 수 없는 것을 행동으로 할 수 있을 때가 많다. 그러나 기독교인의 생활이 행위에 나타날 때에는 반대할 말이 없을 것이다.

《**현대 신의 출현**(*A Modern Epiphany*)》에서 세실 노스코트(Cecil Northcott)는 여러 나라 대표들이 함께 지냈던 청소년 캠프에서 있었던 토론에 대해 말하고 있다. 어느 비 내리는 달밤에 캠핑에 참가한 사람들은 사람들에게 그리스도에 대해 말하는 여러 가지 방법을 논의하고 있었다. 그들은 아프리카에서 온 소녀를 향해 "아리아 양, 당신 나라에서는 어떻게 합니까?"라고 물었다. 그러자 소녀는 "네, 우리는 전도하거나 팸플릿을 나누어 주지 않고 단지 한두 가정을 보내어 한 동네에서 살고 일하게 합니다. 그들이 기독교인의 생활을 보고 나면 그들도 기독교인이 되고 싶어 합니다"라고 말했다.

결국 토론을 이기는 것은 기독교인의 생활밖에 없다.

어떤 사람에게는 예수 그리스도에 대해 이야기할 수 없을 때가 있다. 그들의 불감증, 도덕적 우매, 지적 교만, 비꼬는 조롱, 흐린 눈 등이 그들을 그리스도에 대한 이야기에 무감각하게 만들 수가 있다. 그러나 사람들에게 그리스도를 보여 주는 것은 어느 때나 가능하다. 교회가 약해지는 것은 기독교인의 논증이 없어서가 아니라 기독교적 생활이 없어서다.

기도의 헌장

마태복음 7:7-11

[7]구하라 그리하면 너희에게 주실 것이요 찾으라 그리하면 찾아낼 것이요 문
을 두드리라 그리하면 너희에게 열릴 것이니 [8]구하는 이마다 받을 것이요 찾
는 이는 찾아낼 것이요 두드리는 이에게는 열릴 것이니라 [9]너희 중에 누가
아들이 떡을 달라 하는데 돌을 주며 [10]생선을 달라 하는데 뱀을 줄 사람이 있
겠느냐 [11]너희가 악한 자라도 좋은 것으로 자식에게 줄 줄 알거든 하물며 하
늘에 계신 너희 아버지께서 구하는 자에게 좋은 것으로 주시지 않겠느냐

기도하는 사람은 누구나 자신이 어떤 하나님에게 기도하고 있는지를 알고 싶어 하며 어떤 정황에서 자신의 기도가 응답되는지를 알고 싶어 한다.

우리는 주어지는 은사가 모두 억지로 쥐어짜 나오는 그런 인색한 하나님에게 기도하고 있는 것일까? 한편에는 저주를 감추어 두고 다른 한편으로는 은사를 내려 주시는 조롱하는 하나님께 기도하고 있는 것일까? 혹은 아주 너그러워 우리가 기도하여 구하는 것보다 더 많이 주실 준비가 되어 있는 하나님에게 기도하고 있는 것일까?

예수께서는 기도를 잘하는 나라 출신이다. 유대 랍비들은 기도에 대한 좋은 말을 남겼다. "귀가 입에 가까이 있는 것만큼 하나님은 당신의 피조물에게 가까이 계신다", "인간이 두 사람이 한꺼번에 말하는 것을 들을 수 있다는 것은 거의 불가능한 일이다. 그러나 하나님은 온 세계가 동시에 그를 부른다 해도 그들의 부르짖음을 들으신다", "사람은 자기 친구의 요구 때문에 걱정되어 괴로워하나 하나님은 그의 앞에 항상 자신의 필요한 것과 요구를 내놓는 사람을 하나님은 누구보다도 더 사랑하신다."

예수께서는 기도를 사랑하게끔 자라나셨다. 이 본문에서 주님은 우리에게 기독교의 기도의 헌장을 전해 주신다. 예수의 말씀은 매우 단순하다. 유대 랍비의 말처럼 세상에 자신의 아들을 미워하는 사람은 없다. 어느 아버지도 자신의 아

들의 요구를 거절하지 않는다. 이와 같이 하나님 아버지께서는 절대로 그 자녀들의 요구를 거절하시지 않는다.

예수의 예화는 적당하게 선택되었다. 마태복음의 두 예화에 누가복음을 하나 더 첨가하여 예수의 예화는 세 개가 된다. 만일 아들이 빵을 달라고 하면 그의 아버지가 돌을 주겠는가? 고기를 달라고 하면 뱀을 주겠는가? 달걀을 달라고 하면 전갈을 주겠는가?(눅 11:12) 여기에서 초점은 매 예화마다 두 가지가 매우 비슷한 모습이라는 것이다. 바닷가의 작고 둥근 석회암 돌들은 작은 빵조각의 모양과 색이 똑같다. 아들이 빵을 달라고 하는데 아버지가 빵과 같이 보이기는 하나 먹을 수 없는 돌을 그에게 줌으로써 우롱하겠는가? 아들이 고기를 달라는데 아버지가 뱀을 주겠는가? 여기의 뱀은 뱀장어와 거의 비슷하다. 유대 음식 규범에 따르면 뱀장어는 불결한 고기이기 때문에 먹을 수 없었다. 이는 "수중 생물에 지느러미와 비늘 없는 것은 너희가 혐오할 것이니라"(레 11:12)는 말씀에서도 알 수 있다. 이 규정은 뱀장어를 음식물로 여길 수 없게 했다. 아들이 고기를 달라 하면 그 아버지는 정말 고기를 줄 것인가? 아니면 먹으면 안 될 고기나, 먹을 수 없는 고기를 주겠는가? 어떤 아버지가 자신의 아들의 배고픔을 그렇게 우롱하겠는가? 아들이 달걀을 달라 하면 아버지가 전갈을 주겠는가? 전갈은 위험한 작은 동물이다. 움직일 때는 작은 가재처럼 보이는데 그 먹이에 꽉 달라붙는 집게발이 있다. 전갈은 자신의 먹이에 꼬리를 쳐들어 등 너머로 쏜다. 쏘면 몹시 아프고 어떤 때는 치명적이기도 하다. 전갈이 쉬고 있을 때는 집게와 꼬리가 접어져 들어간다. 창백한 색깔의 전갈이 몸을 굽히고 접고 들어가면 달걀과 똑같이 보인다. 아들이 달걀을 달라 하면 아버지가 아들에게 쏘는 전갈을 줌으로써 우롱하겠는가?

하나님은 결코 우리의 기도를 거절하시지 않는다. 하나님은 절대로 우리를 우롱하시지 않는다.

헬라인들에게는 사람의 기도를 들어준 신의 이야기가 전해져 오는데 그 신의 그 응답에는 예리한 바늘이 있었다. 새벽의 여신 오로라가 죽을 운명에 있는 젊은 청년 티토누스와 사랑에 빠졌다. 제신의 왕인 제우스가 오로라에게 애인에게 줄 선물을 아무거나 요구하라고 제의했다. 오로라는 자연히 티토누스가 영원히 죽지 않게 되기를 원했다. 그러나 오로라는 티토누스가 영원히 젊음을 잃지 않게 해 달라는 청을 잊었다. 그래서 티토누스는 나이를 먹고 늙었어도 죽을 수가 없었으므로 그 선물은 저주가 되었다.

여기에 하나의 교훈이 있다. 하나님은 언제나 우리 기도를 들어주신다. **그러나 하나님은 하나님의 방법에 따라 들어주신다**. 그리고 하나님의 방법이란 완전한 지혜와 완전한 사랑의 방법이 될 것이다. 하나님이 우리가 순간적으로 원하는 대로 응답하신다면 그 은사는 가장 나쁜 것이 될 수도 있다. 우리는 가끔 무지로 우리에게 파멸을 가져올 수 있는 것을 구할 수도 있기 때문이다. 예수의 이 말씀은 하나님이 우리 기도를 응답하실 뿐 아니라 지혜롭게 사랑으로 응답하신다는 것을 말해 준다.

이 기도의 헌장은 우리에게 약간의 의무를 지운다. 헬라어에는 두 가지 명령형이 있다. 첫째, 부정과거 명령형은 어떤 특정한 명령을 말할 때 사용된다. "열린 문을 닫으라"는 부정과거 명령형이다. 둘째, 현재 명령형은 사람이 항상 무엇을 해야 한다든지 무엇을 계속해야 한다든지 하는 명령을 하는 것이다. "항상 문을 꼭 닫아야 한다"는 현재 명령형이다. 그러므로 예수께서는 이렇게 말씀하신 것이다. "계속해 구하라. 계속해 찾으라. 계속해 두드리라."

주님은 우리에게 기도하기를 계속하라고 하신다. 주님은 우리에게 절대로 기도하면서 낙심하지 말라고 하신다. 분명히 그 안에 우리의 성실성의 시험이 있다. 정말로 우리가 진지하게 구하고 있는가? 그 기도가 우리가 하나님의 존전에 계속적으로 할 수 있는 것인가? 우리의 소원을 시험해 보는 가장 좋은 방법은 "내가 이것에 대해 기도할 수 있나?"라고 생각하는 것이다. 예수께서는 여기에서 두 가지 사실을 제시하신다. 즉, 하나님은 **주님의 방법으로** 지혜롭게 그리고 사랑으로 우리의 기도를 응답하신다는 것과 일생 동안 우리가 실망하지 않는 기도 생활을 하나님께로 가져와야 한다는 것이다. 이는 우리 기도의 정당성과 그것들을 구하는 데 우리의 성실성을 시험하는 것이다.

윤리의 최고봉

마태복음 7:12

12그러므로 무엇이든지 남에게 대접을 받고자 하는 대로 너희도 남을 대접하
라 이것이 율법이요 선지자니라

예수께서 하신 이 말씀은 아마도 가장 널리 알려진 말씀일 것이다. 이 계명으로 산상수훈은 그 절정에 이른다. 예수의 이 말씀은 "모든 담화 중 최고봉"으로 불려 왔다. 이 말씀은 사회 윤리의 최고봉이요 모든 윤리적 교훈의 최고봉이다.

예수께서 산상수훈에서 말씀하신 것 중 대부분의 것에 대해 그와 맞먹는 랍비의 교훈을 찾을 수 있다. 그러나 이 말씀만큼은 같은 것을 찾을 수가 없다. 이것은 전에는 다른 사람이 한 번도 말한 적이 없는 말이다. 이것은 새 교훈이고 인생과 그 삶의 책임에 대한 새로운 견해다.

이 말씀의 소극적인 유례를 찾기는 어렵지 않다. 유대교에는 엄격하고 강직하고 근엄함으로 유명한 샴마이(shammai) 선생과 친절과 너그러움으로 이름난 힐렐(Hillel) 선생이 있었다. 어떤 이방인이 샴마이 선생에게 와서 "선생님, 저는 제가 한 발로 서 있는 동안에 선생님께서 율법 전부를 가르쳐 주신다면 유대교로 개종할 용의가 있습니다"라고 말했다. 샴마이 선생은 손에 들고 있던 자막대기로 그를 쫓아냈다. 그 사람은 다시 힐렐 선생에게로 갔고 힐렐 선생 때문에 개종했다. 힐렐 선생이 그에게 한 말은 "**네 자신에게 싫은 것은 아무에게도 하지 마라**. 그것이 율법의 전부요 나머지는 해설에 불과하다. 가서 배우라"는 말이었다. 여기에 황금률의 소극적인 것을 또 하나 볼 수 있다.

《토빗서(*Book of Tobit*)》를 보면 늙은 토비아스(Tobias)가 자신의 아들에게 평생에 필요한 것을 모두 가르치는 구절이 있다. 그의 격언 중에는 "네 자신이 싫어하는 것은 아무에게도 행하지 마라"(토빗서 4:16)는 것이 있다.

《아리스테아스의 서신(*The Letter of Aristeas*)》이라는 유대인의 책은 알렉산드리

아로 가서 히브리 성경을 헬라어로 번역하여 70인역을 만들어 낸 유대 학자들에 대한 설명이었다. 애굽 왕이 어느 날 그들에게 잔치를 베풀었고 그 자리에서 어려운 질문을 했다. "지혜의 교훈이 무엇이오?"라고 왕이 묻자 한 유대 학자가 "악한 일이 왕에게 일어나지 않고 왕께서 모든 선한 일에 참여하시기를 바랍니다. 왕께서는 왕의 부하와 적에게도 동등한 원칙에 의해 행동하셔야 합니다. 또 고관들과 선한 사람들을 교훈하여야 합니다. 하나님은 인자로서 모든 사람을 자신에게로 이끄십니다"(아리스페아스 서신 207)라고 대답했다.

랍비 엘리에셀이 "네 친구의 명예를 네 자신의 명예같이 너에게 귀하게 하라"고 한 말은 예수의 말씀에 더 가까이 왔다. 시편 기자는 다시 소극적 서술 방법으로 오직 그 벗에게 행악하지 않은 자만 하나님께 가까이 나아갈 수 있다(시 15:3)라고 표현하고 있다. 유대교 교훈에서 소극적 형태로는 이 율례를 찾기가 어렵지 않으나 예수께서 가르치신 그런 적극적 형태의 대구는 없다. 다른 종교의 교훈에서도 마찬가지다. 소극적 형태가 유교의 근본 원칙이다. 공자의 제자 자공(子貢)이 공자에게 "한마디로 표현할 수 있고 모든 사람의 생활의 실천율이 될 만한 말이 있습니까?"라고 묻자 공자는 " '인(Reciprocity)' 이 그런 단어가 아니냐? 네 자신이 원하지 않는 것은 다른 사람들에게 행하지 마라"고 대답했다.

불교의 《**신앙찬가**(*Hymns of the Faith*)》에는 기독교 교훈과 아주 가까운 가사가 있다.

> 사람은 모두 몽둥이에 떨고, 죽음을 무서워한다.
> 남을 자신의 입장에 놓아 죽이지 말고,
> 죽음을 당하지도 말지니라.
> 사람은 모두 몽둥이에 떨고, 생명은 귀하다.
> 자신이 대접을 받기 원하는 대로 행하며,
> 죽이지 말며 죽음을 당하지도 말지니라.

헬라인과 로마인도 마찬가지다. 이소크라테스(Isocrates)는 니코클레스(Nicocles)

왕이 자신의 신하에게 어떻게 충고했는지 기록하고 있다. "네가 다른 사람에 의해 너를 노하게 하는 일은 남에게도 하지 마라." 에픽테투스(Epictetus)는 "네가 당하기를 피하는 고통은 다른 사람에게도 주지 마라"며 노예 제도를 원칙적으로 저주하고 있다. 스토아파의 중요한 격언으로는 "네가 당하기 원하지 않는 것은 다른 아무에게도 행하지 마라"는 것을 들 수 있다. 알렉산더 세베루스(Alexander Severus) 황제는 이 말을 생의 황금률로서 잊지 않기 위해 왕궁의 벽에 새겨 놓았다고 한다.

소극적 형태로서는 이 황금률이 사실상 모든 윤리적 교훈의 바탕이 되고 있으나 아무도 예수와 같이 적극적 형태로는 가르치지 않았다. 많은 사람이 "너에게 하기를 원하지 않는 것은 남에게 하지 마라"고 말했으나 "무엇이든지 남에게 대접을 받고자 하는 것을 남에게 행하라"고 말한 사람은 없었다.

예수의 황금률

마태복음 7:12(계속)

황금률의 적극적 형태가 소극적인 형태와 어떻게 다른지를 살펴보고 예수께서 다른 교사들보다 얼마나 더 요구하고 계신지를 살펴보자.

이 황금률이 소극적 형태로 사용되어 남이 나에게 하기를 원하지 않는 것은 남에게 행하기를 금해야 한다고 말한 것은 원칙적으로 종교적인 율례가 아니다. 이것은 그것이 없이는 사회생활이 전혀 불가능한 그런 상식적인 표현에 불과하다.

토마스 브라운은 "우리는 우리가 만나는 모든 사람에게 그가 우리를 죽이지 않은 것으로 은혜를 입고 있다"라고 말했다. 어떤 의미로 그것은 사실이다. 그러나 우리가 다른 사람이 우리에게 대할 행동과 처신이 문명인의 표준과 일치하지 않는다고 가정한다면 우리의 생은 견딜 수 없는 것이 될 것이다. 이 황금률의 소극적 형태는 특별한 것이라기보다는 오히려 이것이 없이는 일상생활이 전혀 지속될 수 없는 그런 것이다.

소극적 형태는 어떤 것을 하지 않는 이상의 것과는 전혀 관련이 없다. 이것은 어떤 행동을 삼가는 것뿐이다. 어떤 일을 하지 **않는** 것은 절대로 어려운 것이 아니다. 우리가 남에게 피해를 입혀서는 안 된다는 것은 특별한 종교적 원리라기보다는 법률적 원리다. 이것은 신앙이 없거나 종교에 관심이 전혀 없는 사람도 잘 지킬 수 있는 원리다. 사람은 평생 남에게 해를 끼치는 일을 삼갈 수 있으나 그대로 이웃에게 아주 무용지물의 사람이 될 수 있다. 사람은 단지 행동하지 않음으로써 이 황금률의 소극적 형태를 만족시킬 수 있다. 그가 계속해 아무 일도 하지 않으면 그는 절대로 이 율법을 범하지 않을 것이다. 아무것도 하지 않음으로써 좋은 사람이 된다면 그것은 기독교적 선행이 내포하고 있는 모든 것의 반대일 것이다.

이 황금률이 적극적 형태로 표현되어 남이 우리에게 해 주기를 원하는 것을 남에게 하라고 명해졌을 때 우리 인생에 새로운 원리가 도입되고 이웃에 대한 새로운 태도가 등장한다. "사람들에게 피해를 입혀서는 안 된다. 남이 나에게 행하기를 반대하는 것을 남에게 해서는 안 된다"라는 단계까지는 율법이 요구할 수 있다. 그러나 "남이 나를 도와주고 나에게 친절을 베풀기를 원하는 것같이 자진해 남을 도와주고 남에게 친절을 베풀어야겠다"라고 말하는 것, 즉 오직 사랑만이 그렇게 할 수 있는 것은 전혀 별개의 사실이다. "다른 사람에게 해를 끼치지 않아야겠다"라는 태도와 "최선을 다해 남을 도와주어야겠다"라는 태도는 아주 다른 것이다.

간단한 예를 들겠다. 법은 운전자가 길에 있는 사람을 다치지 않게 운전하도록 하게 할 수는 있으나 지치고 발이 아픈 여행자에게 차편을 제공하도록 만들 수는 없다. 사람을 다치지 않게 하는 것은 매우 단순한 것이지만 남의 사정과 기분을 존중해 주는 것은 매우 어려운 일이다. 그리고 자진해 남이 나에게 대해 주었으면 하는 대로 남에게 친절하고자 하는 것을 자신의 선택된, 자발적인 원칙으로 삼는다는 것은 훨씬 힘든 일이다.

그러나 우리의 생활을 아름답게 해 주는 것은 바로 이 새로운 태도다. 제인 스토다트(Jane Stoddart)는 스미스(W. H. Smith)의 생애의 한 사건을 인용하고 있다.

"스미스가 국방성에 있을 때, 그의 개인 비서인 플리트우드 윌슨(Fleetwood Wilson)은 자신의 상관이 일주일 동안의 일을 끝내고 주말휴가로 그린랜드로 떠날 준비를 하고 있을 때 여행에 필요한 서류와 함께 속달 상자를 갖고 가는 것을 보았다. 윌슨 비서는 스미스에게 다른 장관들이 하던 것같이 그 서류들을 공문서대에 넣어 우편으로 보내면 많은 불편을 덜 수 있을 것이라고 말했다. 스미스는 잠시 부끄러워하는 것같이 보였으나, 자신의 비서를 보며 '그래 여보게, 사실은 헨리(Henley)에서 서신을 갖고 오는 우리 우편배달부는 너무 많은 짐을 운반하고 있어. 하루는 아침에 그 사람이 자신이 늘 갖고 다니는 짐 이외에 나의 무거운 공문서대를 갖고 입구로 오는 것을 보았지. 그래서 나는 내가 할 수 있는 데까지 그의 짐을 덜어 주려고 결심했지.'"

이런 행동은 자신의 이웃에 대한 태도를 보여 주고 있다. 이것은 우리가 법이 허용하는 한도에서가 아니라 사랑이 요구하는 대로 우리 이웃을 대해야 한다고 믿는 태도다.

하나님을 모르는 사람도 이 황금률의 소극적인 형태를 지키는 것은 가능하다. 그는 별로 큰 곤란 없이 자신의 생활을 이끌어 다른 사람이 자신에게 하기를 원하지 않는 것은 남에게 행치 않게 할 수는 있다. 그러나 마음속에 그리스도의 사랑을 갖고 있는 사람이 아니라면 이 황금률의 적극적인 형태를 충족시킬 수 없다. 그런 사람은 자신이 용서 받기 원하듯이 남을 용서하고, 자신이 도움을 받고 싶은 대로 남을 도와주고, 자신이 칭찬받고 싶은 대로 남을 칭찬하고, 자신이 이해받고 싶은 대로 남을 이해하려 한다. 또한 절대로 일하기를 피하지 않을 뿐 아니라 항상 일할 것을 찾을 것이다. 물론 이렇게 하면 생활이 훨씬 복잡해질 것이고 자신의 욕망이나 일을 위해 사용하는 시간이 좀더 줄어들 것이다. 남을 돕기 위해 자주 자신이 하던 일을 멈추지 않으면 안 되기 때문이다. 이것은 집에서나 공장에서나, 버스 안에서나, 사무실에서나, 길에서나, 기차 안에서나, 게임을 할 때나 어디서나 자신의 생을 지배하는 원칙이 될 것이다. "자신"이 그 마음속에서 말라 버리고 죽기 전에는 이런 일을 한다는 것이 불가능하다. 이 계명에 순종하려면 사람은 자기 생의 새로운 중심을 가진 새사람이 되어야만 한다. 세상이 이 황금률을 순종하려고 하는 사람들로 구성된다면 신천지가 될 것이다.

기로에 선 인생

마태복음 7:13-14

[13]좁은 문으로 들어가라 멸망으로 인도하는 문은 크고 그 길이 넓어 그리로
들어가는 자가 많고 [14]생명으로 인도하는 문은 좁고 길이 협착하여 찾는 자
가 적음이라

"사람의 일생은 분기점에서 결정된다"라는 말이 있듯이 인생에는 어떤 극적인 요소가 있다. 인생의 모든 행위에서 인간은 선택의 도전을 받고, 인간은 절대로 이 선택을 기피할 수 없다. 인간은 좌우간에 선택을 해야 한다. 그렇기 때문에 인류 역사상 위대한 사람들은 많은 사람에게 이 피할 수 없는 선택을 갖고 도전을 해야 한다고 주장했다. 그것이 이 위인들의 최상의 기능이었다.

마지막 날이 가까워 오자 모세는 백성에게 "보라, 내가 오늘 생명과 복과 사망과 화를 네 앞에 두었나니… 너와 네 자손이 살기 위해 생명을 택하라"고 했으며(신 30:15-19), 여호수아가 죽을 당시에 국민의 지도자직을 내놓으려 했을 때 그도 "너희가 섬길 자를 오늘 택하라"(수 24:15)며 똑같은 선택을 백성에게 제시했다. 예레미야는 하나님이 자신에게 말씀하시는 음성을 들었다. "보라, 내가 너희 앞에 생명의 길과 사망의 길을 두었노라 너는 이 백성에게 전하라"(렘 21:8).

존 옥센함(John Oxenham)은 이렇게 기록했다.

모든 사람에게 열린다.
이 길과 저 길과 또 여러 길이.
높은 영혼은 높은 길을 밟고,
낮은 영혼은 낮은 길을 찾고
안개가 자욱한 들판 속에서
나머지 사람들은 그 사이를 방황한다.
그러나 누구에게나 열린다

한 높은 길과 낮은 길이.
그러면 각자 결단한다
자신의 영혼이 갈 길을.

이것이 예수께서 이 본문에서 인간에게 도전하시는 선택이시다. 세상에는 넓고 쉬운 길이 있고 그 길을 택하는 자가 많다. 그러나 이 길의 종말은 멸망이다. 또 세상에는 좁고 힘이 드는 길이 있는데 이 길을 택하는 이가 적다. 그러나 이 길의 종말은 생명이다.

소크라테스의 제자 케베스(Cebes)는 《타불라(*Tabula*)》라는 책에서 "그대는 작은 문을 보는가? 그리고 그 문 앞에 인적이 드물고 여행하는 자가 적은 길을 보는가? 그것이 참 교훈으로 인도하는 길이니라"고 말하고 있다. 그러면 두 길의 차이점을 생각해 보자.

1. 이것은 "어려운 길과 쉬운 길"의 차이다. 위대하게 되는 데 결코 쉬운 길은 없다. 위대함이란 언제나 노력의 결실이다. 옛 헬라의 시인 헤시오드(Hesiod) "사악은 얼마든지 쉽게 얻을 수 있다. 그 길은 평탄하고 사악은 바로 옆에 기거한다. 그러나 덕행 앞에서는 불사의 신들도 고역을 치러야만 한다"라고 말했다. 에피카무스(Epicharmus)는 "신은 우리에게 모든 좋은 것의 대가로 힘든 노력을 요구한다"라면서 "하인들이여, 쉬운 것을 구해서는 안 된다. 그 결과로 어려움이 올지도 모르기 때문이다"라고 경고했다.

에드먼드 버크(Edmund Burke)가 한번은 하원에서 명연설을 했다. 그 후에 그의 동생 리처드(Richard)가 깊은 사색에 빠져 있는 것을 본 사람이 그에게 무엇을 생각하고 있느냐고 묻자 "나는 '어떻게 해서 에드먼드가 우리 집안의 모든 재주를 혼자 독점해 버렸는가?' 라고 이상하게 생각했다. 그런데 지금 우리 모두가 놀 때 그는 언제나 열심히 공부하고 있었다는 것이 생각났다"라고 대답했다. 겉으로는 쉽게 보이는 것도 그것은 끊임없는 노력의 결과다. 피아노 연주의 거장이나 골프 챔피언도 땀 흘리지 않고 되지는 않았다. 노력 이외에는 위대하게 되는 데 다른 방법이 결코 없는 것이다. 노력 외에 위대해지기를 약속하는 것은 유혹이요 함정이다.

II. "먼 길과 짧은 길"의 차이다. 순식간에 어떤 일이 완전하게 이루어지는 것은 거의 없다. 위대함이란 더 빈번히 오랫동안 일하고 작은 일까지 끊임없는 주의를 기울인 결과다. 호레이스(Horace)는 《시의 예술》이란 책에서 피소(Piso)에게 무엇인가를 저술하면 출판하기 전에 9년을 자신의 옆에 갖고 있으라고 충고했다. 그는 저명한 평론가 퀸틸리우스(Qiuntilius)에게 그의 제자가 연습문제를 갖고 갔던 일을 말해 주고 있다. 퀸틸리우스는 "이건 지워 버려. 이 글은 조잡하게 되어 버렸군. 갖다 불태워 버리고 다시 하나 쓰지"라고 말하곤 했다. 버질(Virgil)의 서사시 이이니드(Aeneid)를 쓰는 데 그는 생의 마지막 10년을 소모했다. 그리고 그가 죽어 갈 때 그의 친구들이 만류하지 않았더라면 그는 이 서사시를 없애 버렸을 것이다. 그는 이것을 아주 불완전한 것으로 생각했기 때문이다.

플라톤의 《공화국》은 "나는 어제 아리스톤의 아들 글라우콘(Glaucon)과 함께 여신에게 기도를 드리려고 피레우스(Piraeus)로 내려갔다"라는 간단한 문장으로 시작된다. 그런데 플라톤의 자필 원고에는 적어도 13개의 다른 서문이 있었다. 이 불후의 대가도 한 번 쓰고 다시 한 번 쓰고 하면서 정확한 운을 찾으려고 했던 것이다.

토마스 그레이(Thomas Gray)의 저작 〈시골에서 쓰인 만가〉는 불후의 시 중 하나다. 이 시는 1742년 여름에 시작되어 1750년 6월 12일에 개인적으로 회람되었다. 주옥같은 작품이 완성되기까지 8년이 걸린 것이다. 아무도 지름길로 대작을 만들 수는 없었다.

이 세상에서 우리는 부단히 즉각적인 결과를 약속하는 짧은 길을 가든가 장시간이 걸리지 않으면 결과를 볼 수 없는 먼 길을 택하든가 결단을 해야 한다. 그러나 영구적인 것은 결코 빨리 오지 않는다. 결국 먼 길이 최선의 길이다.

III. "훈련된 길과 방종의 길"의 차이다. 이 세상에는 훈련 없이 이루어진 것이 아무것도 없다. 많은 운동선수와 그 밖의 많은 사람이 훈련을 포기하고 해 이해졌기 때문에 실패하고 말았다. 콜러리지(Coleridge)가 방종의 가장 비극적인 예다. 그렇게 좋은 머리를 가지고도 그는 막상 해 놓은 일이 별로 없었다. 그는 캠브리지 대학을 중퇴하고 군에 입대했다. 그는 박식했지만 말 하나 다듬을 줄 몰라 군대를 떠나 다시 옥스퍼드로 돌아갔다. 그러나 학위도 못 받고 나왔고 워치맨(Watchman)이란 신문을 시작했으나 10호까지만 발간했다. 그에 대해 사람들은 "그는 완수해야 할 일의 환상 속에 도취해 있었으나 그 일은 언제나 하지 않은 채 끝나 버렸다. 콜러리지는 시적 재능이 뛰어났지만 어떤 일에 계속 집중하려고 노력하지 않았다"라고 말했다. 그의 머리와 마음속에는 자신이 손으로 옮겨 쓰기만 하면 완성될 책들이 얼마든지 있었다. 그는 "두 권의 8절판 책이 인쇄하기 직전에 있다"라고 말했으나 그 책은 콜러리지의 마음 밖으로 나와 보지를 못했다. 그가 차분히 앉아 글을 쓰는 일을 하기 싫어졌기 때문이다. 훈련 없이는 아무도 뛰어나게 되지 못했고 한번 얻은 명성도 오래 지속되지는 못했다.

IV. 이것은 "생각이 깊은 길과 생각이 없는 길"의 차이다. 여기서 우리는 문제의 핵심에 도달한다. 누구나 조금만 생각한다면 쉽고, 짧고, 훈련 없는 길을 택하지는 않을 것이다. 이 세상의 모든 것에는 두 가지 면이 있는데 하나는 현재 어떻게 보이느냐 하는 것과 장차 어떻게 보일 것인가 하는 것이다. 쉬운 길은 당장에는 참 좋을 것 같고 어려운 길은 겁이 나 보일 수가 있다. 올바른 가치를 평가하기 위해서는 그 길의 시작이 아니라 종말을 봐야 하고 시간이 아니라 영원의 견지에서 사물을 봐야 한다.

거짓 선지자

마태복음 7:15-20

15거짓 선지자들을 삼가라 양의 옷을 입고 너희에게 나아오나 속에는 노략질
하는 이리라 16그들의 열매로 그들을 알지니 가시나무에서 포도를, 또는 엉

겅퀴에서 무화과를 따겠느냐 [17]이와 같이 좋은 나무마다 아름다운 열매를 맺
고 못된 나무가 나쁜 열매를 맺나니 [18]좋은 나무가 나쁜 열매를 맺을 수 없고
못된 나무가 아름다운 열매를 맺을 수 없느니라 [19]아름다운 열매를 맺지 아
니하는 나무마다 찍혀 불에 던져지느니라 [20]이러므로 그들의 열매로 그들을
알리라

이 본문에 있는 대부분의 일언일구는 이것을 처음으로 듣는 유대인들의 마음에도 공감을 일으켰으리라고 생각된다.

유대인들은 **거짓 선지자들**에 대해서는 잘 알고 있었다. 예를 들면 예레미야는 "평강하다 평강하다 하나 평강이 없도다"(렘 6:14, 8:11)라고 말한 그러한 거짓 선지자들과 싸웠다. 그릇된 지배자들과 거짓 선지자들을 이리라고 불렀다. 에스겔은 "그 가운데에 그 고관들은 음식물을 삼키는 이리 같아서 불의한 이익을 얻으려고 피를 흘려 영혼을 멸하거늘"(겔 22:27)라고 말했다. 스바냐는 그때 이스라엘의 무서운 양상을 "그 가운데 방백들은 부르짖는 사자요 그의 재판장들은 이튿날까지 남겨 두는 것이 없는 저녁 이리요, 그의 선지자들은 경솔하고 간사한 사람들이요, 그의 제사장들은 성소를 더럽히고 율법을 범하였도다"(습 3:3-4)라고 서술했다. 바울은 에베소에 있는 장로들에게 다가올 위험에 대해 경고할 때 마지막 작별 인사로 "내가 떠난 후에 사나운 이리가 여러분에게 들어와서 그 양 떼를 아끼지 아니하며"(행 20:29)라고 말했다. 예수께서는 자신의 제자들을 내보냄은 양을 이리 가운데 보냄과 같다고 했다(마 10:16). 또 그는 생명을 걸고 이리에게서 양을 지키는 선한 목자에 대해서도 말했다(요 10:12). 여기에 그려진 것은 모든 사람이 시인하고 이해할 수 있는 것이었다.

예수께서는 거짓 선지자들을 가르쳐 **양의 가죽**을 쓴 이리와 같다고 말했다. 목자가 들에서 양을 지킬 때 입는 옷은 겉은 가죽이고 안은 양털로 된 옷을 입고 있었다. 그러나 목자의 옷을 입었다고 해서 누구나 목자는 아닌 것이다. 예언자들은 관계적인 옷을 입었다. 엘리야는 겉옷을 입고 있었다(왕상 19:13, 19). 그런데 그 겉옷은 털이 많은 외투였다(왕하 1:8). 헬라 철학자들이 양 가죽으로 만든 외투를 철학자의 제복으로 입은 것과 같이 그것은 예언자들의 제복이었다. 이 외투로 인하여 예언자들은 일반 사람과 구별될 수 있었다. 그러나 때때로 이 옷을 입기에 합당치 못한 자들도 있었다. 스가랴는 다가올 악한 세대에 대해 "그날에 선지자들이 예언할 때에 그 환상을 각기 부끄러워할 것이며 사람을 속이려고 털옷도 입지 아니할 것이며"(슥 13:4)라고 말했다. 예언자의 생활을 하지 않고 예언자의 옷을 입는 사람들이 있었다.

구약 시대에도 거짓 신자들이 있었던 것과 같이 신약 시대에도 거짓 예언자들이 있었다. 마태복음은 주후 85년경에 기록되었는데 그때도 교회에는 아직 예언자 제도가 남아 있었다. 그들은 고정된 주거도 없어서 모든 것을 버리고 이곳저곳을 방랑했으며 하나님으로부터 직접 받았다고 믿는 말씀을 각 교회에 전했다. 최선의 의미로 말해 그들은 하나님과 하나님의 교회를 섬기기 위해 모든 것을 포기했기 때문에 교회에 힘을 주는 영감이었다. 그러나 예언자의 소임이 남용되기 쉬웠다. 예언자라는 사실을 이용해 자신의 세력을 확장하는 사람이 있었고 지방 교회 회중의 친절을 이용하여 안일한 생활을 하며 제멋대로 방종하고 나태한 생활까지 했다.

주후 100년경에 기록된 《교훈집(*Didache*)》은 교회의 첫 전례서였다. 이 《교훈집》은 이러한 방랑 예언자들에 대한 규정을 대단히 엄격히 하고 있다. 참 예언자에게는 최고 영예가 주어져야 하며 마땅히 환영받아야 하고 그의 말은 결코 무시되어서는 안 되며 그의 자유를 구속해서도 안 된다. 그러나 "선지자는 하루를 유하되 필요하다면 하루 더 머물 것이나 그가 사흘을 머물면 그는 거짓 선지자라", "그는 먹는 것 외에는 결코 요구할 수 없다. 그가 금전을 요구한다면 그는 거짓 선지자라"는 말에도 보듯이 선지자들은 모두 성령으로 말한다고 주장은 하지만 거기에는 하나의 까다로운 시험이 있었다. 즉, "그들의 품성으로 그 예언자의 진위는 알려지리라", "진리를 가르치는 모든 예언자가 무릇 자신이 가르친 바를 행치 않는 자는 거짓 선지자라", "성령으로 예언한다고 주장하는 어떤 선지자가 식탁과 음식을 자기 앞에 배설하라고 요구한다면 그는 거짓 선지자다", "무릇 누구든지 성령으로 말한다 하면서 나에게 돈과 필요한 물건을 달라고 한다면 너희는 그의 말을 듣지 말라. 그러나 그가 궁핍한 다른 사람을 위해 바치라고 말한다면 아무도 그를 판단하지 말게 하라" 등에서 그 사실을 알 수 있다. 어떤 순회자가 교회에 와서 안주하기를 원할 경우 그가 직업을 가질 수 있다면 "그에게 일하고 먹게 할 것이다". 그가 직업을 가질 수 없는 경우에는 그 사람이 그리스도인으로서 나타난 생활을 하지 않도록 주의하지 않으면 안 된다. 그러나 그가 이것을 하지 않겠다고 하면 그는 그리스도의 이름을 빙자한 장사꾼이다. 이와 같은 것을 조심해야 한다(교훈집 11, 12장).

과거의 역사를 아는 당시의 사람들도, 마태복음서의 독자도 예수의 이 말씀을 처음 듣고서도 그 의미를 이해했던 것이다.

열매로 그들을 알게 됨

마태복음 7:15-20(계속)

유대인들과 헬라인들과 로마인들은 모두 나무는 그 열매로 판단할 수 있다는 이념을 갖고 있었다. "그 뿌리에 그 열매"라는 격언이 있다. 《집회서》는 "포도나무가 어떻게 밀감나무같이 자랄 수 있으며 밀감나무가 어떻게 포도나무같이 자랄 수 있으리오"(에픽테투스 강론 2:20)라고 했다. 세네카는 무화과나무가 밀감나무에서 나올 수 없음같이 선은 악에서 연유될 수 없다고 말했다.

여기에는 눈으로 보는 것 이상의 것이 있다. "가시나무에서 포도를 따겠느냐"고 예수께서는 질문했다. 여기서 말하는 가시나무는 작은 포도와 비슷하게 생긴 작고 검은 열매를 맺는 가시나무다. 또 예수께서는 "엉겅퀴에서 무화과를 따겠느냐"고 물었다. 사실 꽃이 피는 엉겅퀴가 있는데 그 꽃은 어느 정도 떨어진 거리에서 보면 무화과로 오인할 만큼 무화과와 비슷하다. 여기에서 예수께서 말씀하신 것은 현실적이고 요령이 있는 교훈이다. 참 선지자와 거짓 선지자 사이에는 표면적인 유사성이 있다. 거짓 선지자도 합당한 제복을 입을 수 있고 올바른 언어를 쓸 수 있다. 그러나 우리가 갈매나무 열매나 엉겅퀴의 꽃으로 인생을 지탱해 나갈 수는 없는 것처럼 영혼의 생명은 거짓 선지자들이 주는 양식으로는 결코 유지될 수 없는 것이다. 어떤 교훈이든지 그것의 참된 여부를 알려면 그 교훈이 사람에게 인생의 무거운 짐을 지고 갈 수 있도록 힘을 주며, 그가 바른길을 걸을 수 있도록 힘을 주느냐를 살펴보면 된다. 그러면 이제 거짓 선지자들을 살펴보고 그들의 특성을 알아보자. 그 길이 가기 어렵고 문이 좁아 찾아내기 어렵다면 우리는 우리를 잘못되게 하는 교사들이 아니라 그것을 찾아내는 데 도움을 줄 수 있는 교사들을 얻기 위해 많은 주의를 기울여야 할 것이고 악한 교사를 피하지 않으면 안 된다.

거짓 선지자의 근본적인 잘못은 **이기주의**다. 참된 목자는 자신의 양떼를 자신의 생명보다 더 귀중하게 돌본다. 이리는 배를 채우겠다는 생각 외에는 전혀 무관심하다. 거짓 선지자는 가르치는 일도 타인을 위해서가 아니라 자신의 이익을 위해 한다. 유대인들은 이러한 위험을 잘 알고 있었다. 랍비는 유대인 교사였는데, 랍비는 자신의 생계를 위해 직업이 있어야 하며 가르치고도 보수를 받아서는 안 된다고 유대 율법으로 정해져 있었다. 랍비 사독(Zadok)은 "율법의 지식을 갖고 자랑거리로 삼을 왕관을 만들지 말고, 파헤치는 삽으로도 만들지 말라"고 말했다. 힐렐은 "율법의 영광을 외면적인 목적을 위해 쓰는 자는 쇠퇴하리라"고 말했다. 유대인들은 이익을 얻기 위해서만 가르치는 교사에 대해 너무나도 잘 알고 있었다. 교사가 이기주의에 사로잡히는 데 세 가지 길이 있다.

I. 오로지 자신의 "이득"을 위해서만 가르친다. 토마스 칼라일(Thomas Carlyle)의 부친이 장로로 있던 에클레페찬(Ecclefechan)에 있는 교회에서 말썽이 생겼다. 금전 문제와 봉급 문제에 대한 성도와 목회자 간의 말썽이었다. 양측에서 서로 논쟁이 분분해지자 칼라일의 부친이 일어서서 "고용인에게는 임금을 줘서 내보내라"고 치명적인 한마디를 했다.

돈 없이 살 수 있는 사람은 없고, 빈곤 때문에 위협이 올 때 자신의 최선을 다하여 일할 수는 없지만, 가르치는 사람의 최대 특권은 물질적 보수를 받는 것이 아니라 진리에 대해 남녀노소의 마음을 열어 주는 것이다.

II. 오로지 "명성"을 얻기 위해 가르친다. 교사 중에는 타인을 돕기 위해 가르치는 사람과 자신이 현명하다는 사실을 나타내 보이기 위해 가르치는 사람이 있다. 언젠가 데니(Denney)는 "누구도 자신이 현명하다는 것과 그리스도는 놀랍다는 사실을 동시에 입증할 수는 없다"라고 신랄하게 말했다. 훌륭한 교사는 결코 자신의 명예를 얻으려고 하지 않는다.

스트러더스(J. P. Struthers)는 하나님의 성자였다. 그는 당시 영국에서는 어떤 교회라도 맡을 수 있었지만 한평생 자그마한 개혁 장로교회를 섬겼다. 사람들은 그를 사랑했고 그를 더 잘 아는 사람일수록 더욱 깊이 사랑했다. 어느 날 두 사람이 그에 대해 말하고 있었다. 한 사람은 그가 성자로서 행한 모든 일을 알고 있었으나 개인적으로는 잘 알지 못했다. 이 사람이 "스트러더스는 하늘나라에서 가장 상좌를 차지할 것이다"라고 말하니까 개인적으로 스트러더스를 잘 아는 사람은 "스트러더스는 어느 곳에서나 상좌에 앉는 것을 꺼릴 것이오"라고 했다.

자신을 내세우기 위해 메시지를 전하는 교사나 설교자가 있다. 이런 거짓 선지자는 자기 과시에만 관심이 있지만 참된 선지자는 자신이 숨겨지기를 원한다.

III. 오로지 자신의 "사상"만을 전한다. 거짓 선지자는 진리에 대한 자신의 견해를 전하고자 하지만, 참된 선지자는 하나님의 진리를 공포하고자 한다. 물론 누구나 자신이 잘 생각해야 한다는 것은 사실이다.

하딩톤의 존 브라운(John Brown of Haddington)은 설교할 때면 도중에 여러 번 마치 어떤 음성에 귀를 기울이는 것처럼 잠시 멈추곤 했다. 참 선지자는 사람 앞에서 말하기 전에 먼저 하나님의 음성을 듣는다. 그는 자기가 하나님의 말씀을 대변하는 소리에 불과하며 하나님의 은혜가 사람들에게 이를 수 있는 통로에 불과하다는 사실을 결코 잊지 않는다. 교사나 설교자의 의무는 진리에 대한 자신의 사사로운 의견이 아니라 예수 그리스도 안에 있는 진리 그대로를 전하는 것이다.

거짓 열매

마태복음 7:15-20(계속)

이 본문은 거짓 선지자의 악한 결실에 대한 말을 많이 하고 있다. 거짓 선지자가 만들어 내는 악영향, 나쁜 열매란 무엇인가?

I. "형식주의의 종교를 낳는" 교훈은 잘못된 것이다. 이것은 서기관과 바리새인들이 범한 잘못이다. 그들에게 종교란 율법에 나타난 의식을 지키는 것이었다. 사람이 손 씻는 규례를 바르게 잘 지키고, 안식일에 무화과 두 개 이상의 무게가 되는 것은 운반하지 않고, 안식일에 규정된 거리 이상을 걷지 않고, 모든 것의 십일조를 드리고, 채소밭의 소산까지도 그렇게 한다면 그는 선한 사람으로 인정받았다. 이것은 종교와 종교 의식을 쉽게 혼동하게 만든다. 교회에 출석하는 것, 주일을 지키는 것, 교회에 대한 재정적인 의무를 감당하는 것, 성경을 읽는 것 등 종교라고 생각하기 쉽다. 사실상 많은 사람이 그렇게 생각하고 있다. 그러나 이 모든 것을 실행하는 사람도 참 성도가 아닌 경우가 있다. 기독교는 하나님과 사람에 대한 마음가짐이기 때문이다.

II. "여러 가지 금지된 종교를" 산출하고 있다면 그 교훈은 잘못된 것이다. "너희는 ~하지 말라"는 말들로 일관된 종교는 어떤 것이든지 거짓 종교다. 기독교 성도로서의 생활을 시작하는 사람에게 "지금부터 당신은 영화관에 가지 마시오, 춤도 추지 마시오, 담배를 피우거나 화장을 하지 마시오, 소설이나 신문의 일요판을 읽지 마시오, 극장에 출입하지 마시오"라고 말하는 교사가 있다. 이러한 것들을 삼가기만 하면 기독교인이 될 수 있다고 한다면 기독교는 실제로 훨씬 믿기 쉬운 종교가 될 것이다. 그러나 기독교의 온전한 본질은 행하지 않는 데 있는 것이 아니다. 오히려 행하는 데 있다. 소극적인 기독교인은 적극적인 하나님의 사랑에 응답할 수 없다.

III. "안일한 종교를 낳는" 교훈은 잘못된 것이다. 바울 당시에도 거짓 교사들이 있었는데 그들의 교훈의 일단이 로마서 6장에 나타나 있다. 그들은 바울에게 "그대는 하나님의 은혜가 우주에서 가장 위대하다고 믿는가?"라고 물었다. 바울이 "그렇다"라고 대답하자 그들은 다시 "그대는 하나님의 은혜가 모든 죄를 덮어 주실 만큼 광대하다고 믿는가?"라고 물었다. 바울이 다시 "그렇다"라고 하자 그들은 "좋소. 그렇다면 마음껏 죄를 계속하여 짓자. 하나님이 용서하실 것이다. 그러면 우리가 죄를 범하더라도 그만큼 하나님이 놀라운 은혜를 나타내실 수가 있지 않겠는가?"라고 말했다.

이와 같은 종교는 웃음거리다. 하나님의 사랑에 대한 모욕이기 때문이다. 종교에서 엄한 것을 빼 버린 교훈, 기독교에서 십자가를 빼 버린 교훈, 그리스도의 음성에서 경고를 빼 버린 교훈, 심판은 뒷면으로 감추어 버리고 사람들에게 죄를 가볍게 생각하게 하는 교훈은 어떤 것이라 할지라도 가증한 교훈이다.

IV. "종교와 생활을 분리시키는 것이라면", 그 교훈은 잘못된 것이다. 성도를 이 세상의 생활과 활동에서 격리시키는 교훈은 어떤 것이든 거짓된 것이다. 수도승들과 은둔자들이 저지른 오류가 바로 이런 것이었다. 그들은 성도로서 생활을 하기 위해서는 사막이나 수도원으로 들어가야 되며 유혹이 많은 세속의 생활에서 떠나 세속의 삶을 중단하지 않으면 참된 기독교인의 삶을 살 수 없다고 생각했다.

예수께서는 제자들을 위해 기도할 때 "내가 비옵는 것은 그들을 세상에서 데려가시기를 위함이 아니요 다만 악에 빠지지 않게 보전하시기를 위함이니이다"(요 17:15)라고 했다. 어떤 신문 기자는 신문사에서 일하면 성도로서의 원칙대로 살 수 없다는 이유로 그곳을 그만두고 종교 잡지사에 취직했다. 도피하는 자는 좋은 군인이 될 수 없다. 기독교인은 그리스도의 군병이다.

누룩이 떡 속에 들어가지 않으면 어떻게 누룩의 효과를 낼 것인가? 믿지 않는 자들을 위한 증언이 아니라면 그 증거가 무슨 가치가 있겠는가? 존 매카이(John Mackay)는 "관람석에서 바라보는 인생"이란 삶의 태도를 장려하는 교훈은 잘못이라고 말했다. 기독교인은 관람석에 있는 관객이 아니고 전투에 참가하는 전투원이다.

V. "오만해서 배타적인 종교"를 초래하는 교훈은 잘못된 것이다. 사람들을 협소한 종파에 몰아넣고는 그 외의 모든 사람은 죄인이라고 가르치는 교훈은 잘못된 교훈이다. 종교의 기능은 양쪽의 가운데에 장벽을 세우는 것이 아니라 이것을 헐어 버리는 일이다. 예수 그리스도의 꿈도 한 무리가 되어 한 목자에게 있도록 하는 것이었다(요 10:16). 배타 정신은 종교적이 아니고 비종교적이다. 포스딕(Fosdick)은 엉터리 시 네 줄을 인용하고 있다.

> 우리는 하나님에게 선택된 소수의 무리,
> 그 외 모든 인간은 저주를 받고 있다.
> 천국에는 너를 위한 장소는 없다.
> 천국이 만원이 되어선 곤란하다.

종교는 사람들을 서로 멀리 떨어지게 하는 것이 아니라 서로 가깝게 하는 것이다. 종교는 사람들이 서로 대립하는 클럽을 만드는 것이 아니라 한 가족으로 모아들이는 것이다. 특정한 교회 또는 교파가 자신들만이 하나님의 은혜를 독점하고 있다고 가르치는 것은 잘못이다. 그리스도는 분리하는 그리스도가 아니고 연합시키는 그리스도이기 때문이다.

거짓 핑계

마태복음 7:21-23

[21]나더러 주여 주여 하는 자마다 다 천국에 들어갈 것이 아니요 다만 하늘에
계신 내 아버지의 뜻대로 행하는 자라야 들어가리라 [22]그날에 많은 사람이
나더러 이르되 주여 주여 우리가 주의 이름으로 선지자 노릇 하며 주의 이름

으로 귀신을 쫓아내며 주의 이름으로 많은 권능을 행하지 아니하였나이까
하리니 [23]그때에 내가 그들에게 밝히 말하되 내가 너희를 도무지 알지 못하
니 불법을 행하는 자들아 내게서 떠나가라 하리라

이 본문에는 놀랄 만한 표현이 나타나 있다. 예수께서는 많은 거짓 선지자들이 놀랍고도 인상적인 일을 행하고 말할 것이라는 사실을 확실히 인정하고 있다. 여기서 우리는 고대 사회가 어떠했는지를 기억하지 않으면 안 된다.

고대 사회에서 기적은 진귀한 일이 아니었다. 그것은 옛사람들의 병에 대한 사고 방법에서 나왔다. 고대에서는 모든 병이 악귀의 장난이라고 생각되었다. 사람이 병이 드는 것은 악귀가 악한 세력으로 사람의 몸의 어떤 부분에 침투했기 때문이고 악귀를 내쫓을 때 병이 낫는다고 믿었다. 따라서 대부분의 병은 오늘날 말하는 심리적인 것이었고 치료도 심리적인 것이었다. 어떤 사람에게 그가 악귀의 세력에 사로잡혀 있다고 믿게 한다면 그는 반드시 병이 걸리게 마련이었다. 또 그에게 악귀의 세력에서 해방되었다고 확신시킬 수 있다면 그 사람은 반드시 치료될 것이다. 옛사람들은 자신이 악귀에 사로잡혔다고 **믿음**으로 병들었고 악귀가 쫓겨났다고 **믿음**으로 병이 치료되었다. 교회 지도자들은 이교도들의 기적을 부인하지 않았다. 그리스도가 행한 기적에 대해 켈수스(Celsus)는 아이스쿨라피우스(Aesculapius)와 아폴로(Apollo)도 기적을 행한 일이 있다고 말했다. 그와 논쟁한 오리겐(origen)은 한 번도 이러한 기적들을 부인하지는 않았다. 그는 단순히 "이러한 병을 고치는 능력은 그 자체로는 선도 아니고 악도 아니다. 정직한 사람들에게도, 하나님을 두려워하지 않는 사람에게도 있는 것이다"(오리겐, 켈수스에 대적하여 3:22)라고 말했다.

신약성경까지도 유대의 마술사의 일이 기록되어 있다. 이 사람들은 자신들이 배운 마술 외에 예수의 이름을 빙자하여 악귀를 쫓아내고 있다(행 19:13). 당시에는 입술로만 예수 그리스도를 높이는 돌팔이의사들이 많았는데 그들은 그리스도의 이름을 빙자하여 귀신 들린 사람들에게 놀라운 효과를 거두었다. 여기서 예수께서는 그리스도의 이름을 가증된 구실로 사용하는 자는 그 보응을 받을 날이 올 것이며 그때는 그 본심이 폭로되어 하나님 앞에서 추방될 것이라고 말씀하신다.

이 본문의 배후에는 심판의 의미가 들어 있으며 보응의 때가 온다는 확실성으로 시종일관하고 있다. 사람이 오랫동안 허위나 가면을 유지할 수 있을지는 모르지만 언젠가는 허위가 드러나고 가면이 벗겨질 날이 오고야 마는 것이다. 우리는 말로서 사람을 속일 수 있을지는 모르나 하나님은 속일 수 없다. "멀리서도 나의 생각을 통촉하시오며"(시 139:2)라고 시편 기자는 말했다. 누구든지 심정을 통찰하시는 하나님을 최후까지 속일 수는 없다.

유일하고 확고한 토대

마태복음 7:24-29

[24]그러므로 누구든지 나의 이 말을 듣고 행하는 자는 그 집을 반석 위에 지은
지혜로운 사람 같으리니 [25]비가 내리고 창수가 나고 바람이 불어 그 집에 부
딪치되 무너지지 아니하나니 이는 주추를 반석 위에 놓은 까닭이요 [26]나의
이 말을 듣고 행하지 아니하는 자는 그 집을 모래 위에 지은 어리석은 사람
같으리니 [27]비가 내리고 창수가 나고 바람이 불어 그 집에 부딪치매 무너져
그 무너짐이 심하니라 [28]예수께서 이 말씀을 마치시매 무리들이 그의 가르치
심에 놀라니 [29]이는 그 가르치시는 것이 권위 있는 자와 같고 그들의 서기관
들과 같지 아니함일러라

예수께서는 두 가지 의미에서 전문가였다. 먼저 성경에 대해 전문가였다. 잠언에 "회오리바람이 지나가면 악인은 없어져도 의인은 영원한 기초 같으니라"(잠 10:25)고 했는데 예수께서 두 집과 두 건축자의 예를 들고 있는 표현의 근원이 여기에 있을 것이다. 그러나 예수께서는 가옥 건축에 대해 모든 것을 알고 있는 목수였다. 그가 집 건축의 기초에 대해 말했을 때는 자신이 말하는 내용에 대해 잘 알고 있었다. 이 예화는 학자가 서재에서 생각해 낸 것이 아니라 실제의 경험에서 나온 것이다.

또한 이것은 멀리서 끌어 온 설명이 아니며 주위에서 흔히 볼 수 있는 종류의 이야기다. 팔레스타인에서는 집을 지을 때 장래를 생각해야 했다. 팔레스타인에는 도랑이 많아 여름에는 살기 좋은 곳으로 되어 있으나 겨울에는 강이 되어 거세게 격류가 흐른다. 집터를 찾는 사람이 바람이 없는 살기 좋은 모래 개천을 발견하고 이곳이 가장 적당한 장소라고 생각하여 눈앞의 일만 생각하고서 마른 강바닥에 집을 세웠다고 하자. 겨울이 오면 그의 집은 무너질 것이다. 보통 장소라도 표면이 반듯한 사지에 건물을 세우는 편이 암석까지 파내면서 건물을 세우는 것보다는 쉽다. 그러나 이러한 방법은 재난을 미리 마련하는 셈이다. 오로지 기초가 든든한 집만이 폭우에 견딜 수 있고 기반이 확고한 생활만이 시험에 이길 수 있다. 예수께서는 다음의 두 가지를 명령했다.

I. "들으라"고 명령하신다. 우리가 오늘날 직면하고 있는 많은 난관 중 하나는 예수께서 말한 것이나 교회가 가르치는 것을 알지 못하고 있다는 단순한 사실이다. 그러나 더 나쁜 것은 종종 예수께서 말한 것이나 교회가 가르치는 것을 틀리게 생각하는 사람이 많다는 것이다. 존경할 만한 사람이라면 아무것도 알지 못하면서 개인이나 단체를 비난하는 일은 하지 않는다. 그러나 오늘날 이런 일을 많은 사람이 실제로 하고 있다. 기독교인 생활의 첫걸음은 먼저 예수 그리스도의 말씀을 듣는 것이다.

II. "행하라"고 명령하신다. 지식은 행동으로 옮겨질 때 비로소 의의가 있게 된다. 기독교 윤리의 시험에 최우수 성적을 얻었어도 아직 성도는 아닌 사람이 있다. 지식은 행동화하지 않으면 안 된다. 이론은 실천되지 않으면 안 된다. 신학은 생활화되어야 한다. 의사가 말하는 대로 하지 않는다면 의사에게 갈 필요가 없다. 전문가의 의견을 따라 행할 준비가 되어 있지 못하다면 전문가의 의견을 들을 필요가 없다. 매 주일 예수 그리스도의 가르침을 듣고 그리스도의 가르침에 대해 잘 알면서도 그것을 실천에 옮기려고 조금도 노력하지 않는 사람이 있다. 우리가 예수를 따르는 자들이라면 그의 말씀을 **듣고 행하지** 않으면 안 되는 것이다.

듣는 것과 **행하는 것**, 두 마디 발이 한마디로 요약될 수 있는 낱말이 있다면 그것은 바로 순종이다. 예수께서는 절대적인 순종을 요구하신다. 순종을 배우는 것은 인생에서 가장 중요한 일이다.

어느 날 영국 해군에 근무하는 한 해병이 군기를 범했다는 이유로 대단히 엄한 벌을 받았다. 이 사건이 보도되자 그 벌이 너무 심했다고 시민들이 비난하는 소리가 일어났다. 어떤 신문은 독자들에게 그 엄벌에 대한 의견을 구했다. 여기에 여러 해 동안 영국 해군에 근무한 사람이 의견을 피력했다. 그는 그 벌이 지나치게 가혹한 것은 아니라고 했다. 그는 군기의 목적은 절대적이고 무조건적으로 병사가 복종하도록 훈련하는 데 있고 이러한 복종 위에만 군대의 생활이 성립한다고 말했다. 이것은 자신의 경험에서 나온 것이다.

한번은 그가 거센 바다에서 대형 배를 끌고 있는 소형 증기선에 타고 있었다. 두 척의 배는 쇠밧줄로 매여 있었다. 그런데 갑자기 바람과 물보라 속에서 소형 증기선 선장의 "엎드려"라는 명령이 들려 왔다. 그 순간 전 승무원은 날쌔게 엎드렸고 배를 끄는 쇠밧줄이 끊어져 밧줄 한쪽이 발광하는 쇠 뱀처럼 내려왔다. 어떤 사람이 거기에 맞기라도 했다면 즉사했을 것이다. 그러나 전 승무원이 기계적으로 복종했기에 아무도 다치지 않았다. 어떤 사람이 이유를 물으려고 서 있었다면 그는 이미 유명을 달리했을 것이다. 복종이 생명을 구했다.

예수께서 요구하는 것이 바로 이러한 복종이다. 예수께서는 그에 대한 복종이 생명을 얻는 데 유일한 기반이 된다고 주장한다. 어떤 폭풍이 몰아쳐도 그에 대한 복종에 근거해 있는 삶은 안전하다는 것이 그의 약속이다.

The Gospel of Matthew 08

행동에 나타난 사랑

복음서 기자들 중에서 마태는 계통적이고 질서정연한 사람이다. 그는 자신이 가진 자료를 순서 있게 배열했다. 마태복음서에 한 가지 사건 다음에 다른 사건이 계속되는 경우, 언제나 거기에는 이유가 있다. 즉, 이러한 경우도 좋은 예가 된다. 5-7장에서 마태는 산상수훈을 기록했다. 이것은 예수의 말씀의 기록이다. 5-7장에는 말씀으로 나타낸 하나님의 지혜가 제시되었고, 8장에서는 예수의 행위에 나타난 하나님의 사랑이 제시되어 있다. 8장은 기적의 장이다. 이 기적을 자세히 검토하기 전에 먼저 전반적으로 이들 기적들을 살펴보자. 이 장에는 일곱 가지 기적이 있다.

I. 나병환자를 고치심(1-4절). 여기서 접촉이 금지되어 있는 사람에게 손을 대시는 예수를 보게 된다. 나병환자는 인간 사회에서 추방되었으며 그를 만지거나 접근하는 것은 율법으로 금지되어 있었다. 우리는 여기서 모든 사람에게 소외된 사람이 하나님의 긍휼의 사랑에 싸여 있는 것을 볼 수 있다.

II. 백부장의 하인을 고치심(5-13절). 그 백부장은 이방인이었으므로 엄격한 정통파의 유대인에게 그런 사람은 단지 지옥불을 피울 땔감에 불과했다. 백부장은 외국의 정부, 점령군을 위해 일하는 자였으므로 국수주의자인 유대인에게는 협조는커녕 죽이고 싶은 인물이었다. 그런 사람의 종이란 노예이며 노예는 살아 있는 도구에 불과한 것이었다. 여기서 우리는 모든 사람이 싫어하는 사람과 멸시당하는 사람을 도우시는 하나님의 넘치는 사랑을 볼 수 있다.

III. 베드로의 장모를 고치심(14-15절). 이 기적은 팔레스타인의 비천한 오두막에서 사는 보잘것없는 가정에서 일어났다. 그곳에는 아무 선전도 없었고 감탄하는 청중도 없었다. 단지 예수와 그 가족뿐이었다. 전 우주를 지배하는 하나님의 무한한 사랑이 가족 외에는 아무도 보는 사람이 없는 곳에서도 그의 크신 능력을 발휘하시는 것을 볼 수 있다.

IV. 날이 저물었을 때 문간에 가득히 데려온 모든 병자를 고치심(16-17절). 여기에서는 행동 안에 나타나 있는 완전한 하나님의 사랑의 보편성을 볼 수 있다. 예수에게는 어떤 사람도 귀찮은 존재가 아니었다. 그에게는 의무를 수행하는 시간과 의무를 맡지 않은 시간의 구별이 없었다. 누구나 어느 때든지 그에게 나아오면 기꺼이 영접하고 부드럽게 도와주어 하나님의 사랑을 나타냈다.

V. 서기관의 반응(18-22절). 외관상으로 보면 이 작은 부분은 기적의 장에서는 적절하지 않은 것처럼 보일지 모른다. 그러나 이것은 인격에 대한 기적이다. 서기관이면서 예수를 따르고 싶다고 생각한다는 것은 기적에 못지않은 일이다. 이 서기관은 자신의 서기관 율법에 대한 헌신을 망각해 버렸다. 어쨌든 자신이 바친 생애의 모든 것을 예수께서는 반대했지만 그는 예수를 원수로 생각하지 않고 친구로 생각했으며, 적수라 생각한 것이 아니라 스승으로 생각했다. 이것은 그의 본심에서 우러나온 것임이 틀림없다.

니글레이 파슨(Negley Farson)은 연로한 자신의 조부에 대해 말하고 있다. 파슨은 소년 시절에 자기 조부의 공적에 대해 아무것도 알지 못했지만 "그의 주위에 있는 사람들이 모두 잡종개처럼 보였다"라고 말했다.

이 서기관은 다른 사람들에게서는 절대 볼 수 없는 훌륭함과 장엄함을 예수에게서 보았다. 그래서 심령이 예수 그리스도를 향하여 열리는 기적이 일어난 것이다.

VI. 폭풍을 잔잔케 하신 기적(23-27절). 여기서는 사람을 집어 삼킬 듯이 위협하는 풍랑을 지배하는 예수를 보게 된다.

푸세이(Pusey)는 자신의 아내가 죽었을 때 "이 슬픈 때 끊임없이 이상한 손이 나를 받쳐 주고 있는 것처럼 생각되었다"라고 말했다. 여기에는 동란과 혼란 속에 평화와 고요를 가져다주시는 하나님의 사랑이 나타나 있다.

VII. 가다라 지방의 귀신 들린 자를 고치심(28-34절). 고대 사람들은 모든 병이 악귀의 활동의 소치라고 믿었다. 여기에서는 하나님의 능력이 악마의 세력과 대결하고 하나님의 사랑이 악의 해독에 대립하는 것을 볼 수 있다. 그리고 사람을 구하는 선과 사랑이 사람을 파멸시키는 악과 증오를 극복해 승리하는 것을 볼 수 있다.

살아난 시체

마태복음 8:1-4

1예수께서 산에서 내려오시니 수많은 무리가 따르니라 2한 나병환자가 나아
와 절하며 이르되 주여 원하시면 저를 깨끗하게 하실 수 있나이다 하거늘
3예수께서 손을 내밀어 그에게 대시며 이르시되 내가 원하노니 깨끗함을 받
으라 하시니 즉시 그의 나병이 깨끗하여진지라 4예수께서 이르시되 삼가 아
무에게도 이르지 말고 다만 가서 제사장에게 네 몸을 보이고 모세가 명한 예
물을 드려 그들에게 입증하라 하시니라

고대 사회에서 나병은 모든 질병 중에서 가장 무서운 것이었다. 마스터만(E. W. G. Masterman)은 "나병만큼 여러 해 동안 인간을 무서운 파멸로 이끄는 질병은 없다"라고 말했다. 처음에는 작은 반점이 생기고, 그것이 썩게 되면 고름이 난다. 얼마 안 되어 눈썹이 빠지며, 눈은 노려보는 것같이 되고 성대는 거칠게 떨리며 소리는 거칠게 되고 호흡은 씩씩거리게 된다. 먼저 손과 발이 썩고, 서서히 온몸으로 퍼져 나간다. 이런 종류의 나병의 평균 기한은 9년인데 최후에는 뇌까지 침범해 정신적인 쇠퇴와 혼수상태를 불러 오고 결국 죽음으로 끝난다.

처음에는 신체의 한 부분의 감각을 상실하면서 시작된다. 신경선에 영향을 입어 살은 곪게 되고 힘줄은 손이 갈고리같이 되도록 오그라든다. 손과 발은 썩어 가서 차츰 손가락과 발가락들이 떨어져 나가 마침내 손과 발 전체가 떨어져 나간다. 이러한 종류의 나병은 거의 20년 내지 30년 동안 지속된다. 이것은 진행성의 죽음으로 몸이 조금씩 조금씩 죽어 가는 것이다.

나병의 신체적인 증상도 무서웠지만 이 고통을 한층 견디기 어렵게 하는 것이 있었다. 요세푸스는 나병환자는 "마치 죽은 사람처럼 취급되었다"라고 말했다. 나병으로 진단이 난 환자는 인간 사회에서 철저히 추방되었다. "병 있는 날 동안은 늘 부정할 것이라 그가 부정한즉 혼자 살되 진영 밖에서 살지니라"(레 13:46). 나병환자는 옷을 찢고 머리를 풀며 윗입술을 가리고 "부정하다 부정하다"(레 13:45)라고 외쳤다. 중세에는 사람이 나병에 걸리면 사제는 법의를 입고 십자가를 들고 그 나병환자를 교회로 데리고 와 장례식문을 낭독했다. 모든 사람이 그를 죽은 것으로 간주했기 때문이다.

예수 당시 팔레스타인에서는 나병환자가 예루살렘과 모든 성벽이 있는 도시에 들어오는 것이 금지되어 있었다. 회당에는 나병환자를 위해 메키트샤(Mechitsah)라고 불리는 작은 별실이 있었는데, 약 3미터 높이에 2미터 넓이의 방이었다. 율법에는 접하면 부정하게 되는 것 61가지를 규정했는데 나병환자에 접하여 불결하게 되는 것은 죽은 시체에 접하여 불결하게 되는 다음으로 기록되어 있다. 나병환자가 집 안에 머리를 들이밀기만 해도 그 집은 지붕 대들보까지 불결한 것으로 취급되었다. 넓은 광장에서도 나병환자에게 인사하는 것은 불법이었다. 아무도 나병환자에게 4규빗(1규빗은 45센티미터) 이상은 가까이 다가갈 수 없었다. 바람이 나병환자 쪽에서 불어 온다면 적어도 100규빗은 떨어져 있어야 했다.

랍비들 중에는 나병환자가 지나간 거리에서 사 온 달걀을 먹지 않거나 나병환자가 멀리 떨어지도록 돌을 던져 쫓았다고 자랑스럽게 말하는 사람도 있었다. 또한 먼 거리에서 나병환자가 보이면 숨거나 도망치는 사람도 있었다. 나병만큼 동포에게서 완전히 격리되는 병은 없었다. 그런데 예수께서 손을 댄 사람이 바로 이런 사람이었다. 유대인에게는 신약성경 중에서 "예수께서 손을 내밀어 나병환자에게 대었다"라는 이 짧은 문장보다 더 놀랄 만한 말은 없다.

율법을 능가하는 긍휼

마태복음 8:1-4(계속)

이 기사에서는 두 가지 사실, 즉 나병환자의 **접근**과 예수의 **응답**을 주목해야 한다. 이 나병환자의 접근에는 세 가지 요소가 있다.

1. 나병환자는 "확신"을 갖고 왔다. 그는 예수께서 원하기만 한다면 자신을 깨끗하게 할 수 있다는 사실을 의심하지 않았다. 여기에는 신앙이 있다. 나병환자는 정통 서기관과 바리새인에게 가까이 가고자 하지 않았다. 가까이 가면 돌에 맞아 쫓겨날 것을 너무나 잘 알고 있었기 때문이다. 그러나 예수에게는 다가왔다. 그는 돌을 던지지 않을 것을 알고 있었다. 다른 사람에게는 쫓겨나도 예수만은 기꺼이 영접해 주실 것을 확신했다. 누구든지 예수에게 나아올 때는 자기 자신이 너무 더러워 나아갈 수 없다고 생각할 필요가 없다. 그는 예수의 능력을 완전히 믿었다. 나병만은 랍비가 정한 치료법이 없었다. 그러나 이 사람은 누구도 할 수 없는 일을 예수께서는 할 수 있다고 확신했다. 누구든지 예수 그리스도가 존재하는 한 신체적으로 불치병이 있다거나 영혼에 용서 받지 못할 것이 있다고 생각할 필요는 없다.

ii. 그는 "겸손한 마음"으로 나아왔다. 그는 고쳐 달라고 요구하지 않았다. 다만 그는 "**주여, 원하시면** 저를 깨끗하게 하실 수 있나이다"라고 말했다. 이것은 마치 "나는 아무것도 아닙니다. 다른 사람들은 나를 보고 피해 버리고 나와 상종하지 않으려고 합니다. 나는 주께 주장할 것이라고는 아무것도 없습니다. 그러나 거룩하신 당신께서는 나 같은 이런 존재에게까지도 능력을 주시리라고 나는 믿습니다"라고 말한 것과 같다. 그리스도에게 나아가는 길은 자신의 부족한 것만을 알고 있는 겸손한 마음이다.

III. 그는 "존경하는 마음"으로 나아왔다. 성경은 그가 예수께 **절했다**고 말한다. 헬라어로는 프로스쿠네인(Proskunein)인데 이 말은 **신에게 경배하는** 때만 사용된 말이다. 이것은 언제나 하나님 앞에 있는 인간의 감정과 행동을 나타내는 말이다. 그 나병환자는 자신이 예수를 어떤 분이라고 생각하는지를 누구에게도 말할 수 없었다. 그러나 그는 예수 앞에 나아왔을 때 자신이 하나님 앞에 있음을 인식했다. 우리는 이것을 신학적이거나 철학적인 용어로 나타낼 필요가 없다. 우리가 예수 그리스도와 직면할 때 전능하신 하나님의 사랑과 능력을 접하는 것이라고 확신하면 그것으로 충분하다. 이러한 나병환자의 접근에 대해 예수의 응답이 나타났다. 먼저 그 응답은 긍휼이었다. 율법에는 그런 사람에게 손댈 수 없다고 기록되어 있다. 율법은 나병환자가 2미터 이내로 가까이 오도록 내버려둔다면 무섭고 불결한 죄가 된다고 경고하고 있다. 그러나 예수께서는 자신의 손을 펴서 그에게 대었다. 오늘날의 의학적 지식으로 본다면 예수께서 감염이 될지도 모르는 무모한 짓을 했다고 말할 수 있다.

그러나 예수께서는 손을 펴서 그 사람에게 대었다. 예수에게는 인생의 유일한 의무가 있었기 때문이다. 그 의무는 남을 돕는 것이었다. 거기에는 유일한 법이 있었다. 그것은 사랑의 율법이었다. 긍휼과 사랑하는 것은 다른 모든 규칙과 율법과 규례보다 선행한다. 그것이 예수에게 모든 신체적 위험을 물리치게 한 것이다.

아무리 귀찮은 질병에 걸린 환자라도 명의에게는 진절머리 나는 존재가 아니라 그의 의술을 필요로 하는 인간이다. 의사에게는 전염병이 걸린 아이도 위협적인 존재가 아니라 도와주어야 할 대상이다. 예수께서는 그와 같은 분이다. 하나님도 그와 같고 우리도 그와 같지 않으면 안 된다. 참된 기독교인은 어떤 습관이라도 파괴하고 어떤 위험이라도 감수하면서 어려운 이웃을 돕는 자다.

참된 분별

마태복음 8:1-4(계속)

이 사건에서는 두 가지를 주목해야 한다. 예수께서 율법을 무시하고 남을 돕기 위해 전염의 위험도 무릅쓰고 했는데 그는 이것을 무분별하고 무모하게 한 것은 아니다.

1. 예수께서는 그 사람에게 침묵을 지켜서 그에게 행한 일을 아무에게도 말하지 말라고 경고했다. 침묵하라는 명령은 예수의 입에서 흔히 나온 말이었다(마 9:30, 12:16, 17:9; 막 1:34, 5:43, 7:36, 8:26). 왜 예수께서는 아무에게도 말하지 말라고 명령해야 했을까? 팔레스타인은 피점령지였고 유대인들은 교만한 민족이었다. 그들은 하나님의 선민이라는 것을 잊지 않았고 그들의 신이 보낸 구원자가 올 그날을 꿈꾸었다. 그런데 그들이 생각한 그날이란 군사력으로 정복하여 정치적인 권력을 잡을 날이었다.

그러므로 팔레스타인은 세계에서 가장 동란의 위험이 큰 나라였고, 사실 여러 혁명 가운데서 생활했다. 지도자들이 계속 일어났지만 그 영광의 순간은 잠시였으며 곧 로마의 세력에 의해 제압되고 말았다. 이제 이 나병환자가 나가서 예수께서 행한 일을 널리 공포해 버린다면 예수와 같은 그러한 권능을 가진 사람을 정치적인 지도자나 군사 지휘관으로 올려 세우려고 군중이 떠들 것이다. 그리고 예수께서 그것을 중단시키기 전에 또 하나의 유혈 반란이 일어날 것이다. 예수께서는 사람의 마음을 계몽하고 그들의 생각을 다른 곳으로 돌려야만 했다. 그는 어떻게 해서든지 하나님의 능력은 사랑이지 군사력이 아님을 보여 주어야 했다. 그리고 사람들이 자신이 무엇을 위해 왔으며 자신의 본질은 사람의 생명을 사랑하는 자이지 파괴하는 자가 아니라는 사실을 알 때까지는 은밀히 일하지 않으면 안 되었다. 예수께서는 뜻의 실현을 대망하는 대신 그를 이용하여 자신들의 꿈을 실현하려고 하지 않기 위해 도움을 베푼 자들에게 침묵하라고 지시한 것이다. 그들은 예수에 대해 정당하게 말할 수 있는 것을 습득할 때까지는 침묵을 지켜야 했던 것이다.

II. 예수께서는 이 나병환자를 제사장에게 보내어 정한 예물을 드리고 나병이 깨끗해졌다는 증거를 받게 했다. 유대인들은 나병의 전염을 너무나 두려워했기 때문에 대단히 드문 일이지만 나병이 완치되면 거행하는 규정된 의식이 있었다. 그 의식이 레위기 14장에 기록되어 있다. 먼저 나병환자는 한 제사장에게 검사를 받는다. 두 마리의 새를 취하여 한 마리를 흐르는 물 위에서 죽였다. 그 다음 백향목과 홍색 실과 우슬초를 취해 이것들을 살아 있는 새와 함께 죽은 새의 피에 담근다. 그러고는 살아 있는 새는 자유롭게 보내 주었다. 병이 나은 사람은 몸과 의복을 씻고 면도를 했다. 7일이 지난 후 그는 다시 제사장의 검사를 받았다. 그때는 머리카락과 수염과 눈썹을 깎아야 했다. 그런 후 제물을 드렸는데 흠이 없는 숫양 두 마리와 암양 한 마리와 좋은 밀가루 10분의 3 에바에 기름을 섞어 반죽하고 기름 한 로그와 함께 드렸다. 나병이 다 나은 사람은 오른쪽 귓부리와 오른쪽 엄지손가락과 오른쪽 엄지발가락에 피와 기름을 발랐다. 그리고 마지막으로 다시 검사를 해서 완치된 것이 사실이라면 그에게 깨끗하게 되었다는 증명서를 주어 자유의 몸이 되었던 것이다.

예수께서는 이 사람에게 그러한 과정을 거치라고 말했다. 여기에 한 지시가 있다. 예수께서는 당시의 치료 방법을 무시하지 말라고 말해 주고 있다. 우리는 오늘날의 의학적, 과학적 방법을 무시하고 이적 기사만을 바라서는 안 된다. 우리는 하나님의 능력을 믿고 자신의 노력으로 협동하여 할 수 있는 최선을 다해야 한다. 기적이란 모든 것을 해 주기를 바라고 하나님만 기대하고 있는 게으름을 통해서는 오지 않는다. 기적은 믿음을 갖고 최선을 다하는 인간의 노력에 하나님의 한량없으신 은혜가 협동하는 데서 오는 것이다.

선한 사람의 탄원

마태복음 8:5-13

5예수께서 가버나움에 들어가시니 한 백부장이 나아와 간구하여 6이르되 주
여 내 하인이 중풍병으로 집에 누워 몹시 괴로워하나이다 7이르시되 내가 가
서 고쳐 주리라 8백부장이 대답하여 이르되 주여 내 집에 들어오심을 나는
감당하지 못하겠사오니 다만 말씀으로만 하옵소서 그러면 내 하인이 낫겠사
옵나이다 9나도 남의 수하에 있는 사람이요 내 아래에도 군사가 있으니 이더
러 가라 하면 가고 저더러 오라 하면 오고 내 종더러 이것을 하라 하면 하나
이다 10예수께서 들으시고 놀랍게 여겨 따르는 자들에게 이르시되 내가 진실
로 너희에게 이르노니 이스라엘 중 아무에게서도 이만한 믿음을 보지 못하
였노라 11또 너희에게 이르노니 동서로부터 많은 사람이 이르러 아브라함과
이삭과 야곱과 함께 천국에 앉으려니와 12그 나라의 본 자손들은 바깥 어두
운 데 쫓겨나 거기서 울며 이를 갈게 되리라 13예수께서 백부장에게 이르시
되 가라 네 믿은 대로 될지어다 하시니 그 즉시 하인이 나으니라

이 백부장은 신약성경 무대에서 짤막하게 등장하지만 복음서들 중에서 매력적인 인물 중 하나다. 백부장들은 로마 군대의 중추들이었다. 로마의 한 군단은 6천 명이었는데 이것은 60개의 100인 부대로 나뉘고 그 각 100인 부대의 지휘권이 백부장에게 있었다. 이 백부장들은 장기 복무하는 로마 군대의 정규군들이었다. 그들은 군대의 훈련을 책임졌고 군대를 한데 묶고 있는 매개자들이었다. 평화 시와 전쟁 시를 불무하고 로마 군대의 사기는 그들에게 달려 있었다. 로마 군대에 대한 서술에서 폴리비우스(Polybius)는 백부장이 어떻게 해야 하는지를 말해 주고 있다. 그는 "백부장은 위험을 일으키는 모험가보다는 오히려 행동에는 침착하고 믿음직스러운 지도자여야 한다. 그들은 쓸데없이 전투에 돌입해서는 안 되지만, 공격을 받았을 때에는 거점을 고수하고 자신들의 부서를 사수할 각오가 되어 있어야 한다"라고 기술했다. 백부장들은 로마 군대에서 가장 우수한

군인이었다.

재미있는 것은 신약성경에 나오는 백부장이 모두 훌륭한 인물들이라는 사실이다. 십자가의 예수를 하나님의 아들로 인정한 백부장, 기독교로 개종한 첫 이방인인 고넬료, 바울이 로마 시민임을 돌연히 발견하고 폭도들의 습격에서 구한 백부장, 유대인들이 예루살렘과 가이사랴 사이에서 바울을 살해하기 위해 음모한 것을 알고 그들의 계획을 미연에 막아 버린 백부장, 펠릭스의 명령을 받고 바울을 보살펴 호송한 백부장, 바울이 로마에서 마지막 여행을 할 때 바울과 동행했고 모든 예의로 바울을 대했으며 배가 폭풍을 만났을 때 바울을 지도자로 세운 백부장 등이 그런 사람들이다(마 27:34; 행 10:22, 26, 23:17, 23:24, 24:23, 27:43).

그러나 가버나움에 있던 이 백부장에게는 아주 특별한 것이 있었다. 그것은 그의 종에 대한 태도다. 이 종은 노예였는데 백부장은 이 종이 병든 것을 애석히 여기고 할 수 있는 모든 것을 다하여 그를 구하려고 했다. 이것은 그 당시 주인이 노예에게 대하는 태도가 아니었다. 로마 제국의 종은 문제도 되지 않았다. 그들이 고통을 당하든 죽든 그것은 중요한 문제가 아니었다. 아리스토텔레스는 인생에서 가능한 우정에 대해 말하고 있다. 그는 "생명이 없는 물건에 대해서는 우정도 정의도 있을 수 없다. 실로 말이나 소에도 그러하며 노예를 향해서도 우정이나 정의는 있을 수 없다. 주인과 노예는 아무런 관계도 없다. 도구가 생명이 없는 노예인 것과 똑같이 노예는 살아 있는 도구다"라고 말했다. 노예는 물건에 지나지 않았다. 노예는 권리라고는 하나도 없었다. 그 주인은 자신이 좋은 대로 노예를 자유롭게 할 수도 학대할 수도 있었다.

로마의 율법 전문가 가이우스는 노예에 대해 자신의 《법학 강요》에서 "주인이 노예의 생사를 주관할 권리를 소유한다는 것은 일반적으로 인정된 것이다"라고 규정했다. 로마의 저술가 바로(Varro)는 농업에 대한 글에서 농업의 도구를 셋–언어를 가진 도구, 언어가 없는 도구, 소리 없는 도구–으로 규정했는데 "언어를 가진 도구란 노예를 의미하며, 언어가 없는 도구란 가축을 말하며, 소리 없는 도구란 운반 수레들"이라는 비참한 구절을 썼다. 노예가 짐승이나 마차와 유일하게 다른 점은 말을 할 수 있다는 것이었다.

농업에 대해 저술한 또 다른 로마 저술가 카토(Cato)는 이 백부장의 태도가 얼마나 비상한 것이었는지를 보여 주고 있다. 그는 농장을 맡고 있는 사람에게 "가축을 잘 키워 팔도록 하라. 값이 좋은 때는 기름을 팔라. 또 남아돌아가는 기름과 곡물을 팔라. 맥 빠진 소들, 흠 있는 가축, 양털 가죽, 낡아빠진 사륜마차, 낡은 농구, 늙은 노예, 병든 노예, 그 밖에 무엇이나 남아돌아가는 것을 팔아 버리라"고 충고했다.

카로는 병든 노예는 갖다 버리라고 충고하고 있다. 피터 크리솔로구스(Peter Chrysologus)는 그 사정을 다음과 같이 요약하고 있다. "주인이 노예를 부당하게 취급하여 화를 내거나, 기꺼워하든가, 불평을 하든가, 소홀하게 대하든가, 정성을 들이든가, 알거나 모르거나, 어떻게 하든지 간에 주인은 노예에 대해서는 판단이요, 정의요, 법이다."

자기 노예를 사랑하는 것을 볼 때 이 백부장은 특별한 인격자였음이 분명하다. 이 백부장이 예수께 처음으로 나아왔을 때 그렇게 예수를 감동시킨 것은 이러한 아주 특별하고도 예상할 수 없는 그의 온유함과 사랑이었을 것이다. 언제나 사랑은 수많은 죄를 덮어 준다. 인간에 대한 관심이 큰 사람은 항상 예수 그리스도에게 가까이 있게 되는 것이다.

신앙의 통행증

마태복음 8:5-13(계속)

이 백부장은 종에 대한 태도에서 완전히 특별할 뿐 아니라 신앙에서도 아주 탁월한 사람이었다. 그는 예수의 능력을 힘입어 자신의 종이 낫기를 원했다. 그러나 거기에는 한 가지 문제가 있었다. 그는 이방인이었고 예수께서는 유대인이었다. 유대 율법에 의하면 이방인 거주지는 불결하기 때문에 유대인은 이방인의 집에 들어갈 수 없었다. 미슈나는 그것에 대해 "이방인들의 거주지는 불결하니라"고 규정하고 있다. 예수께서 "내가 가서 고쳐 주리라"고 말했을 때, 염두에 두고 있던 생각이 그것이었다. 예수께서는 여기서 불결에 대한 율법을 문제로 한 것이 아니다. 그리고 남의 집에 들어가는 것을 거절당한 것도 아니다. 예수께서는 다만 백부장의 믿음을 시험해 본 것이었다. 이때 백부장의 믿음은 정점에 달했다. 그는 군인으로서 부하에게 명령하면 그 명령이 지체 없이 그리고 무조건 실행된다는 것을 잘 알고 있었다. 그래서 그는 예수에게 "주께서 내 집에 오실 필요는 없습니다. 내 집에 들어오심을 나는 감당치 못하겠사오니 주께서 하실 일을 명령만 하십시오. 그러면 그 명령을 이행하겠습니다"라고 말했다. 여기에 신앙의 발언이 있다. 예수께서는 바로 그런 신앙이 하나님의 축복과 기쁨으로 들어갈 수 있는 유일한 통행증이라고 규정했다.

여기에서 예수께서는 유명하고도 생생한 유대인들의 소망을 들고 있다. 유대인들은 메시아가 오면 큰 잔치가 벌어지고 거기에 모든 사람이 참석한다고 믿고 있었다. 그때 육지에서 가장 큰 짐승 하마와 바다의 서식물 중에 가장 큰 해수가 연회에 요리로 마련될 것이다. 이것은 "너는 그것들을 네가 원하는 자들을 위해 언제든지 먹을 수 있게 하기 위해 남겨 두었도다"(에스라4서 6:52), "하마가 그 거처에서 나타나고 해수도 바다에서 올라오리니 그들은 내가 창조의 다섯째 날에 만든 큰 괴물들이라 내가 때가 이를 때까지 가두어 두었나니 그때에는 그들은 남아 있는 모든 자를 위해 식물이 되게 하리라"(바룩2서 29:4)는 구절에서 찾아볼 수 있다.

유대인들은 그들의 마음을 다하여 메시아 향연을 대망하고 있었다. 그러나 이방인은 어떤 사람이라도 그 향연에 자리를 같이할 수 있다고는 꿈에도 생각지 않았다. 그때가 오기 전까지 이방인들은 멸망할 것이라고 믿었다. "너를 섬기지 아니하는 백성들과 나라는 파멸하리니 그 백성들은 반드시 진멸되리라"(사 60:12).

그러나 여기에서 예수께서는 동서에서 많은 사람이 이르러 그 연회 자리에 앉으리라고 말씀하신다. 뿐만 아니라 오히려 나라의 본 자손들이 밖으로 쫓겨나리라고 말한다. 아들이란 상속자다. 그러므로 하늘나라의 아들은 하늘나라를 물려받을 수 있는 사람이다. 그러나 예수께서는 유대인들이 자신들의 상속권을 상실하게 되었다고 말한다. "죄인들이 받을 상속은 어두움이다"(솔로몬, 시편 15:11)

라는 것은 항상 유대인들의 사고방식이었다. 또한 랍비들은 "게헨나에 있는 죄인들은 암흑에 싸여 있을 것이다"라고 말했다. 유대인이 놀라고 모욕을 느낀 것은 지금까지 메시아 향연에서 쫓겨나리라고 생각했던 이방인이 초대되고, 환영받으리라고 생각되었던 유대인이 쫓겨나리라는 말을 들었기 때문이다.

유대인들은 하나님 앞으로 가는 통행증은 국적에 있는 것이 아니라 믿음이라는 것을 배우지 않으면 안 되었다. 유대인들은 자신들이 선민에 속해 있고 유대인이기 때문에 하나님의 가호를 받고 있다고 믿었다. 그리고 자신들은 하나님의 **귀족 민족**이므로 필연적으로 구원을 얻기에 충분하다고 믿었다. 예수께서는 하나님 나라의 유일한 귀족은 믿음이 있는 자라고 가르쳤다. 예수 그리스도는 어떤 특수한 민족의 소유가 아니다. 예수 그리스도는 민족에 관계없이 마음속에 신앙이 있는 모든 사람과 함께 계신다.

간격을 없애는 능력

마태복음 8:5-13(계속)

예수께서 명령하니 백부장의 종이 낫게 되었다. 이와 같은 기적은 많은 사람을 놀라게 했을 것이다. 예수께서 병자와 실제적으로 접촉하여 병을 낫게 한다는 것은 생각하기에 어렵지 않지만 예수께서 멀리 떨어져서, 즉 만나보거나 만지지도 않고 한마디 말씀으로 병을 낫게 한다는 것은 전적으로는 아닐지라도 거의 믿을 수 없는 일같이 생각되어 왔다. 그러나 이상한 일은 과학이 이러한 힘을 신비스럽기는 하지만 실제로 활동하고 있는 것으로 인정하게 된 것이다.

사람은 정상적인 접촉이나 통로를 통해 활동하지 않는 어떤 힘에 거듭거듭 직면해 왔다. 이러한 예증의 전형을 임마누엘 스웨덴버그(Emanuel Swedenberg)의 생애에서 볼 수 있다.

1759년에 스웨덴버그는 고텐버그에 있었다. 그는 300마일이나 떨어져 있는 스톡홀름에서 일어난 화재를 언급하며 시 당국자에게 그 화재에 대해 보고했다.

즉, 화재가 발생한 시간, 일어난 장소, 그 집 소유자의 성명, 그 불이 진화된 때를 말했는데, 그 후 조사 결과는 그의 설명이 세밀한 부분까지 정확하다는 것을 입증했다. 이 사실이 그에게 전달된 것은 보통 사람들에게 알려지는 노정을 거쳐 온 방법이 아니었다.

유명한 아일랜드 시인 예이츠(W. B. Yeats)도 이와 같은 경험을 했다. 그는 어떤 사물에 상징을 붙여 과학적인 방법이 아니라 매일 생활에서 순수한 사고력이라고 불릴 수 있는 것으로 다른 사람들에게 이 상징을 전달하는 실험을 했다. 슬리고에는 그의 삼촌이 있었다. 그는 결코 신비롭거나 영적인 사람이 아니었다. 예이츠는 여름마다 삼촌을 방문했다. 거기에는 높은 모래 산들과 낮은 낭떠러지들이 있었다. 그가 모래 산을 걷고 있는 동안 예이츠는 바닷가를 걸었다. 그가 말없이 어떤 상징을 마음에 그리면 그의 삼촌은 그것을 알아낼 수 있었다. 이렇게 해 단기간에 그의 삼촌은 그가 마음에 그리는 것을 틀리지 않고 알아맞히게 되었다. 예이츠는 런던의 만찬회에서 생긴 일도 말하고 있다. 파티의 손님들은 모두 친한 친구들이었다. 그는 종이쪽지에 "5분 이내에 욕 포웰이 불타는 집에 대해 말할 것이다"라고 써서 옆사람의 접시 아래로 밀어 넣었다. 그러고는 화재에 대해 생각하며 잠잠히 기다렸다. 그러자 포웰은 화제의 내용을 점점 바꾸어 나갔고 5분 후에는 그가 어릴 때 본 화재 사건을 설명하기 시작했다.

사람들은 그와 같은 것들을 줄곧 들어왔다. 오늘날 우리 세대에는 라인(J. B. Rhine) 박사가 일반적으로 첫 글자 E. S. P.로 불릴 만큼 많이 논의된 초감각적 지각이라고 칭하는 실험에 착수했다. 라인 박사는 미국에 있는 듀크 대학에서 수천 번의 실험 결과 사람이 보통의 감각 이외의 다른 방법으로 어떤 사실을 인식할 수 있다는 것을 증명했다. 그는 어떤 특별한 기호가 표시되어 있는 25장이 한 벌로 된 카드를 사용했다. 그는 한 사람에게 그 카드를 섞으면서 보지 않고 카드의 기호를 맞히게 했다. 이 실험에 참여한 학생들 중 한 사람이 허버트 피어스(Hubert Pearce)였는데 5천 번의 실험에서—한 번 실험에 카드 한 벌을 다 사용하여—그는 평균 25회 중에 열 번을 정확히 맞혔다. 확률로는 네 번을 예상할 수 있지만, 특별히 정신을 집중한 상태에서는 카드 25장 전부를 정확하게 맞혔다. 수학의 우연의 법칙에 의하면 전부 맞힐 확률은 298,023,223,876,953,125

분의 1이다.

브룩맨(Brugman)이라는 실험가는 다른 실험을 했다. 그는 두 사람을 선택하여 발신자는 위층에 보내고 수신자는 아래층으로 보냈다. 그 두 방 사이의 가운데는 공간으로 비어 있는 이중 유리로 되어 있어 소리로 전달한다는 것은 완전히 불가능했다. 그 유리창 틀을 통해 송신자는 수신자의 손을 볼 수 있었다. 수신자 앞에는 48개의 정방형으로 구획이 나뉜 탁자가 있었다. 수신자의 눈은 가렸고 그 수신자와 정방형 책상 사이는 두터운 막으로 가려져 있었다. 그는 지시봉을 커튼 아래로 넣어 탁자에 닿게 했다. 이제 실험은 송신자가 수신자에게 어떤 구획에 지시봉을 지적하게 해야 하는 것이었다. 우연의 확률로 본다면 180회에 네 번 옳게 지적할 수 있었다. 그러나 여기에서는 60회를 정확히 맞혔다. 여기서 송신자의 정신력이 수신자의 마음에 영향을 미쳤다고 말할 수 있을 것이다.

자넷(Janet) 박사는 멀리 있는 사람에게 최면술을 걸었는데 25회 중 18명에게 성공했고 4명은 절반만 성공했다. 이것은 실험에 의해 증명된 것이다.

사람의 마음이 멀리 떨어져 있는 다른 사람의 마음에 영향을 미친다는 사실은 최근에 와서야 알려지기 시작했다. 그것이 완전히 해명되려면 아직 시간이 많이 걸릴 것이다. 인간의 마음으로도 이만한 일을 할 수 있는데 예수의 마음이 그 이상의 일을 못할 리 없다. 이 기적이 흥미로운 것은 현대의 사고방식이 이것을 이해하기 더 어렵게 하기보다 더 쉽게 믿게 한다는 것이다.

한 가정에서 일어난 기적

마태복음 8:14-15

14예수께서 베드로의 집에 들어가사 그의 장모가 열병으로 앓아 누운 것을
보시고 15그의 손을 만지시니 열병이 떠나가고 여인이 일어나서 예수께 수종
들더라

이 기사를 마가의 기사와 종합해 보면 이 사건은 예수께서 가버나움에 계실 때 안식일을 맞아 회당에서 예배가 끝난 후 일어난 사건이었음을 알게 된다. 자신의 집이 없었던 예수께서는 가버나움에 있는 동안 베드로의 집에서 묵었다. 베드로는 결혼했는데 전설에 의하면 그의 아내는 후일에 그의 전도의 조력자가 되었다고 한다. 알렉산드리아의 클레멘트(Clement of Alexandria)는 베드로와 그의 아내가 함께 순교했다고 말했다(스트로마 타이스 7:6). 이때 베드로는 자신이 죽기 전에 아내의 죽음을 목격하는 괴로운 입장에 처했는데 "베드로는 아내가 죽임 당하는 것을 보고서 천국에 부름 받아 가는 것을 기뻐하며 아내의 이름을 부르며 '주를 기억하시오' 라고 말하여 격려하고 위로하였다" 고 전한다.

이때 베드로의 장모는 열병으로 앓고 있었다. 팔레스타인에서 일반적으로 알려진 열병으로는 세 종류가 있었다. 첫째는 파상열이라고 불리는 것인데, 이는 사람이 허약하거나 빈혈이 있을 때 잘 걸리며 증세는 여러 달 계속되며 종종 죽음을 맞는 경우가 많았다. 그리고 간헐열이라고 불리는 열병은 장티푸스와 비슷하다. 그리고 말라리아가 있었다. 요단강이 갈릴리 호수로 흘러드는 지역과 흘러나오는 지방에는 숲 지대가 있었는데 여기에 학질모기가 자라고 번식했다. 가버나움과 디베랴 두 지방에는 말라리아가 대단히 많았다. 이 병은 흔히 황달과 오한을 동반하기 때문에 환자는 극심한 고생을 겪게 된다. 베드로의 장모가 걸린 병은 말라리아가 틀림없을 것이다.

이 기적에서 예수와 고침 받은 여자에 대해 많이 배울 수 있다.

I. 예수께서는 이때까지 회당에서 귀신 들린 자를 낫게 했다(막 1:21-28). 마태복음에서는 회당에서 집으로 가는 도중 백부장의 종을 고친 것으로 되어 있다. 이런 기적들을 행하는 일은 예수에게는 희생을 요구하는 것이었다. 사람을 고칠 때마다 능력이 예수에게서 나왔으므로 예수께서는 이때 매우 피로한 상태였을 것이다. 그래서 베드로의 집에서는 쉬려고 하셨을 텐데 그 집에 들어가자마자 거기에도 그의 도움과 치료를 필요로 하는 또 다른 병자가 있었던 것이다. 여기에는 기적을 바라보고 놀라고, 감탄하고, 선전할 대중도 없었다. 여기에는 소박한 오두막집 한 채와 다 아는 열병으로 고통하는 가난한 노파 한 사람뿐이

었다. 이런 조건하에서도 예수께서는 자신의 능력을 나타낸 것이다. 예수께서는 아무리 피곤한 상태여도 남을 도왔다. 도움을 구하는 사람들의 소원을 예수께서는 고통으로도, 성가신 것으로도 생각지 않았다. 예수께서는 공중 앞에서는 최선을 다하고 사사로운 데서는 악을 행하는 사람들과 같지 않았다. 예수께서는 아무리 쓸모없는 곳에서도 기꺼이 도와주었고 칭찬해 줄 사람이 없어도 언제나 최선을 다했다. 군중 가운데서나 오두막집 안에서나 그의 사랑과 능력은 그를 필요로 하는 사람에게는 누구나 부여될 준비가 되어 있었다.

II. 예수께서 낫게 한 여자에 대해서도 이야기할 것이 있다. 예수께서 그 여자를 낫게 하자마자 여자는 예수와 또 다른 손님들에게 필요한 것들을 수종드는 일로 분주하게 되었다. 그 여자는 분명히 자신은 "봉사하기 위해 구원 받은" 것으로 생각했다. 이제 이 여인의 유일한 소망은 자신이 새로이 회복한 건강을 예수와 이웃에게 봉사하는 데 쓰는 것이었다. 우리는 그리스도가 주신 선물을 어떻게 써야 할까? 예이츠는 오스카 와일드(Oscar Wilde)가 "주옥의 단편" 이라고 자칭하는 작품을 자신의 자서전에 인용하고 있다. 그는 그것을 "무섭기까지 아름다운 것" 이라 하며 전문을 실었다. 예이츠가 인용한 것은 후에 문학적으로 각색되어 그 가치가 감소된 이전의 것으로서 원작의 소박함을 그대로 전하고 있다.

> 그리스도는 새하얀 들판에서 나와 자색 도시로 들어갔다. 그가 첫 번째 거리를 통과할 무렵 그는 머리 위에서 나는 목소리를 들었다. 쳐다본즉 술에 취하여 누워 있는 한 젊은이였다. "왜 그대는 술 취하여 그대의 영혼을 쇠하게 하는가" 라고 물으니 젊은이는 "주여, 나는 과거에 나병환자였습니다. 그런데 당신이 나를 낫게 하셨습니다. 이것밖에 내가 무엇을 할 수 있습니까?" 라고 대답했다. 예수께서는 그 동네를 지나 좀더 가다가 창부를 쫓아다니는 한 젊은이를 보았다. 그에게 "왜 그대는 음행으로 그대의 영혼을 망치는가?" 라고 묻자 그 젊은이는 "주여, 나는 과거에 맹인이었습니다만 당신이 나를 고쳐 주셨습니다. 그런데 이런 것 외에 내가 무엇을 할 수 있겠습니까?" 라고 대답했다. 그 도시 가운데 들

어서서 땅바닥에 쭈그리고 앉아 울고 있는 한 늙은이를 보았다. 예수께서 그에게 우는 이유를 묻자 그 늙은이는 "주여, 나는 죽었다가 당신이 일으켜서 다시 살아난 사람입니다. 우는 일 말고 내가 다른 무엇을 할 수 있겠습니까?"라고 대답했다.

이것은 그리스도의 선물과 하나님의 은혜를 사람들이 어떻게 쓰고 있는지에 대한 하나의 무서운 예화다. 베드로의 장모는 건강의 회복이라는 선물을 예수와 이웃을 봉사하는 데 썼다. 바로 이것이 우리가 모든 하나님의 선물을 써야 하는 방법이다.

군중 속의 기적

마태복음 8:16-17

[16]저물매 사람들이 귀신 들린 자를 많이 데리고 예수께 오거늘 예수께서 말
씀으로 귀신들을 쫓아내시고 병든 자들을 다 고치시니 [17]이는 선지자 이사야
를 통하여 하신 말씀에 우리의 연약한 것을 친히 담당하시고 병을 짊어지셨
도다 함을 이루려 하심이더라

우리가 이미 살핀 것처럼 본 사건에 대한 마가복음에 의하면 이 사건은 안식일에 생겼다(막 1:21-34). 거기서 왜 이 사건이 저녁 때 일어났는지가 이해된다. 안식일의 규례에 따르면 안식일에는 노동하는 것이 금해 있었고 이날 병을 치료하는 것도 허락되지 않았다. 병이 악화되지 않도록 조치할 수는 있었으나 나아지도록 치료할 수는 없었다. 안식일에는 생명이 위험에 처해 있을 때만 치료를 허락하는 것이 일반적인 규칙이었다. 안식일에는 건조된 무화과 두 개 이상의 무게의 짐을 옮기는 것도 불법이었다. 그러므로 환자를 들것으로 옮기거나 팔로 안아 옮기는 일, 업어서 옮기는 것은 금지되어 있었다. 이 시절은 시계가 없었던

시절이어서 저녁 하늘에 두 개 이상의 별을 보고 안식일의 끝을 아는 것이 관례였다. 그러므로 가버나움의 군중은 이 관례에 따르기 위해 저녁을 기다려서 예수께 나아왔다. 예수라면 병을 고쳐 주실 줄 알고 있었기 때문이다.

그런데 예수께서는 이 안식일에 무엇을 하고 계셨을까? 예수께서는 안식일에 회당에서 가르치시고 사귀 들린 자를 고치셨고 백부장의 하인을 고쳐 주고 계속해 베드로의 장모의 병을 고치셨다. 물론 이날은 온종일 설교하고, 가르치고, 격심한 미움을 갖고 있는 사람들과 대결했다. 그리고 지금 저녁이 되었다. 하나님은 낮에는 일하게 하셨고 밤에는 쉬도록 하셨다. 저녁은 모두 직무를 벗고 조용히 지내는 시간이다. 그러나 예수께서는 그렇지 않으셨다. 예수께서 쉬고자 하셨을 때 도움을 구하는 사람들이 들이닥친 것이다. 그럴 때 예수께서는 자신의 피곤도 잊으시고 불평 없이 하나님의 풍성하신 사랑으로 모든 사람의 요구를 채워 주셨다. 도움을 구하는 자가 한 사람이라도 있는 한 예수 그리스도에게는 휴식이 없었던 것이다.

본문의 장면에서 우리의 연약함을 담당하시고 우리의 죄악을 짊어지는 종으로서 주님에 대한 이사야(사 53:4)의 묘사를 마태의 심정에서 읽을 수 있다.

예수를 따르는 자가 도움을 구하고 고침을 원하는 사람들이 있는 동안 그에게는 결코 휴식이 없었다. 기이한 사실은 다른 사람에게 봉사하는 동안 자신의 피곤함이 회복되고 연약함이 강해짐을 경험한다는 것이다. 일하기를 요구당할 때는 그것을 해내는 힘이 이상하게 주어진다. 나 자신을 위해서는 아무것도 할 수 없다고 생각될 때도 다른 사람을 위해서는 일하는 힘이 어디에선가 주어지는 것이다.

희생을 각오하라

마태복음 8:18-22

18예수께서 무리가 자기를 에워싸는 것을 보시고 건너편으로 가기를 명하시

니라 [19]한 서기관이 나아와 예수께 아뢰되 선생님이여 어디로 가시든지 저는
따르리이다 [20]예수께서 이르시되 여우도 굴이 있고 공중의 새도 거처가 있으
되 인자는 머리 둘 곳이 없다 하시더라 [21]제자 중에 또 한 사람이 이르되 주
여 내가 먼저 가서 내 아버지를 장사하게 허락하옵소서 [22]예수께서 이르시되
죽은 자들이 그들의 죽은 자들을 장사하게 하고 너는 나를 따르라 하시니라

언뜻 보기에 이 본문은 여기에 맞지 않는 것처럼 보인다. 8장은 기적의 장으로서 연속적인 기적의 사건을 언급하고 있어 본문이 8장과는 조화되지 않는 듯하다. 따라서 마태가 왜 여기에 이 본문을 삽입했을까 하는 의문이 제기된다.

여기서 마태는 고난의 종으로서 예수를 생각했다고 하는 의견이 있다. 그는 바로 앞의 "우리의 연약한 것을 친히 담당하시고 병을 짊어지셨도다"(8:17)라는 구절을 인용하고 있다. 거기에서 자연히 마태가 머리 둘 곳이 없는 사람의 모습을 생각했을 것이라고 말하는 것이다. 프루머(Plummer)는 "예수께서는 빌린 마구간에서 생애를 시작하시어 빌린 무덤에서 마치셨다"라고 말했다. 그러므로 마태가 여기에다 이 부분을 삽입한 것은 이 성구와 바로 앞의 몇 구절이 하나님의 고난의 종으로서의 예수를 나타냈기 때문이라고 할 수 있다.

그러나 마태가 이 사건을 기적의 장에 넣은 것은 이 일 자체가 기적이라고 생각했기 때문이 아닐까? 예수를 따르고자 한 사람은 서기관이었다. 서기관은 그가 아는 최대 존칭을 예수께 드려 예수를 "선생님이여!"라고 불렀다. 이것은 헬라어로 디다스카로스(didaskalos)라는 말로 히브리어로는 랍비(Rabbi)라고 번역한다. 그에게는 예수께서 이제까지 듣고 본 중에서 최고의 위대한 스승이었다. 서기관으로서 그가 예수에게 이와 같은 호칭을 드린 것은 기적이었다. 그 서기관은 예수를 따르기를 간절히 바랐다. 예수라고 하면 서기관적인 종교 토대 위에 세워진 편협한 율법주의를 파괴하는 사람으로 생각되었기 때문에 서기관이 예수 안에서 그렇게 아름답게 바람직한 것을 추구한다는 것은 기적적인 사건이었다. 이것은 예수 그리스도의 인격이 사람들에게 준 기적이었던 것이다. 한 인격이 다른 인격에 주는 강한 인상은 놀라운 결과를 낳는다. 위대한 스승의 영향을 받아 학문의 길을 택한 사람도 적지 않다. 또한 위대한 그리스도인의 인격에 강

한 영향을 받아 그리스도인으로서의 생활과 봉사를 결심한 사람도 많다. 설교란 다른 것이 아니라 곧 "참된 인격을 통해 나타낸 진리"라고 말한다.

엘리오트(W. H. Elliott)는 자서전《숨겨진 정점》에서 유명한 여배우 에디스 에반스(Edith Evans)의 일을 다음과 같이 묘사하고 있다. "그녀는 남편과 사별하였을 때 슬픔을 가득 안고 우리에게 찾아왔다. 체스터가에 있는 나의 응접실에서 그녀는 한 시간 이상 슬픔을 쏟아 놓았다. 그것은 깊이 숨겨 있던 마음의 샘에서 우러나오는 것이었다. 그녀의 인품이 방을 가득 메웠다. 내 응접실은 이 슬픔을 담기에 충분히 크지 못할 정도였다. 그리고 며칠간 나는 내 방에 충격적인 분위기가 남아 있음을 느꼈다." 이 이야기는 유대 서기관에게 예수의 인격이 강한 영향을 준 것을 말하고 있다. 오늘날에도 요긴한 것은 예수에 대해 많은 말을 하는 것보다는 예수에게 접촉되어 예수의 인격에 의해 사람들이 변화되도록 하는 것이다.

그러나 더욱 중요한 것이 있다. 이 서기관의 반응이 있자마자 예수께서는 이르시기를 여우도 굴이 있고 공중의 새도 거처가 있으되 오직 인자는 머리 둘 곳이 없다고 했다. 이것은 "네가 나를 따르기 전에 **네가 무엇을 하는 것인가 생각하라**", "네가 나를 따르기 전에 어떤 희생을 치르지 않으면 안 되는지를 생각해 보라"는 의미일 것이다. 예수께서 원하시는 사람은 일시적 감격으로 따르는 사람이 아니다. 감격은 한순간 불타다 곧 꺼져 버리기 때문이다. 또한 예수께서 원하시는 사람은 다만 감정의 물결대로 따르는 사람들이 아니다. 감정의 물결은 급히 밀려왔다가 속히 물러가기 때문이다. 예수께서 원하시는 사람은 자신의 행동을 잘 이해하고 실행하는 사람이다. 예수께서는 십자가를 질 것을 말씀하셨다(마 10:38). 예수께서는 누구든지 자신의 가장 사랑하는 가족이라도 버리고 따르라고 말씀하셨다(눅 14:26). 또한 예수께서는 가난한 자를 위해 그의 소유를 나누어 주고 따르라고 말씀하셨다(마 19:21). 예수께서는 항상 "나는 네가 나를 따르고자 하는 것을 알고 있다. 그러나 그것이 실행될 수 있으리만큼 나를 사랑하고 있는가?"라고 말씀하신다.

인생에서는 무엇을 하더라도 사실을 직관하지 않으면 안 된다. 학자가 되고 싶어 하는 젊은이에게는 "훌륭한 일이다. 그러나 너는 쾌락을 돌아보지 않고 괴로운 면학의 생활을 계속할 각오가 되어 있는가?"라고 물어야 할 것이다. 탐험가가 탐험대를 조직하려고 하면 참가 희망자가 쇄도한다. 이 중에서 몽상가를 떨구고 현실적인 사람들을 선발하려면 "대환영합니다. 그러나 당신들은 눈과 얼음과 습지와 더위를 각오하고 피로와 고달픔을 견뎌 낼 각오가 되어 있습니까?"라고 묻지 않으면 안 된다. 운동선수가 되기를 원하는 젊은이에게 지도자는 "좋은 뜻이다. 그러나 당신은 자신의 약함을 이기고 엄한 훈련을 견딜 수 있는 각오가 되어 있는가? 그것만이 당신이 꿈꾸고 있는 명성을 얻는 길이다"라고 물어야 할 것이다.

이것은 열의를 꺾으려는 의도가 아니다. 현실에 직면하지 않은 열심은 불꽃으로 계속 타지 못하고 곧 꺼져서 재가 되는 것을 보여 주기 위함이다. 어떤 사람도 자신을 속이고서 예수를 좇을 수는 없다. 우리가 성도의 생활이 쉽다고 말한다면 그것은 곧 예수의 일을 심하게 방해하는 것이 된다. 그리스도의 길을 걷는 것처럼 훌륭한 감개가 없고, 그의 종착점이 영광에 찬 것은 없다. 그러나 예수께서는 일찍이 신앙의 길은 안일한 길이라고 하시지 않았다. 영광에의 길은 동시에 십자가의 길이기 때문이다.

기회 상실의 비극

마태복음 8:18-22(계속)

여기에 예수를 따르기 바라는 또 다른 사람이 있었다. 그는 예수를 따르기 위해 "나로 먼저 가서 내 부친을 장사케 허락하옵소서"라고 했다. 그때 예수께서는 "죽은 자들이 그들의 죽은 자들을 장사하게 하고 너는 나를 따르라"고 했다. 이 대답은 처음 듣는 사람에게는 아주 냉혹하게 느껴진다. 죽은 부모에 대해 정중하게 장례식을 치러야 하는 것은 유대인의 신성한 의무다. 야곱이 사망했을 때 요셉이 그의 부친의 매장을 위해 가기를 허락해 줄 것을 바로에게 간청한 것에서도 이 사실을 알 수 있다. "우리 아버지가 나로 맹세하게 하여 이르되 내가 죽거든 가나안 땅에 내가 파 놓은 묘실에 나를 장사하라 하였나니 나로 올라가서 아버지를 장사하게 하소서. 내가 다시 오리이다"(창 50:5).

이와 같이 분명히 엄격하고 철저했던 풍습의 언급과 본문의 설명과는 차이가 있기 때문이다.

그러면 이 차이점을 좁히기 위해 다음과 같은 것을 고려할 수 있다. 예수께서 당시 사용하시던 아람어를 헬라 복음서로 번역할 때 잘못된 것이라고 생각할 수 있다. 그 따르는 자가 부친의 장사를 장의사에게 맡기고 따르라는 예수의 말씀이라는 것이다. 이것은 "지나가는 사람들이 그 땅으로 지나가다가 사람의 뼈를 보면 그 곁에 푯말을 세워 매장하는 사람에게 가서 하몬곡(Hamongog) 골짜기에 매장하게 할 것이오"는 에스겔 39장 15절의 특이한 구절에서 찾아볼 수 있다.

여기에서 전문적으로 "매장하는 자"가 있는 것을 추측할 수 있다. 본문은 예수께서 그의 부친의 매장을 전문적인 매장인에게 맡기라고 말씀하신 것같이 보인다. 그러나 아직도 이에 대한 완전한 설명이라 할 수 없다.

다른 설명은 이 말이 사실 엄한 명령으로서 예수께서는 이 사람이 살고 있는 사회는 죄에 죽은 것이므로 부친의 장례가 끝나지 않았어도 되도록 빨리 빠져나오도록, 가령 그것이 가장 신성한 의무일지라도 그것을 위해 신앙생활에 들어감이 늦어서는 안 된다고 말하는 것이라고 한다. 그러나 가장 바른 해석은 당시 유대인이 "나는 부친을 장사해야겠다"라고 말한 의미를 이해하는 데 있는 줄 안다. 이러한 말은 동방에서 아직도 당시와 같은 의미로 사용되고 있다.

웬트(Wendt)는 시리아의 선교사 왈드메이어(Waldmeier)에 대한 관계 기사를 인용했다. 이 선교사는 평상시 친분이 있는 지적이고 부유한 터키 청년에게 학교를 졸업하면 교육을 완성하고 식견을 넓히기 위해 유럽으로 여행할 것을 권했다. 그랬더니 터키 청년은 "나는 우선 내 아버지를 장사해야 합니다"라고 대답했다. 선교사가 심심한 동정을 표시했더니 젊은이는 자신의 아버지가 아직 건재하다고 말했다. 그리고 그의 말 뜻은 여행하기 전에 양친과 친척에 대한 의무를 다해야 한다는 것, 즉 부친이 죽지 않으면 집을 떠날 수 없다는 것이었다고 설명했다. 그것은 몇 년 후일지 알 수 없는 것이다.

이 복음서에 나오는 사람이 말한 것도 확실히 이 의미라고 생각된다. "우리 부친이 사망하고 자유롭게 되면 당신을 따르겠습니다"라고 해 사실 예수를 따르는 것을 무기한으로 연장한 것이다.

현명한 예수께서는 사람의 마음을 예리하게 통찰하셨다. 사람이 즉시 결단하여 따르지 않으면 영원히 따르지 못할 것을 알고 계셨던 것이다. 우리는 자주 높은 차원에 마음이 쏠리는 순간을 느끼지만, 아무런 실천도 하지 못하고 지나는 때가 너무나도 많다. 인생의 비극은 기회를 포착하지 못하고 놓치는 것에 있다. 우리는 자주 귀한 일을 하고자, 지금까지 결점과 약점을 버리고자, 사람들에게 동정과 충고와 용기에 대한 말을 하자고 생각하는 동안 기회를 잃고 만다. 그래서 악은 아직도 정복되지 않게 되고 해야 할 말은 하지 않고 끝나 버리고 만다. 우리 중에서 뛰어나다고 생각되는 사람들 중에도 어느 정도 무기력하고, 무감각하고, 게으른 경향이 있는 사람이 있다. 또 어떤 면에서는 공포를 느끼고 주저하는 마음도 있다. 그리고 귀한 기회에 행동하지 못하여 생각하고 있는 것이 사실로 실현되지 못하게 하기도 한다.

예수께서는 이 사람에게 "네가 지금 살고 있는 사회는 죄로 죽었으므로 너는 거기에서 빠져나오려 하고 있다. 그리고 몇 년 후에 부친이 죽은 후에 거기에서 떠날 수 있다고 생각한다. 그러나 나는 네게 말한다. 지금 곧 거기서 떠나 나오라. 그렇지 않으면 이후에는 결코 떠나올 수 없을 것이다"라고 말씀하신다.

웰스(H. G. Wells)는 자서전에서 자신의 생애의 중요한 전환점에 대해 말하고 있다. 그는 아무런 장래성이 없는 포목점에서 일하고 있었다. 어느 날 그는 내면에서 들려오는 예언적인 음성을 듣게 되었다. "늦기 전에 어떤 희생을 치르더라도 그곳에서 뛰쳐나와라"는 음성이었다. 그는 조금도 지체하지 않고 뛰쳐나왔다. 그래서 유명한 웰스가 되었던 것이다. 하나님이 우리에게 결단력을 주셔서 우리를 기회 상실의 비극에서 구해 주시기를 바란다.

주와 함께하는 평안

마태복음 8:23-27

23배에 오르시매 제자들이 따랐더니 24바다에 큰 놀이 일어나 배가 물결에 덮
이게 되었으되 예수께서는 주무시는지라 25그 제자들이 나아와 깨우며 이르
되 주여 구원하소서 우리가 죽겠나이다 26예수께서 이르시되 어찌하여 무서
워하느냐 믿음이 작은 자들아 하시고 곧 일어나사 바람과 바다를 꾸짖으시
니 아주 잔잔하게 되거늘 27그 사람들이 놀랍게 여겨 이르되 이이가 어떤 사
람이기에 바람과 바다도 순종하는가 하더라

이 장면은 갈릴리 바다에 흔히 있는 일이다. 갈릴리 호수는 작다. 남북의 길이가 21킬로미터, 동서의 넓이가 13킬로미터가량밖에 안 된다. 이 호수는 요단 계곡이라고 하는, 지면이 깊이 웅덩이가 된 계곡의 일부분이다. 수면은 바다보다 200미터가량 낮다. 그러므로 이곳 기후는 온화하나 여러 가지 위험이 있었다. 서쪽은 산과 골짜기로 되어 있어 찬바람이 서쪽에서 불면 이 계곡은 거대한 바람통처럼 되었다. 바람은 여기에서 압축된 것처럼 되어서 맹렬한 세력으로 갑자기 호수에 불어닥치므로 지금까지 고요하던 수면도 어느 순간에는 노한 풍랑이 일어나는 것이다. 갈릴리 호수의 폭풍은 돌연히 들이닥치고 맹렬한 것이 특징이다.

톰슨(W. M. Thomson)은 자신의 저서 《그 땅과 그 책》에서 갈릴리 해변의 경험을 다음과 같이 서술하고 있다.

> 이런 일이 있은 다음에 해변에 우리 천막을 세웠는데 3주를 밤낮으로 무서운 바람을 맞으며 견디었다. 우리는 모든 천막 로프에 이중 쇄를 박지 않으면 안 되었고 몇 번이나 천막이 통째로 공중으로 날아가는 것을 막기 위해서 나부끼는 천막에 대롱대롱 매달려 있어야 했다. 그러고 있을 때 호수전체가 노한 듯이 휘몰아쳤고 파도는 반복해 우리 천막 문을 두드리고 맹렬하게 밧줄을 쳐서 말뚝

이 빠지려고 했다. 더욱이 이런 바람은 맹렬할 뿐 아니라, 갑자기 몰아쳐 왔고 어떤 때는 하늘이 완전히 맑은 때도 그러했다. 한번은 온천 가까이로 수영하러 갔다. 그런데 내가 알기도 전에 바람이 무서운 기세로 벼랑 쪽에서 돌진해 와서 해변에 다시 나오기가 대단히 어려웠다.

크리스티(W. M. Christie) 박사는 갈릴리에서 여러 해를 지낸 경험자로서 여기에 이런 폭풍이 불면 마치 바람이 동시에 사방에서 불어닥치는 것처럼 생각된다고 했다. 바람이 좁은 산 협곡을 따라 몰아쳐 내려와서 수직으로 호수를 후려치기 때문이다.

여행자 일행이 디베랴 해변가를 방문한 일이 있었다. 그들은 해변가에 서서 자그마한 호수의 표면이 유리같이 잔잔함을 보고는 복음서에 기록된 그러한 풍랑이 일어날 수 있을까 하고 의심했다. 그러나 곧 바람은 일어났다. 불과 20분 만에 바다는 파도로 하얗게 되었다. 거대한 파도가 도시 성벽의 한 구석에 서 있는 탑까지 덮쳐 왔다. 방문객들은 호수 주변에서 180미터나 떨어져 있었지만 앞을 가리는 물보라를 피해 안전지대를 찾아야 했다. 그러나 불과 30분 후에는 광풍이 지나가고 평온한 태양빛이 보였다.

이것이 바로 예수와 그의 제자들이 당했던 것이었다. 헬라어로는 이 말의 의미가 아주 생생하게 나타난다. 폭풍은 헬라어로 **세이스모스**(seismos)인데 이것은 **지진**이란 의미를 가진 낱말이다. 파도가 너무 높으면 배는 그 위에 높이 솟아오른 물마루 사이에 가려지고(Kaluptesthai) 만다. 예수께서는 잠들었다. 마가복음 4장 1-35절의 기사를 읽어 보면 배가 출항하기 전에 주께서는 베 안에서 계속 사람들에게 말씀하셨으므로 당시 아주 지쳐 있었을 것이다. 그러므로 폭풍의 공포 때문에 제자들이 그를 깨웠을 때, 폭풍이 그치고 잠잠해진 것이다.

풍랑 중의 고요함

마태복음 8:23-27(계속)

이 기사에는 바다의 풍랑이 잔잔해진 것 이상의 의미가 있다. 예수께서 주후 28년경 갈릴리 호수의 거센 폭풍을 실제로 잔잔케 하셨다고 해도 그것은 우리와 별 관계가 없다. 그것은 먼 옛날에 생긴 기적이고 20세기의 우리에게는 별 의미가 없다. 이 이야기가 폭풍을 잔잔케 한 것뿐이라면 우리는 "그러면 왜 예수께서는 오늘날에도 그와 같은 일을 하시지 않는가? 왜 지금도 바다의 폭풍으로 빠져 죽는 사람들을 예수의 사랑으로 도와주고자 하시지 않는가?"라고 물어보고 싶을 것이다. 이 이야기가 다만 기상학적인 폭풍을 잔잔케 한 것뿐이라면 도리어 문제를 일으킬 뿐 아니라 그 일로 실망하는 사람도 생길 것이다.

그러나 이 이야기의 의미는 그것보다 훨씬 깊은 것이다. 예수께서 단지 갈릴리에서 폭풍을 잔잔케 하셨다는 것이 아니라, **예수께서 계신 곳에는 인생의 폭풍이 잔잔해진다**는 것을 뜻하기 때문이다. 예수께서 임재하시면 가장 무서운 폭풍도 물러나 잔잔케 된다. 예수께서 계시는 곳에는 어떤 폭풍이 불어닥쳐도 평화가 있다.

쌀쌀하고 슬픈 바람이 불어닥칠 때도 예수 그리스도 안에서는 평화와 위로가 있다. 격정의 열풍이 불어 와도 예수 그리스도가 계신 곳에는 평화와 안전이 있다. 의심의 폭풍이 신앙의 토대를 흔들 때도 예수 그리스도가 계신 곳에는 굳건한 안정이 있다. 사람의 마음을 요동시키는 모든 폭풍 속에서도 우리는 예수 그리스도와 함께 평안을 얻을 수 있는 것이다.

마가렛 아베리(Margaret Avery)는 산악 지대의 작은 마을의 학교에서 일어난 이야기를 했다. 어느 날 교사는 아이들에게 예수께서 바다의 폭풍을 잔잔케 한 이야기를 들려 주었다. 그런데 곧 무서운 눈보라가 일어났다. 학교가 끝나고 교사는 아이들의 몸을 안다시피 하고 폭풍 속에서 인솔하고 있었다. 그것은 대단히 위험한 일이었다. 그때 작은 남자 아이가 혼잣말로 중얼거렸다. "지금 여기에 예수께서 계시면 좋겠는데…." 이 아이는 교사의 이야기를 바로 이해했다. 따라서 그 교사는 훌륭한 교사였음이 틀림없다. 이 이야기가 뜻하고 가르치고 사실로서 증명하는 것은 인생의 폭풍이 우리의 영혼을 요동하게 할 때도 예수 그리스도가 가까이 계시는 것, 예수께서 계시는 곳에서는 사나운 폭풍도 고요해진다는 것, 이 평안은 어떤 폭풍도 흔들지 못한다는 것이다.

귀신이 출몰하는 세계

마태복음 8:28-34

[28]또 예수께서 건너편 가다라 지방에 가시매 귀신 들린 자 둘이 무덤 사이에
서 나와 예수를 만나니 그들은 몹시 사나워 아무도 그 길로 지나갈 수 없을
지경이더라 [29]이에 그들이 소리 질러 이르되 하나님의 아들이여 우리가 당신
과 무슨 상관이 있나이까 때가 이르기 전에 우리를 괴롭게 하려고 여기 오셨
나이까 하더니 [30]마침 멀리서 많은 돼지 떼가 먹고 있는지라 [31]귀신들이 예수
께 간구하여 이르되 만일 우리를 쫓아내시려면 돼지 떼에 들여 보내 주소서
하니 [32]그들에게 가라 하시니 귀신들이 나와서 돼지에게로 들어가는지라 온
떼가 비탈로 내리달아 바다에 들어가서 물에서 몰사하거늘 [33]치던 자들이 달
아나 시내에 들어가 이 모든 일과 귀신 들린 자의 일을 고하니 [34]온 시내가
예수를 만나려고 나가서 보고 그 지방에서 떠나시기를 간구하더라

이 구절을 자세히 연구하기 전에 우리는 복음서를 연구하는 사람들이 부딪히는 곤란한 문제 중 하나를 명백히 하고 넘어가야 한다. 복음서 저자들의 심중에는 이 사건이 실제로 일어난 곳에 대해 어떤 불명확한 부분이 있었음이 명백하다. 그 불명확한 부분이란 공관복음서 사이에 각각의 차이점을 드러내고 있는 것이다.

KJV에서 마태는 이 사건이 **게르게사네**(Gergesenes, 마 8:28) 지방에서 일어났다고 하고 마가와 누가는 이 사건이 **가다라** 지방에서 일어났다고 한다(막 5:1; 눅

8:26). 각 복음서의 다른 사본 사이에는 매우 많은 차이가 있다.

미국 개정표준역은 가장 최상의 사본에 의해 만들어졌고 가장 최근의 학자들에 의해 만들어진 것이다. 거기에서 마태는 이 사건이 **가다라** 지방에서 일어났다고 하고 마가와 누가는 **거라사** 지방에서 생긴 일이라고 말하고 있다. 곤란한 점은 확실하게 이 장소를 추정하는 데 실제적으로 성공한 사람이 없다는 것이다. 우리가 지금 알고 있는 거라사는 길르앗 지방에 있으며 갈릴리 호수의 남동쪽 58킬로미터 내륙에 있기 때문에 그 장소로는 부적당하다. 그리고 더 나아가 예수께서 58킬로미터나 떨어진 내륙까지 여행하시지 않았을 것이 확실하기 때문이다. 가다라는 갈릴리 호숫가에서 10킬로미터 떨어진 내륙에 있는 마을이다. 그리고 이 마을에서 좀 멀리 떨어진 곳에는 공동묘지와 목장이 있었으므로 이 사건이 일어난 장소로 보는 것이 자연스럽다. **게르게사**로 보는 견해는 3세기의 위대한 알렉산드리아파의 신학자 오리게네스의 추측에 기인한 것으로 여겨진다. 그는 **거라사**와 **가다라** 지방은 정확성이 없는 곳으로 보았다. 그리고 실제적으로 그는 갈릴리 호수 동쪽 기슭에 있는 동네 **게르게사**를 알고 있었기 때문에 **게르게사**야말로 틀림없이 그 사건이 일어난 장소라고 추측했던 것이다.

이렇게 각각 차이가 있는 것은 사본을 복사하는 사람들이 이 사건이 실제적으로 일어났던 장소라고 쉽게 알아낼 만큼 팔레스타인의 지리에 익숙하지 못했다는 점에 기인한다.

이 기적은 우리에게 각 복음서에 공통적으로 있는 귀신 들린다는 생각을 상기시킨다. 고대에서는 귀신과 악령들을 의심 없이 진지하게 믿었다. 공중에는 이러한 귀신들이 꽉 차 있어 어느 귀신 하나라도 건드리지 않고는 바늘 끝 하나라도 끼어 넣을 수 없다고 생각했다. 또 어떤 이들은 귀신들이 750만 명쯤이 있어 그들 중에서 만 명쯤은 인간의 오른편에, 또 만 명쯤은 왼편에서 인간을 해롭게 할 일을 기다리고 있다고 말했다. 귀신들은 무덤과 같은 음침한 곳에서 살며, 흐린 물에서는 어디나 발견되며, 사막에서도 살아 그곳에서는 그들이 울부짖는 소리가 들린다고 믿었다. 이 **울부짖는 사막**에 대한 이야기들은 아직도 전해지고 있다. 이런 귀신들은 혼자 떠돌아다니는 여행자나 아이를 밴 여인들이나 갓 결혼한 신부나 신랑이나 어두운 후에 나다니는 아이들이나 밤에 항해하는 사람들에게는 특히 위험한 존재였다. 또한 귀신들은 해가 뜨고 지는 사이와 뜨거운 한낮에 더욱 위험스러운 존재였다. 남자 귀신들은 **쉐딤**이라 했고 여자 귀신들은 **릴리스**에서 이름을 따서 **리린**이라고 불렀다. 여자 귀신들은 머리가 길었고 특히 어린아이들에게 위험한 존재였다. 그래서 어린아이들에게는 각자의 보호 천사가 있었다(마 18:10 참조).

귀신들의 기원에는 여러 가지 견해가 있다. 어떤 이들은 태초부터 귀신이 있었다고 생각하며 어떤 이들은 귀신이란 이미 죽은 사악한 사람들의 악한 영이 죽은 후에도 악한 일을 자행하는 것이라고 생각하고 있다. 이런 사람들은 대부분 귀신들을 창세기 6장 1-8절에 있는 이상한 옛이야기와 결부시키고 있다. 죄를 지은 천사들이 지상으로 와서 죽어야 할 여인들을 유혹했고, 귀신은 죄를 범한 남녀의 결합으로 낳은 자녀들의 후손이라고 한다.

사람들은 이러한 귀신들에게 모든 병의 근원을 돌리고 있었다. 그들은 정신병이나 간질병과 같은 병뿐 아니라 육체적인 병에 대해서도 책임을 져야 했다. 이집트 사람들은 사람의 몸이 서른여섯 부분으로 구성되었고 그 하나하나는 귀신이 점거하고 있다고 생각했다. 귀신이 인간의 몸 안으로 들어오는 가장 쉬운 방법은 사람이 음식을 먹을 동안 옆에 숨어 있다가 음식 위에 붙어 앉아 들어가는 것이다.

이런 모든 것이 우리에게는 환상적인 것으로 보이겠지만 고대인들은 전적으로 귀신의 존재를 믿었다. 한 사람이 귀신이 들렸다는 생각에 사로잡혀 확신하면 그는 쉽게 귀신 들린 모든 징조를 나타내게 되는 것이다. 오늘날에도 어떤 사람이든지 자기가 고통을 받고 있다거나 병들었다고 생각을 하게 되면 실제로 그렇게 되는 것이니 오늘날보다는 인간의 지식이 원시적이었고 미신이 많았던 그때는 이런 일이 아주 쉽게 일어날 수 있었던 것이다. 비록 귀신 같은 것이 그의 몸에 없더라도 귀신 들렸다고 생각하는 사람을 고치려면 적어도 그 사람을 위해 귀신들이 모든 사물의 실재라고 가정함으로써 치료했어야 할 것이다.

귀신을 쫓아냄

마태복음 8:28-34(계속)

예수께서 갈릴리 호수 건너편으로 왔을 때 귀신들이 거주하기에 알맞은 곳인 무덤 가운데 사는 귀신 들린 두 사람을 만났다. 이 사람들은 매우 사나워 그곳을 지나가는 사람들에게 위험을 주었고 신중한 여행자들은 그들을 멀리 피하여 갔다. 톰슨은 《**그 땅과 그 책**》에서 19세기에 그가 직접 만났던 **가다라** 지방의 무덤 사이에 살던 귀신 들린 두 사람과 똑같은 사람에 대한 경험담을 우리에게 말해 준다.

> 오늘날에는 그와 매우 비슷한 광폭하고 위험한 미친 사람이 있는데 그들은 산을 헤매고 동굴이나 무덤 속에서 잔다. 그들이 최악으로 발작적인 행동을 할 때는 제어할 수 없을 만큼 엄청나게 힘이 세다. 그리고 이런 미친 사람들의 일반적인 특성 중 하나는 입고 있는 옷을 벗어 버리는 것이다. 나는 베이루트와 시돈의 거리에서 군중 가운데 옷을 홀랑 벗고 다니는 그들을 가끔 보았다. 그들은 또한 예사로 나라 안을 구석구석 돌아다니며 온 이웃 사람들을 놀라게 했다.

다시 본문으로 돌아와 예수께서는 이 두 미친 사람과 이야기하려고 걸음을 멈추었다. 이것은 정말 놀라운 용기를 보여 주는 행동이었다.

이 이야기를 자세히 다루려면 마가복음에 의존할 필요가 있다. 마태의 기록은 요약된 이야기를 들려주나 마가의 이야기(막 5:1-19)는 매우 길다. 이 기적 이야기는 많은 논의를 일으키고 있으며 돼지 떼를 멸망시킨 점에 논의의 중심이 있다. 많은 사람이 이와 같이 짐승의 떼를 멸망시키려고 했던 예수의 무정함에 대해 이상하게 생각하지만 사실 예수께서 돼지들을 고의적으로 멸망시키려고 하시지 않았음이 거의 확실하다. 우리는 일어났던 사건을 눈앞에 뚜렷하게 상기시켜야 한다. 그 사람들은 고함을 지르며 비명을 질렀다(막 5:7; 눅 8:28). 우리는 그 사람들이 귀신에게 점령당했다고 전적으로 확신하고 있었음을 기억해야만 한다.

메시아가 오고 심판의 때가 이르면 귀신들은 정복당하고 전멸될 것이라는 것이 당시 모든 사람의 표준적이고 정통적인 신앙이었다. 그들은 예수에게 "어찌하여 그때가 이르기 전에 우리를 괴롭게 하려고 여기 오셨나이까"라고 물었는데, 여기서 그때란 곧 이 메시아의 때를 의미하는 것이었다. 이 사람들은 그들이 귀신의 소유처럼 되었기 때문에 귀신이 그들에게서 나가는 것을 직접 보지 않고는 귀신이 그들에게서 나갔다고 확신할 수 없다고 믿고 있었다. 그 무엇인가 결정적인 증거가 되는 일이 그들에게 일어났다. 그들의 고함과 비명이 돼지 떼를 놀라게 한 것이었다. 그들의 매우 무서운 횡포에 돼지들은 놀라 호수 속으로 뛰어들어가 빠져 죽었다. 물은 귀신들에게 치명적이었다. 바로 이때 예수께서는 기회를 붙잡아 그들에게로 갔다. 예수께서는 "보라"고 말했다. 그리고 계속해 "이 돼지 떼를 보라. 돼지들은 호수 속 깊이 빠졌고 너희에게 들린 귀신들은 그들과 함께 모두 없어졌다"라고 하셨다. 예수께서는 귀신 들린 두 사람에게 그들이 확실히 치료됐다는 확신을 주기 위해서는 다른 방법이 없음을 아셨던 것이다. 사실이 그와 같다면 예수께서 돼지 떼를 고의로 멸망시켰다고는 할 수 없는 것이다. 다만 예수께서는 두 가련한 고통하는 사람이 그들이 완치되었음을 믿도록 하기 위해 돼지 떼를 이용하셨을 따름이다.

비록 예수께서 고의적으로 이 돼지 떼를 멸망시켰다고 해도 그것 때문에 예수를 비난할 수는 없다. 이 세상에는 신경과민자들이 있다. 글로버(T. R. Glover)는 종교적이라 하면서 사실은 신경질적인 사람에 대해 언급했다. 인간의 불멸하는 영혼의 가치와 돼지 떼의 가치를 비교할 수는 없다. 돼지에 대한 동정심 때문에 그 고기를 먹지 않는다는 것은 극단적인 생각이다. 예수께서 두 사람을 제정신으로 회복시켜 주기 위해 돼지 떼를 죽게 했다고 해서 우리가 불평할 수 있을까? 이것은 동물 학대를 장려하거나 용납하는 문제가 아니다. 단순히 생명 속에 있는 가치의 경중을 규명할 필요가 있을 뿐이다.

이 이야기의 최대 비극은 결론 부분에 있다. 돼지를 치던 사람들이 마을에 뛰어 돌아가 일어난 일을 이야기했다. 그 결과 마을 사람들은 예수께 즉시 그들의 지역에서 떠나 달라고 했다. 여기 인간의 자기 본위의 죄악이 있다. 그 무리에게는 귀신 들린 두 사람이 이성을 회복했다는 것은 문제가 되지 않았다. 오직 그들에게는 돼지 떼가 죽었다는 것이 문제였다.

이 같은 일은 사람들이 "나의 이득, 위안, 평안이 유지된다면 다른 어떤 일이 주위에서 일어나더라도 나는 관심을 갖지 않겠다"라는 말에서 잘 드러난다고 본다. 아마 **가다라** 지방의 사람들의 무감동적인 행태에 놀랐을 것이다. 그러나 우리는 다른 사람에게 베푼 은혜로 우리 자신이 지닌 이익이 줄어든다 하더라도 분개하지 않아야 한다는 점에 더욱더 관심을 기울여야 할 것이다.

The Gospel of Matthew 09

커져 가는 반대

전에도 지적한 바와 같이 우리는 마태복음이 그저 아무렇게나 꾸며진 것이 아님을 되풀이해 보아 왔다. 마태복음은 아주 잘 계획되고 꾸며진 복음서다. 여기 9장에서도 그와 같은 잘 계획된 예를 볼 수 있다. 그것은 쌓이는 폭풍의 첫 그림자다. 우리는 예수에 대한 반대가 시작되고 있음을 보게 된다. 여기서는 특히 예수를 쓰러뜨리고 결국에는 그의 죽음까지 몰고 온 문책들의 첫 암시를 듣게 된다. 9장에는 예수를 반대하게 만든 네 가지 문책이 있다.

1. 예수께서는 "독선죄"로 고발되었다. 마태복음 9장 1–8절에서 예수께서는 죄를 용서하심으로 중풍병자를 고치셨다. 그리고 우리는 예수께서 하나님만이 하실 수 있는 일을 자기도 할 수 있다고 해 서기관들에게서 독선죄로 몰리는 이야기를 듣게 된다. 예수께서는 자신이 하나님의 음성으로 말한다고 주장해서 신 모독죄로 고발되었다. **블라스페미아**(Blasphèmia *βλατφημία*)는 문자적으로 **모욕하다** 혹은 **명예를 손상하다**는 의미다. 예수의 대적자들은 예수께서 참된 하나님의 능력을 잠칭하여 횡포하기 때문에 하나님을 모욕한다고 그를 고발했다.

II. 예수께서는 "부도덕함"으로 고발되었다. 마태복음 9장 10-13절을 보면 예수께서 죄인들과 세리들과 함께 앉아 잡수셨음을 알 수 있다. 바리새인들은 예수께서 그와 같은 사람들과 함께 먹었음을 알고 정죄했다. 예수께서 그러한 교제를 좋아서 하려고 했다는 것과 비도덕적인 사람들과 교제해서 그도 그와 같은 비도덕적인 사람이 되었다면서 고발당할 충분한 이유가 된다는 것이었다. 세상에는 어떤 사람이 한번 싫어지면 그 후로는 그가 하는 모든 일을 잘못 말하거나 그릇되게 해석하거나 중상하거나 그에게 결코 없었던 동기도 만들어 내는 일이 흔하다.

헤럴드 니콜슨은 그가 스탠리 볼드윈과 만나 얘기한 바를 들려주었다. 니콜슨은 당시 정치적인 출세를 시작하려는 때였다. 그래서 그는 정치의 대선배인 볼드윈에게 어떤 충고든지 달게 받아들이겠다며 조언을 구했다. 볼드윈은 "처음에 정치가로 출발하면 국사를 처리하게 된다. 오랫동안 정치를 경험한 사람으로서 당신이 따라야 할 세 가지 법칙을 제시하겠다. 첫째, 당신이 신문 기사를 수집하는 정보기관에 지금까지 일을 맡겼다면 즉시 취소하라. 둘째, 당신의 적수가 잘못을 저질렀을 때 비웃지 말라. 셋째, **중상모략에 냉담하라**"고 말했다.

공직에 있는 사람을 공격하려는 적들에게 손쉬운 무기 중 하나는 생각하지도 않은 것을 그럴듯하게 꾸며서 퍼뜨리는 것이다. 그것은 예수의 적들이 예수에게 했던 것과 같은 것이다.

III. 예수께서는 "경건의 결핍으로" 고발되었다. 마태복음 9장 14-17절에서 요한의 제자들은 예수의 제자들에게 왜 당신들의 선생은 금식하지 않느냐고 힐난한다. 예수께서는 정통적 종교 활동을 통해 일해 나가지 않았기 때문에 정통적인 사람들은 예수에게 의문을 품었다. 관습을 깨는 사람은 그것 때문에 고통을 받았고 종교적 관습을 깨는 사람은 더욱더 고통을 받았다. 예수께서는 유대 교회적 경건의 정통적 관습을 깨뜨렸으므로 그것 때문에 비판을 받았다.

IV. 예수께서는 "귀신의 왕과 야합한 존재"로 고발되었다. 마태복음 9장 31-34절에서 예수의 적들은 벙어리 된 사람을 고치는 데 그가 귀신의 왕과 야합하여 그와 같은 병을 고쳤다고 그를 비방했다.

생명에 새로운 능력이 작용해 올 때, 즉 영적으로 병을 고치는 일이 있으면 사람들은 대부분 "우리는 조심해야만 한다. 이 일은 귀신의 왕의 역사지 하나님의 역사가 아닐 것이다"라고 말하기 일쑤다. 분명한 것은 사람들은 대부분 그들이 좋아하지 않는 일에 부딪히거나 그들이 이해할 수 없고 그들의 선입 주견에 어긋나는 일은 대부분 귀신의 왕에게 기인시키고 하나님에게 기인시키지 않는다.

여기서 우리는 예수를 반대하는 운동이 시작됨을 본다. 중상하는 사람들이 일어나 날뛰고 수군거리는 혀들이 진리를 타락시키고 예수의 진심은 잘못 인식된다. 그리하여 소란을 일으키는 자 같은 예수를 제거하려는 운동이 시작되었다.

하나님과 화해

마태복음 9:1-8

1예수께서 배에 오르사 건너가 본 동네에 이르시니 2침상에 누운 중풍병자를
사람들이 데리고 오거늘 예수께서 그들의 믿음을 보시고 중풍병자에게 이르
시되 작은 자야 안심하라 네 죄 사함을 받았느니라 3어떤 서기관들이 속으로
이르되 이 사람이 신성을 모독하도다 4예수께서 그 생각을 아시고 이르시되
너희가 어찌하여 마음에 악한 생각을 하느냐 5네 죄 사함을 받았느니라 하는
말과 일어나 걸어가라 하는 말 중에 어느 것이 쉽겠느냐 6그러나 인자가 세
상에서 죄를 사하는 권능이 있는 줄을 너희로 알게 하려 하노라 하시고 중풍
병자에게 말씀하시되 일어나 네 침상을 갖고 집으로 가라 하시니 7그가 일어
나 집으로 돌아가거늘 8무리가 보고 두려워하며 이런 권능을 사람에게 주신
하나님께 영광을 돌리니라

우리는 마가복음 2장 1절에서 이 사건이 가버나움에서 일어난 것을 배웠다. 이때부터 예수께서 가버나움을 그의 본 동네라고 부른 점은 매우 흥미롭다. 가

버나움은 예수의 선교사업의 중심이었다.

한 중풍병자가 그의 친구들의 손에 의해 침상에 실려 예수에게 왔다. 이것은 그의 친구의 신앙으로 구원 받은 사람의 아름다운 장면이다. 그의 친구가 아니었다면 이 사람은 병 고치시는 예수의 앞에 결코 이를 수 없었을 것이다. 그리고 병이 지겨워 삶을 포기하거나 희망 없이 좌절했을지도 모른다. 그의 친구들은 거의 그의 뜻을 거스르면서 예수께 그를 데려왔고 이 사람은 그의 친구들의 믿음으로 확실히 구원을 받았다. 예이츠는 그의 희곡《고양이와 달》에서 "거룩한 사람이 친구와 사랑하는 사람을 위해 악한 사람이 된 것을 알지 못하느냐?"라는 문장을 남겼다. 거룩한 사람의 특성은 아주 나쁜 사람이나 분별이 없는 사람과 사귀면서 그들이 예수 그리스도 안에 들어오기 전까지는 결코 단념하지 않는 것이다.

어떤 사람이 그리스도를 모르거나 그리스도를 경외하지 않거나 나아가 그리스도를 미워하는 사람을 친구로 삼았다면 그가 예수 그리스도의 임재를 받아들이기까지 그 사람을 그대로 두지 않는 것이 그리스도인의 의무다. 물론 우리는 당사자의 뜻에 반하면서까지 예수 그리스도를 받아들이도록 강요할 수는 없다.

코벤트리 팻모어(Coventry Patmore)는 "우리는 다른 사람에게 종교적 진리를 가르칠 수 없다"라고 말했다. 다만 우리가 할 수 있는 일은 그 사람 스스로 그것을 발견할 수 있도록 길을 제시해 주는 것뿐이다. 한 사람을 기독교인으로 만드는 것은 힘든 일이지만 그가 예수 그리스도의 임재를 마음에 받아들일 수 있도록 가능한 한 모든 노력을 다해야 한다.

예수께서는 이 중풍병자를 깜짝 놀라게 할 방법으로 접근하고 있었다. 그는 먼저 네 죄가 사함을 받았다는 말로 시작했다. 거기에는 두 가지 이유가 있다. 팔레스타인 지방 사람들은 모든 병은 죄의 결과라는 보편적 신앙이 있었다. 그래서 죄가 용서되지 않고는 병이 치료되지 않는다고 믿고 있었다. 랍비 아미(Ami)는 "죄 없이는 죽음이 없고 범죄 없이는 고통도 없다"라고 말했다. 랍비 알렉산더(Alexander)는 "그의 죄가 용서되기까지는 그의 병은 낫지 않는다"라고 말했다. 랍비 히야벤 압바(Chija ben Abba)는 "모든 죄가 용서 받기까지는 병이 나은 병자가 없다"라고 말했다.

죄와 고통 사이의 깨뜨릴 수 없는 관계는 예수 당시 정통적 유대 신앙의 일부였다. 이 중풍병자도 그의 죄가 용서되었다고 확신하기 전까지는 결코 나을 수 없다고 믿기 때문에 먼저 예수께서 이 말씀을 하신 것이다.

현대 의학도 마음이 육체적 조건에 영향을 미칠 수 있고, 영향을 미치고 있다는 데 진정으로 동의할 것이다. 인간의 마음이 건강한 상태에 있지 않을 때는 그의 몸도 결코 건강할 수 없는 것이다. 《어느 의사의 임상기록》이란 책에서 폴 투르니에(Paul Tournier)는 다음과 같은 실례를 인용하고 있다.

"내 친구가 수개월 동안 어느 소녀의 빈혈증을 치료하고 있었는데 효험을 내지 못했다. 친구인 의사는 최종적으로 소녀를 산에 있는 요양소로 보내려고 소녀가 일하고 있는 지역의 의무관에게 보내 그의 승인을 얻어 내도록 의뢰했다. 일주일이 지난 후에 그 의무관은 소녀를 돌려보내겠다는 전갈을 보내왔다. 그는 친절하게 그가 입원하는 것을 허락했다고 하면서 덧붙여 '그 소녀의 피를 분석해 보았으나 당신이 지적하여 알려 주었던 것과 같은 결론에는 도달하지 못했다' 라고 말했다. 친구는 즉시 그 혈액의 신선한 표본을 다시 뽑아 갖고 그의 실험실로 급히 뛰어갔다. 지금까지 그가 그렇게 매우 충분하게 검토했던 혈액이 갑자기 변해 있었다. 친구는 자신이 실험실의 통상 규칙을 매우 조심스럽게 지키는 사람이 아니었거나 환자 한 명 한 명을 미리 손수 조사하고 진찰하지 않는 사람이라면 모르겠지만 이런 일을 매우 조심스럽게 했는데도 결과가 그렇다면 분명히 자신이 무슨 잘못을 저질렀다고밖에는 달리 생각할 수 없다고 했다. 그는 곧 소녀에게 되돌아가 '지난번 이후에 생활에 무슨 변동이 있었느냐?' 라고 물었다. 소녀는 '맞습니다. 어떤 일이 생겼습니다. 나는 갑자기 내 마음에 원한을 품고 있던 악한을 용서할 수 있게 되었습니다. 그러자 나에게 적어도 삶에 대해 긍정하는 욕망이 생겼습니다' 라고 대답했다. 소녀의 정신 상태에 변화가 생김에 따라 그녀의 혈액 상태도 변한 것이다. 즉, 소녀의 마음이 치유됨과 동시에 그녀의 몸도 완쾌되었던 것이다."

이 복음서에 기록된 남자도 자신이 죄인이라는 것을 알았고 죄인이기 때문에 하나님의 원수가 된다고 생각했고 하나님이 그의 원수이기 때문에 그가 중풍병자가 되었다고 생각하고 있었다. 그 남자는 예수에게서 하나님의 죄 사하심을 전해 들었을 때 하나님과 올바른 관계에 이르게 되었다는 것을 알았다. 하나님이 그에게 원수가 아니라 그의 친구가 되었다는 것을 알았으므로 그의 병이 고침을 받았던 것이다.

그러나 이러한 치료 방법은 서기관들에게는 걸림돌이 되었다. 죄를 용서하는 것이 하나님의 주권인데도 예수께서 대담하게 죄를 용서한 것은 그들에게는 하나님을 모독한 것이었다. 그러나 예수께서는 논쟁을 멈추시지 않았다. 그는 그들에게 다른 문제를 덧붙여 "'네 죄가 사하여졌느니라'는 말과 '일어나 걸어가라'는 말 중에 어느 것이 더 쉬운 것이냐"라고 힐문하셨다.

이때야 서기관들은 죄가 용서되지 않고는 일어나 걸을 사람이 없다고 믿고 있음을 기억했다. 예수께서 이 사람을 일으켜 걷게 만드셨다는 것은 그 사람의 죄가 용서 받았다는 것을 반문의 여지조차 없이 증명하는 셈이다. 따라서 예수의 주장은 정당한 것이 된다.

그리하여 예수께서는 그가 인간의 영혼에는 죄 사함을 주시고 인간의 몸에는 건강을 주실 수 있는 분임을 실증하셨다. 그리고 이 이야기는 우리가 영적으로 올바른 관계에 있지 못하면 육체적으로 건전할 수 없으며 육체의 건강도 하나님과의 평화를 누리는 데 관계되어 있다는 영원한 진리를 남겨 주는 것이다.

모든 사람에게 미움 받는 사나이

마태복음 9:9

9예수께서 그곳을 떠나 지나가시다가 마태라 하는 사람이 세관에 앉아 있는 것을 보시고 이르시되 나를 따르라 하시니 일어나 따르니라

마태처럼 사도의 직분에 적합하지 않은 사람도 없을 것이다. 마태는 KJV에서는 **세리**라고 불렀다. 세리란 **푸브리카니**(publicani)란 말인데 세금을 받아들이는 공공 기금을 취급하기 때문에 그렇게 불리게 된 것이다.

로마 정부는 세금을 거두어들이는 데 될 수 있는 대로 손쉽게, 효과적으로 받아들이는 조직을 생각해 내는 데 마음을 썼다. 그들은 일정 지역에서 세금을 거둬들이는 권리를 경매에 붙였다. 그래서 어느 한 사람이 지정된 지역에서 세금을 받을 권리를 사면 그는 협정된 금액을 로마 정부에 거두어 바칠 책임이 있었고 나머지는 수수료로 가질 수 있도록 허락되었다. 그래서 그들은 정한 금액보다 훨씬 초과하여 세금을 거둬들였다. 이런 조직은 그 자체 안에 쉽게 악용될 문제점을 명백하게 내포하고 있었던 것이다.

전파를 통한 공고도 없고 광범위한 뉴스의 보급도 없고 신문 같은 것도 없었던 시대에서 백성은 그들이 얼마나 지불해야 하는지에 대해 정확히 몰랐다. 그들은 세리에 대항해 그들의 권리를 주장할 수도 없었다. 결과적으로 세리들은 비합법적인 강제 징수로 부자가 되어 갔다. 이 징수 방법은 너무나 많이 악용되어 폐해가 많았기 때문에 팔레스타인에서는 예수 시대 바로 전에 폐지되었다. 그러나 백성은 세금을 여전히 물고 있었고 이런 불법 행위도 계속되었다.

당시 세금은 세 가지로 대별할 수 있었다. 첫째, 곡물 수확의 10분의 1과 과실 포도 수확의 5분의 1을 현금이나 현물로 정부에 바치는 기본세다. 둘째, 수입의 1퍼센트를 내는 소득세다. 셋째, 남자는 14세부터 65세까지, 여자는 20세부터 65세까지 물어야 하는 인두세다. 이러한 법정 세금은 세리들의 개인 이득을 위해 사용되어서는 안 되었다. 그러나 이러한 세금에 덧붙여 다른 종류의 세금들도 있어서 수입품과 수출품에 2.5-12.5퍼센트 세금을 물리는 관세, 국도로 여행하거나 다리를 건널 때 내는 통행세, 시장이나 마을이나 항구에 들어갈 때 내는 입장세가 있었다. 심지어 짐을 나르는 동물이나 차량과 짐마차에도 차량세가 부과되었다. 상품을 매매하는 데도 물품세가 부과되었으며 어지간한 일상용품은 정부가 전매 독점했다.

예를 들어 애굽에는 소다, 맥주류와 같은 술, 양피지 등은 전적으로 정부의 통제 아래 있었다. 취세권을 경매하는 것은 중지되었으나, 세금을 징수하는 데는 여러 종류의 사람이 필요했으므로 그 지역 주민 중에서 지원자를 받았다. 보통 한 지역에서 한 사람이 한 가지 세금을 책임지도록 했으므로 법적으로 할당된 세금을 징수하여 그의 호주머니를 채운다는 것은 쉬운 일이 아니었다. 세리들은 일반적으로 미움을 받았다. 그들은 조국의 정복자들에게 전적으로 헌신했고 조국의 불행을 이용, 자신의 행운만을 추구하여 돈을 모았기 때문이다. 현대 용어로 바꾸어 말하면 그들은 매국노였다. 그들은 모두가 알 만큼 드러나게 부정직한 사람들이었다. 그들은 자신의 동포를 착취할 뿐 아니라 로마 정부를 속이는 데도 빈틈이 없어서 탈세하려는 부자에게서는 뇌물을 받아 막대한 수입을 올렸다. 어느 나라에서나 세리들을 증오했지만 유대인들은 특히 그들을 배로 미워했다.

유대인은 대부분 열광적인 국수주의자들이었다. 그들은 하나님만이 주가 되신다는 종교적 신념을 갖고 있었기 때문에 하나님 이외의 인간 지배자에게 세금을 바친다는 것은 하나님의 특권을 침해하는 것이며 하나님의 권위를 모독하는 것으로 생각했다. 그래서 이런 신념은 유대인들을 더욱더 격분시켰다.

유대 율법에 의하면 세리는 회당에 들어가는 것도 금지되었다. 그들은 불결한 짐승이나 부정한 물건과 동등하게 취급되었다. 그들은 어느 경우에도 증인으로 설 수 없었으며 강도와 살인자와 세리는 한 종류로 인정되었다.

예수께서는 모든 사람이 미워하는 세리 마태를 부르셨다. 예수께서는 인간의 현재 상태뿐 아니라 장래의 가능성을 보는 힘이 있다. 이러한 일은 신약에서 그 사람뿐 아니라 그와 같은 다른 사람에게도 보여 주신 예수의 능력을 나타낸 가장 위대한 실례 중 하나다. 예수처럼 인간 본성의 가능성을 믿은 사람은 없다.

주어진 도전과 받은 도전

마태복음 9:9(계속)

가버나움은 헤롯 안티파스의 영지에 속하였으므로 마태는 직접 로마 정부에 고용된 것이 아니라 헤롯에게 고용되었을 것이다. 가버나움은 사방의 길이 교차되는 교통의 요충지였다. 특별히 애굽에서 다메섹으로 가는 큼직한 길이 있었고 바닷길도 가버나움을 통해 지나가고 있었다. 가버나움은 상업적 목적을 위해 헤롯의 지배 아래 있었다. 마태는 헤롯의 영지를 통과하는 모든 상품과 일용품에 세금을 매기고 징수하기 위해 배치된 세관원 중 한 사람이었음이 틀림없을 것이다.

마태가 이전에 예수를 한 번도 보지 못했다고 생각할 수는 없다. 마태는 깜짝 놀랄 만한 새로운 메시지를 전하고 지금까지 아무도 들은 적이 없는 권위로 말한다는 이 젊은 갈릴리 사람에 대해 벌써 듣고 있었을 것이다. 그리고 마태는 당시의 정통적인 선량한 백성이 지긋지긋하게 싫어하는 그의 친구와 그의 부인들에게서도 이런 소리를 분명히 들었을 것이다.

마태는 군중의 틈에 끼어 그의 이야기를 들었고 그의 마음이 움직이는 것을 느꼈을 것이다. 마태는 돛을 달아 항해하면 새로운 세계를 볼 수 있듯이 그의 옛 생활과 수치스러움에서 떠나 다시금 새로운 생활을 시작하는 것을 동경해 마지 않았다. 그래서 자기 앞에 서 계신 예수를 발견했을 때 그는 예수께서 던지는 도전을 듣고 그 도전을 받아들여 일어나 모든 것을 버리고 예수를 따랐다.

우리는 **여기서 마태가 잃은 것이 무엇이며 그가 발견한 것이 무엇이었는지를** 알아야만 한다. 그는 안정된 직업을 잃었으나 하나의 운명을 발견했다. 풍부한 수입을 잃었으나 명예를 발견했다. 마음 편한 안전을 잃었으나 그가 전에는 결코 꿈꾸지 못했던 하나의 모험을 발견했다. 우리가 그리스도의 도전을 받아들인다면 우리는 물질적인 면에서 가난한 우리 자신을 발견할 것이다. 그것은 세상에 속한 야망을 버리는 것이 된다. 그러나 곧 우리는 평화와 기쁨과 전에 결코 알지 못했던 삶의 경이를 분명히 발견할 것이다. 예수 그리스도 안에서 인간은 그리스도를 위해 우리가 내버린 것 이상의 보화를 발견한다.

우리는 **마태가 버린 것이 무엇이며 그가 잡은 것이 무엇인지** 알아야 한다. 그는 세리의 책상을 떠났으나 붓대를 잡았다. 여기서 예수께서 사람을 어떻게 그에게로 부르시는가 하는 빛나는 예가 드러난다. 마태가 붓대를 잡은 것과 열두 제자 중 다른 사람들이 붓대를 잡았다는 것은 의미가 다르다. 갈릴리의 어부들은 기록하는 데나 글을 쓰는 데는 매우 서툴렀다. 그러나 마태는 그런 재주를 가졌고 상업하는 사람을 다루었으므로 붓을 사용하는 것을 배웠다. 그는 그 붓을 이 세계가 영원토록 읽어야 할 중요한 책 중 하나로 평가되어야 하는 예수의 가르침에 대한 최초의 수기를 구성하는 데 사용했던 것이다.

마태가 세리의 자리를 버렸을 때, 바로 그날로 그는 물질적인 관념을 포기했고 영적인 감각 안에서 부유한 상속자가 되었다.

하나님을 가장 필요로 하는 사람들

마태복음 9:10-13

10예수께서 마태의 집에서 앉아 음식을 잡수실 때에 많은 세리와 죄인들이
와서 예수와 그의 제자들과 함께 앉았더니 11바리새인들이 보고 그의 제자들
에게 이르되 어찌하여 너희 선생은 세리와 죄인들과 함께 잡수시느냐 12예수
께서 들으시고 이르시되 건강한 자에게는 의사가 쓸 데 없고 병든 자에게라
야 쓸 데 있느니라 13너희는 가서 내가 긍휼을 원하고 제사를 원하지 아니하
노라 하신 뜻이 무엇인지 배우라 나는 의인을 부르러 온 것이 아니요 죄인을
부르러 왔노라 하시니라

예수께서는 마태만을 조수 또는 제자로 부르신 것이 아니라 마태와 같은 자, 즉 세리와 남자 죄인과 여인들과 함께 식탁에 앉으셨다.

여기서 흥미로운 것은 예수께서 어디서 세리와 죄인들과 함께 식사를 하셨느냐 하는 것이다. 누가는 이 식사는 마태, 즉 레위의 집에서 했다고 단적으로 말하고 있다(마 9:10–13; 막 2:14–17; 눅 5:27–32 참조). 마태와 마가의 기록을 따른다면 예수의 집이나 예수께서 머무시는 집에서 이 식사를 했다고 한다.

이 식사가 예수의 집에서 행해졌다면 “나는 의인을 부르러 온 것이 아니요 죄인을 부르러 왔노라”고 하신 예수의 말씀이 더욱 명백해진다. 여기서 “부른다”, “초청한다”는 단어는 헬라어 카래인(*Καλειν*)을 썼는데 이 말은 손님을 집으로 초대하거나 식사에 초대할 때 쓰는 특수한 헬라어다. 큰 혼인잔치 비유에서(마 22:1–10; 눅 14:15–24) 우리는 초대된 손님들이 그 초청을 거절해서 가난한 자와

절름발이와 절뚝거리는 사람과 소경을 큰 길에서나 골목길에서나 산길에서 불러 모아 왕의 식탁에 앉게 했다는 것을 잘 기억할 것이다. 예수께서는 "너희가 잔치를 베풀 때는 냉담한 정통주의자나 경건하게 자신을 의롭다 하는 사람들을 초청할지 모르나 내가 잔치를 열 때는 죄의식을 가장 많이 갖고 하나님을 가장 필요로 하는 사람을 초청할 것이다"라고 말씀하셨는지도 모른다. 어쨌든 이 식사가 마태의 집에서 있었든 예수께서 머무신 집에서 있었든 간에 그것은 정통적인 서기관들과 바리새인들에게는 가장 충격적인 일이었다.

대체로 팔레스타인 백성은 율법의 모든 사소한 규칙이나 법규까지도 엄격하게 지키는 정통주의자와 율법의 사소한 법규는 잘 지키지 않는 사람으로 나눌 수 있다. 후자에 속하는 사람은 보통 본토인으로 분류되는 사람이었다. 그들에게는 정통적인 사람들과 같이 여행하는 것과 거래하는 것과 어떤 것이라도 서로 주고받는 것이 금지되었고 손님으로 대접하는 것도 그들의 집에 손님으로 들어가는 것도 금지되었다. 그런데 예수께서는 그와 같은 사람들과 교제함으로써 당시의 경건한 사람들이 하지 못했던 일을 하신 것이다.

그것을 비난하는 데 대한 예수의 대답은 대단히 단순했다. 그는 하나님을 가장 필요로 하는 사람에게 왔다고 간단히 말했다. 건강한 사람들과 함께 즐기려고 초대받는 의사는 가련한 의사다. 의사는 병든 사람의 집에 있어야 한다. 그것이 그의 영광이며, 그를 필요로 하는 사람에게 가는 것이 그의 사명이다.

고대 그리스의 위대한 스승 디오게네스는 덕행을 사랑했으나 독설가였다. 그는 아덴 사람들의 퇴폐적인 것과 겨루어 나가는 데 조금도 피곤을 느끼지 않았고 스파르타 사람들과 대부분의 시간을 보냈다. 하루는 어떤 사람이 와서 그에게 "선생님께서 아덴 사람들보다 스파르타 사람을 그렇게 좋게 생각하신다면 왜 아덴을 떠나 스파르타로 가셔서 거기에 머물지 않습니까?"라고 물었다. 디오게네스는 "나는 나를 가장 필요로 하는 곳에 머물기를 원한다. 예수를 필요로 하는 사람은 죄인들이었고 예수께서는 그들 속에서 역사하셨다"라고 대답했다.

우리는 예수께서 "나는 의인을 부르러 온 것이 아니요 죄인을 부르러 왔노라"는 말씀이 무엇을 의미하는지를 똑똑히 이해해야 한다. 이 말씀은 예수의 도움을 필요로 하지 않을 만큼 의로운 의인에게는 예수께서 홍미가 없다는 뜻도 아니다. 이 말씀은 함축적인 말씀이다. 예수께서는 "나는 스스로 선하다고 확신하고 누구의 도움도 필요하지 않다고 자만하는 사람들을 부르러 온 것이 아니고, 죄의식을 갖고 구세주가 필요하다고 심각하게 생각하는 사람들을 부르러 왔다"라고 말씀하셨다. 또 예수께서는 "이것은 나의 초대를 받아들여 나를 필요로 하는 사람들만 알 수 있는 것이다"라고 말씀하셨다.

서기관들과 바리새인들은 다음과 같은 종교관을 갖고 있었다. 이런 종교관은 아직도 남아 있으며 절대 없어지지 않을 것이다.

I. 그들은 다른 사람의 죄를 불쌍히 여겨 도우려는 것보다는 자신의 거룩함을 보존하는 데 더 관심을 가졌다. 그들은 전염병 환자에게서 해를 입을까 염려해서 왕진을 거부한 의사와 같았다. 그들은 죄인들이라면 괴팍스럽게 질색하여 움츠렸다. 그들은 죄인들과 더불어 어떤 일이라도 하려 들지 않았다. 본질적으로 그들의 종교란 자기중심적이었고 다른 사람의 영혼을 구원하기보다는 그들 자신의 영혼 구원에 급급할 뿐이었다. 그리고 그들은 그런 행동이 자신의 영혼을 잃어버리기에 꼭 알맞은 행동이란 것을 잊고 있었다.

II. 그들은 격려해 주기보다는 비판하는 데 더 관심이 있었다. 그들은 결점을 극복하려고 돕는 것보다는 다른 사람의 결점을 꼬집어 내는 데 더욱더 관심을 쏟았다. 보통 사람이 보면 기분이 상할 만한 특별히 싫어하는 병에 부딪혔을 때라도 의사는 그것을 지긋지긋하게 생각하지 말고 도울 생각으로 마음이 가득 차 있어야 한다. 우리가 죄인을 대할 때의 첫 반응은 죄인을 정죄하는 것이 아니고 그를 도울 생각을 하는 것이어야 한다.

III. 그들에게는 용서하고 동정하는 것보다는 정죄하는 것이 선한 행동이었다. 그들은 도랑에 빠진 사람을 건져 내지 않고 그냥 떠나 버리는 사람들과 같았다. 그들은 질병을 진단하고 알아내는 데는 관심이 있으나 그 병을 치료하여 사람을 도와주려는 데는 관심이 별로 없는 의사와 같았다. 그들은 동정심을 품고 돕기보다는 경멸스럽게 여기며 쳐다보는 데 더 관심이 쏠린 사람들이었다.

IV. 그들은 실제적으로 도우려는 것보다는 표면만 정통적인 것으로 꾸미는 종교에 익숙해 있었다. 예수께서는 하나님은 인애를 원하시고 희생 제물을 원하시지 않는다는 호세아 6장 6절 말씀을 사랑했다. 그래서 예수께서는 그 말씀을 여러 번 인용했다(마 12:7 참조).

정통적인 경건의 모든 활동에 부지런한 사람이라도 그가 죄인들이나 무엇인가를 필요로 하는 사람들에게 도움의 손길을 펴지 않는다면 그는 종교적 인간이 아니다.

현재의 기쁨과 미래의 슬픔

마태복음 9:14-15

[14]그때에 요한의 제자들이 예수께 나아와 이르되 우리와 바리새인들은 금식
하는데 어찌하여 당신의 제자들은 금식하지 아니하나이까 [15]예수께서 그들
에게 이르시되 혼인집 손님들이 신랑과 함께 있을 동안에 슬퍼할 수 있느냐
그러나 신랑을 빼앗길 날이 이르리니 그때에는 금식할 것이니라

유대인들에게 자선과 기도와 금식은 종교 생활의 세 가지 큰 행사였다. 우리는 앞에서 마태복음을 취급할 때 유대인의 금식에 대해 충분히 논의했다. 맥닐(A. H. McNeile)은 이러한 사건은 가을비가 내리지 않으므로 공식적인 금식이 정해졌을 때 행해진다고 했다.

요한의 제자들이 예수께 왜 선생님과 제자들은 실제로 금식하지 않느냐고 물었을 때, 예수께서는 생생한 그림 한 폭을 보여 주듯 대답하셨다. KJV에 **신랑의 친구**라고 되어 있는 헬라어의 바른 문자적 번역이다. 유대인의 결혼식은 특별한 축제가 있을 때 거행된다. 독특한 점은 신혼부부가 신혼여행을 떠나지 않고 집에 머물러 밀월의 시간을 보낸다는 것이다. 결혼 후 한 주간은 손님을 위해 집을 개방해야 하기 때문이다. 그리고 신랑 신부는 왕과 왕후처럼 옷을 입고 그러한

대우를 받는다. 그 한 주간 신랑 신부는 그들의 가장 친한 친구들과 기쁨을 나누고 그들과 즐긴다. 이 가장 친한 친구들은 "신랑의 친구들"이라 부른다. 그렇게 많이 기뻐하고 즐거워하고 축하하는 것은 가난하고 단출한 일반 사람들의 생활에서는 일생에 한 번쯤 있는 그런 사건이었다. 그래서 예수께서는 자신을 신랑에, 그의 제자들을 신랑의 가장 친한 친구로 비교하셨다.

이런 모임에 어찌 슬픔과 잔인함과 같은 것이 같이할 수 있겠는가? 이때는 금식을 위한 때가 아니고 일생에 한 번 즐기기 위한 때다. 이 구절에는 중요한 일이 제시되었다.

I. 예수와 함께 있음은 기쁜 일이다. 예수의 임재는 생에 순수하고 전율하는 감격이 있다고 말해 준다. 어두움에 둘러싸인 기독교인은 있을 수 없다. 예수와 함께 걷는 사람은 기쁨으로 빛나는 걸음을 걷는 것이다.

II. 이 구절은 그 기쁨이 영원까지 계속되는 것이 아니라고 우리에게 일러준다. 요한의 제자들에게는 슬픔의 때가 이미 왔고 요한은 이미 옥에 갇혀 있었기 때문이다. 예수의 제자들에게도 이런 슬픔의 때가 분명히 오고 있었다.

가장 좋아하는 사람이 있다는 기쁨도 끝이 온다는 것은 일생에서 피할 수 없는 사실 중 하나다.

에픽테투스는 "당신의 사랑하는 아이들에게 입을 맞추며 '언젠가 너는 반드시 죽는다' 라고 마음속으로 말해 보시오"라고 쓸쓸하게 말하기도 했다. 우리가 하나님과 예수 그리스도를 꼭 알아야 할 이유가 여기에 있다. 예수 한 분만이 어제나 오늘이나 영원히 동일하시고, 하나님만이 모든 생의 변화와 기회 속에 영구히 변치 않는 분이시다. 가장 친밀한 인간관계도 끝이 날 때가 있다. 하늘나라의 기쁨만이 영원히 계속된다. 그 기쁨이 우리의 마음에 있으면 누구도 그것을 빼앗을 수 없다.

III. 이것은 하나의 도전이기도 하다. 그때 제자들은 이해하지 못했으나 예수께서는 그들에게 "너희는 지금 나를 따르는 기쁨을 경험하고 있다. 그러나 너희에게는 투쟁과 어려움과 십자가의 고난이 다가올 것이다. 그것을 견뎌 낼 수 있겠느냐?"라고 말씀하신 것이다. 그리스도인의 생활에는 기쁨이 있으나 그 생활은 동시에 피와 땀과 눈물의 길이기도 하다. 이 고난은 기쁨을 빼앗을 수는 없으나 피할 수도 없는 일이다. 그리하여 예수께서는 "너는 그리스도인의 기쁨과 십자가를 둘 다 받아들일 준비가 되어 있느냐"라고 말씀하신다.

IV. 이 말씀 속에는 예수의 용기가 담겨 있다. 예수께서는 어떤 환상 아래에 사신 것이 아니다. 그가 걸어가야 할 길의 끝에 십자가가 그를 기다리고 있음을 명백히 보았다. 여기서 휘장은 벗겨졌고 예수의 마음속에 섬광이 번득였다. 그는 자신의 길이 십자가의 길이라는 것을 알았으며 정해진 길에서 한 발자국도 빗나가지 않았다. 이것이 하나님의 길을 따르는 희생의 대가가 무엇인지를 알면서 그 길을 따라 나아가는 사람의 용기다.

새로운 이념의 문제점

마태복음 9:16-17

16생베 조각을 낡은 옷에 붙이는 자가 없나니 이는 기운 것이 그 옷을 당기어
해어짐이 더하게 됨이요 17새 포도주를 낡은 가죽 부대에 넣지 아니하나니
그렇게 하면 부대가 터져 포도주도 쏟아지고 부대도 버리게 됨이라 새 포도
주는 새 부대에 넣어야 둘이 다 보전되느니라

예수께서는 자신이 사람들에게 새로운 이념과 진리의 새로운 개념을 주려고 왔다는 것을 완전하게 의식하고 있었다. 그리고 새로운 이념이 인간들의 마음에 들어가는 것이 얼마나 어려운 일인지도 잘 알고 있었다. 그래서 예수께서는 어떤 유대인들이라도 잘 이해할 수 있는 두 가지 예를 들었다.

I. 그는 "생베 조각을 낡은 옷에 붙이는 자가 없나니 이는 기운 것이 그 옷을 당겨 해어짐이 더하게 된다"라고 말씀하셨다. 유대인들은 그들이 하고 있는 것에 정열적으로 집착하고 있었다. 그들에게 율법은 하나님의 마지막이자 결정적인 말씀이어서 거기에 다른 말씀을 더하거나 빼는 것은 죽을죄로 생각되었다. 그래서 "율법의 주위에 울타리를 치는 것"이 바리새인과 서기관들의 공공연한 목적이었다. 그들에게 새로운 사상은 잘못이 아니라 죄다. 그리고 그러한 정신이 현재는 없어진 것은 아니다. 새로운 사상이나 새로운 방법론이나 어떤 변화가 암시될 때는 "우리는 그런 것을 전에는 결코 하지 않았다"라며 재빠르게 반대가 일어나는 것을 교회에서 가끔 본다.

언젠가 두 신학자가 서로 얘기하는 것을 들은 적이 있다. 한 사람은 젊은 사람으로서 새로운 사상가들이 하는 말에 지대한 관심을 가졌고 다른 한 사람은 노인으로서 엄격하고 전통적인 정통주의자였다. 나이 많은 신학자는 젊은 신학자의 말을 반쯤은 경멸하고 반쯤은 관용하면서 들었으며 그 논쟁은 결국에는 "옛것"이 더 낫다는 말로 끝났다.

역사를 통해 볼 때, 교회는 항상 옛것에 집착해 왔다. 예수의 말씀은 헝겊을 대고 깁는 것은 어리석은 짓이며 옛것을 전적으로 버리고 새롭게 다시 일을 시작할 때가 왔다는 것이다. 우리는 교회 정치나 교회 봉사나 우리의 신앙 표현을 현대의 요구에 맞추려고 조절하며 고치도록 노력할 때도 있으나 시대의 시련을 견뎌 과거 세대인들이 위안을 얻고 신뢰를 둔 일에 대해서는 누구도 즐거이 그것을 무모하게 무감각적으로 폐지하려 하지는 않는다. 그러나 성장 발전해 나가는 사실 앞에서 고식적인 수단은 무력해지며 인간들과 교회도 새 시대의 새로운 시도를 받아들여야 할 때가 온다. 이것을 회피한다는 것은 시대의 역행이며 하나님을 섬기는 것이 아니고 과거를 섬기는 것이다.

II. 예수께서는 새 포도주를 낡은 가죽 부대에 넣는 사람이 없다고 말씀하셨다. 옛날에는 포도주를 가죽 부대에 저장했지 병 속에 넣어 저장하지 않았다. 새 포도주는 아직 완전히 발효되지 않은 것이다. 그래서 포도주에서 나오는 가스가 가죽 부대에 압력을 가한다. 그러나 새 가죽 부대는 신축성이 많기 때문에 부대에 압력이 가해져도 손상이 없다. 그러나 낡은 가죽 부대는 굳어졌고 신축성을 잃어버렸기 때문에 아직 발효중인 새로운 포도주를 넣으면 가스의 압력을 견디지 못해 터지고 만다.

이것을 현대적인 말로 바꾸어 보자. 우리의 마음은 새로운 사상들을 포용하고 받아들이는 데 충분한 신축성이 있어야만 한다. 진전하는 역사는 폐쇄된 마음의 편견을 뛰어넘은 역사다. 모든 새로운 이념은 그것이 받아들여지도록 인간의 마음의 즉각적인 반대에 대항하여 싸워야만 한다. 자동차나 철도나 비행기는 여러 가지 혐의를 물리치고 처음 등장했다. 심프슨(Simpson)은 마취약을 소개할 때 반대하는 사람과 싸워야 했고 리스터(Lister)는 의사와 외과 의사들에게 방부제를 소개할 때도 투쟁했다. 코페르니쿠스는 태양이 지구 주위를 도는 것이 아니라 지구가 태양 주위를 돈다는 그의 주장을 취소하라는 데 억지로 복종했다. 우산을 사용하는 데 이바지했던 한웨이(E. J. Hanway)는 우산을 들고 거리를 처음 걸었을 때 모독과 폭언을 당했다. 우리 시대에서 오우디메이션이 새롭다는 것 때문에 반감과 의혹의 대상이 되고 있다.

생활의 모든 부분에 새것에 대한 증오가 침투하고 있다. 노만 마로우(N. Marlow)는 철도에 대해 노련한 전문가이고 기관차의 기관실에서 여행을 많이 한 사람이다. 그는 《기관실과 신호실》에서 철도회사가 합병된 지 얼마 지나지 않아 여행한 일에 대해 말하고 있다. 합병 당시 철도회사의 기관차를 다른 선로 위에서 시험 운전하던 때다. 그는 맨체스터에서 펜잔스로 가는 급행열차의 기관실에 있었다. 기관차는 "주빌리(Jubilee, 희년, 안식년) 4-6-0"이었고 기관사는 "캐슬(Castle, 성곽)" 형의 기관차를 몰던 대서부 철도회사의 기관사였다. 그는 캐슬형의 기관차와 비교하면서 그가 조종하고 있는 기관차의 단점에 대해서만 말했다. 그는 새로운 기관차에 대해 지도를 받아서 거의 완전히 알고 있었으나 새 기관차에 새 기술을 사용해야 한다는 필요성에 대해서는 거부했다. 그는 마치 "캐슬"을 모르는 것처럼 주빌리를 몬다고 주장했다. 그는 모든 철도길에서 시속 100킬로미터 이상의 속력을 낼 수 없다고만 투덜댔다. 그는 "캐슬" 기관차만 몰았고 그에게는 어떤 다른 기회가 없었다. 쿠루에서 새로운 기술의 필요성에 적응이 잘 되는 새로운 기관사로 교대했다. 그는 곧 시속 180킬로미터 속도로

"주빌리"를 몰았다. 이와 같이 기관 조종사들에게도 새로운 생각에 대한 반감이 있었다.

교회 안에서도 이와 같이 새것에 대한 증오가 고질이 되어 버렸고 옛 틀에 새로운 것을 넣으려는 시도가 거의 보편적으로 되어 버렸다. 우리는 아무런 의미가 없는 고대 교회 건물 속으로 현대 교회 성도들의 새로운 활동 내용을 넣으려고 시도한다. 또한 우리는 새로 발견한 진리를 헬라의 형이상학이 기초가 된 신조 속에 집어넣으려고 시도한다. 나아가 우리는 현대 지식을 그것을 표현할 수 없는 케케묵은 언어에 담아 보려고 시도한다. 20세기 남녀들이 하나님께 400년 전 기도의 언어로 현재 필요한 것을 간구한다.

우리는 살아 있는 것이라도 성장을 멈추면 그것은 죽음의 출발이라는 것을 잘 기억해 두어야 한다. 우리는 우리에게서 닫힌 마음을 거두시고 열린 마음을 주십사고 하나님께 기도해야 한다. 이는 급격하게 소용돌이치는 변화의 시대에 사는 우리에게 반드시 필요한 것이다.

1870년 출생한 사무엘(Viscount Samuel) 백작은 런던의 소년 시절을 기술하면서 자서전을 기록하기 시작했다. "그때 우리에게는 자동차니 버스니 택시니 지하철이니 하는 것은 없었다. 키가 큰 마차를 제외하고는 자전차도 없었다. 심지어 전깃불, 전화, 영화, 라디오 방송도 없었다."

그때란 불과 90년 전을 말한다. 우리는 오늘날 변화와 팽창의 성장의 세계에서 살고 있다. 그러므로 감히 교회가 과거에 사로잡힌 제도가 되어서는 안 된다는 것이 예수께서 경계하시는 교훈이다.

불완전한 신앙과 완전한 능력

마태복음 9:18-31

18예수께서 이 말씀을 하실 때에 한 관리가 와서 절하며 이르되 내 딸이 방금
죽었사오나 오셔서 그 몸에 손을 얹어 주소서 그러면 살아나겠나이다 하니

19예수께서 일어나 따라가시매 제자들도 가더니 20열두 해 동안이나 혈루증
으로 앓는 여자가 예수의 뒤로 와서 그 겉옷 가를 만지니 21이는 제 마음에
그 겉옷만 만져도 구원을 받겠다 함이라 22예수께서 돌이켜 그를 보시며 이
르시되 딸아 안심하라 네 믿음이 너를 구원하였다 하시니 여자가 그 즉시 구
원을 받으니라 23예수께서 그 관리의 집에 가사 피리 부는 자들과 떠드는 무
리를 보시고 24이르시되 물러가라 이 소녀가 죽은 것이 아니라 잔다 하시니
그들이 비웃더라 25무리를 내보낸 후에 예수께서 들어가사 소녀의 손을 잡으
시매 일어나는지라 26그 소문이 그 온 땅에 퍼지더라 27예수께서 거기에서 떠
나가실새 두 맹인이 따라오며 소리 질러 이르되 다윗의 자손이여, 우리를 불
쌍히 여기소서 하더니 28예수께서 집에 들어가시매 맹인들이 그에게 나아오
거늘 예수께서 이르시되 내가 능히 이 일 할 줄을 믿느냐 대답하되 주여 그
러하오이다 하니 29이에 예수께서 그들의 눈을 만지시며 이르시되 너희 믿음
대로 되라 하시니 30그 눈들이 밝아진지라 예수께서 엄히 경고하시되 삼가
아무에게도 알리지 말라 하셨으나 31그들이 나가서 예수의 소문을 그 온 땅
에 퍼뜨리니라

우선 우리가 이 구절을 자세히 취급하기 전에 전체로 보아야 할 필요가 있다. 그 안에 매우 놀랄 만한 것이 있기 때문이다.

이 구절에는 관원의 딸을 고치시는 것과(18-19, 23-26절), 혈루증으로 앓는 여인과(20-22절), 두 소경을 고쳐 주시는(27-31절) 세 가지 기적 이야기가 있다. 이 세 가지 이야기에는 각각 공통점이 있다. 그것을 하나하나 살펴보려고 한다.

I. 그 관원은 모든 것이 절망적이었을 때 의심을 넘어 예수께 왔다. 그는 회당의 직원이었으며 유대 정통주의의 지주와 같은 사람이었다. 그는 예수를 경멸하고 미워하는 사람들 중 한 사람이었고 예수를 제거하는 것을 보기를 즐겨 했을 사람이다. 그는 의사란 의사는 모조리 찾아가 치료를 부탁했을 것이고 모든 방법을 동원해 딸의 병을 고치려고 했을 것이다. 그러나 그는 완전히 자포자기했고 이제 최후의 수단으로 예수께 왔던 것이다. **그 관원은 매우 부정한 동기로**

예수께 왔다고 말할 수 있다. 그는 가슴 깊은 곳에서 우러나오는 사랑의 결과로 예수께 온 것이 아니다. 그는 세상의 모든 방법과 사람에게 매달렸으나 이제는 더 기대할 만한 곳이 없기 때문에 예수께 왔던 것이다. 파버(Faber)는 하나님을 떠나 방황하는 하나님의 자녀에 대해 이야기하고 있다.

> 선한 것이 그를 인도하지 않는다면 권태라는 것이 그를 내 마음속에 던질 것이다.

이 관원은 단순히 절망이 그를 예수께로 몰아넣었기 때문에 예수께로 왔던 것이다.

II. 혈루증으로 앓는 여인은 군중 속에서 예수의 뒤로 살금살금 와서는 예수의 겉옷 끝을 만졌다. 우리가 이 이야기를 냉정하고 비판적인 입장에서 읽는다고 할 때 우리는 그 여인이 보여 준 것에 대해 무엇이라고 말할 수 있을까? 우리는 그 여인이 단지 미신적인 행동을 했을 따름이라고 말할 것이다. 예수의 겉옷 가장자리를 만지는 것은 성자들의 손수건이나 유물에 병을 고치는 능력이 있다고 보는 것과 같은 것이다. **이 여인은 우리가 매우 부정하다고 말할 수 있는 신앙으로 예수께 왔던 것이다**. 우리가 이것을 비판적인 안목으로 본다면 우리는 이것이 신앙이라기보다 미신이라고 할 것이다.

III. 두 소경은 예수께 와서 "다윗의 자손이여, 우리를 불쌍히 여기소서"라고 고함을 질렀다. 다윗의 자손이란 칭호는 예수께서 원하신 것이 아니다. 다윗의 자손은 유대 국수주의자가 보통 사용하는 칭호 중 하나였다. 유대인들은 군사적으로나 정치적으로 로마 지배자에게서 승리하도록 그들을 인도할 다윗 혈통의 지휘자나 위대한 지도자를 고대하고 있었다. 그것이 **다윗의 자손**이라는 이름 뒤에 있는 이상인 것이다. **그러므로 이 소경들은 예수께서 누구신지에 대해서는 매우 부적당한 개념을 지닌 채 예수께 왔던 것이다**. 그들은 예수를 다윗 계통의 승리의 영웅 이상으로는 보지 못했던 것이다.

여기에 놀랄 만한 일이 있다. 관원은 **부적당한 동기**에서, 여인은 **부적당한 신앙**으로, 소경들은 예수에 대한 **부적당한 개념**으로 예수께 왔던 것이다. 다른 말로 바꾸어 말하면 그들은 **부적당한 신학**으로 예수께 왔던 것이다. 그런데도 그들은 그들이 필요해서 기다리는 예수의 사랑과 능력을 발견했다.

여기서 우리는 또 한 번 놀랄 만한 일을 보게 된다. 우리가 단 한 번만이라도 그리스도에게 오기만 한다면 어떻게 그에게 갔느냐 하는 것은 문제가 안 된다. 또한 그리스도의 사정과 그의 팔은 우리를 받아들이려고 벌려 있으므로 우리가 부적당하고 불완전한 방법으로 그에게 갔더라도 문제가 되지 않는다. 여기에 두 가지 가르침이 있다. 하나는 우리의 동기와 신앙과 신학이 완전할 때까지 기다릴 필요 없이 삶을 위하여 그리스도의 도움을 구하려 할 때, 우리는 있는 그대로 그리스도에게 나아가면 된다는 것이다. 다음으로, 보기에는 의심스러운 동기와 의문스럽게 보이는 신앙과 잘못이 있는 신학을 갖고 그리스도에게 가는 사람이라도 우리가 비판할 권리는 없다는 것이다. 그러므로 어떤 방법으로 우리가 그리스도에게 갔느냐 하는 것이 문제가 아니다. 그리스도는 우리 있는 그대로를 용납하시기를 즐겨 하시고 우리가 되어야 할 그런 존재로 우리를 만들 수 있는 능력이 있는 분이다. 문제는 우리가 그리스도에게 즉시 가야만 한다는 것이다.

일깨우는 손

마태복음 9:18-19, 23-26

18예수께서 이 말씀을 하실 때에 한 관리가 와서 절하며 이르되 내 딸이 방금
죽었사오나 오셔서 그 몸에 손을 얹어 주소서 그러면 살아나겠나이다 하니
19예수께서 일어나 따라가시매 제자들도 가더니
23예수께서 그 관리의 집에 가사 피리 부는 자들과 떠드는 무리를 보시고
24이르시되 물러가라 이 소녀가 죽은 것이 아니라 잔다 하시니 그들이 비웃

더라 [25]무리를 내보낸 후에 예수께서 들어가사 소녀의 손을 잡으시매 일어나 는지라 [26]그 소문이 그 온 땅에 퍼지더라

마태는 이 이야기를 다른 복음서 저자들이 했던 것보다 더욱 간결하게 우리에게 들려준다. 이 이야기를 더 자세히 다루려면 마가복음 5장 21-43절과 누가복음 8장 40-56절을 읽어야 한다. 거기서 그 직원의 이름이 야이로이며 그가 회당장이라는 직책을 맡았다는 것을 발견하게 된다(막 5:22; 눅 8:41). 회당장은 매우 중요한 인물 중 하나로서 많은 장로 중에서 뽑힌 사람이다. 그는 공식적인 가르침이나 설교를 하지 않고 "공중 예배에서 외적인 질서를 책임지고 일반적인 회당의 일들을 지휘 감독하는 사람이다." 그는 예배할 때 기도할 사람과 낭독할 사람을 임명하고 설교할 사람을 초청했다. 그리고 회당 안이 불결한 장소가 되지 않도록 돌보는 것과 회당 건물을 그의 감독 아래서 보존하는 것이 그의 일이었다. 회당의 모든 실제 행정은 그의 수중에서 처리되었다.

그와 같은 사람이 예수께 왔을 때는 최후의 수단으로 왔음이 명백하다. 그는 예수를 위험한 이단자로 몰아붙이는 정통 유대인들 중 한 사람이었을 것이다. 그러므로 모든 것을 포기했을 때만 그가 예수께 필사적으로 돌아올 수 있었던 것이다. 이때 보통 사람이라면 "네가 모든 일이 잘 될 때는 나를 죽이고 싶었을 것이다. 그러나 이제 재난에 빠지자 너는 나의 도움을 애원하는구나" 라고 말했을 것이다. 그리고 그와 같은 사람에게 도움을 베푸는 것을 거절할 수도 있었을 것이다. 그러나 예수께서는 자신을 필요로 하는 사람에게 악의를 물리치고 나아갔으며 그를 돕는 것이 예수 자신의 욕구이기도 했다. 남을 해치는 교만이나 용서하지 못하는 정신은 예수의 마음에는 발붙일 곳이 없었다.

그래서 예수께서는 그 회당장의 집으로 함께 가셨다. 거기서 그는 대혼란을 목격하게 되었다. 유대인들은 "현자의 장례에 태만한 자는 누구나 화형에 처할 만하다" 고 말하며 죽은 자를 위해 슬피 우는 것을 최고의 의무로 생각해 왔다.

죽음으로 슬픔에 잠긴 유대인의 집안을 특징지어 주는 세 가지 장례 관습이 있다. 첫째는 **겉옷을 찢는 것이다**. 겉옷을 찢어 내려뜨리는 방법에도 서른아홉 가지 이상의 각기 다른 규칙과 법규가 있었다. 그래서 옷을 찢을 때는 서서 찢을 것, 옷은 가슴 쪽에서부터 찢어 피부가 드러나도록 할 것, 부모상을 당해 옷을 찢을 때는 가슴 가운데 부분에서 찢으나 다른 사람들의 경우에는 약간 오른쪽 부분을 찢을 것, 옷을 찢을 때는 주먹이 들어갈 만큼 크게 찢을 것 등의 규칙이 있었다. 7일 동안은 찢어져 갈라진 부분이 열려 있는 대로 두어야 했고 다음 20일 동안은 얼기설기 꿰매어 피부가 보이도록 해야 했다. 그 후에야 옷을 완전히 꿰맬 수 있었다. 그와 같은 방법으로 겉옷을 찢으면 여인들은 유방이 드러났다. 그래서 여인들은 보는 사람이 없는 데서 속옷을 찢어 늘어뜨리게 했다. 여자들은 옷을 앞뒤로 바꾸어 입어야 하며, 사람들이 보는 데서는 겉옷을 찢었다.

둘째는 **죽은 사람을 위해 애곡하는 것이다**. 상가에서는 끊임없이 애곡해야 했다. 그래서 애곡은 직업적으로 애곡하는 사람들이 했다. 이 습관은 아직도 동방에 남아 있어 톰슨은《그 땅과 그 책》에서 다음과 같이 말하고 있다.

"어느 도시나 집을 가도 여인들은 이런 일에 대단히 노련했다. 그들은 항상 언제 어디서나 애곡할 준비를 갖추고 있었다. 새로이 조상하러 사람들이 오면 여인들은 울음을 다시 재촉하여 크게 울며 새로 조상하러 온 사람들이 다른 문상객들과 쉽게 어울려 울 수 있도록 했다. 여인들은 각 사람의 가정 내력을 알고 있으며 즉석에서 곧 애가를 읊을 수 있었다. 그들은 처음에는 죽은 사람과 관계된 사람들의 이름을 들어가며 모든 사람의 심금을 울리기도 했다. 이렇게 함으로—어떤 면으로 보아서는 어렵고 불가능할 것 같은— 다른 사람의 죽음과 공적에 대해 모든 사람의 울음을 쉽고도 자연스럽게 자아내게 하는 것이다."

이렇게 직업적으로 애곡하는 사람들의 울음소리가 그날 야이로의 집에 쉬지 않고 가득 차 있었다.

셋째는 **피리를 부는 사람들이 있었다**. 피리 소리는 죽음을 연상시켰다. 유대교 법전《탈무드》에 그것에 대해 이렇게 적혀 있다.

"남편은 그의 죽은 아내를 매장할 책임이 있다. 그리고 관습을 따라 장례를 치르고 애도를 해야 할 의무가 있다. 또한 이스라엘 백성 중에 매우 가난한 사람이라도 한 사람의 애도하는 여인과 두 사람의 피리 부는 사람을 준비하지 않으면 안 된다. 그러나 남편이 재물이 많은 사람이라면 그의 재력에 따라 모든 장례일을 처리하라."

로마에서도 슬픔의 날의 특징은 피리를 부는 것이었다. 로마 황제 클라디우스의 장례식 때도 피리 부는 사람이 참석했다. 세네카는 거기 대해 그들이 째지게 슬픈 소리로 피리를 불었기 때문에 죽은 클라디우스도 그 피리 소리를 들었을 것이라고 말했다.

이렇게 감정적으로 풍부한 피리 소리로 사람의 마음을 슬프게 했기에 로마법은 어떤 장례식에도 피리 부는 사람의 수를 열 명이 넘지 않도록 제한했다.

이제 회당장의 집 장면을 그려 보기로 하자. 겉옷은 찢어졌고 애곡하는 여인들은 비탄과 자포자기 속에서 째지는 듯한 소리로 울고 있었을 것이며, 피리 부는 사람은 기분 나쁜 소리를 울리고 있었을 것이다. 그 집에는 바로 동양적인 장례식의 슬픔이 가득 차 있었다. 이렇게 흥분을 일으키고 히스테릭한 장소에 예수께서 오신 것이다. 예수께서는 권위를 갖고 그들을 밖으로 내보냈다. 예수께서는 그들에게 이 소녀는 죽은 것이 아니라 다만 잠잘 뿐이라고 조용히 말씀하셨다. 그들은 비웃으며 예수를 조롱했다. 그런 행동은 이러한 일에 부딪혔을 때 나타나는 인간의 묘한 반응이다. 조상객들은 그들의 슬픔 속에 푹 빠져 마음을 쏟고 즐기고 있었으므로 희망을 준 데 대해 도리어 원망했던 것이다. 예수께서 그 소녀가 잠자고 있다고 한 말씀은 그가 말한 그대로임을 받아들여도 좋을 것 같다. 영어에서처럼 헬라어에서도 죽은 사람을 가끔 잠잔다고 표현했다. 사실 **공동묘지**란 단어는 헬라어 **코이메테리온**(Koimètèion)에서 온 것인데 **잠자는 사람들이 있는 곳**을 의미했다. 잠잔다는 헬라어는 두 단어가 있다. 하나는 **코이마스하이**(Koimasthai)인데 생리적으로 자는 것과 죽음으로서의 잠이라는 두 가지 면으로 보통 일상적으로 사용되었다. 다른 하나는 **카데우돈**(Katheudein)인데 보통 죽음으로서의 잠이라는 뜻에 가깝게 사용된 것이 아니고 생리적인 잠을 의미하는 데 더 잘 쓰였다. 이 구절에서는 바로 카데우돈이란 단어가 사용되었다. 동방의 간질증 환자의 혼수상태에서는 이런 것이 결코 비정상적인 것이 아니다.

동방에서는 기후 관계 때문에 죽은 사람의 매장은 매우 신속하게 했다. 트리스트램(Tristram)은 "매장은 늦어도 죽은 그날 저녁 때 했으며, 해 진 후에 죽었으면 밤중에도 매장했다"라고 기록했다.

이렇게 혼수상태나 빨리 매장하는 풍속 때문에 무덤은 대부분 사람이 다시 살 수 있도록 매장한 형태였다. 우리가 여기서 예로 든 것은 신의 치유가 아니라 신의 진단이다. 예수께서는 두렵고 무서운 죽음에서 이 소녀를 구원하셨다. 예수께서 그날 가버나움에서 죽음에 매인바 된 한 유대 소녀를 구출하셨다는 한 가지 사실은 참된 것이다.

하늘의 모든 힘을 한 사람을 위해

마태복음 9:20-22

**[20]열두 해 동안이나 혈루증으로 앓는 여자가 예수의 뒤로 와서 그 겉옷 가를
만지니 [21]이는 제 마음에 그 겉옷만 만져도 구원을 받겠다 함이라 [22]예수께서
돌이켜 그를 보시며 이르시되 딸아 안심하라 네 믿음이 너를 구원하였다 하
시니 여자가 그 즉시 구원을 받으니라**

유대적 관점에서 본다면 이 여인은 다른 어떤 무섭고 비참한 질병으로 고통당하는 것보다 혈루증으로 앓는 고통이 더 심했다. 혈루증은 팔레스타인에서는 매우 공통적인 재난이었다. 유대교 법전《탈무드》는 그 병을 치료하는 데 열한 가지 이상의 어려운 치료 방법을 설명했다. 강장제와 수렴제가 효과적인 방법으로 꼽혔고 다른 것들은 순전히 미신적인 요법들이었다. 미신적인 요법 중 하나는 여름에는 세마포 주머니 안에, 겨울에는 무명 주머니 안에, 타조 알을 태운 재를 넣고 다니게 하는 것이다. 또 다른 요법으로 흰 암나귀의 똥 속에서 볼 수 있는 보리 낟알을 지니기도 했다.

마가는 이 여인이 모든 일에 곤란을 겪으며 유명한 의사들을 찾아가 치료를 받아 보았으나 낫기는커녕 더욱 악화되는 상태임을 명백하게 이야기해 주고 있다(막 5:26). 이 질병에 대한 무서운 증오는 그 병이 부정한 데서 오는 것으로 취급되는 데서 드러난다. 율법에는 거기에 대해 다음과 같이 규정하고 있다.

"만일 여인의 피의 유출이 그의 불결기가 아닌데도 여러 날이 간다든지 그 유

출이 그의 불결기를 지나도 계속되면 그 부정을 유출하는 모든 날 동안은 그 불결한 때와 같이 부정한즉 그의 유출이 있는 모든 날 동안에 그가 눕는 침상은 그에게 불결한 때의 침상과 같고 그가 앉는 모든 자리도 부정함이 불결한 때의 부정과 같으니 그것들을 만지는 자는 부정한즉 그의 옷을 빨고 물로 몸을 씻을 것이며 저녁까지 부정할 것이요"(레 15:25-27).

이는 혈루증을 앓는 여인이 부정하다는 말이며 그 여자가 만지는 모든 사물과 접촉하는 사람도 그런 부정에 감염되었음을 말하는 것이다. 그런 여자는 하나님께 예배하는 것과 다른 사람들과 교제하는 것이 일체 금지되어 있었다. 이런 여인은 예수의 주위를 둘러싼 군중 틈에 있어서는 안 되었다. 그 여자가 닿는 사람은 모두 부정에 감염되기 때문이다. 그러므로 이 여인이 격리와 굴욕의 생활에서 벗어나려고 발버둥치며 어떤 일이라도 하려고 한 것은 무리가 아니다.

그래서 여자는 예수의 뒤로 미끄러져 가서, KJV가 말하는 대로 예수의 겉옷의 가장자리를 만졌다. 헬라어로 **크라스페돈**(kraspedon)은 옷의 가장자리를 의미하고 구약에서는 이 말을 히브리어로 **지지스**, 즉 옷의 술로 번역했다. 이 옷술은 유대인들이 입은 겉옷의 가장자리에 달린 청보라색의 네 옷술이다. 그들은 민수기 15장 37-41절과 신명기 22장 12절의 율법의 명령에 따라 옷을 입었다. 마태는 14장 36절과 23장 5절에 거듭하여 이것을 말하고 있다. 유대인들의 겉옷은 네 가장자리를 지나는 네 가닥 실로 엮여 있으며 여덟 번을 만나 꿰매지도록 되어 있었다. 그 중 한 가닥은 다른 것들보다 길었다. 그것은 다른 끈 둘레를 일곱 번을 돌리고 또 한 번 매듭을 맺고 다음은 여덟 번 또 열한 번 그리고 열네 번을 돌려 묶었다. 그 실과 매듭은 모세오경을 상징한 것이다. 그러한 옷술의 개념은 두 가지로 생각할 수 있다.

첫째, 그것은 어디 있는지 관계없이 그 사람이 유대인으로 동일시되고 선민 중 한 사람임을 의미하는 표시였다. 또한 모든 유대인이 그 옷을 입고 벗을 때마다 자신이 하나님께 속했다는 것을 상기시켜 주는 것이었다. 후일에 유대인들이 보편적으로 박해를 받았을 때, 그 옷술은 속옷에 달았고 오늘날에 와서는 헌신적인 유대인들이 기도할 때 입는 기도의 술(prayer-shawl)에 달게 되었다. 이 여인이 만진 것은 예수의 겉옷에 단 바로 이러한 옷술이었다.

그 여자가 예수의 옷술을 만지자 바로 혈루증이 멈추었다. 그것은 마치 우리가 영화를 보는데 갑자기 화면이 돌아가지 않고 멈춰 버려 정지된 한 장면을 보는 것 같다. 이 장면에서 가장 비상하고 살아 움직이는 아름다운 일은 예수께서 군중 한복판에서 갑자기 멈춰 섰고 그 순간 예수에게는 다른 많은 사람이 아니라 바로 그 여자가 살아가는 데 참으로 필요한 것만 보였다는 것이다. 그 여자는 군중 속에서 잃어버린 가련한 여인이 아니라 예수께서 그의 전체를 내주신 여인이 된 것이다. 예수께서는 하나님과 같으시기 때문에 군중 속에서 한 사람도 잃지 않으신다.

예이츠는 신비적인 아름다움을 체험한 순간에 "하나님의 사랑은 모든 인간 영혼을 위해 무한하시다. 이는 각각의 인간 영혼이 독특하기 때문이며 하나님은 그 모든 것을 사랑하지 않고는 만족하지 못하시기 때문이다"라고 고백했다. 하나님은 한 사람 한 사람에게 그의 전체를 내주신다.

하지만 세상은 그렇지 않다. 세상은 중요한 사람과 중요하지 않은 사람을 나누기 쉽다. 월터 로드(W. Lord)는 《기억할 그 밤》이란 책에서 1912년 4월에 발생한 타이타닉호 침몰 사건에 대한 이야기를 언급하고 있다.

새로 건조되고 침몰하리라고는 상상조차 할 수 없는 정기 여객선이 대서양 한가운데서 빙산에 부딪혔을 때 간담이 서늘해질 만한 생명의 손실이 있었다. 그 후 이 비극이 뉴욕 신문 중 하나인 《아메리카》 지에 게재되어 독자들의 관심을 불러일으켰다. 하지만 독자들은 백만장자 존 캅 에스톨의 죽음에 대해서만 전적으로 주목했고 거의 끝에 가서야 죽은 다른 1,800명에 대해 언급했다. 실제로 문젯거리가 될 만하고 뉴스 가치가 있는 단 한 사람은 백만장자에 불과했다. 다른 1,800명은 중요하지 않았다. 인간들은 바로 이와 같지만 하나님께서는 결코 그런 분이 아니다. 심리학자 배인(Bain)은 감각적인 사람은 "풍부한 자비심"이라고 부르는 것을 지니고 있다고 말했다. 이 풍부한 자비심이 하나님 안에 최고 최상의 감정으로 깃들어 있다.

제임스 어게이트(James Agate)는 체스터톤(G. K. Chesterton)에 대해 "어떤 사상가들과 달리 체스터톤은 그를 따르는 무리를 이해했다. 경마 기수의 고민도, 그와 친숙한 재판관의 괴로움도 똑같이 이해했다. 체스터톤은 내가 아는 어떤 다른 사람보다도 더 사람들의 마음과 접촉했다. 그는 온갖 애정을 구두닦이에게도 쏟을 수 있었다. 그는 사람들이 소위 친절이라고 말하는, 가슴속에서부터 우러나오는 박애정신으로 전 세계인을 동족으로 생각했다"라고 말했다.

이것은 군중 속에서 한 사람이라도 잃으시지 않는 하나님의 사랑의 표현이다. 그리고 오늘날 개인이 소외당하는 시대에 기억할 만한 일이다. 인간들은 점차로 사회적 인간 조직의 일원이 되어 가는 경향이 있다. 개인적인 권리라고는 거의 없어져 버린 연합단체나 협회의 회원이 되어 버리는 것이다.

예이츠는 유명한 예술가이자 초상화가인 아우구스투스 존(Augustus John)에 대해 "그는 한 인간을 다른 인간과 같이 만들어 가는 것에 반항하는 데 특별한 관심을 가졌다"라고 말했다.

하나님에게는 한 사람은 결코 다른 사람과 같지 않으며 그들 각자는 모두 하나님의 개체적인 자녀이며 그들은 각자 모두 하나님의 사랑과 능력을 받은 자녀들이다.

예수에게 이 여인은 군중 속에서 잃어버린 여인이 아니었다. 그 여자가 예수를 가장 필요로 한 바로 그때, 그 여자는 모든 것을 이루었다. 예수께서는 우리 모두에게 이와 같은 분이시다.

신앙의 시험과 보수

마태복음 9:27-31

[27]예수께서 거기에서 떠나가실새 두 맹인이 따라오며 소리 질러 이르되 다윗
의 자손이여 우리를 불쌍히 여기소서 하더니 [28]예수께서 집에 들어가시매 맹
인들이 그에게 나아오거늘 예수께서 이르시되 내가 능히 이 일 할 줄을 믿느
냐 대답하되 주여 그러하오이다 하니 [29]이에 예수께서 그들의 눈을 만지시며
이르시되 너희 믿음대로 되라 하시니 [30]그 눈들이 밝아진지라 예수께서 엄히
경고하시되 삼가 아무에게도 알리지 말라 하셨으나

[31]그들이 나가서 예수의 소문을 그 온 땅에 퍼뜨리니라

팔레스타인 지방에서는 눈이 머는 비참한 질병이 흔했다. 이 병은 동녘 태양의 섬광이 무방비 상태에 있는 눈에 비치거나 청결과 위생의 중요성을 감안하지 않아서 생기는 수가 많았다. 특히 불결한 파리 떼가 이런 전염병을 옮겼다.

이 두 소경은 예수를 **다윗의 자손**이라고 불렀다. 복음서 안에서 이 칭호를 연구할 때, 우리는 칭호가 예수를 좀 거리를 두고 알고 있는 사람이나 무리에 의해 항상 사용되었음을 발견한다(마 15:22, 20:30-31; 막 10:47, 12:35-37).

다윗의 자손이란 말은 메시아라는 통속적인 개념으로 예수를 묘사하는 것이다. 수 세기에 걸쳐 모든 세대의 유대인은 그들에게 자유를 회복시켜 줄 뿐 아니라 그들에게 힘과 영광과 위대함을 주고 세계를 정복하도록 이끌 지도자와 지휘자인 약속된 구세주를 다윗 혈통에서 기다렸다. 이 소경들은 바로 예수를 이와 같은 사람으로 생각했던 것이다. 그들은 예수를 백성을 승리와 자유와 정복으로 이끌어 주실 놀랄 만한 일을 하시는 분으로 보았던 것이다. 그들은 예수께서 누구시며 무엇을 하시는 분인지에 대해서는 아주 적절하지 못한 개념을 지닌 채 나아왔으나 예수께서는 그들을 고쳐 주셨다. 예수께서 이 사람들을 다루는 방법에서 많은 것을 배울 수 있다.

1. 예수께서는 분명히 그들이 한 번 소리를 지를 때는 곧 대답하시지 않았다. 예수께서는 그들이 얼마나 열렬하게 그들의 요구를 예수께서 충족시켜 주기를 바라는가 알기를 원하셨다. 그들은 여러 사람들이 떠들고 소리 지르는 바람에 덩달아 소리 질렀거나 예수께서 지나가 버리면 곧 모든 것을 잊어버리고 말았을지도 모른다. 여기서 예수께서는 그들의 소원이 얼마나 성실하며 필요를 느끼는 그들의 마음이 얼마나 참된지를 먼저 알기 원하셨다. 인간은 비록 거지라도 일하지 않고 생활할 수 있다는 유리한 점이 있다. 병자에게도 같은 유리한 점이 있다. 따라서 병의 속박에서 실제로 해방되기를 원하지 않는 사람들도 있다.

예이츠는 학자이며 시인인 존슨(Lionel Johnson)에 대해 "존슨은 알코올 중독자였다. 그는 자기 자신에게 말하듯이 '몸의 모든 세포가 소리쳐 부르짖듯 술을 갈망

한다' 라고 했다. 그러나 이런 갈망을 없애기 위한 치료를 받도록 권유받았을 때, '나는 낫기를 원치 않습니다' 라고 매우 솔직하게 대답했다" 라고 알려 주었다.

사람들의 심중 깊은 데서는 그들의 약함을 그다지 싫어하지 않는 사람들도 적지 않으며 그들이 솔직하다면 자신들의 죄를 내버리기를 원하지 않는다고 말할 사람도 많다. 예수께서는 먼저 그들이 얼마나 진지하고 열렬하게 그들의 질병에서 놓임 받기를 원하고 있는지를 확실히 알기 원하셨다.

II. 예수께서는 사실상 사람들이 다른 사람의 개입 없이 예수 자신과만 대면하도록 요구 받았다. 이것은 흥미로운 일이다. 예수께서 길거리에서 이 소경들에게 대답하시지 않으셨기 때문에 그들은 예수를 따라 집으로 들어왔다. 우리는 조만간 혼자서 오직 한 분 예수와 대면하지 않으면 안 된다. 이것이 영적 생활의 원칙이다. 큰 집회 때 많은 무리의 감정적 흥분 상태에 휩쓸리어 믿기를 결심하는 것이나 모임에서 믿기로 결심하는 것이나 모두 좋은 일이다. 그러나 군중을 떠나 집으로 돌아와 혼자가 되고 친교의 시간을 가진 다음에는 모든 인간의 영혼이 본질적으로 단독자라는 데로 돌아서게 마련이다. 현실적인 우리에게 중요한 것은 군중 속에서 무엇을 하느냐에 있는 것이 아니라 그리스도와 함께 둘이 있을 때 무엇을 하느냐에 있다. 예수께서는 이 소경들을 자신에게만 대면하도록 하신 것이다.

III. 예수께서는 소경들에게 "너희들은 내가 이 일을 할 수 있다고 믿느냐" 라고 단 하나의 질문만 하셨다. 기적이 일어나기 위해 절대적으로 필요한 것은 신앙이다. 이것은 신학적이거나 신비적인 문제가 아니다. 어떤 환자가 자신이 나으리라는 희망을 전적으로 잃어버린 상태로 의사에게 온다면 그 환자를 고칠 수 있는 의사란 없을 것이다. 또한 어떤 사람이 약 대신 물을 마시는 것이 낫다고 고집한다면 그 사람을 고칠 약은 없을 것이다. 기적은 예수 그리스도의 팔에 자신의 생명을 위탁하고 "주님이 나를 내가 원하는 대로 만드실 수 있음을 믿습니다" 라고 말하는 데 있다.

두 가지 반응

마태복음 9:32-34

**32그들이 나갈 때에 귀신 들려 말 못하는 사람을 예수께 데려오니 33귀신이
쫓겨나고 말 못하는 사람이 말하거늘 무리가 놀랍게 여겨 이르되 이스라엘
가운데서 이런 일을 본 적이 없다 하되 34바리새인들은 이르되 그가 귀신의
왕을 의지하여 귀신을 쫓아낸다 하더라**

누구도 예수 그리스도에 대해서는 중간적인 태도를 취할 수 없다는 것을 이 구절보다 더 확실히 나타내 주는 구절도 없을 것이다. 여기서 우리는 예수에 대한 두 가지 반응이 그림처럼 환히 드러남을 볼 수 있다. 군중의 태도는 놀람으로 나타났고 바리새인들의 태도는 독기에 찬 증오로 나타났다. 인간은 자신이 마음에 생각한 대로 사물을 인식한다는 것은 항상 진리다. 인간의 가슴에 있는 느낌이란 그가 보는 모든 것을 착색할 수 있기 때문이다.

군중은 절실한 요구를 갖고 있는 단순한 백성으로 구성되어 있었기에 예수를 경이의 눈으로 바라보았다. 예수께서 놀랄 만한 방법으로 그들의 절실한 요구를 채워 주시는 것을 보았기 때문이다. 예수께서는 항상 절실히 무엇인가 요구하는 사람에게는 훌륭하게 보였으며 그 절실한 요구가 깊으면 깊을수록 더욱 훌륭하게 보였다. 바리새인들은 예수를 악한 능력을 가진 악령들의 동료로 보았다. 그들은 예수의 놀랄 만한 능력을 부정하지는 않았으나 예수께서 귀신의 왕과 손을 잡고 있다고 보았다. 바리새인들의 판정은 그들의 마음 상태에서 기인하는 것이다.

1. 바리새인들은 변할 수 없을 정도로 사상이 고정되어 있었다. 우리가 이미 보았듯이 그들은 율법의 일점일획이라도 가감할 수 없었다. 그들에게는 모든 위대한 일이 과거에 속해 있었던 것이다. 또한 전통이나 관습을 변경시키는 것은 죽을죄에 해당되었다. 그래서 그들에게는 무엇이든지 새로운 것은 나쁜 것이

었다. 그래서 예수께서 참된 종교란 무엇인가에 대해 새로운 해석을 제시했을 때 그들은 그 옛날 예언자들을 미워했듯이 예수를 미워했다.

II. 그들은 자기 만족에 너무 깊이 빠져 있었다. 예수께서 옳았다면 그들은 잘못된 것이 된다. 예수께서는 사람이 그의 의지와 생활을 그에게 인도하여 넘기기 전에는 아무것도 하시지 않았다. 바리새인들은 자신들에게 너무 만족하고 있어서 변화의 필요성을 느끼지 않았고 오히려 변화를 원하는 사람을 미워했다. 회개란 모든 사람이 들어가야 할 하나님 나라에 이르는 문이며, 우리 자신의 길이 잘못되었다는 것을 인식하고 예수 안에만 생명이 있으므로 그의 뜻과 능력에 우리를 맡기는 일이다. 회개할 때만 비로소 우리가 변화되는 것이다.

III. 바리새인들은 사물을 보는 데 편견이 많았다. 그들의 눈은 자신들의 이념과 편견으로 멀어 있어서 예수 그리스도 안에 있는 진리와 하나님의 능력을 볼 수 없었다. 무엇을 요구하는 사람은 예수 안에서 언제나 경탄할 것이다. 자신의 길이 정해져서 변화되지 않는 사람, 자신의 의에 만족하여 복종하지 않는 사람, 편견에 사로잡혀 소경이 되어 보지 못하는 사람은 항상 예수 그리스도를 제거하려고 노력하고 미워하며 원망할 것이다.

삼중의 일

마태복음 9:35

35 예수께서 모든 도시와 마을에 두루 다니사 그들의 회당에서 가르치시며 천국 복음을 전파하시며 모든 병과 모든 약한 것을 고치시니라

이 짧은 구절에서 우리는 예수의 생활에서 본질적인 세 가지 활동을 볼 수 있다.

I. 예수께서는 "전령자"였다. 전령자는 왕의 메시지를 가져와 전달하는 사람을 일컬어 말한다. 예수께서는 하나님으로부터 메시지를 가져오는 분이다. 전령자의 의무는 어떤 확실한 것을 선포하는 것이다. 설교도 이와 같이 항상 확실한 것을 선포하는 것이어야만 한다. 오늘날 교회는 — 다시 말해 하나의 대리자처럼 — 확신 있는 사람들로 구성되어야 한다. 그러므로 설교자뿐 아니라 교회 구성원도 확신 있게 되어야 한다. 오늘날처럼 이러한 확실성이 더 요구된 때는 없었다.

대영 공립학교 교장이었던 헤우드(Geoffrey Heawood)는 우리가 살고 있는 이 시대의 가장 큰 비극이자 큰 문제는 우리가 십자로에 직면해 있으며 신호 표시가 떨어져 버려 갈 바를 확실히 모르는 데 있다고 기록하고 있다.

니콜스(B. Nichols)는 세상에서 유명하다고 이름난 이들과 만나 대담한 회견기를 책으로 썼다. 그 중 에 영국 천주교회의 유명인 중 한 사람인 벨록(Hilaire Belloc)과 대담한 내용이 실려 있다. 이 대담을 마친 후에 니콜스는 "벨록은 나쁜 돛대에 적어도 선기(船旗)를 못 박아 걸고 있다고 느꼈기 때문에 유감으로 생각한다. 그러나 돛대에 못을 박아 걸 선기를 갖고 있지 않는 나 자신과 우리 세대 때문에 더욱더 마음이 아프다"라고 기록했다. 이와 같이 우리는 오늘날 안정되지 못한 시대에 살고 있으며 사람들이 어느 것이나 알려고 하는 것을 그만둔 세대에 살고 있는 것이다.

예수께서는 사람이 살아가야 할 확실성을 선포하러 오신 하나님의 전령자였다. 그래서 우리는 "나는 내가 믿는 분을 압니다"라고 말해야 할 능력을 갖추어야 하는 것이다.

II. 예수께서는 "선생"이었다. 우리가 기독교의 확실성을 선포하는 것으로는 충분하지 않다. 한 걸음 더 나아가 우리 인생에서나 생활에서 이런 확실성의 영향을 보여 줄 수 있어야 한다. 이것이 교육이다.

그런데 기독교의 중요성과 동시에 문제점은 말로써만 아니라 생활로써 가르쳐야 한다는 것이다. 가르침의 문제와 중요성이 놓여 있는 것이다. 기독교인의 의무는 다른 사람과 더불어 기독교에 대해 토론하는 것이 아니라 기독교가 무엇인지를 자신들의 삶 속에서 보여 주는 것이다.

인도에 살았던 어떤 작가가 남긴 글이다.

"어떤 영국 보병대대로 기억하고 있는데, 그들은 의무적으로 예배에 참석하고 그들이 좋아하는 찬송을 불렀다. 그들이 흥미롭다고 생각하는 설교자가 있으면 설교를 들었으나 예배가 없는 날에는 교회 같은 것은 전혀 생각지도 않는 것 같았다. 그러나 쿼타 대지진 때 그들의 구조사업이 어떤 브라만 교도에게 깊은 감동을 주었다. 그래서 그는 기독교만이 사람을 그와 같이 행동할 수 있게 한다고 생각하고 곧 세례 받기를 원했다. 그 브라만 교도에게 기독교가 무엇인지를 가르친다는 것이 바로 기독교의 실천이다. 이와 같이 우리 기독교인의 가장 고귀한 의무는 사람들과 더불어 예수 그리스도에 대해 이야기하는 것이 아니고 예수 그리스도를 행동으로 보여 주는 것이다. 성자란 예수 그리스도가 내재하시는 사람이다. 그러므로 모든 기독교인은 말이 아니라 생활로써 다른 사람에게 기독교를 가르치는 선생이 되어야만 한다."

III. 예수께서는 "병 고치는 분"이었다. 복음서를 보면 예수께서는 말씀하는 것으로 그치시지 않고 그것을 곧 행동으로 옮기셨다. 복음서를 자세히 읽어가면 예수께서는 병을 고치시는 일과 가난하여 배고픈 사람들에게 먹을 것을 주시는 일과 하나님에 대해 단순히 말씀하시는 시간보다는 슬픔에 잠긴 사람들을 위로하는 일에 더 많은 시간을 보내셨음을 보게 된다. 예수께서는 기독교 진리를 말로 이야기하는 데서부터 기독교인의 사랑의 행동으로 옮기셨던 것이다.

그러므로 우리에게 있는 신앙 그대로를 행동으로 옮기지 못한다면 아직 참된 기독교인이 아닌 것이다. 제사장들은 종교가 희생 제사로 이루어졌다고 말했고 서기관들은 율법으로 구성된 것이라고 주장했으나 예수 그리스도는 종교는 신앙으로 성립된 것이라고 말씀하셨을 것이다.

하나님의 긍휼

마태복음 9:36

36무리를 보시고 불쌍히 여기시니 이는 그들이 목자 없는 양과 같이 고생하
며 기진함이라

예수께서는 평범한 일반 남녀 군중을 보셨을 때 그들을 **긍휼히 여기셨다**. 여기서 **긍휼히 여기셨다**는 데 사용된 헬라어(spagch nistheis)는 동정하는 연민을 표시하는 가장 강한 단어다. 이 단어는 **스프라흐나**(splachna)에서 왔는데 이는 내장이라는 뜻이다. 그것은 사람의 가장 깊은 심중에서 동정과 긍휼을 나타낸다는 뜻이다.

복음서에 이 단어는 이러한 이용법에서 약간 벗어나 비유로 몇 번 사용되었고 그 밖에는 예수에게만 사용했던 것이다(마 9:36, 14:14, 15:32, 20:34; 막 1:41; 눅 7:13 참조). 이 구절을 연구할 때는 예수께서 긍휼히 여긴 것이 무엇인지를 찾아볼 수 있어야 한다.

I. 예수께서는 "세상의 고통"에 대해 긍휼히 여기셨다. 예수께서는 병든 사람(마 14:14)과 소경(마 20:34)과 귀신 들린 자(막 9:22)들을 긍휼히 여기셨다. 이런 모든 것 위에 예수께서는 인간의 고통을 당신의 것으로 삼고 고통을 당하셨다. 그는 고통을 보시기만 하신 것이 아니고 그 고통을 덜어 주시려고 하셨다.

II. 예수께서는 "세상의 슬픔"에 대해 긍휼히 여기셨다. 아들의 장례식에서 아들의 시체를 따라 울부짖으며 나오던 나인 성의 과부의 모습은 예수의 마음을 움직였다(눅 7:13). 예수께서는 모든 사람의 눈에서 눈물을 닦아 주기를 간절히 바라는 마음으로 가득 차 있었다.

III. 예수께서는 "세상의 굶주림"에 대해 긍휼히 여기셨다. 주리고 지친 군

중의 가련한 모습은 그의 능력을 불러일으킬 수 있었다(마 15:32). 그러므로 기독교인은 가난한 사람이 있는 한 많이 가졌다고 만족해 할 수는 없다.

IV. 예수께서는 세상에서 "고독한" 사람에게 긍휼을 베푸셨다. 친구와 친척들의 사귐에서 추방당하고 홀로 고독 속에서, 살아 있는 시체와 같이 포기 상태에서 살아가는 생명이라고 볼 수 있는 나병환자의 모습은 그의 능력과 동정을 불러일으켰다(막 1:41).

V. 예수께서는 세상에서 "방황하는 사람"을 긍휼히 여기셨다. 백성은 하나님을 진지하게 고대하고 있었으나 서기관들과 바리새인들, 제사장과 사두개인들, 즉 당시 정통적인 종교의 중심인물들은 그들에게 아무것도 줄 수가 없었던 것이다. 정통적 교사들은 백성을 지도하여 이끌어 주거나 위로해 주거나 삶에 힘을 불어넣어 주지 않았다. 밀튼(Milton)은 《리키다스(*Lycidas*)》라는 작품에서 헌신할 것이 없는 종교적 지도자들을 거의 야만스러울 정도로 심하게 공격했다.

"소경된 입이여! 양 치는 지팡이를 다루는 것도 모르고 더욱이 양 치는 방법에 대해서는 아무것도 모르는 그들이여! 그런 것들은 모두 신실한 하층민들의 예술에 속하는 것이리라! 그들은 서투르게 가냘픈 피리를 불어 대며 앙상하고 메말라 듣기에도 거북한 노래를 하면서 배고파 쳐다보는 양들에게 먹을 것은 한 줌도 주지 않는구나!"

여기서 백성의 상태를 묘사하는 데 사용한 단어들은 모두 인상적인 것들이다. 여기서 우리가 **방황한다**고 번역한 단어는 에스쿨메노이(eskulmenoi)다. 그것은 갈기갈기 **찢기고** 가죽을 **벗긴** 상태에 있는 시체나, 탐욕이 가득한 사람으로 말미암아 약탈당한 사람이나, 조금의 동정도 없이 고민하는 사람이나, 이유 없이 **거만한** 사람에게 **피해를 당한** 사람이나, 끝이 없는 것 같은 여행으로 **완전히 지쳐 버린** 사람들을 묘사하는 데 사용한 단어다. 또 **낙심했다**고 번역한 단어는 에리메노이(errimenoi)인데 그것은 **패배하여 완전히 뻗어 버렸다**는 것을 의미했다. 또한 그 말은 술에 녹초가 되어 나가떨어진 사람이나 치명상을 입어 드러누운 사람을 의미했다.

사람들이 삶에 더욱 강해지도록 이끌어야 할 유대교 지도자들은 그러기는커녕 방황하는 사람들에게 아무런 동정이나 도움이 안 되는 율법만 갖고 민감한 논쟁을 벌였다. 인간을 올바르게 일으켜 도와야 할 때 그들은 오히려 기록된 율법에 따라 비관용적인 무거운 짐을 지도록 백성을 복종하게 했다. 그들은 사람들을 돕기는커녕 오히려 짐을 지우는 종교에 헌신하는 사람들이었다.

기독교는 사람을 낙심시키는 것이 아니고 용기를 북돋아 주며 짐 진 사람을 내리누르는 대신 그들이 나는 것처럼 살 수 있도록 들어 올려 주려고 존재한다는 사실을 우리는 늘 기억해야 한다.

추수하기를 기다림

마태복음 9:37-38

[37]이에 제자들에게 이르시되 추수할 것은 많되 일꾼이 적으니 [38]그러므로 추수하는 주인에게 청하여 추수할 일꾼들을 보내 주소서 하라 하시니라

이 본문은 예수께서 말씀하신 것 중에 특색 있는 말씀 중 하나다. 예수와 당시의 정통적 종교 지도자들은 남녀 대중을 서로 아주 다른 방법으로 보았다. 바리새인들은 그런 대중을 없애 버리고 태워 버릴 겨와 같이 보았으나 예수께서는 그들을 베어 들이고 구원 받아야 하는 추수할 것으로 보았다. 바리새인들은 그들의 교만으로 죄인들의 파멸을 바랐으나 예수께서는 그의 사랑으로 죄인들의 구원을 위해 죽으셨다.

그러나 여기에 위대한 기독교적 진리와 최고의 기독교적 도전이 있다는 것을 간과해서는 안 되겠다. 추수할 일꾼이 있어 그것들을 베어 거두어들이지 않으면 추수가 되지 않는다. 이것은 다시 말해 **예수 그리스도가 인간을 필요로 하신다는 것이다**. 이것은 기독교 신앙과 생활에서 위대하게 빛나는 기본적 진리다.

예수께서 지상에 계셨을 때 그의 음성은 아주 적은 지역밖에 미치지 못했다.

그는 팔레스타인 지방을 벗어나 활동하시지 않았다. 그러므로 이 세계는 그를 기다리고 있을 것이다. 예수께서는 아직도 복음을 듣고 있는 사람들보다 복음이 전해지지 않아 듣지 못한 사람들을 원하신다. 예수 그리스도는 어린아이들에게 가르치시기를 원하셨다. 아이들은 선생이 가르쳐 주지 않으면 결코 배울 수 없었기 때문이다.

예수 그리스도는 모든 사람이 복음을 전해 듣기 원하시지만 누군가가 바다와 산을 넘어 복음을 전해 주지 않으면 사람들은 결코 그 소식을 들을 수 없다. 그러므로 기도하는 것만으로는 불충분하다. 어떤 사람은 "나는 생활 속에 매일 그리스도의 왕국이 임하기를 기도한다"라고 말했다.

그러나 많은 경우에서 보듯이 일하지 않는 기도는 죽은 거나 마찬가지다. 마틴 루터에게는 그가 하고 있는 것이 바로 기독교 신앙이라고 느끼고 있는 친구가 있었다. 그 친구도 수도사였으며 그들은 하나의 일치점에 도달했다. 루터는 세상의 종교개혁을 위한 전투의 열기와 소동 속에 휘말려 들어갔고 그 친구는 수도원에 계속 머물러 기도로 루터의 힘이 되어 주려고 했다. 그래서 그들은 각각 그런 길을 시작했다. 그러던 어느 날 저녁에 그 친구가 꿈을 꾸었다. 그는 지구처럼 크나큰 옥수수밭을 보았고 어떤 사람이 그것을 거두어들이려고 했다. 그러나 그것은 도저히 불가능하고 안타까운 일이었다. 그때 그는 추수꾼의 얼굴을 얼핏 보았는데 그는 다름 아닌 바로 마틴 루터였다. 거기서 루터의 친구는 섬광 속에 빛나는 하나의 진리를 보았다. 그래서 그는 "나는 기도하는 데서 일어나 일하러 가야겠다"고 말했다. 그 후 그는 고독하고 경건한 기도를 떠나 추수하는 일꾼으로서 세상에 나아갔다.

그리스도의 꿈은 모든 사람이 선교사가 되며 추수꾼이 되는 것이다. 생이 그들을 무기력하게 하고 그들의 기도가 일하는 사람들을 강하게 해 준다고 기도 외에는 아무것도 하지 않는 사람이 있다. 그러나 몸과 마음을 건강하게 해야 하는 우리로서 그것은 최선의 길이 아니다. 즉, 우리가 헌금하는 것만으로는 불충분하다는 것이다. 사람을 추수하여 거두어들이려면 우리 모두가 추수꾼이 되어야 한다. 하나님이 우리에게 인도하고 인도해야만 하는 사람을 맡겨 주셨기 때문이다.

The Gospel of Matthew

10

왕의 사자

마태복음 10:1-4

[1]예수께서 그의 열두 제자를 부르사 더러운 귀신을 쫓아내며 모든 병과 모든
약한 것을 고치는 권능을 주시니라 [2]열두 사도의 이름은 이러하니 베드로라
하는 시몬을 비롯하여 그의 형제 안드레와 세베대의 아들 야고보와 그의 형
제 요한, [3]빌립과 바돌로매, 도마와 세리 마태, 알패오의 아들 야고보와 다
대오, [4]가나나인 시몬 및 가룟 유다 곧 예수를 판 자라

마태는 방법론적으로 보면 어떤 극적 형식으로 예수의 이야기를 전개해 나간다. 세례를 받으시는 이야기에서 마태는 예수께서 그가 해야 할 사명을 받으시는 것을 보여 주고 있다. 또 시험을 당하는 이야기에서 마태는 예수께서 그의 사명을 수행하는 데 사용하려고 어떤 방법을 결정하는 것을 알려 준다. 그리고 우리는 산상 설교에서 예수의 지혜의 말씀을 들으며 8장에서는 예수의 능력의 행위를 보게 된다. 더 나아가 9장에서 우리는 예수를 대적하여 일어나는 반대 세력들과 본 장에 와서는 예수께서 제자들을 선택하시는 장면을 보게 된다.

어떤 지도자가 그의 위대한 과업에 착수하려고 한다면 그가 가장 먼저 할 일

은 그의 협력자를 선택하는 것이다. 바로 그러한 협력자들에게 그의 과업의 현재의 결과와 미래의 성공이 달린 것이다.

여기서 예수께서는 그의 오른팔 노릇을 할 막료들을 선택하셨다. 그들은 그가 육신으로 지상에 계실 동안 그를 도울 사람들일 뿐 아니라 지상을 떠나 영광의 승천을 한 후에도 그의 과업을 계속하게 하실 사람들이었다.

여기서 이런 사람들에 대해 우리가 한번은 부딪혀야 할 두 가지 사실이 드러난다.

I. 제자들은 매우 평범한 사람들이었다고 볼 수 있다. 그들은 부자도 아니고 학력이 높아 화려하지도 않았으며 사회적으로 우월한 지위에 있지도 않았다. 그들은 일상의 평범한 일에 종사했으며 특별한 교육도 받지 않은 평범한 사람들이었다.

이것은 다시 말해 예수께서 비상한 사람을 보신 것이 아니라 비록 평범한 일을 하는 평범한 사람이라도 그가 얼마나 비상한 큰 뜻을 가졌느냐 하는 것을 보셨다고 할 수 있는 것이다. 예수께서는 그가 지금 무엇을 하고 있는 사람인지를 보신 것이 아니라 그를 무엇으로 다시 만들어 나갈 수 있는지를 보셨던 것이다. 예수께서는 그들이 무엇을 했는지를 보고 그들을 선택하신 것이 아니다. 그들이 그의 능력 안에서 또 그의 영향 아래서 장차 무엇을 해 나갈 수 있는지를 보시고서 그들을 선택하신 것이다.

예수 그리스도는 가장 평범한 사람을 헌신하게 하시고 큰일을 위해 쓰기 때문에 우리가 예수 그리스도께 드릴 그 무엇이 없다고 생각할 필요가 없는 것이다.

II. 그들은 이상하리만큼 서로 혼합되어 구성된 사람들이었다. 이를테면 마태와 같은 세리도 있었다. 모든 사람이 마태를 매국노라 하고 자신의 이익을 위해 그의 조국을 지배하는 타국 사람들에게 자신을 팔아넘겼다고 비난했다. 또 그는 조국을 사랑하는 사람과 애국자를 반대했다고 했다. 이와 같은 마태와 함께 시몬도 그 일원이었다. KJV에는 그를 Canaanite, 즉 **가나안 사람**이라고 했으나 이는 오역이고 오히려 Cananaean, 즉 **가나안 지방의 사람**이라고 하는 것이 옳다고 보아야 한다. 누가(눅 6:16)는 그를 시몬 셀롯이라고 불렀는데 그것은 **열심당 시몬**이란 뜻이나 초대교회사가인 요세푸스(Antiquities, 유대 고대사 8. 1. 6)는 이 열심당에 대해 이렇게 묘사했다.

열심당은 유대인들의 네 당파 중 하나를 일컫는 것인데 다른 셋은 바리새파, 사두개파, 에세네파였다. 열심당들은 "신성불가침한 자유에 속해 있으며 하나님만이 우리의 지배자요 주님이시다"라고 말했다고 한다. 그들은 조국을 위해 어떤 형태의 죽음이라도 달게 받을 준비가 되어 있었고 자유를 위해 투쟁하다가 죽은 사랑하는 사람의 시체를 보는 것도 겁내지 않았다. 그들은 이 땅에 발을 딛고 사는 어떤 인간에게도 왕의 칭호를 붙이기를 거부한 사람들이었다. 또한 그들은 어떤 고통이 오더라도 그것에 조금도 흔들리지 않고 견뎌 낼 각오가 되어 있었으며 조국을 지배하는 외국인의 손에서 벗어나기 위해 비밀 암살까지도 기도할 준비가 되어 있었다. 그러므로 그들은 애국자 중에서도 **가장 극단적인 애국자**들이었고 국수주의자들 중에서도 가장 극단적인 국수주의자였다.

만일에 바로 이러한 열심당인 시몬이 예수를 중심으로 모인 공동체가 아닌 다른 곳에서 마태를 만났다면 그가 마태를 단도로 찔러 죽였을 것은 명백한 사실이다. 이것이 바로 서로 미워하는 사람들이라도 예수 그리스도를 진정으로 사랑하게 되면 서로 사랑을 배우게 된다는 놀라운 진리다.

종교란 가끔 사람을 구분하여 나눈다는 것을 의미하기도 했다. 그것은 바로 살아 계신 예수의 임재 안에서 그리스도가 없는 사람은 서로 각자 갈라질 수밖에 없다는 것을 의미한다.

그리고 이제 우리는 왜 예수께서 특별히 열두 사도를 선택하셨는지를 물어봐야 한다. 그 이유는 바로 열두 족장과 같은 것인데 옛 시대에 이스라엘의 열두 지파에 열두 족장이 있었던 것처럼 새로운 시대에서도 새로운 이스라엘의 열두 사도가 있어야 한다는 것이다. 신약성경은 이 사람들에 대해 그렇게 많은 자료로 말해 주고 있지는 않다.

프루머(Plummer)가 말하듯 "신약성경에서 영광을 받는 것은 일하는 사람이 아니고 일하는 것"이라 할 수 있다. 그러나 비록 우리가 사도들에 대해 충분히 알 수는 없지만 신약성경은 교회 안에서 사도들의 위대함을 잘 인식하고 있었다.

요한계시록을 보면 거룩한 성 예루살렘의 열두 기초 속에는 사도들의 이름이 새겨 있다(계 21:14).

이 사도들은 배경도 없는 평범한 사람들이었고 신앙의 배경이 다른 데서 모인 사람들이었으나 그들 위에 교회가 세워지는 기초석이 되었던 것이다. 이렇게 평범한 사람들을 근거로 그리스도의 교회가 세워졌다.

사자가 되는 과정

마태복음 10:1-4(계속)

세 복음서에 나타난 열두 제자의 소명에 대한 기록을 놓고 볼 때 몇 가지 사실이 명백해진다(마 10:1-4; 막 3:13-19; 눅 6:13-16).

I. 예수께서는 먼저 그들을 "선택하셨다". 누가복음 6장 13절에서 예수께서는 제자들을 불러 모으시고 "**그 중에서 열둘을 택하여**"라고 말한다. 예수께서는 뛰어난 안목으로 그를 따르는 군중을 둘러보았으며 군중이 모두 떠났을 때도 그와 함께 머물렀던 소수의 무리를 보실 수 있었다. 언제나 예수께서는 그의 사업을 위탁하여 맡길 수 있는 사람들을 찾고 있었던 것이다. 그것은 하나님께서 오른팔처럼 쓸 수 있는 사람을 언제나 찾고 계셔서 늘 "내가 누구를 보내며 누가 우리를 위하여 갈꼬?"(사 6:8)라고 말씀하시는 것과 같다. 밖에 나가는 자, 집에 머무는 자, 수학을 사용하는 자, 세상의 주목을 집중시키는 자, 누구에게도 나타나지 않고 일하는 자, 여러 가지 방면에서 일하는 사람이 필요한 것이다. 예수께서는 군중 속에서 자신을 위해 일할 자를 찾고 계셨다.

II. 예수께서는 제자들을 "부르셨다". 예수께서는 사람들에게 자신의 사업을 억지로 시키지 않고 그 일을 하도록 권고하셨으며, 그들을 강요하신 것이 아니라 초대하신 것이다. 예수께서는 그들을 징집하기 원하신 것이 아니라 그들이 자원하기를 원하셨다. 사람들은 믿을 자유와 믿지 않을 자유를 갖고 있다. 모든 사람은 반드시 하나님의 부르시는 음성을 듣게 된다.

인간은 이를 받아들일 수도 있고 거절할 수도 있다.

III. 예수께서는 그들을 "임명하셨다". KJV에는 예수께서 그들을 **세웠다**고 했다(막 3:14). 여기서 **세운다**고 번역한 말은 "~한다", 혹은 "~하도록 만든다"라는 의미가 있는 헬라어 포이에인(poiein)에서 왔다. 그러나 그것은 **사람을 어떤 공직에 임명한다**는 말로 가끔 기술적으로 사용되었다.

예수께서는 왕과 같아서 그의 사람들을 일종의 각료들로 임명하고 제독처럼 그들에게 지휘관으로서의 임무를 맡기신 것이다. 우리는 무의식적으로 예수 그리스도의 봉사하는 일에 빠져 들어가는 것이 아니라 그 일을 위해 임명받는 것이다. 만일 어떤 사람이 땅 위에 있는 왕국의 임금에게서 어떤 직책에 임명을 받았다고 한다면 얼마나 큰 자부심을 갖겠는가? 그러니 왕의 왕이 되신 분에게서 임명을 받았다면 그 마음에 얼마나 더 자신감과 자랑스러운 마음이 가득 차겠는가?

IV. 사도들은 "제자들의 무리 가운데서" 임명 받았다. 제자라는 단어는 배우는 사람을 의미한다. 그리스도를 필요로 하고 그를 갈망하는 사람은 배우기를 기뻐한다. 폐쇄된 마음으로는 예수 그리스도를 섬기지 못한다. 그러므로 예수 그리스도의 종은 살아 있는 동안 더욱더 열심히 배우기를 즐겨 해야만 하는 것이다. 날마다 기독교인은 예수께 한 발자국씩 가까이 나아가며 하나님께 조금씩 더 가까워져야만 한다.

V. 제자들을 선택하신 이유에도 같은 중요성을 지니고 있다. 제자들은 **예수와 함께 있도록 하기 위해** 선택하셨다(막 3:14). 그들이 이 세상에서 예수 그리스도의 일을 하려고 한다면 그들은 세상으로 나아가 일하기 전에 먼저 예수의 임재 안에 살아야만 했다. 그들은 예수 그리스도의 임재에서 시작하여 인간의 현존 안으로 나아가야만 한다.

알렉산더 화이트(Alexander Whyte)는 가장 힘있고 살아 움직이는 것 같은 설교를 한 일에 대해 말했다. 예배가 끝난 후 한 사람이 그에게 다가와 "오늘 목사님께서는 예수 그리스도의 임재 안에서 바로 오신 것처럼 설교하셨습니다"라고 하자 화이트는 "아마 그랬을 것입니다"라고 대답했다.

그리스도의 임재에 젖어 나온 사람이 아니면 그리스도의 일을 할 수 없다. 때때로 오늘날 교회의 활동 속에서 우리는 위원회나 부회의 행정에 대한 일 때문에 바쁘게 지낸다. 이런 가운데 일하는 사람은 그들이 먼저 사람들과 만나기 전에 그리스도와 만나야 한다는 사실을 잊어버리고 있는 것이다.

VI. 제자들은 사도라고 불렸다(막 3:14; 눅 6:13). 사도라는 단어는 문자적으로는 **보내심을 받은 사람**을 의미한다. 그것은 **전권특사**나 **대사**를 의미하는 단어이기도 하다. 기독교인은 예수 그리스도가 인간들에게 보낸 대사다. 그러므로 그는 사람들에게 보냄을 받기 위해 그리스도의 임재 안에 있어야 하며, 예수 그리스도의 아름다움과 말씀에 그들을 이끌기 위해 그리스도의 임재 안으로 나아와야 한다.

VII. 제자들은 "그리스도의 전령자"라고 불렸다. 마태복음 10장 7절을 보면 그들은 **설교하라**는 명령을 받았다. **설교한다**는 의미의 헬라어 케류세인(Kèrussein)은 명사 케룩tm(kèrux)에서 왔는데 그것은 **선포한다**는 의미다. 기독교인은 예수 그리스도의 전령자다. 그는 예수 그리스도를 알리라고 사람들에게 보냄을 받았다. 기독교인은 자신의 의견이나 관점을 알리려고 사람들에게 보냄을 받은 것이 아니라 예수 그리스도의 임재에서부터 나온 하나님의 메시지를 선포하러 보냄을 받은 것이다. 이 메시지는 주님 안에서 나왔고 주님에게서 받은 것이다.

왕의 사자의 직무

마태복음 10:5-8상

5예수께서 이 열둘을 내보내시며 명하여 이르시되 이방인의 길로도 가지 말
고 사마리아인의 고을에도 들어가지 말고 6오히려 이스라엘 집의 잃어버린
양에게로 가라 7가면서 전파하여 말하되 천국이 가까이 왔다 하고 8병든 자
를 고치며 죽은 자를 살리며 나병환자를 깨끗하게 하며 귀신을 쫓아내되

이 구절은 왕의 사자들에게 직무를 처음으로 맡기는 장면이다. 예수께서 제자들을 **지휘하며 명령을 내리는** 헬라어 단어는 흥미롭고 계몽적인 단어다. 그 단어는 파라겔레인(Paraggellein)인데 네 가지 특별한 용법이 있었다.

I. 군대를 지휘하는 법적 단어다. 예수께서는 제독과 같아서 지휘관들을 종군시켜 내보내고 그들을 출정시키기 전에 미리 사정을 알려 주셨다.

II. 어떤 사람을 도우려고 친구들을 부를 때 사용되는 단어다. 예수께서는 위대한 이상을 가진 사람과 같이 그 이상을 현실적으로 참되게 하게 하려고 그들을 부르셨다.

III. 선생이나 철학자들이 그들의 학생이나 제자들에게 교훈을 주거나 명령을 내릴 때 사용되는 단어다. 예수께서는 선생과 같아서 그의 제자들을 세상에 내보내려고 그의 가르침과 메시지로 준비시키셨다.

IV. 황제의 명령과 같은 법적인 용어다. 예수께서는 왕과 같아서 그의 명령을 전달하기 위해 사자들을 세상으로 급히 보내고 그의 이야기를 하도록 하셨다.

그런데 이 구절은 누구나 매우 어려운 교훈을 발견하게 되는 구절로 시작한

다. 다시 말해 열두 제자가 이방인에게나 사마리아인들에게로 가는 것을 금지하는 말로 시작한다. 이 구절은 많은 사람이 예수께서 정말 이런 말을 하셨으리라고는 믿기 어려운 구절이며 뚜렷하게 배타적인 면은 본래의 예수와는 같지 않은 것 같다.

그러므로 이 말은 후대에 복음을 유대인에게만 국한하여 고수하려는 사람들 때문에 예수의 입을 빌려 말하게 했거나 바울이 이방인을 위해 복음을 선포하기를 원했을 때 바울을 매우 적대시하는 사람들 때문에 그렇게 쓰게 된 구절이라고 암시할 수 있는 구절이다. 그러나 거기에도 어떤 확실한 것들이 있음을 기억해야 한다. 이 말은 본래 예수의 마음과는 다르기 때문에 그 말을 조작할 사람은 없었다고 보아야 한다.

예수께서는 분명히 그 말씀을 하셨는데 거기에는 설명이 필요하리라고 본다. 우선 이 말이 영구적인 명령이 아니라는 것을 분명히 해 두어야 한다.

복음서 안에서 우리는 예수께서 얼마나 은혜스럽게 또한 진심에서 자신을 사마리아 여인에게 나타내시는 말씀을 하시는지를 본다(요 4:4-22). 그리고 선한 사마리아 사람을 영웅처럼 말하여 영원토록 불멸의 이야기를 들려주시는 모습도 보게 된다(눅 10:30). 또한 두로와 시돈 지방으로 가시다가 가나안 여인의 딸을 고치시는 것도 보게 된다(마 15:28). 마태도 예수의 궁극적 사명은 그의 제자들을 온 세상에 내보내어 모든 나라를 복음 안으로 이끌어 들이는 것임을 우리에게 말해 주고 있다(마 28:19-20). 그러면 이러한 설명은 무엇을 의미할까?

열두 제자는 이방인에게 나아가는 것이 금지되었다. 이는 그들이 북쪽 시리아와 동쪽의 거대한 이방인의 영역 데가볼리로 나아갈 수 없음을 말하는 것이다. 그들은 남쪽 사마리아 지방으로 내려가는 것도 금지되었다. 이 명령의 결과는 열두 제자의 처음 여행을 갈릴리로 국한하도록 실제적으로 제한을 받았다는 것이다. 여기에도 세 가지 이유가 있다.

1. 유대인들은 하나님의 계획은 어떤 특별한 장소에서 일하신다는 생각을 하고 있었다. 그들은 전통적으로 내려오는 의로우신 하나님의 사상 안에서 복음에 처음 헌신했다. 그들이 그것을 거부했음은 사실이나 전 역사는 복음을 받아

들일 수 있는 첫 번째 기회가 유대인들에게 주어진 것으로 생각되었다.

II. 열두 제자는 이방인들에게 설교할 준비가 되어 있지 않았다. 그들에게는 다른 사람을 가르칠 교육적 배경이나 지식이나 기교도 없었다. 복음이 이방인들에게 효과적으로 전해지기 전에 바울처럼 살고 바울과 같은 배경이 있는 사람이 나타나야 했다. 복음을 전하는 사람들이 복음을 전하는 데 준비가 되어 있지 않다면 메시지를 성공적으로 전달하기 어렵다. 지혜로운 설교자나 교사는 자신의 한계를 알기 때문에 그가 그 일을 하기에 적당한지 아닌지를 밝혀 볼 것이다.

III. 가장 중요한 이유는 지혜로운 사령관이라면 그의 목표물을 제한해야만 한다는 사실을 안다는 것이다. 즉, 한 가지 선택된 목표물만 직접 공격해야 하는 것이다. 만일 힘을 여기저기 아무데나 분산시키면 강력한 힘이 낭비되어 결국 실패를 초래하고 말 것이다. 힘이 약한 사람일수록 한 번에 처리할 목표를 더욱 제한해 선택해야 한다. 최전선을 공격하려고 시도하면 쉽게 재난을 초래하게 된다. 예수의 이러한 명령은 **일시적인** 것이다. 예수께서는 힘을 분산하거나 낭비하지 않는 지혜로운 사령관과 같았다. 그는 궁극적이고 우주적인 승리를 성취하기 위해 하나의 제한된 목표물을 향한 공격을 아주 기술적으로 구체화했던 것이다. 예수께서는 이것을 아셨고 그의 목적은 갈릴리를 새로운 복음과 메시지에 대해 팔레스타인 전 지역 중에서 가장 개방되었기 때문이다(마 4:12-17 참조).

왕의 사자의 말과 행동

마태복음 10:5-8상(계속)

왕의 사자들은 말을 해야 할뿐더러 그대로 행동해야 한다.

I. 그들은 임박한 하나님 나라의 도래를 선포했다. 우리가 앞에서 보았듯

이(마 6:10, 11 참조) 하나님 나라는 하나님의 뜻이 하늘에서 이루어진 것처럼 땅에서 완전하게 이루어진 지상의 사회다. 예수만이 지금까지 이 세상에 산 모든 사람 중에 하나님의 뜻을 완전하게 행하고 복종하며 성취한 유일한 분이다. 그러므로 예수 그리스도 안에서 하나님 나라는 왔다. 그들은 왕의 사자처럼 "보라! 너희들은 하나님 나라를 꿈꾸었고 오래 기다렸다. 여기 예수의 생활 속에 하나님 나라가 있다. 그를 바라보며 사는 것은 하나님 나라에 있다는 것을 의미한다"라고 말했다. 예수 안에서 하나님 나라는 인간에게 오신 것이다.

II. 열두 제자의 과제는 그렇게 말만 하는 것이 아니고 말한 대로 행동하는 데 동참하는 것이다. 그들의 과제는 병자를 고치고 죽은 자를 살리고 나병환자를 깨끗하게 하고 귀신을 쫓아내는 일을 같이하는 것이었다. 이 모든 명령은 이중적인 의미가 있다. 하나는 예수 그리스도께서 사람의 몸을 고치며 건강을 되찾게 하려고 왔기 때문에 그들이 **육체적인** 일을 했다는 것이며 다른 하나는 그들이 **영적**인 일을 했다는 것이다. 그들은 예수 그리스도가 인간의 영혼에 변화를 가져왔다고 기록했다.

1. 그들은 **병을 고쳤다**. 병이라는 단어는 매우 암시적이다. 그 말은 헬라어로는 동사 아스테네인(asthenein)인데 원래는 "약해진다"라는 의미였고 아스테네스(asthenés)가 사용되었다. 그것은 약하다는 뜻이다. 그리스도께서는 사람에게 오셔서 약한 의지를 강하게 하시고 싸우는 데 약한 팔을 강하게 해 주시며 나약한 결심을 굳게 해 주셨다. 예수 그리스도는 우리 인간의 약함을 신의 능력으로 채워 주셨다.

2. 그들은 **죽은 자를 살렸다**. 인간은 죄 가운데서 죽어야만 한다. 그런 것에 저항하는 예수 그리스도의 의지는 죽음을 깨뜨렸다. 죽음이 없어지기 전까지 그의 선한 이상은 어두움에 덮여 있는 것과 같다. 죄에 머물러 있고 선에 대해 어둡고 하나님에 대해 귀머거리가 된 사람에게는 희망도 도움도 없다. 예수 그리스도가 인간의 생활 안으로 들어오셨을 때 그는 인간을 선으로 일깨워 주셨다. 예수 그리스도는 죄로 죽어 가는 우리 속에서 선을 다시 소생시키셨다.

3. 그들은 **나병환자를 깨끗하게 했다**. 우리가 앞에서도 보았듯이 나병환자는

부정하게 여겨졌다. 레위기에는 나병환자들에 대해 "병 있는 날 동안은 늘 부정할 것이라 그가 부정한즉 혼자 살되 진 밖에 살지니라"(레 13:46)고 했다. 열왕기하 7장 3, 4절에는 굶어서 죽을 지경에 이르러서야 겨우 성안으로 들어가려고 하는 나병환자가 나온다. 또 열왕기하 15장 5절은 아사랴 왕이 나병에 걸려 모든 사람에게서 격리되어 죽는 날까지 별궁에 혼자 살았다고 이야기해 준다. 파사 지역에서도 나병에 걸린 사람은 부정하다고 믿었다고 하는데 이는 매우 흥미로운 일이다. 헤로도투스(1:138. 1)는 "파사에 살던 사람 중에 나병에 걸린 사람이 있다면 그는 성안으로 들어가는 것은 물론 다른 사람들과 상종하지도 못했다. 그들이 모두 태양에 대해 죄를 지었다고 생각했기 때문이다"라고 전해 준다.

그래서 열두 제자는 부정한 것을 깨끗하게 하도록 해야 했다. 그의 생활이 죄로 물들어 버린 사람은 그의 마음도 부정하며 그의 몸은 죄로 정복당한 상태에 있다. 이와 같은 사람의 말과 행동과 그의 영향은 더러워져 있었으므로 그러한 사람과 접촉한 모든 것은 부정한 것이 되었다. 예수 그리스도께서는 죄로 물들어 있는 영혼을 깨끗하게 하셨다. 예수께서는 죄에 반대하는 하나님의 방부제를 사람들에게 주셨다. 예수 그리스도는 하나님의 청결함으로 인간의 죄를 깨끗하게 하셨다.

III. 제자들은 귀신을 쫓아냈다. 귀신 들린 사람은 악한 세력에 붙잡혀 있는 사람이었다. 그는 그 자신과 행동을 뜻대로 하지 못하고 악한 세력이 그의 안에서 그를 조종했다. 악에 조종당하는 사람은 악한 버릇으로 지배되고 있었고, 악이 그를 유인하고 최면술처럼 넋을 나가게 했다. 예수께서는 죄를 없애려고만 오신 것이 아니라 죄로 찍혀 있는 세력을 깨뜨리려고 오신 것이다. 예수 그리스도는 죄에 노예가 된 사람에게 하나님의 자유하는 능력을 주신다. 예수 그리스도는 죄의 노예를 해방시키셨다.

왕의 사자의 준비

마태복음 10:8하-10

8너희가 거저 받았으니 거저 주라 9너희 전대에 금이나 은이나 동을 가지지
말고 10여행을 위하여 배낭이나 두 벌 옷이나 신이나 지팡이를 가지지 말라
이는 일꾼이 자기의 먹을 것 받는 것이 마땅함이라

여기에 쓰여 있는 하나하나의 문장은 이 말씀을 듣는 유대인의 마음에 공감을 불러일으켰다. 여기서 예수께서 제자들에게 준 교훈과 명령은 랍비가 최고 최선의 교훈으로 제자들에게 준 교훈이었다.

"너희가 거저 받았으니 거저 주라" 고 예수께서는 말한다. 랍비는 자신의 교훈을 거저 주고 무보수로 가르치도록 법률적으로 규정되어 있다. 즉, 랍비가 율법을 가르쳤다고 금전을 받는 것은 절대적으로 금지되었다. 율법은 모세가 하나님으로부터 거저 받은 것이기 때문이다. 그러나 예외적으로 어린아이들을 가르치는 경우에는 보수를 받을 수 있었다. 어린아이들을 가르치는 것은 그 부모의 책임이고 이 책임을 위해 다른 사람이 시간과 노동을 제공해야 할 아무런 의무가 없기 때문이다. 그러나 성인 교육은 보수 없이 해야 했다.

미슈나(Mishnah)는 "재판하는 자가 보수를 받고 재판하면 그 재판은 무효며, 증인이 돈을 받고 증언하면 그의 증언은 무효가 된다"라고 규정했다. 랍비 자독(Zadok)은 "율법을 자신의 위엄을 높이 하기 위한 왕관으로 만들지 말고 그대 자신을 파헤치기 위한 삽으로 만들지 말라" 고 말했다. 힐렐(Hilel, 랍비 중 한 사람)은 "율법의 왕관을 속되게 이용하는 자는 쇠망하리라. 그러므로 누구라도 율법의 말씀을 자신의 이익을 위해 쓰고자 하는 자는 자신을 멸망시키는 자임을 알아야 한다"라고 말했다. "하나님이 모세를 무상으로 가르친 것과 같이 그대도 그렇게 가르치라" 고 기록되어 있다.

랍비 타르폰(Tarphon)에 대해 이런 이야기가 있다.무화과 수확기가 끝날 무렵 그는 과수원을 거닐다가 아직 나무에 남아 있는 무화과 몇 개를 따 먹었다. 그러

자 과수원을 지키는 자들이 달려와 그를 때렸다. 그는 자신이 누구인지를 말했고 그들은 그가 유명한 랍비였기 때문에 그냥 놓아 주었다. 그는 그때 두들겨 맞지 않으려고 자신의 신분을 사사로운 이익에 이용한 것을 일생 동안 후회하면서 "나에게 저주가 있으리로다. 나는 율법의 영예를 나의 유익을 위해 사용하였도다"라고 말했다.

예수께서 자신의 제자들에게 거저 받았으므로 거저 주라고 하신 것은 그 백성의 교사들이 항상 그들의 제자들에게 말해 온 것을 그대로 말한 것뿐이었다. 어떤 사람이 귀중한 비밀을 갖고 있다면 보상을 받고서야 비로소 그 비밀을 내놓는 것이 아니라 기꺼이 그 비밀을 전하여 주는 것이 확실히 그의 의무일 것이다. 하나님이 우리에게 주신 풍부한 은혜를 타인에게 나누어 주는 것은 우리의 특권이다.

예수께서는 열두 제자에게 **전대**에 금이나 은이나 동을 갖지 말고 여행을 떠나라고 말했다. 전대란 말은 헬라어로는 **허리띠**란 말을 사용하였다. 유대인들이 동이고 다니는 허리띠는 상당히 넓은 편이었고 그 양 끝은 겹으로 되어 있어서 그 속에 돈을 넣고 다닐 수 있었다. 그래서 유대인의 허리띠는 보통 전대였다. 예수께서는 여행을 위해 **주머니**를 갖지 말라고 했다. 이 주머니는 다음 둘 중 하나일 것이다. 이것은 단순히 보통 식량을 넣고 다니던 자루와 같은 주머니일지 모른다. 그러나 여기에는 다른 가능성이 있다. 이 낱말은 원어로 페라(pēra)인데 이것은 **구걸하는 자의 동냥자루**란 뜻도 된다. 종종 방랑하는 철학자들이 무리에게 연설을 한 후에 이런 자루에 동냥을 모았다.

이러한 교훈을 볼 때 예수께서는 그의 제자들에게 고의적으로 불쾌한 생각과 불편한 일을 견디게 명령한 것은 아니었다. 그는 당시 유대인들이 매우 익숙히 잘 알고 있는 말을 하고 있다.

《탈무드》는 "어느 누구라도 지팡이나 신이나 옷이나 전대나 더러워진 발을 가지고는 성전에 오를 수 없느니라"고 가르치고 있다. 이것은 사람이 성전에 들어갈 때는 장사나 세속적인 모든 일을 버려두고 완전히 정결하게 하지 않으면 안 된다는 것을 밝히기 위한 것이다.

예수께서 자신의 제자들에게 한 말은 "너는 온 세상을 하나님의 성전같이 생각해야 되느니라. 네가 하나님의 일꾼이라면 너는 사업하는 사람이나 무엇을 얻으려고 나온 사람과 같이 보여서는 결코 안 되느니라"란 말과 같다. 이 말은 하나님의 사람은 물질에 대한 태도에서 자신이 하나님의 사람임을 나타내야 하며 자신의 첫째 되는 관심은 물질이 아니라 하나님이라는 것을 보여 주어야 한다는 것을 의미한다. 이것이 예수의 교훈의 참된 의미다.

마지막으로 예수께서는 일꾼이 자신의 먹을 것을 마땅히 받는 것은 당연하다고 말한다. 유대인들은 이 말씀도 다시 인정할 것이다. 랍비는 보수를 받지 않았다. 그러나 그가 진실로 하나님의 사람이라면 랍비의 생계를 뒷받침해 주어야 했다. 이것은 유대인의 특권이며 책임이었다.

랍비 엘리에제르 벤 야곱(Eliezer ben Jacob)은 "랍비를 자신의 집으로 모셔 와서 살게 하거나 손님으로 영접하여 자신의 소유물로 그를 기쁘게 하고자 하는 자는 랍비에게 계속적으로 제물을 바치듯이 대접하라. 이것이 성경의 교훈이다"라고 말했다.

랍비 요하난(Jochanan)은 "랍비를 후원하는 것은 모든 유대인 사회의 의무다. 랍비는 하나님의 일에 전념하기 위해 자연히 자신의 일에 무관심하기 때문에 더욱 그렇게 함이 당연하다"라고 규정했다.

여기에는 두 가지 진리가 있다. 즉, 하나님의 사람은 물질적인 것에 결코 마음을 빼앗겨서는 안 되며 하나님의 백성은 하나님의 사람을 합당하게 후원할 의무를 잊지 말아야 한다는 것이다. 이것은 교사와 백성 모두에게 의무를 부과하는 구절이다.

왕의 사자의 행위

마태복음 10:11-15

[11]어떤 성이나 마을에 들어가든지 그 중에 합당한 자를 찾아내어 너희가 떠
나기까지 거기서 머물라 [12]또 그 집에 들어가면서 평안하기를 빌라 [13]그 집이

이에 합당하면 너희 빈 평안이 거기 임할 것이요 만일 합당하지 아니하면 그 평안이 너희에게 돌아올 것이니라 [14]누구든지 너희를 영접하지도 아니하고 너희 말을 듣지도 아니하거든 그 집이나 성에서 나가 너희 발의 먼지를 떨어버리라 [15]내가 진실로 너희에게 이르노니 심판 날에 소돔과 고모라 땅이 그 성보다 견디기 쉬우리라

이것은 왕의 사자를 위해 가장 실질적인 충고가 가득 담긴 구절이다.

그들이 어떤 성에나 촌에 들어갈 때는 합당한 집을 찾아야 할 것이다. 만일 그들이 도덕적으로, 행위적으로, 교육적으로, 평판이 나쁜 집에 거처를 정하게 되면 일하는 데 매우 큰 지장을 받을 것이다. 제자들은 사업에 방해가 되는 사람들과 한 패가 될 수 없다. 이것은 이러한 사람들을 그리스도에게로 인도하려고 노력하지 말라는 것이 아니다. 다만 그리스도의 사자는 친한 친구를 만들 때 특히 조심해야 된다는 뜻이다.

제자들은 어떤 집에 들어가면 예의상 다음 전도지로 떠날 때까지 거기에 머물러야 했다. 그들은 자신들을 돌봐줄 지지자들을 얻어 정한 장소에 여장을 푼 후에도 더 호화스럽고 더 편하고 더 나은 대접을 해 주는 집으로 옮기고 싶은 유혹에 쉽게 빠질 수 있었다. 그러나 그리스도의 사자는 결코 물질적인 것을 얻기 위해 사람들을 선택하거나 자신이 하고 있는 사업이 자신의 안락을 얻으려는 요구로 좌우된다는 인상을 주어서는 안 된다.

문안을 한다든지 그 문안이 자신에게 되돌아온다든지 하는 일은 전형적인 동양적 사상이다. 동양에서는 한번 입에서 나온 말은 마치 총구에서 발사된 탄환과 같이 독립해서 움직인다고 생각했다. 이러한 일은 하나님의 말씀에 연관해서 구약성경에 때때로 나타난다.

이사야는 하나님이 하시는 다음과 같은 말씀을 기록했다. "내가 나를 두고 맹세하기를 내 입에서 공의로운 말이 나갔은즉 돌아오지 아니하나니 내게 모든 무릎이 꿇겠고 모든 혀가 맹세하리라 하였노라"(사 45:23), "내 입에서 나가는 말도 이와 같이 헛되이 내게로 되돌아오지 아니하고 나의 기뻐하는 뜻을 이루며 내가 보낸 일에 형통함이니라"(사 55:11). 스가랴는 날아가는 두루마리를 보고 "이는

온 땅 위에 내리는 저주라"(슥 5:3)는 소리를 들었다.

오늘날까지도 동양에서는 지나가는 나그네에게 축복을 빌어 준 후에 그 나그네가 다른 종교를 가진 자라는 것을 알게 되면 그 축복의 말을 되돌려 받을 것이다. 여기에서 말하는 것은 왕의 사자가 어떤 집에 들어가 축복을 빌었을 때 그 집이 이 축복을 받기에 합당치 못한 집이라면 그 축복을 소환하여 되찾아 갈 수 있다는 것이다.

왕의 사자들이 전하는 말씀이 거절되는 곳이라면 어디든지 발의 먼지까지 털어 버리고 떠날 수 있었다. 유대인들에게 이방인의 땅이나 길의 먼지는 더러운 것이었다. 그러므로 유대인들은 이방인 지역을 여행하고 팔레스타인 국경을 넘어 자신들 땅에 들어설 때는 이방의 길에서 묻은 먼지를 털되 더러운 티끌까지 다 털어 마지막 하나까지라도 정결케 하려 했다. 그래서 예수께서는 "아무 성이나 촌이 너희를 영접하지 않으면 너희는 그 성이나 촌을 이방인의 지역과 같이 취급하라" 고 말씀하셨다.

여기서도 우리는 예수께서 하신 말씀 속에 들어 있는 진리의 일시적인 요소와 항구적인 요소를 명백하게 구별하지 않으면 안 된다.

I. **일시적인 요소다.** 예수께서는 어떤 민족은 복음을 받을 필요도 없고 은혜를 받을 수도 없는 버림받은 존재라고 말씀하신 것이 아니었다. 이 교훈의 의미는 처음에는 이방과 사마리아로 가지 말라는 것이다. 이것은 어떤 특정한 상황 속에서 말씀하신 것이다. 이것은 단순히 시간이 부족하다는 문제였다. 될 수 있는 한 많은 사람에게 하늘나라의 복음을 들려주어야 했으므로 반대하는 자들과 논쟁할 시간이나 완고한 자들을 인도할 수 있는 시간적 여유가 없었다. 이러한 일은 나중으로 미루고 되도록 빨리 나라 안을 다 돌아야 했기 때문에 그들이 전하는 복음을 즉시 영접하지 않는 곳에서는 더 지체하지 말고 곧 떠나라고 하신 것이다.

II. **항구적인 요소다.** 한번 찾아왔던 기회는 다시 돌아오지 않는다. 이것은 인생의 위대한 근본적인 사실이다. 팔레스타인에 살던 사람들에게도 복음을 받아들일 좋은 기회가 오고 있었다. 그러나 그들이 복음을 받아들일 좋은 기회를 놓치고 만다면 기회는 다시 되돌아오지 않는다.

"다시 돌아오지 않는 것이 셋이 있다. 입에서 나온 말, 쏘아 버린 화살, 잃어버린 기회가 바로 그것이다"라는 속담도 있듯이 이런 일은 직접 우리가 일상생활에서 경험하는 사실들이다.

유명한 미술가 아우구스투스 존(Augustus John)은 자서전 《키아로스쿠로(*Chiaroscuro*)》에서 자신이 경험한 사건을 쓰고 마지막에 간단한 주해를 덧붙였다. 장소는 스페인의 바르셀로나 항구였다.

"나는 마르세유로 떠나려고 소화물을 먼저 보내 놓고 역을 향해 걸어가고 있었다. 그러다 나는 노점에서 꽃을 사고 있던 세 명의 집시를 보았다. 나는 그들의 아름다움과 우아함에 너무 매혹된 나머지 기차까지 놓칠 뻔했다. 마르세유에 도착하여 친구를 만났을 때까지도 그 아름다운 모습이 내 마음에서 떠나지 않았기 때문에 다시 한 번 그곳에 돌아가게 되었다. 그러나 집시들은 보이지 않았다. **기회는 다시 오지 않았다**."

이 미술가는 그림을 그리기 위해 항상 아름다운 장면을 찾고 있었고 한번 발견한 아름다운 장면을 곧 그리지 못하면 결국 다시는 그 장면을 포착할 수 없음을 잘 알았다. 인생의 비극은 대부분 기회를 놓쳐 버렸기 때문에 온다.

마지막으로 예수께서는 심판 날에는 소돔과 고모라 땅이 그리스도와 하나님 나라의 복음을 거절한 촌이나 읍보다 견디기 쉽다고 말씀하셨다. 신약에서는 소돔과 고모라가 악한 도성의 별명과 같이 사용되었다(마 11:23, 24; 눅 10:12, 13, 17:29; 롬 9:29; 벧후 2:6; 유 7). 소돔과 고모라가 멸망하기 직전 그들이 손님을 대접하는 율법을 범한 악한 행위를 주목해 보면 흥미롭다(창 19:1-11). 그들도 하나님의 사자들을 영접하지 않았다. 그러나 그들이 아무리 악했어도 그리스도와 하나님 나라의 복음을 들을 기회는 없었던 것이다. 이런 까닭에 심판 날에 그들이 갈릴리 촌이나 읍보다 견디기 쉽다고 취급받게 된다. 이러므로 특권이 크면 클수록 책임이 더 크다는 것은 영원한 진리다.

복음의 사자에 대한 왕의 도전

마태복음 10:16-22

16보라 내가 너희를 보냄이 양을 이리 가운데로 보냄과 같도다 그러므로 너
희는 뱀같이 지혜롭고 비둘기같이 순결하라 17사람들을 삼가라 그들이 너희
를 공회에 넘겨주겠고 그들의 회당에서 채찍질하리라 18또 너희가 나로 말미
암아 총독들과 임금들 앞에 끌려가리니 이는 그들과 이방인들에게 증거가
되게 하려 하심이라 19너희를 넘겨줄 때에 어떻게 또는 무엇을 말할까 염려
하지 말라 그때에 너희에게 할 말을 주시리니 20말하는 이는 너희가 아니라
너희 속에서 말씀하시는 이 곧 너희 아버지의 성령이시니라 21장차 형제가
형제를, 아버지가 자식을 죽는 데에 내주며 자식들이 부모를 대적하여 죽게
하리라 22또 너희가 내 이름으로 말미암아 모든 사람에게 미움을 받을 것이
나 끝까지 견디는 자는 구원을 얻으리라

이상의 구절을 상세하게 배우기 전에 먼저 일반적인 두 가지 사실을 생각해 보자.

우리가 앞에서 산상수훈을 연구할 때 보았듯이 마태의 커다란 특성은 자료들을 질서 있게 정리하기를 좋아하는 것과 어떤 주어진 주제에 대해 예수께서 서로 다른 시간이나 장소에서 말했을지라도 한 곳에 그 주제에 대한 모든 자료를 집성하는 것이었다. 마태는 교사였으며 자료를 체계적으로 분류했다.

이상의 본문도 서로 다른 시간에 나온 자료를 한곳에 집성한 좋은 예가 된다. 마태는 예수께서 박해에 대해 여러 기회에 말한 자료를 여기에 모은 것이다. 물론 예수께서 자신의 제자들을 파송할 때도 그들에게 무슨 일이 닥칠지 말해 주셨을 것은 분명하다.

예수께서는 제자들에게 처음 전도 여행을 떠날 때 이방인과 사마리아 지방에 가지 말라고 지시하셨고, 여기에서는 팔레스타인 밖에 가서 총독과 왕들에 의해 박해를 받을 것이라고 예언하시고 있다. 설명하자면, 이 말씀은 박해에 대한 예

수의 말씀을 수집해 놓은 것으로서 예수께서 자신의 제자들에게 처음 전도 여행을 떠날 때 한 말과 부활 후에 세계 만방으로 자신의 제자들을 내보낼 때 한 말을 함께 기록해 둔 것이다. 이 말씀은 갈릴리 예수의 말씀인 동시에 부활한 예수의 말씀도 된다.

여기에서 우리는 예수께서 당시 유대 사상의 어떤 부분이나 관념에 의하여 말씀하고 있음을 주목해야 한다. 지금까지 여러 번 지적했듯이 미래를 생각할 때 두 가지 시대를 연상하는 것이었다. 완전히 악이 충만한 현대와 다가올 하나님의 황금시대인 미래다. 이 시대 사이에 있는 주의 날은 혼동과 파멸과 심판이 있는 공포시대다.

그리고 주의 날에 일어나는 일로서 친구는 친구끼리 친지는 친지끼리 서로 갈라지며 세상에서 가장 친한 사람들이 원수로서 미움을 받게 되는 것이다. 즉, "모든 친구는 서로 서로 멸망시킬 것이다"(에스드라2서 5:9). "그때에는 친구들이 원수와 같이 서로 대적하여 전쟁하리라"(에스드라2서 6:24). "또 그들은 서로 다투되 젊은이들은 늙은이들과 늙은이들은 젊은이들과 가난한 자들이 부유한 자들과 낮은 자들이 높은 자들과 구걸하는 자가 왕자와 다투리라"(유빌레스 23:19). "또 서로 미워하고 노하며 서로 다툴 것이다. 비천한 자들이 존귀한 자들을 지배하며 낮은 백성이 유명한 자보다 높이 들리우리라"(바룩, 묵시록 70:3).

"그들은 서로 싸우기 시작하여 그들의 오른손은 그들 자신들을 대적하는 데 강하게 될 것이다. 사람들은 형제를 모르고 아들은 그 아비나 어미를 알지 못하며 서로 살육하여 헤아릴 수 없이 시체의 수가 불어날 것이다"(에녹서 56:7). "또 그날에는 궁핍한 자들이 그들의 어린아이들을 밖으로 끌고 나와 버릴 것이며 이로써 그들 어린아이들은 죽을 것이다. 참으로 그들은 젖 떼지 않은 어린아이들을 내버리고 다시 그곳에 돌아가 보지 않을 것이며 사랑하는 사람에게 긍휼이 없을 것이다"(에녹서 99:5). "또 그날에는 아비들과 자식들이 한곳에 모여 매를 맞으며 형제들이 뒤를 이어 죽임을 당하게 되므로 그 피가 강같이 흐를 것이다. 왜냐하면 어떤 사람은 자신의 아들들과 손자들을 살육함에 그 손을 멈추지 않을 것이며 죄인은 자신의 영예스러운 형제를 살육함에 그의 손을 멈추지 않고 새벽부터 해가 질 때까지 서로 죽이리라"(에녹서 100:1-2).

이상의 인용문은 유대인들이 기록한 책 가운데서 뽑은 것이다. 유대인들은 이런 책을 잘 알았고 사랑했다. 구약과 신약의 중간 시대에는 이 책으로 영혼을 양유하였고 희망을 품어 왔다. 예수와 그의 제자들도 이런 책들을 잘 알고 있었다. 예수께서 앞으로 공포가 다가올 것이며 세상에서 가장 사랑하는 관계에 있는 사람들 사이에 분열이 일어날 것이라고 말했을 때는 사실상 **주의 날이 왔다**는 것을 말하고 있는 것이다. 제자들은 이 사실의 의미를 이해하고 역사상 가장 큰 날에 살고 있음을 자각하고 떠나갔을 것이다.

사자에 대한 왕의 성실

마태복음 10:16-22(계속)

이 본문을 읽는 사람이면 누구나 예수의 성실성에 깊은 인상을 받을 것이다. 예수께서는 자신을 따르는 제자들에게 그들이 예기하고 있어야 할 것을 솔직하게 말했다. 이는 "자, 이것이 너희가 나를 위해 해야 할 일들이다. 최악의 경우에는 이런 일까지 생길 것이다. 그래도 할 수 있겠느냐?" 라고 하시는 말씀으로 보면 된다. 프루머(Plummer)는 "이런 말은 성도를 얻기 위한 세상적인 방법은 못된다" 라고 설명했다. 세상의 방법은 사람에게 장미를, 온 길 위에 장미를 뿌릴 것이며, 위로와 평안과 출세, 세상적인 야망의 성취를 줄 것이다. 예수께서는 자신의 제자들에게 역경과 죽음을 주었다. 그런데도 역사는 예수의 방법이 옳다고 입증한다. 누구나 마음속에는 모험을 좋아하는 감정이 있는 법이다.

1849년 로마가 포위되었을 때, 가리발디(Garibaldi)는 자신의 부하들에게 다음과 같은 포고문을 발표했다. "장병들이여! 우세한 적에 대항하는 우리의 모든 노력은 무용했다. 지금 본인이 여러분에게 제공할 것이라고는 기아와 목마름과 고역과 죽음뿐이다. 그러나 본인은 조국을 사랑하는 자에게 호소한다. 나를 따르라." 그러자 수백 명이 모여 들었다.

던커크(Dunkirk) 싸움이 끝난 후 처칠은 영국 국민에게 "피와 땀과 눈물" 을 약속했다. 프레스코트(Prescott)는 무모한 모험가 피자로(Pizarro)에 대해 다음과 같이 말했다. “어떤 때 그는 소수의 부대에 곤란한 선택을 요구했다. 그 선택이란 잘 알고 있는 파나마에서 안전을 택할 것인가, 그렇지 않으면 미지의 나라 페루의 화려함을 택할 것인가였다. 그는 자신의 칼을 뽑아 들고 모래 위에 동쪽에서 서쪽으로 줄을 그어 놓고 ‘나의 친구 나의 전우들이여, 이 줄 저쪽에는 노역과 굶주림과 헐벗음과 몰아치는 폭풍우와 황폐와 죽음이 있고 이쪽에는 평안과 쾌락이 있다. 저쪽에는 풍부한 페루가 있고 이쪽에는 가난한 파나마가 있다. 용감한 스페인의 케스틸리안은 무엇이 최선의 것인지 각자 선택하라. 나는 남쪽을 택하겠다’라고 말하고는 그 선을 넘어 걸어갔다. 그러자 불멸의 이름을 남긴 열세 사람이 그와 함께 모험의 길을 택했다.”

세클레톤(Shackleton)은 남극 탐험의 길에 오르려 할 때 남극의 얼음장을 가로질러 갈 위험한 여행에 참가할 지원자를 모집했다. 그는 응모자가 없을 수도 있다는 것을 각오하고 있었다. 그러나 남녀노소, 빈부귀천을 불문하고 모험을 희망하는 각양각색의 사람들에게서 편지가 답지했다.

사람들은 안이한 일에 매력을 느끼지 않는다. 이것은 교회가 안이한 방법으로 사람들을 끌려는 태도를 버려야 함을 가르쳐 주고 있다. 인간의 심정에 호소하는 것은 궁극적으로 영웅적 행위다. 예수께서는 제자들에게 세 종류의 시련을 예고해 주었다.

I. “국가”의 박해. 오래전에 아리스토텔레스는 선한 사람은 실제로 선량한 시민이 될 수 없다고 생각했다. 시민의 의무는 국가를 지지하고 국가에 복종하는 것인데 선한 사람은 그렇게 하지 못할 때가 있기 때문이다. 제자들은 공회나 왕이나 통치자들 앞으로 끌려 왔다. 그들은 법정이나 재판관 앞에서 무슨 말을 할까를 염려하지 않아도 좋았다. 하나님이 그 말씀을 주시기 때문이었다. 하나님은 모세에게 “이제 가라 내가 네 입과 함께 있어서 할 말을 가르치리라”(출 4:12)고 약속했다. 초대 성도들이 두려워한 것은 창피도 아니고 무서운 고통이나 고난도 아니었다. 오히려 그들 중 대부분이 말과 변호에 서툴러 그들의 변명이 복음 전파에 도움이 되지 못하고 상해를 주지 않을까 하는 것이었다. 우리가 신

앙 때문에 재판에 설 때, 하나님은 우리가 해야 할 말씀을 주신다. 이것이 하나님의 약속이다.

II. 교회의 박해. 제자들은 회당에서 채찍을 맞았다. 교회는 현상 유지를 원하고 혼란이 오는 것을 원하지 않는다. 그래서 평화를 교란하는 자들을 자기 특유의 방법으로 처단한다. 기독교인은 언제나 "천하를 어지럽게 하는 사람들"(행 17:6)로 취급되었다. 하나님으로부터 소명을 받은 사람은 언제나 화석화된 정통 교회에 의하여 증오의 대상이 되었고 적대시되어 왔다.

III. 가족의 박해. 가족과 친족들은 제자들을 미친 사람 취급을 하기도 하고 그들을 집에서 내쫓기도 했다. 기독교인은 때때로 그리스도에게 복종하느냐 아니면 자신의 친족과 친구들을 따르느냐 하는 가장 어려운 선택을 하지 않을 수 없게 된다.

예수께서는 제자들에게 장차 나라와 교회와 가족이 함께 그들을 박해할 것이라고 경고했다.

왕의 사자를 박해하는 이유

마태복음 10:16-22(계속)

우리의 견해로 보면 순결과 사랑과 경건을 삶의 유일한 목적으로 삼고 살아가는 기독교인이 왜 국가로부터 박해를 받는지 이해하기 힘들다.

그러나 당시의 로마 정부가 기독교인을 박해하는 데는 그들 나름대로 정당한 이유가 있었다.

I. 기독교인을 중상모략하는 경향이 있었다. 기독교인은 성찬식에 예수의 살을 먹고 피를 마신다는 말이 있기 때문에 식인종이라고 고발을 당했다. 또 매

주 여는 친교의 잔치가 "사랑의 잔치", 아가페(agapé)라는 이름이기 때문에 비도덕적이라고 고발을 당했다. 기독교인 설교자들이 세계의 종말이 오면 불로 심판받을 것이라고 예고했기 때문에 방화광이라고 고발을 당했다. 또 그들은 황제의 신성에 대한 서약을 하지 않았기 때문에 불충성하고 배신하는 시민이라고 고발을 당했다.

II. 이교도들이 실제로 이러한 중상모략을 믿었는지는 의심스럽다. 그러나 이 이상으로 더 악랄한 비평이 있었으니 기독교인은 "가족 관계를 파괴한다"라는 것이었다. 앞에서 언급한 바와 같이 기독교가 종종 가족 관계의 분열을 초래한 것은 사실이었다. 이교도들은 기독교를 부모와 자식 사이를, 남편과 아내 사이를 갈라놓는 종교라고 생각했다.

III. 실제적인 문제점은 기독교 교회 안에 있던 노예의 위치였다. 로마 제국 안에는 6천만 명의 노예가 있었다. 이 노예들이 들고일어나 반란을 일으키지 않을까 하는 것이 로마 제국이 항상 두려워한 일이었다. 로마 제국의 모든 제도가 손상 없이 유지되게 하려면 노예들을 자신들에게 예속시켜 놓아야 했다. 그러므로 누구라도 이들을 선동하여 반란을 일으키게 해서는 안 되었다. 그렇게 되면 비극적인 결과를 초래하기 때문이다. 기독교 교회에서는 노예를 해방하고자 하거나 노예 제도를 비난하려고는 하지 않았지만 적어도 교회 안에서는 노예도 평등한 대우를 받고 있었다. 알렉산드리아의 클레멘트(Clement)는 "노예도 우리와 동등하다"라고 말하며 노예에 대해서도 황금률을 적용하라고 호소했다. 락탄티우스는 "우리에게 노예는 노예가 아니다. 성령에 의하면 그들은 우리의 형제며 신앙 안에서는 동료 봉사자다"라고 말했다.

당시 교회에는 수천 명의 노예가 있었지만 로마에 있는 성도의 묘비에서는 **노예**라는 글자를 찾아볼 수 없다. 이것은 주목할 만한 사실이다. 무엇보다 기독교 교회 안에서는 노예가 지도자가 될 수도 있었다. 2세기 초 로마의 두 감독 칼리스투스(Callistus)와 피우스(Pius)는 노예 출신이었다. 노예가 장로나 집사가 된다는 것은 이상한 일이 아니었다. 더욱이 주후 220년에는 방금 위에서 언급한 바 있는 노예 출신의 감독 칼리스투스가 교회는 이제부터 노예에서 해방된 남자가 귀족의 딸과 혼인하는 것을 인가할 것이라고 선언했다. 이러한 일은 사실상 로마 법률에 위반되는 것이었으므로 그때까지 그런 혼인은 전혀 없었다. 기독교 교회의 노예에 대한 이러한 처사는 로마 정부의 입장에서는 그 문명의 토대를 뒤집어 놓는 힘, 즉 로마법에 의해 노예들에게 금지된 지위를 허락함으로써 로마 제국의 존재를 위협하는 것으로 보였음이 틀림없었다.

IV. 기독교는 이방 종교와 관계를 맺고 있는 기득권에 중대한 위협을 주었다. 기독교가 에베소에 들어왔을 때 여신의 우상을 사는 사람의 수가 격감했기 때문이 은장이들은 영업에 치명적인 타격을 받았다(행 19:24-27). 플리니(Pliny)는 트라잔(TraJan) 황제 때 비트니아(Bithynia)의 총독이었는데 황제에게 보내는 서한에서(플리니 서한 10:96) 그는 기독교가 급속히 발전하는 것을 저지할 수밖에 없었던 까닭을 설명했다. 기독교 발전의 저지 결과로 황폐되었던 사원이 다시 건축되기 시작했고 장기간 중단되었던 제전이 부활되었다. 한때는 사는 사람이 거의 없었던 희생제물용 동물도 잘 팔렸다. 기독교의 선교가 지역적으로 확장됨에 따라 어떤 종류의 상업이나 활동이 폐지된다는 것은 사실이다. 그래서 자신들의 영업이나 금전을 잃게 된 자들이 기독교에 대해 분노를 일으키는 것은 당연한 일이었다.

기독교가 가르친 인간관은 전체주의 국가가 용납할 수 없는 것이었다. 기독교는 의도적으로 어떤 특수 영업이나 전문직이나 축재의 방법을 근절하려고 한다. 이런 사실은 지금도 변함이 없다. 그러므로 성도는 지금까지도 신앙 때문에 박해를 받게 된다.

왕의 사자의 사리분별

마태복음 10:23

[23]이 동네에서 너희를 박해하거든 저 동네로 피하라 내가 진실로 너희에게 이르노니 이스라엘의 모든 동네를 다 다니지 못하여서 인자가 오리라

이 본문은 기독교인은 현명하며 사리분별이 있어야 함을 가르쳐 주고 있다. 박해 시대에는 어떤 위험이 항상 성도의 복음 전도를 위협했다. 이럴 때 자진해서 순교하려고 애쓰는 자들도 있었다. 그들은 히스테리와 광적인 감정이 고조됨에 따라 필요하지도 않은 순교자가 되려 했다. 이 점에서 예수께서는 현명하였으므로 제자들에게 기독교인은 함부로 생명을 낭비해서는 안 된다고 말했다. 그리고 기독교인은 적절하거나 필요하지 않을 때 자신의 생명을 내버려서는 안 된다고 말했다. 또 어떤 이는 모든 그리스도의 증인과 선교자의 생명은 다 귀중하므로 헛된 죽음을 택해서는 안 된다고 말했다. "허세는 순교가 아니다." 사실 기독교인은 신앙을 위해 죽어야 할 경우가 많으나 신앙에 도움이 되지 않는 죽음을 택해서는 안 된다. 사람은 **합리적**으로 신앙을 위해 싸워야 한다. 이 말씀은 유대인에게는 쉽게 이해가 되는 말이다. 지금까지 유대인들보다 더 많은 박해를 받은 민족이 없고 유대인처럼 순교의 의무를 통감하고 있는 민족은 없다. 위대한 랍비들의 교훈은 이 점을 아주 명백히 하고 있다. 즉, 하나님의 이름을 공중 앞에서 **영화롭게** 하느냐 **공공연히 모독**하느냐 하는 경우에는 주저 없이 자신의 생명을 내던질 각오를 해야 했다. 그러나 공적인 신앙 고백이 요구되지 않을 때는 법에 따라 자신의 생명을 구하지 않으면 안 된다. 그러나 어떤 경우에도 우상숭배와 음행과 살인죄를 범해서는 안 된다.

랍비들이 인용해 온 그럴 만한 경우는 다음과 같은 것들이 있다. "한 유대인이 로마 군인에게 붙잡혔는데 군인이 다른 의도는 없이 단지 유대인을 조롱하며 바보로 취급하고 창피를 주기 위해 이 돼지고기를 먹으라고 했다고 생각해 보자. 이때 그 유대인은 고기를 먹을 수 있다. 하나님의 법은 생명을 위해 주어졌지 죽

음을 위해 주어진 것이 아니기 때문이다. 그러나 그 로마 군인이 '네가 유대교를 버린다는 표로서 이 고기를 먹어라' 고 하면서 황제에게 예배하는 의사 표시로 이 고기를 먹으라고 했다면 이 유대인은 그 고기를 먹느니 차라리 죽음을 택해야 할 것이다."

공적인 입장에서 박해를 받을 때는 유대인들은 항상 자신의 신앙을 포기하기보다는 죽음을 택하지 않으면 안 되었다. 랍비들이 말한 바와 같이 "율법의 말씀은 그 말씀 자체를 위해 죽는 자 안에서만 확고하게 될 것이다." 유대인에게는 무익한 순교 때문에 필요 없이 자신의 생명을 버리는 것은 금지되었다. 그러나 참된 증언이 요구될 때는 죽을 각오를 해야 했다.

우리는 우리 자신의 신앙을 위해서는 순교를 감수해야 하지만 순교 그 자체를 위해 순교해서는 안 된다는 사실을 잘 기억해야 한다. 신앙을 위해 고통받는 것은 우리의 의무지만 그것을 불필요하게 감수할 필요는 없다. 불필요한 고통을 초래하는 것은 우리가 가진 신앙에 대해 선을 이루기보다는 해를 끼치기 때문이다. 순교자 의식은 여러 인간 생활 중에 흔하게 있는 사실이다.

때때로 위험과 대결하기보다 위험에서 벗어나 버리는 것이 더 영웅적 행동이 될 때가 있다는 말을 듣는다. 언제 피해야 할지 알아내는 것은 참된 지혜다. 앙드레 모로아(Audre Maurois)는 《왜 프랑스는 대전했나》라는 책에서 윈스턴 처칠과 대화했던 내용을 다음과 같이 말했다. "제2차 세계대전이 시작될 때 영국은 이상하게도 비활동적이었고 어떤 일을 하는 것을 꺼려 하는 것같이 보였다. 처칠은 나에게 '당신은 왕새우(영국 군대의 별칭)의 습관을 관찰해 본 적이 있소?' 라고 물었다. 나는 이 괴상한 질문에 "아니요"라고 대답했다. 처칠은 계속해서 "좋소. 기회가 있으면 관찰해 보시오. 왕새우는 자신의 생애에 어떤 계기가 오면 자신의 호신용 껍질을 벗게 되오. 껍질을 벗을 시기에는 아무리 용감한 갑각류 동물이라도 바위 틈바구니로 몸을 숨기고 새 껍데기가 충분히 자랄 때까지 인내성 있게 견디는 거요. 새로운 갑옷이 튼튼해지면 곧 숨었던 곳에서 나와 다시 전투를 개시하여 바다의 왕자가 되는 거요. 영국은 사리를 분별하지 못하는 정치가들의 실책 때문에 갑옷을 잃어버렸소. 그래서 이제 새로운 껍데기가 자라 튼튼할 때까지는 바위 틈바구니에서 좀 기다려야겠소"라고 말했다.

행동하지 않는 것이 행동하는 것보다 현명할 때가 있고 후퇴하는 것이 공격하는 것보다 현명할 때가 있다. 신앙이 약한 사람은 회의적인 문제를 놓고 무모한 토론을 하는 것보다 그런 문제에 빠지지 않도록 피하는 것이 현명한 일이다. 만일 어떤 종류의 유혹에 빠져 버릴 가능성이 크다는 것을 아는 사람은 그런 유혹이 있을 만한 장소를 피하는 것이 좋다. 또 자신을 화나게 하고 짜증나게 하는 사람들이나 자신의 나쁜 점을 드러내는 사람들이 있을 경우에는 그들의 모임에 참석하는 것보다 그들을 멀리하여 찾지 않는 것이 현명한 일이다. 용기는 무모가 아니다. 필요 없는 모험을 자행하는 것은 미덕이 아니다. 하나님의 은혜는 무분별한 용기를 가진 자가 아니라 사리가 분명한 사람을 보호해 주는 것이다.

왕의 재림

마태복음 10:23(계속)

이 본문에는 무시할 수 없는 이상한 한 구절이 있다. 마태는 예수께서 제자들을 파송하면서 그들에게 "이스라엘의 모든 동네를 다 다니지 못하여서 인자가 오리라"고 말씀하신 것을 기록했다. 이것을 표면상으로 보면 제자들이 전도 여행을 다 끝내기 전에 주의 영광과 전능의 날이 오리라는 것을 의미하는 것처럼 보인다. 이 말의 문제점은 바로 이런 일이 실제 실현되지 않은 점이다.

그때 예수께서 그러한 기대를 갖고 말했다면 그는 오류를 범한 셈이다. 그가 이러한 뜻에서 말을 했다면 실제 실현되지 않을 것을 예언한 것이 되어 확실히 문제가 된다. 그러나 거기에는 완전히 선하고 충분히 만족을 줄 수 있는 설명이 있다.

초대교회 성도들은 예수의 재림을 진지하게 기다렸으며 재림은 자신들 세대에 반드시 실현될 것으로 믿었다. 잔인한 박해의 시대에 살고 있던 그들이 해방의 날과 영광의 날을 학수고대했으리라는 것은 너무나도 당연한 일이다. 그 결과로 그들은 예수의 말씀 중에서 승리와 영광의 재림을 예언한 것으로 생각되는 모든 것을 마음에 간직하고 때로는 예수의 말씀을 자기 나름대로 편리하게 해석하며 실제로 보여 주신 것 이상의 의미를 읽어 내려고 했던 것이다.

우리는 이러한 심리 과정을 신약성경 안에서 살펴볼 수 있다. 신약성경에는 예수께서 말한 한 가지 내용에 대해 세 가지로 기록된 것이 있다. 이제 이것들을 차례로 비교해 보자.

> "진실로 너희에게 이르노니 여기 서 있는 사람 중에 죽기 전에 인자가 그 왕권을 가지고 오는 것을 볼 자들도 있느니라"(마 16:28).
>
> "또 그들에게 이르시되 내가 진실로 너희에게 이르노니 여기 서 있는 사람 중에는 죽기 전에 하나님 나라가 권능으로 임하는 것을 볼 자들도 있느니라 하시니라"(막 9:1).
>
> "내가 참으로 너희에게 이르노니 여기 서 있는 사람 중에 죽기 전에 하나님 나라를 볼 자들도 있느니라"(눅 9:27).

이상의 구절들은 같은 말씀에 대한 세 가지 기록임이 분명하다. 마가복음이 가장 먼저 기록된 것이니까 마가의 기록이 가장 엄격하게 정확하다고 생각할 수 있다. 마가는 예수의 말씀을 듣고 있던 사람 중에서도 죽지 않고 하나님 나라가 권능으로 임하는 것을 볼 자가 있다고 말했다. 이것은 훌륭하게 실현되었다. 십자가 수난 후 30년 이내에 십자가와 그리스도의 복음은 전 세계를 휩쓸었고 세계의 중심지인 로마까지 이르렀기 때문이다. 진실로 사람들은 하나님 나라로 휩쓸려 들어왔고, 진실로 그 왕국은 권능으로 임하고 있었다. 누가도 마가와 똑같은 의미로 전달해 주었다.

이제 마태복음을 살펴보자. 그의 기록에는 약간의 변화가 있다. 그는 인자가 권능으로 오는 것을 볼 때까지 죽지 않을 자도 있으리라고 말한다. 사실상 이런 일은 일어나지 않았다. 그것은 이렇게 설명할 수 있다. 마태복음은 한창 무서운 박해가 폭풍처럼 휩쓸던 주후 80년 내지 90년 사이에 기록된 책이다. 사람들은 고통에서 해방시켜 줄 모든 약속에 희망을 걸고 있었다. 그래서 마태는 주의 왕국이 넓게 퍼져 나가리라고 예언한 말을 자기 세대에 그리스도의 재림이 실현되리라는 예언의 말로 바꾸어 놓았던 것이다. 이 마태의 해석을 누가 책망할 수 있겠는가!

마태가 기록한 것을 마가나 누가가 기록한 방식대로 다시 쓴다면 다음과 같이 된다. "너희가 이스라엘의 모든 동네를 다 다니지 못하여서 하나님 나라가 임할 것이다." 이 말은 다행히도 사실이었다. 여행이 계속되는 동안 많은 사람이 예수 그리스도에게 마음을 열어 놓고 그를 주로 영접했기 때문이다.

이 구절을 읽고 우리는 예수께서 잘못을 범한 것으로 생각해서는 안 된다. 마태가 하나님 나라가 오리라고 한 약속 안에는 예수 그리스도가 재림한다는 약속의 뜻이 있다는 것으로 생각해야 한다. 그 까닭은 공포의 시대에 사는 사람들이 그리스도에 대해서만 한 가닥 소망을 걸고 있었기 때문이다. 사실 그리스도는 성령으로 그들에게 다시 오셨다. 그는 그리스도를 위해 고생하는 자와 같이 계시기 때문이다.

왕의 사자와 왕의 고난

마태복음 10:24-25

24제자가 그 선생보다, 또는 종이 그 상전보다 높지 못하나니 25제자가 그 선
생 같고 종이 그 상전 같으면 족하도다 집 주인을 바알세불이라 하였거든 하
물며 그 집 사람들이랴

예수께서는 그의 제자들에게 자신에게 일어난 고난이 그들에게도 일어날 것을 각오하지 않으면 안 된다고 경고했다. 유대인들은 "종이 그 상전 같으면 족하도다"라는 말을 잘 알고 있었다. 후대에 와서 그들은 이것을 특수한 의미로 사용했다. 주후 70년에는 예루살렘이 파괴되었다. 너무나 완전히 파괴되었기 때문에 쟁기로 폐허를 갈아 버릴 수 있을 정도였다. 하나님의 성전과 거룩한 도성은 자취도 없이 황폐해졌다. 유대인들은 전 세계에 흩어져 버렸고 그들 중 많

은 사람은 개인적으로 부닥쳐 오는 무서운 운명을 통탄하며 슬퍼하며 불평을 터뜨렸다. 랍비들이 그들에게 "하나님의 성전이 파멸되었는데 어찌 일신상의 불운만을 탄식할 수 있겠는가?"라고 말한 것이 그때였다.

예수의 이 말씀에는 두 가지 뜻이 있다.

I. "경고"다. 그리스도가 십자가를 져야 했던 것과 같이 성도 개인도 십자가를 져야 한다는 경고다. **그 집 사람들**이란 의미로 사용된 헬라어의 낱말은 오이키아코이(oikiakoi)인데 이 단어는 전문 용어로는 **관공리의 집의 사람**, 즉 관공리의 **부하 직원**을 의미하는 말이다. 예수의 말씀은 "지도자요 지휘관인 내가 고난을 당하는데 나의 부하인 너희가 이 고난을 피할 수가 있겠느냐"라는 뜻이다.

예수께서는 그의 영광을 나누어 주시기 위해 우리를 부를 뿐 아니라 그의 전투와 고뇌도 나누어 주시기 위해 우리를 부르신다. 승리의 열매를 얻기 위한 싸움에 참여하지 않고는 누구도 승리의 열매를 나누어 받을 수 없다.

II. "특전"에 대한 표시다. 그리스도를 위해 고난을 당함은 그리스도의 사업에 동참하는 것이다. 신앙을 위해 희생당함은 그리스도의 희생에 참여하는 것이다. 고난 가운데서 사는 기독교인은 "형제들이여, 우리는 성도들이 걸어간 발자취를 따라가고 있습니다"라고 말할 뿐 아니라 "형제들이여, 우리는 그리스도께서 밟고 가신 발자취를 따라가고 있습니다"라고 말할 수 있다.

영예로운 집단에 속해 있다는 것은 언제나 감격스러운 일이다. 에릭 링클레이터(Eric Linklater)는 제1차 세계대전 당시 블렉 워치 연대(제42 스코틀랜드 고지연대-옮긴이주)에 편입되어 있었는데 격전 후 생존자는 겨우 장교 1명, 사병 30명, 보병대대에서 살아남은 나팔수 1명뿐이었다. 그는 자서전에서 당시의 경험을 기술했다.

"그 다음 날 우리는 프랑스의 아침 햇살을 받으며 평화롭게 행군하고 있었는데 마침 격전을 겪은 영국 보병대의 잔존병들과 만났다. 그러자 나팔수는 바람통에 바람을 가득 채우고 스코틀랜드 고원지대의 나팔수의 대부대가 연주하는 것처럼 음악을 공중에 울리며 키가 큰 콜드스트리머 대원에게 경례를 했다. 이 콜드스트리머 대원도 한두 개의 북과 몇 개의 관악기만 갖고 경쾌한 음악을 연주했다. 우리는 가슴을 내밀고 머리를 직각으로 해 오른편을 향하고 직립의 자세로 지나쳤다. 우리의 군모 위에는 붉은 깃이 꽂혀 있었다. 이것은 상처는 받았으나 탄력 있는 신앙을 상징하는 것이다. 우리의 수염은 텁수룩하게 자라 먼지투성이가 되었으나 영국 보병 부대의 생존자 50명은 군복의 단추를 빛내며 수염까지 말끔히 깎았다. 그러나 우리는 파이파의 탄광 둔데(Dundee)의 뒷골목에서 온 것처럼 누더기를 몸에 두르고 있었다. 우리는 "히엘란 레디(Hielan Laddie)"의 소리 높은 음조에 맞추어 빠른 걸음으로 행진했다. 어느 순간 나는 갑자기 이러한 군중 속에 속해 있다는 순수한 즐거움과 바보와 같은 어떤 기쁨 때문에 소리 내어 울고 있었다."

훌륭한 단체나 교제에 속해 있다는 느낌, 이것이야말로 삶의 가장 큰 감동 중 하나다. 신앙을 위해 희생할 때 우리는 그리스도와의 교제가 훨씬 밀접하게 됨을 느끼게 된다. 그리스도의 고난에 동참하는 사람만이 부활의 능력을 체험할 것이다.

공포에서 자유롭게 된 왕의 사자

마태복음 10:26-31

26그런즉 그들을 두려워하지 말라 감추인 것이 드러나지 않을 것이 없고 숨
은 것이 알려지지 않을 것이 없느니라 27내가 너희에게 어두운 데서 이르는
것을 광명한 데서 말하며 너희가 귓속말로 듣는 것을 집 위에서 전파하라
28몸은 죽여도 영혼은 능히 죽이지 못하는 자들을 두려워하지 말고 오직 몸
과 영혼을 능히 지옥에 멸하실 수 있는 이를 두려워하라 29참새 두 마리가 한
앗사리온에 팔리지 않느냐 그러나 너희 아버지께서 허락하지 아니하시면 그
하나도 땅에 떨어지지 아니하리라 30너희에게는 머리털까지 다 세신바 되었

나니 [31]두려워하지 말라 **너희는** 많은 참새보다 귀하니라

이상의 짧은 본문에서 예수께서 그의 제자들에게 두려워하지 말라는 말씀이 세 번이나 나온다. 왕의 사자에게는 타인들과는 구별되는 두려워할 줄 모르는 용기가 있어야 한다.

I. 첫째 명령은 26절과 27절에 나타나 있는데 여기서 "두려워하지 말라"는 데는 두 가지 면이 있다.

1. 감춘 것이 드러나지 않을 것이 없고 숨은 것이 알려지지 않을 것이 없기 때문에 두려워할 필요가 없다. 이것은 **진리는 승리할 것이**라는 의미다. 라틴어로 된 한 격언에 "진리는 위대하고 진리는 승리한다"라는 말이 있다.

제임스 6세가 앤드류 멜빌(Andrew Melville)을 교수형에 처하거나 추방하겠다고 위협했을 때 멜빌은 "그대는 진리를 교수형에 처하거나 추방할 수는 없다"라고 했다. 믿는 자가 자신의 신앙 때문에 수난을 받거나 희생을 당하거나 순교를 당할 때도 모든 것은 사실대로 밝혀질 날이 오리라는 것을 기억해야 할 것이다. 이때는 박해자의 세력과 믿는 자의 영웅적인 증인이 각자의 참된 가치대로 밝혀질 것이며 각각 자신의 참된 보상을 받을 것이다.

2. 그들이 받은 복음을 담대히 전하는 일에 두려워할 필요가 없다. 예수께서는 그들에게 한 말을 타인에게 전하지 않으면 안 된다. 이 한 구절(27절)에는 설교자의 참된 기능이 나타나 있다. 첫째, 설교자는 **경청**할 줄 알아야 한다. 즉, 설교자는 그리스도와 은밀한 장소에서 만날 수 있어야 한다. 은밀한 시간에 그리스도는 그에게 말해 올 것이며 외롭게 있을 때 그리스도는 그의 귀에 속삭일 것이다. 그리스도께서 설교자에게 말해 주지 않으면 증거할 사람은 아무도 없다. 진리에 귀를 기울이지 않는 설교자는 진리를 선포할 수 없다. 알지 못하는 것을 전할 수 있는 사람은 아무도 없기 때문이다.

한창 종교개혁의 봉화가 올라갈 무렵인 중요한 시기에 콜렛(Colet)은 에라스무스(Erasmus)에게 옥스퍼드에 와서 모세나 이사야에 대한 강의를 해 달라고 초청했다. 그러나 에라스무스는 자신이 준비되지 않았다는 것을 알고 "나는 내 한계

를 알고 있으며, 내가 적당하지 못하다는 것을 알고 있습니다. 나는 그러한 큰 책임을 맡을 만한 학문도 없고 자신의 지위를 확보하고자 하는 많은 사람의 질투를 지탱할 만한 정신력도 없습니다. 이 일에 필요한 인물은 나 같은 초년병이 아니라 경험이 풍부한 노장입니다. 이 초청을 사양하는 것을 불손하다고 생각하지 말아 주십시오. 그것을 수락하는 편이 훨씬 불손한 것입니다. 나를 불러서는 안 됩니다. 콜렛 씨, 플라우투스(Plautus)가 말한 바와 같이 경석에서 물을 찾는 것은 현명한 사람이 하는 일이 아닙니다. 몰염치하게 어떻게 내가 배우지 않은 것을 가르치겠습니까? 나 자신이 추워 떨면서 어떻게 남을 따뜻하게 하겠습니까?"라고 회신했다. 가르치고 설교하는 자는 먼저 은밀한 곳에서 듣고 배우지 않으면 안 된다.

둘째, 설교자는 그리스도에게서 들은 바를 전해야 하며 비록 그의 말이 사람들의 증오를 사게 되고, 생명에 위협이 올지라도 전해야 한다. 인간은 진리를 좋아하지 않는다. 디오게네스(Diogenes)가 말한 바와 같이 진리는 쓰린 눈에 햇빛과 같기 때문이다.

헨리 왕이 출석한 가운데 한 번은 라티머(Latimer)가 설교를 하고 있었다. 그는 왕이 좋아하지 않은 말을 하려고 했다. 그래서 그는 강단에서 혼잣말로 "라티머, 라티머, 라티머, 조심해서 말해라. 헨리 왕이 여기 계신다"라고 속삭였다. 그러고는 잠깐 멈췄다가 또 말했다. "라티머, 라티머, 라티머, 조심해서 말하라. 왕 중의 왕이 여기 계신다."

메시지를 전하는 사람은 그 매시지를 사람에게 전하는 동시에 하나님 앞에서 전하고 있는 것이다. 존 녹스(John Knox)를 장례 지낼 때 그에 대해 한 다음과 같은 말이 있다. "하나님을 두려워한 나머지 어떤 사람의 얼굴도 결코 두려워하지 않은 자가 여기에 눕는다."

기독교의 증인은 두려움을 모르는 사람이다. 그는 영원한 심판이 일시적인 심판을 정정해 줄 것을 알기 때문이다. 설교자와 교사는 경건하게 듣고 용기를 갖고 전하는 자여야 한다. 그는 듣든지 말하든지 간에 자신은 하나님 앞에 서 있다는 것을 알고 있다.

공포에서 자유롭게 된 왕의 사자-정의와 용기

마태복음 10:26-31(계속)

II. 둘째 명령은 28절에 있다. 예수께서 말하고 있는 요점은 사람들이 한 개인에게 내리는 벌과 하나님에게 불신과 불순종의 죄를 범한 사람이 받는 최종적인 형벌을 비교할 수 없다는 것이다. 사람은 사람의 육체를 죽일 수는 있다. 그러나 하나님은 인간의 영혼을 죽게 할 수 있다. 여기서 우리가 주목해 보아야 할 세 가지가 있다.

1. 여기에는 **조건적인 영혼 불멸**이라고 불리는 일종의 불멸에 대한 신앙이 있다. 이 신앙은 선의 보상으로서 선한 사람의 영혼은 점점 상승하여 마침내 영원과 일체가 되어 하나님의 축복으로 하나가 되며, 하나님이 아무리 호소해도 자신의 길을 돌이키지 않는 악한 사람에게 내리는 벌은 그의 영혼이 점점 하강하여 마침내 그것이 소멸되어 멸절되고 존재가 없어져 버리는 것이라고 주장한다. 이 말에만 근거해 교리를 설정할 수는 없지만 이것은 예수께서 여기에서 말하고 있는 것과 대단히 흡사한 면이 있다. 유대인들은 하나님이 내리시는 벌의 두려움을 잘 알았다.

> "당신은 생명과 사망을 이기시는 권능을 가지시고 지옥의 문까지 낮추시고 다시 높이시나이다. 사람은 가령 악으로써 죽일 수는 있다 해도 가 버린 영혼을 되돌려 올 수는 없나니 지옥이 취한 영혼을 다시 놓을 수는 없나이다"(솔로몬, 시편 16:13-14).

마카비의 독립 전쟁이 있을 동안 최후의 순교자 형제들은 "자신이 죽일 수 있다고 생각하는 자를 두려워하지 말자. 하나님의 명령을 어긴 자들에게는 영혼의 투쟁과 고통이 영원한 형벌로 기다리고 있기 때문이다"(마카비4서 13:14, 15)라는 말로 서로를 격려했다. 인간이 주는 형벌과 하나님이 주는 형벌을 비교할 수는 없다. 또한 인간이 주는 보상과 하나님이 주시는 보상을 비교할 수도 없다.

2. 이 구절이 우리에게 가르치고 있는 것은, 두려움을 모르는 성도도 거룩한 두려움은 가져야 한다는 것이다. 유대인들은 하나님에 대한 이러한 두려움을 잘 알고 있었다. 랍비의 일화 중에 랍비 요하난(Jochanan)이 병든 이야기가 있다.

"그의 제자들이 그를 방문하러 갔다. 그들을 보자 그는 울기 시작했다. 그래서 제자들이 그에게 '오, 이스라엘의 등불이시고 오른손의 기둥이시며 권능의 쇠망치시여! 무엇 때문에 당신은 우십니까?' 라고 했더니 '내가 오늘 인간의 왕 앞에 끌려가고 있다면, 가령 그가 나를 대적하여 분노한다고 해도 그 노는 영원하지 않을 것이며, 그가 나를 감옥에 넣어도 그 감옥은 영원하지 않다. 또 나는 그를 말로 달래거나 뇌물로 매수할 수도 있을 것이다. 그러나 이제 내가 만군의 왕 곧 거룩한 자 앞으로 끌려가려 하고 있다. 하나님을 찬양하리로다. 그가 내게 분노하면 그의 분노는 영원하시며, 그가 나를 감옥에 넣으시면 그 감옥살이는 영원할 것이며, 그가 나에게 죽음을 선고하면 그 죽음은 영원할 것이다. 나는 그를 말이나 뇌물로 매수할 수 없다. 그리고 지금 내 앞에는 두 길이 있다. 하나는 에덴동산으로 가는 길이고, 하나는 게헨나로 향하는 길이다. 나는 그 길 중 어느 곳으로 끌려갈지 알지 못한다. 그러니 어찌 내가 울지 않겠는가?' 라고 대답했다."

이것은 유대 사상가들이 사랑을 잊어버리고, 무엇보다도 사랑이 가장 위대하다는 것을 알지 못한다는 의미는 아니다. "사랑으로 행하는 자의 보수는 두 배, 네 배다. 사랑으로 행동하라. 공포가 있는 곳에는 사랑이 없고 사랑이 있는 곳에는 두려움이 없다. 다만 예외가 있다. 그것은 하나님과의 관계에서다" 라고 그들은 말했다.

유대인은 하나님과의 관계에서는 언제나 두려움과 사랑이 함께 병존해 있음을 알고 있었다. "하나님을 두려워하고 하나님을 사랑하라. 율법은 이 두 가지를 함께 명하신다. 사랑과 두려움으로 행동하라. 사랑으로 행하라. 사랑하는 자는 미워하지 않으므로 너는 미워하고자 하되 미워할 수가 없다. 두려움으로 행하라. 두려워하는 자는 걷어차지 않으므로 너는 걷어차고자 하되 찰 수가 없다."

유대인은 결코 하나님의 엄숙하고 거룩한 날을 잊지 않았으며, 우리도 잊어서는 안 된다. 기독교인에게 이 문제는 더욱 강박적인 문제다. 우리의 두려움은 하나님이 우리를 벌하시리라는 두려움이 아니라 그의 사랑을 민망케 하지 않을까 하는 두려움이기 때문이다. 유대인은 하나님의 사랑을 감상적으로 생각하는 오류는 절대 범하지 않았다. 예수도 그러하였다. 하나님은 사랑이시다. 또한 거룩하시다. 하나님은 하나님이시기 때문이다. 우리는 마음속에 하나님의 사랑과 정성에 응답할 수 있는 사랑과 경의를 갖고 있지 않으면 안 된다.

3. 더 나아가 이 본문은 죽음보다 더 무서운 것이 있음을 말해 주고 있다. 배신은 죽음보다 더 나쁜 것이다. 배신 행위를 한 자, 부정적으로 안전을 꾀하고자 하는 자의 생활은 비참한 것이다. 그는 사람 앞에서 부끄럽고, 자기 자신에게 부끄럽고, 최후에 하나님 앞에 나아가는 것을 부끄러워하기 때문이다. 배신의 대가를 지불하고 위안, 안전, 안락, 생명을 구하는 것보다 그것을 모두 던져 버리는 것이 나은 때가 있다.

공포에서 자유롭게 된 왕의 사자를 하나님이 돌보심

마태복음 10:26-31(계속)

III. 셋째 명령은 31절에 나타난 "두려워하지 말라"고 한 말씀이다. 이 말씀은 하나님께서 자상하게 돌보신다는 확신에 근거해 있다. 하나님께서 참새들도 돌보시는데 하물며 인간들을 돌보시지 않으랴.

마태는 "참새 두 마리가 한 앗사리온에 팔리지 않느냐. 그러나 너희 아버지께 허락지 아니하시면 그 하나도 땅에 떨어지지 아니하리"라고 말했다. 누가는 예수의 이 말씀을 조금 다르게 "참새 다섯 마리가 두 앗사리온에 팔리는 것이 아니냐"(눅 12:6상)라고 말했다. 즉, 참새 두 마리가 한 앗사리온에 팔린다는 것이다(앗사리온은 한 데나리온의 16분의 1이고 한 데나리온은 약 9펜스이므로 한 앗사리온은 약 반 펜스가 된다). 그러나 사는 사람이 두 앗사리온만 준비하면 그는 네 마리가 아니라 다섯 마리를 얻을 수 있었다. 나머지 한 마리는 전혀 금액으로 가치 없이 주어지는 것이다. 하나님께서는 매매할 때 계산에 넣지도 않는 우수리로 얹혀 가는 참새 한 마리까지도 돌보신다. 전혀 고려하지 않는 참새 한 마리까지도 하나님에게는 귀중한 것이다. 성경에는 한층 생생하게 나타나 있다. KJV에서는 헬라어를 아주 정확하게 번역했는데 "하나님이 허락하지 아니하시면 참새 한 마리도 땅에 **떨어지지** 아니한다"라고 되어 있다. 이러한 경우 **떨어지다**는 말을 **죽는다**란 뜻으로 생각하는데, 이것은 땅 위에 새가 **내려앉다**는 의미를 갖고 있는 아람어를 번역한 것으로, 이것은 하나님이 참새가 떨어져 죽을 때만 고려하신다는 것이 아니라 그 이상의 의미가 있다. 즉, 하나님은 땅 위에 내려앉아 여기저기 뛰놀 때도 언제나 유의하고 계신다는 것이다. 그러므로 예수께서는 하나님이 참새들도 그와 같이 돌보시거든 하물며 사람들을 더욱 돌보시지 않겠느냐는 것이다.

여기서도 유대인은 예수의 말하시는 뜻을 이해할 수 있었다. 유대인처럼 하나님이 창조물에 대해 이렇게 세밀하게 돌보신다는 개념을 가진 민족은 없다. 랍비 하니나(Chanina)는 "하나님의 허락이 아니면 지상에서 인간이 손가락 하나도 상하지 아니한다"라고 말했다. 힐렐(Hillel)은 시편 136편에 대해 놀라운 해석을 했다. 서정시 형식으로 말하는 이 이야기는 "하늘과 땅을 지으신 자요 해와 달과 별을 만드신 자이다"(5, 8-9절)라며 창조의 하나님을 말한다. 그 다음으로는 "하나님은 애굽에서 이스라엘을 구해 내시고 이스라엘을 위해 싸워 주신 하나님이시다"(11, 24절)라며 역사의 하나님에 대해 말하고 있다. 끝으로 모든 "육체에게 먹을 것을 주신"(25절) 하나님에 대해 말하고 있다. 세계를 만드시고 역사를 지배하시는 하나님은 인간에게 먹을 것을 주신다. 우리에게 일상생활의 양식을 주시는 것은 창조의 행위와 애굽에서 구원해 내는 구원의 능력과 마찬가지로 하나님의 행위다. 인간을 향한 하나님의 사랑은 창조에서 나타난 전능의 힘에, 또한 역사의 대사건에 나타날 뿐 아니라 날마다 인간의 육체를 키우고 돌보시는 가운데서도 나타난 것이다.

왕의 사자의 용기는 어떤 사건이 일어나더라도 하나님이 사랑하시고 돌보신다는 확신 위에 근거해 있다. 그는 자신의 생애가 영원히 하나님의 장중에 있음을 알고, 하나님은 자신을 떠나시거나 버리시지 않는다는 것을 알며, 자신은 영원히 하나님의 돌보심으로 감싸여 있음을 안다. 과연 그러할진대 우리가 누구를 두려워하겠는가?

하나님의 사자와 충성과 보상

마태복음 10:32-33

32 누구든지 사람 앞에서 나를 시인하면 나도 하늘에 계신 내 아버지 앞에서
그를 시인할 것이요 33 누구든지 사람 앞에서 나를 부인하면 나도 하늘에 계
신 내 아버지 앞에서 그를 부인하리라

여기에는 기독교인의 충성에 대해 두 가지 면이 나타나 있다. 사람이 현세에서 예수 그리스도에게 충성하면 예수 그리스도는 오는 세상에서 그에게 성실할 것이다. 사람이 예수 그리스도가 자신의 되심을 자랑스럽게 시인하면 예수 그리스도는 그가 자신의 종된 사실을 자랑스럽게 시인할 것이다. 초대교회 당시에 수난과 고통과 죽음이 두려워 예수 그리스도를 거절했더라면 오늘날의 기독교는 없었을 것이라는 것은 명백한 역사적 사실이다. 오늘날의 교회는 옛 성도들이 끝까지 지킨, 신앙에 확고히 선 자들의 불굴의 충성 위에 세워진 것이다.

비트니아의 총독 플리니(Pliny)는 로마 황제 트라얀(Trajan)에게 이 지역 내에 있는 기독교인을 취급하는 방법에 대해 보고했다. 익명의 고발자들이 어떤 사람이 기독교인지 밀고해 오면 혐의에 걸린 사람들에게 로마의 신들의 이름을 부르고 로마 황제의 상 앞에 포도주와 유향을 드리고 마지막 그리스도의 이름을 저주하라고 명령했으나 "참 기독교인들에게는 아무리 해도 이러한 것을 시킬 수가 없었습니다" 라고 보고했다. 로마의 총독까지도 참된 기독교인의 충성심을 파괴할 수 없었다고 고백했다. 그러나 우리에게는 아직도 예수 그리스도를 부인할 위험이 있다.

I. 우리는 "말"로 그를 부인할 수도 있다. 더블린에 있는 트리니티 대학의 유명한 학자이며 세상 일에 익숙한 마하피(J. P. Mahaffy)에 대한 이야기다. 그가 기독교인이냐는 질문을 받았을 때 그는 "그렇습니다. 그러나 거슬릴 정도로 그렇지는 않습니다" 라고 대답했다. 그가 이렇게 말한 것은 자신의 신앙이 자신이 속한 사교계나 자신이 즐기는 오락에 방해되지 않게 하고 있음을 알아 달라는 뜻이었다.

우리도 때때로 이런 말을 실제로 다른 사람들 입으로 한다. "우리는 교인이라고 말하지만 거기에 대해 지나치게 관심을 갖지 않습니다. 변하고 싶지는 않습니다. 이 세상의 쾌락은 충분히 즐기려고 합니다. 우리의 막연한 주의 주장을 존중해 달라고 하고 싶지는 않습니다." 기독교인은 세상 사람과 달라야 한다. 우리의 의무는 이 세상을 따라가는 것이 아니라 이 세상 사람과는 다른 사람이 되는 것이다.

II. 우리는 "침묵"으로 그를 부인할 수도 있다. 한 프랑스의 작가는 보수적인 가정에 출가한 젊은 아내에 대해 기록했다. 그 보수적인 가정은 결혼을 찬성하지는 않았지만 보수적인 가문의 인습으로 미리 반대하거나 비판하지는 않았다. 그러나 이 젊은 부인은 만년에 자신의 전 생애가 "묵언의 압박"으로 매우 비참했다고 말했다. 사자의 생활에도 묵언의 압박이 있을 수 있다. 살아가면서 거듭 거듭 우리에게는 그리스도를 위해 어떤 말을 해야 할 기회, 악에 항거하는 발언을 할 기회, 자신의 주의와 주장을 명확히 할 기회가 온다. 일부러 반대 발언을 해 그리스도를 거부하는 사람보다 비겁한 침묵으로 예수 그리스도를 부인하는 사람이 훨씬 많지 않겠는가?

III. 우리는 "행동"으로 그를 부인할 수도 있다. 우리는 말로 고백한 신앙을 생활 태도로 계속 부인할 수도 있다. 순결한 복음을 믿으면서도 사소한 일에 부정직하거나, 엄밀한 의미로 명예를 훼손하는 사람이 있다. 십자가를 지고 따르라고 명하시는 주님의 제자이면서도 자신의 안일과 평안에만 관심을 가지는 사람도 있다. 솔선해서 사람을 용서하고 제자들에게도 용서하라고 명령한 주를 섬기기로 작정된 그가 자신의 동료를 원망하고 미워하고 불화를 일으키기도 한다. 그리고 우리를 사랑하여 목숨을 버리신 그리스도만을 우러러보아야 할 몸인 기독교인으로서의 사랑의 행위와 관용이 두드러지게 부족한 사람도 있다.

다음은 1948년 렘베스 대회에서 작성한 기도로 우리가 늘 기억해야 한다.

> 전능하신 하나님, 우리에게 은혜 베푸사 당신의 거룩한 말씀을 듣기만 하는 자가 될 것이 아니라 행하는 자가 되게 하시고, 입으로만 말하는 자가 당신의 뜻을

실행하는 자가 되게 하시며 당신의 복음을 사랑만 할 것이 아니라 그대로 살도록 해 주소서. 당신의 영광을 알고 그것을 심중에 받아들여 우리 생활에 나타내 보이도록 도와주소서. 우리 주 예수 그리스도의 이름으로 기도하나이다. 아멘.

왕의 사자의 싸움

마태복음 10:34-39

34내가 세상에 화평을 주러 온 줄로 생각하지 말라 화평이 아니요 검을 주러
왔노라 35내가 온 것은 사람이 그 아버지와, 딸이 어머니와, 며느리가 시어머
니와 불화하게 하려 함이니 36사람의 원수가 자기 집안 식구리라 37아버지나
어머니를 나보다 더 사랑하는 자는 내게 합당하지 아니하고 아들이나 딸을
나보다 더 사랑하는 자도 내게 합당하지 아니하며 38또 자기 십자가를 지고
나를 따르지 않는 자도 내게 합당하지 아니하니라 39자기 목숨을 얻는 자는
잃을 것이요 나를 위하여 자기 목숨을 잃는 자는 얻으리라

이 구절보다 더 생생하게 예수의 순수한 진실성을 나타낸 것은 없다. 예수께서는 여기에서 최상의 요구와 비타협으로 기독교인에 대한 요구를 설정하고 있다. 왕의 사자로서의 사명에 헌신하는 자가 무엇을 각오해야 하는지를 확실하게 나타내 보이는 구절이다.

I. 싸움이 있다고 하셨다. 이러한 싸움에서는 자신의 가족들이 적이라는 것은 종종 있는 사실이다. 예수께서는 여기서 유대인에게는 아주 익숙한 말을 쓰고 계신다. 유대인들은 주의 날, 즉 하나님이 인간의 역사에 개입하실 때 일어날 사건의 하나로 가족이 분열된다고 생각했다.

랍비들은 "다윗의 아들이 오게 될 그때에는 딸이 그 어미를, 며느리가 시어미를 대적하리라" 고 했고, 예수께서는 "아들이 아비를 멸시하고 딸이 어미와, 며

느리가 시어미와 불화하리니 사람의 원수가 자신의 집안 식구리라"고 말씀하셨다. 이는 "너희가 오리라고 기다리던 그 끝 날이 왔다. 하나님이 역사에 개입하실 때 가정과 가족이 둘로 분열한다"라는 말이다. 어떤 큰 사건이 일어나면, 반드시 사람들에게는 분열이 생긴다. 어떤 자는 도전을 받아들이고, 어떤 자는 이를 거부하기 때문이다. 예수를 만나는 자는 반드시 예수를 영접하느냐 거절하느냐 하는 선택과 직면하게 되는 것이다. 이 세계는 언제나 그리스도를 믿는 자들과 그를 믿지 않는 자들로 나누어진다. 이 싸움에서 가장 가슴 아픈 것은 사람의 원수가 자신의 식구라는 것이다. 사람은 자신의 아내나 가족을 사랑한 나머지 어떤 큰 모험이나 봉사의 기회나 헌신의 소명을 거절하는 일이 있다. 그가 가족에게 집착하든가 가족들을 모험이나 위험이나 불안에서 지키고 싶기 때문이다.

글로우버(T. T. Glover)는 올리버 크롬웰(Oliver Cromwell)이 화턴(Lord Wharton)에게 보낸 편지를 인용했다. 날짜는 1649년 1월 1일이었다. 크롬웰은 마음속으로 화턴이 자신의 가정과 아내를 사랑하는 나머지 모험과 싸움의 소명을 거절하지 않을까 하고 염려되어서 쓴 것이다.

"나는 친애하는 부인을 위하는 마음으로 한마디 드립니다. 당신에게 부인이 더 이상 유혹이 되지 않기를 바랍니다. 모든 인척 관계를 주의하시오. 애정이 유혹이 되어서는 안 됩니다. 우리는 너무나 흔히 그렇게들 하고 있습니다."

해야 할 어떤 모험을 위해 부르시는 하나님의 소명을 사람은 종종 거절한다. 자신을 붙잡아 고정시키려는 개인적인 애착을 물리치지 않고 있기 때문이다.

기사이면서 시인인 러브레이스(Lovelace)는 그의 아낸 루카스타(Lucasta)에게 〈출정〉이라는 시를 써서 보냈다.

> 수녀원과 같은
> 그대의 순결한 가슴과
> 그 조용한 마음을 떠나
> 무기를 들고 전쟁터로
> 달려간다고
> 나를 무정하다 마오.

진실로 저 전쟁터에 첫 원수인
새 애인을 따라
더 강한 신념을 품고
칼과 전마와 방패를 포옹하리니

이 변덕스러운 마음
그대도 동경해 주오.
빛나는 명예를 사랑 않는 내가
그대를 사랑할 수 있으랴.

이러한 선택을 강요당하는 사람은 대단히 드물다. 일생 동안 한 번도 없는 경우도 있을 것이다. 그러나 사랑하는 자가 사실상 원수가 되는 경우는 있다. 그것은 사랑하는 자이기 때문에 하나님의 마음을 알면서도 행하지 않는 때다.

II. 그 다음은 "선택"의 문제를 제시한다. 우리는 세상에서 가장 친한 자를 제일로 하든가, 예수 그리스도에 대한 충성을 제일로 하든가 어느 것 하나를 선택해야 할 때가 있다. 번연(Bunyan)은 그러한 선택을 생생히 체험했다. 옥중에 있는 그를 가장 괴롭힌 것은 부양자가 없어진 가족들이 어떻게 될 것인지 하는 자신의 처자가 받는 영향이었다. "나의 아내와 불쌍한 어린 것들과 이별했다는 것이 마치 나의 뼈에서 살을 뜯어내는 것과 같다. 이는 내가 사랑하는 가족을 끔찍하게 사랑하기 때문만이 아니다. 내가 없는 동안 내 가족이 얼마나 고통을 당하고, 비참하고 가난하게 되는지를 미리 고려해야 하지 않았나 하는 생각 때문이다. 특히 **나의 불쌍한 눈먼 아이**는 내 마음에서 떠나지 않는다. 저 눈먼 아이가 이제부터 어떤 고생을 할까 하고 생각하면 견딜 수가 없다. 너희를 남겨두고 간다는 것은 내 가슴을 찢어 놓는 일이다. 그러나 다시 한 번 생각을 돌이켜 너희를 하나님께 맡겨야겠다. 지금의 나는 아내와 자식을 집에 깔리게 하는 것같이 생각되는데 그래도 나는 하지 않으면 안 된다. 아무리 해도 하지 않으면 안 된다."

다시 말해 이런 어려운 선택을 강요당하는 사람은 거의 없다. 하나님의 긍휼로써 이러한 일이 우리에게 일어나지 않도록 기도하고 싶다. 그러나 하나님에 대한 충성으로 다른 모든 것에 대한 충성은 제2의 적으로 생각해야 한다. 이러한 사실은 옛날이나 지금이나 변하지 않는다.

왕의 사자가 됨으로써 오는 대가

마태복음 10:34-39(계속)

III. 예수께서는 그들에게 "십자가"를 주었다. 갈릴리 사람들은 십자가가 어떤 것인지 잘 알고 있었다. 로마의 장군 와루스(Varus)가 갈릴리의 유다의 반란을 격파하고 유대인 2천 명을 십자가에 못 박아 갈릴리 도로 변에 세워 두었다. 그때 사형수는 처형장까지 자신의 십자가를 지고 갔다. 예수의 말을 들은 사람들은 무거운 십자가에 눌려 비틀거리며 지고 가는 모습과 십자가 위에서 고통으로 죽어 가는 사람들을 본 사람들이었다.

역사에 영예로운 이름을 남긴 신앙의 위인들은 자신의 입장을 분명히 알고 있었다. 스케보로 성에서 조지 폭스(George Fox)는 재판이 끝난 후 "관리들은 종종 나를 성벽에서 죽이겠다고 위협했다. 그들은 언제나 교수형에 대해 말했으나 거기서 나는 그들에게 말했다. 목매다는 것이 당신들의 소원이고 그것이 허락된다면 뜻대로 하라. 나는 언제나 **마음의 준비가 되어 있다**"라고 기록했다. 번연은 재판관 앞에 끌려 나와 "재판관이여, 율법(그리스도의 법)은 두 가지로 순종하는 방법을 알려 주셨습니다. 그 하나가 내 양심이 명하는 것을 적극적으로 행하는 것입니다. 양심의 명령을 적극적으로 행할 수 없다면 나는 내게 지워지는 고통을 달게 받을 용의가 있습니다"라고 말했다.

기독교인은 자신의 개인적인 야망이나, 안일, 위안, 이 세상의 출세를 자진해서 버리지 않으면 안 될 때가 있다. 또 자신의 꿈을 버리고, 꿈꾸던 명예를 체념하지 않으면 안 될 때가 있다. 기독교인은 사실 자신의 의지를 희생해야 한다.

기독교인은 자신의 생각대로 사는 자가 아니고 그리스도가 원하는 것을 해야 하는 사람이다. 기독교에는 언제나 어떤 모양으로든지 십자가가 있는 법이다. 기독교는 십자가의 종교이기 때문이다.

IV. 그는 "모험"하라고 했다. 그는 자신의 생명을 얻는 자는 잃을 것이며 자신의 생명을 잃는 자는 찾을 것이라고 말했다. 이것은 거듭거듭 문자 그대로 진실성이 증명되어 왔다. 많은 사람이 쉽게 자신의 생명을 구했다. 그러나 생명을 구한 자는 사실상 상실한 것이다. 역사상으로 그의 업적이라고는 하나도 남아 있지 않으며 그의 이름도 아는 자가 없기 때문이다.

에픽테투스는 소크라테스에 대해 "도망하지 않은 그는 죽어서 구원 받았다"라고 말했다. 소크라테스는 쉽게 자신의 생명을 구원할 수 있었다. 그러나 소크라테스가 그렇게 했다면 참된 소크라테스는 죽고 말았을 것이며, 그의 이름은 알려지지 않고 끝났을 것이다. 번연이 국교회의 예배에 참석하기를 거부하고 금지된 집회를 인도했다고 고소당했을 때 그는 도망해서 안전을 꾀할 것이냐, 자신의 소신에 충실하게 살 것이냐를 고민하며 어느 것이 자신에게 부과된 의무인지 진지하게 생각하고 자신의 확신에 따라 행동하는 것이 옳다고 믿고 길을 택했다. 클로버(T. R. Glover)는 번연에 대한 논문에서 다음과 같이 결론을 내렸다. "그가 설득당해 국교회에서 하나님의 예배에 참석하지 않는다는 악마적 유해한 행위를 중지하는 데 동의하여 법률을 어긴 몇몇 집회나 밀회를 가져서 우리의 주권자인 국왕의 법률을 거부하고 왕국의 선량한 시민을 동요하고 혼란케 하는 일을 그만두었다고 한다면 어떻게 되었을 것인가? 베드포드(Bedford) 거리의 땜장이가 한 사람 불어났겠지만 베드포드 이 사람도 대단한 직공은 되지 못했을 것이리라. 배교자는 솜씨 있는 땜장이가 될 수 없기 때문이다. 그리고 영국은 그것으로 인해 얼마나 큰 손실을 가져왔을 것인가?"

기독교 생활에는 안전제일주의가 있을 수 없다. 안일과 평안과 개인의 욕망 성취를 제일로 구하는 사람은 이런 것을 얻을지 모르지만 절대 행복한 인간은 되지 못할 것이다. 기독교인은 하나님과 이웃을 섬기기 위해 이 세상에 태어났기 때문이다. 사람은 하고자 한다면 자신을 위해 살 수는 있다. 그러나 그렇게 하면 타인을 위해 가치 있고 자신에게도 보람 있는 생을 잃고 말 것이다. 남에게 봉사하는 길, 나에 대한 하나님의 목적을 성취하는 길, 참된 행복을 얻는 길은 희생하는 삶이다. 이것만이 이 세상에서나 내세에서나 생명을 얻는 길이다.

왕의 사자를 영접하는 자의 보상

마태복음 10:40-42

40너희를 영접하는 자는 나를 영접하는 것이요 나를 영접하는 자는 나를 보
내신 이를 영접하는 것이니라 41선지자의 이름으로 선지자를 영접하는 자는
선지자의 상을 받을 것이요 의인의 이름으로 의인을 영접하는 자는 의인의
상을 받을 것이요 42또 누구든지 제자의 이름으로 이 작은 자 중 하나에게 냉
수 한 그릇이라도 주는 자는 내가 진실로 너희에게 이르노니 그 사람이 결단
코 상을 잃지 아니하리라 하시니라

예수께서는 이 말씀을 유대인들이 상례로 쓰던 어법으로 하셨다. 유대인은 언제나 어떤 사람의 사절이나 그가 보낸 사자를 맞이하는 것은 그를 보낸 자를 영접하는 것과 똑같이 생각했다. 대사에게 경의를 표하는 것은 그를 파송한 왕에게 경의를 표하는 것이며 친구가 보낸 사자를 사랑으로 영접하는 것은 친구 자신을 영접하는 것이 된다. 그리고 대표자를 존중하는 것은 그 사람이 대표하고 있는 사람을 존중하는 것이 된다. 특히 하나님의 진리를 가르치고 전달하는 자들과 지혜 있는 자들에게는 더욱 그러했다. 랍비들은 "현자들을 대접하는 자는 자신의 수확에서 난 첫 열매를 하나님께 바친 것과 같다"라고 말했으며 "박식한 자에게 인사하는 자는 하나님에게 인사하는 것과 같다"라고 말했다. 진실된 하나님의 사람을 영접하는 것은 그를 보내신 하나님을 영접하는 것이다.

우리는 이상의 본문에서 구원이 연쇄적으로 연결돼 있음을 볼 수 있다. 이 연쇄에는 네 가지 연결점이 있다.

1) 하나님 : 하나님의 사랑이 구원의 원동력이다.
2) 예수 : 구원의 소식을 사람에게 전한다.
3) 사자로서의 인간 : 예언자는 하나님의 말씀을 말하고, 선인은 모범을 보이고, 제자는 배운 복음을 사람들에게 전한다.
4) 성도 : 하나님의 사람, 하나님의 성도를 영접하고, 그리하여 영혼에 참 생명을 받는다.

이 본문에는 평범하고 드러나지 않는 사람들에 대한 격려가 있다.

I. 우리 모두가 하나님의 말씀을 갖고 설교하고 선포하는 예언자들은 될 수 없다. 그러나 하나님의 사자를 대접하는 작은 봉사를 하는 사람은 예언자가 받는 것과 같은 보상을 받을 것이다. 세상에는 실로 많은 사람이 위인으로서 사람들에게 칭찬을 받고, 명설교가로서 수만 명의 가슴을 불붙게 하고, 사회봉사에서 견딜 수 없을 정도의 중책을 감당해 왔다. 이런 사람들은 누군가가 가정에서, 또 배후에서 애정과 관심과 봉사를 바치지 않았더라면 도저히 그 노고를 참고 일의 막중함을 견뎌 낼 수 없었을 것이라고 기쁘게 증거할 것이다. 하나님 앞에서 참된 위대성이 평가될 때, 세상에 큰 감동을 준 사람이 이 세상에서 끝까지 사람들에게 알려지지 않은 누군가를 의존하고 있었음이 밝혀질 것이다.

예언자라도 양식과 입어야 할 옷은 마련해야 하며 가정은 있어야 한다. 가정을 꾸리고, 식사를 장만하며, 의복을 세탁하고, 필요한 가구를 구입하고, 아이들을 돌보는 등 사람들에게 감사받을 일이 적은 일을 하는 사람은 그것이 짜증나고 권태로운 일이라고 생각하지 않도록 하라. 그 일은 하나님이 주신 가장 큰 사명이다. 그러한 사람들은 위원회의 일로 바쁜 나날을 보내며(감시자들) 애정이 없는 가정생활을 보낸 자에 비해 예언자의 보상을 받을 가능성이 훨씬 많을 것이다.

II. 모든 사람이 선으로 빛나는 모범가가 될 수는 없다. 모든 사람이 뛰어난 모범으로서 세상의 이목을 집중시킬 수는 없다. 그러나 선한 사람을 돕는 이는 선한 사람이 받는 보수를 받는다.

기(H. L. Gee)는 다음과 같은 아름다운 이야기를 했다. 농촌 마을에 한 소년이 있었는데 많은 노력을 기울여 마침내 목사가 되었다. 그가 공부하고 있을 때 그를 도와준 사람은 마을의 구두 수선공이었다. 이 직업을 가진 사람이 흔히 그렇듯 그 수선공은 독서로 넓은 견식을 갖추었고, 소년을 많이 도와주었다. 얼마 후 그는 설교할 자격을 얻게 되었다. 바로 그날 구두 수선공은 그에게 "언제나 나의 소원은 복음의 사자가 되는 것이었으나 내 생활환경이 허락하지 않았다. 그러나 나에게 허락되지 못한 것이 너에게는 성취되었다. 이제 네가 나에게 한 가지 약속을 해 주기 바란다. 너를 위해 무료로 구두를 만들 테니 강단에서 설교할 때 그 구두를 신어 주었으면 좋겠다. 그러면 내가 설교하고 싶었던 그 복음을 네가 설교하고 있다고 느낄 수 있을 거야"라고 말했다. 분명히 구두 수선공은 설교자가 하나님에게 봉사한 것 못지않게 봉사한 것이며, 그가 받을 보상도 그날이 오면 설교자와 같이 받을 것이다.

III. 모든 사람이 어린아이를 가르칠 수는 없다. 그러나 우리 모두가 참된 의미로 어린아이를 도와줄 수는 있다. 가르칠 만한 지식이나 기술이 없는 사람이라도 아이들을 도와야 한다는 드러나지 않는 책임이 있고, 이것이 없으면 아이들은 생활할 수 없다. 여기에서 예수께서 생각하고 있는 어린아이란 **연령**보다도 **신앙에서** 어린아이이다.

랍비들은 자신의 제자들을 **작은 자들**이라고 부른 것 같다. 우리는 전문적이고 학문적인 의미에서는 가르칠 수 없으나 생활과 모범으로 가르칠 수는 있다. 이것은 가장 평범한 사람이라도 할 수 있다.

이 본문이 훌륭한 것은 평범한 것을 강조하고 있기 때문이다. 교회와 그리스도는 언제나 탁월한 설교자와 걸출한 성자의 모범을 보일 만한 사람과 위대한 교사와 명성 있는 사람들을 필요로 한다. 동시에 교회와 그리스도는 항상 가정에서 따뜻하게 사람을 영접하고, 가정을 꾸미기 위해 즐겨 일하고, 그리스도의 사랑으로 남을 돌보는 사랑을 필요로 하고 있다. 브라우닝 부인이 말한 대로 모든 봉사는 하나님 앞에서 동등하다.